Klaus-Michael Mallmann/Jochen Böhler/Jürgen Matthäus

Einsatzgruppen in Polen

Veröffentlichungen der Forschungsstelle Ludwigsburg
der Universität Stuttgart, Bd. 12
Herausgegeben von
Klaus-Michael Mallmann

Klaus-Michael Mallmann
Jochen Böhler
Jürgen Matthäus

Einsatzgruppen in Polen

Darstellung und Dokumentation

Herausgegeben im Auftrag
des Deutschen Historischen Instituts Warschau
und der Forschungsstelle Ludwigsburg
der Universität Stuttgart

Einbandgestaltung: Peter Lohse, Büttelborn

Titelphoto: Angehörige einer Einsatzgruppe zusammen mit Polizisten
und volksdeutschen Hilfskräften in Culmsee (Chełmża) 1939.
USHMM Photo Archives 15872

Die Deutsche Nationalbibliothek verzeichnet diese Publikation
in der Deutschen Nationalbibliografie;
detaillierte bibliografische Informationen sind im Internet über
http://dnb.d-nb.de abrufbar.

Das Werk ist in allen seinen Teilen urheberrechtlich geschützt.
Jede Verwertung ist ohne Zustimmung des Verlages unzulässig.
Das gilt insbesondere für Vervielfältigungen,
Übersetzungen, Mikroverfilmungen und die Einspeicherung in
und Verarbeitung durch elektronische Systeme.

© 2008 by WBG (Wissenschaftliche Buchgesellschaft), Darmstadt
Die Herausgabe des Werkes wurde durch
die Vereinsmitglieder der WBG ermöglicht.
Satz: SatzWeise, Föhren
Gedruckt auf säurefreiem und alterungsbeständigem Papier
Printed in Germany

Besuchen Sie uns im Internet: www.wbg-darmstadt.de

ISBN 978-3-534-21353-5

Inhaltsverzeichnis

Editorial 7

„Beseitigung der lebendigen Kräfte" 11
   Sicherheitspolizei und SD in Polen 1939
   Forschungsstand und Quellenlage 11
   Die Organisation 15
   Das Personal 19
   Die Marschwege 46
   Verselbständigung und Eskalation 54
   Dispositionen und Mentalitäten 69
   Die Realgeschichte 80
   Radikalisierung im Vergleich: 1939 und 1941 88
   Die Umwandlung in stationäre Dienststellen 99
   Nachkriegsschicksale und justitielle Ahndung 103

Die Einsatzgruppen in zeitgenössischen Quellen und
   Nachkriegsaussagen 109
   Verzeichnis der abgedruckten Dokumente 109
   Quellentexte 116

Anmerkungen 199

Abkürzungsverzeichnis 241

Ortsregister 245

Personenregister 249

Die Autoren 253

Editorial

Die vorliegende Publikation will das Dunkel lichten, das nach wie vor über den ersten Todesschwadronen des Zweiten Weltkrieges, den Einsatzgruppen der Sicherheitspolizei und des SD in Polen 1939, liegt. Dies geschieht in zwei Schritten: Zunächst wird in Form einer Monographie der aktuelle und eher bescheidene Forschungsstand reflektiert und anhand umfangreicher, bisher nicht genutzter Quellenbestände wesentlich erweitert. Besonderes Augenmerk wird hierbei auf die Dynamisierung der Gewalt in Theorie und Praxis vom Planungsstadium im Sommer 1939 bis hin zum Angriff auf die Sowjetunion im Sommer/Herbst 1941 gelegt. Einen weiteren Schwerpunkt bildet die mentale Disposition der Kommandoführer, die – soweit möglich – aus deren Werdegang und dem Verhalten im Einsatz hergeleitet wird. Da in der Vergangenheit sowohl die Täter und ihre Taten als auch die einzelnen Formationen und ihre Tatorte kaum benannt wurden, übernimmt die Studie, besonders in den Kapiteln zu Organisation, Personal und Marschwegen, zugleich die Funktion eines Handbuches, das sich durch ein Orts- und Personenregister im Anhang leicht erschließen läßt.

Im Quellenteil werden dann Schlüsseldokumente zum sicherheitspolizeilichen Einsatz in Polen präsentiert. Den roten Faden bilden hierbei die antipolnischen und antijüdischen Gewaltexzesse. Dabei wurde das von den Dokumenten abgedeckte Spektrum bewußt weit gefaßt, um sowohl Quellen der Täter- als auch der Opferperspektive von 1939 bis in die nähere Gegenwart aufnehmen zu können; die Sammlung umspannt, bezogen auf den Berichtszeitraum, nahezu vier Jahrzehnte. Der Abdruck der Dokumente dagegen erfolgte hinsichtlich der zugrundeliegenden Ereignisse in chronologischer Reihenfolge und nach Themenkomplexen geordnet, so daß etwa Quellen aus der Nachkriegszeit neben zeitgenössischen Dokumenten zum gleichen Sachverhalt stehen. Aussagekräftigen Quellenausschnitten wurde gegenüber vollständigen Zitaten der Vorzug gegeben. Die Regestzeile enthält relevante Informationen zu Autor, Art, Adressat und Datum der Quelle, so daß auf die Wiedergabe formelhafter Passagen wie Datums- und Kopfzeile, Verteiler etc. weitgehend verzichtet wird. Die Provenienz wird in aller Regel nach dem Originalfundort unmittelbar unter der Regestzeile angegeben. Ergänzend werden auf der Webpage des Deutschen Historischen Instituts Warschau unter *www.dhi.waw.pl* sukzessive die überlieferten Berichte und Meldungen der Einsatzgruppen und -kommandos in Polen vollständig als Onlinepublikation veröffentlicht.

Die vorliegende Darstellung basiert auf den bewährten Regeln der alten Rechtschreibung. Die Schreibweise in den zitierten Quellen wurde, soweit notwendig, stillschweigend dementsprechend korrigiert, auf sinnentstellende Fehler in den Originalen dagegen durch ein ‚sic' in eckiger Klammer verwiesen. In der Frage der Anonymisierung sind wir dem Grundsatz gefolgt, daß die Namen sämtlicher Funktionsträger, deren Rang und Aktivität dokumentarisch nachweisbar ist und die als Personen der Zeitgeschichte gelten können, vollständig genannt werden. Anonymisiert wurden lediglich die Namen solcher zumeist nachrangigen Zeugen, die in keinem zeitgenössischen Schriftstück oder Geschäftsverteilungsplan erscheinen und uns daher nur durch ihre Vernehmungsaussagen bekannt geworden sind. Der Einfachheit halber wird von Polen und Juden gesprochen, wo es korrekterweise eigentlich „christliche bzw. ethnische Polen" und „Polen jüdischer Religion bzw. Herkunft" heißen müßte. Ortschaften, die zum Zeitpunkt der Existenz der Einsatzgruppen innerhalb des deutschen Machtbereichs lagen, werden mit deutschen Ortsnamen bezeichnet; dies soll die deutsche Oberherrschaft zum Ausdruck bringen, aber keinesfalls als nachträgliche ‚Heimholung' mißverstanden werden. Bei Ortschaften mit eingedeutschtem Namen, die vor dem Überfall auf polnischem Staatsgebiet lagen, erfolgt die Nennung des polnischen Ortsnamens als Zusatz in runden Klammern.

Die Autoren sind vielen Personen und Institutionen zu Dank verpflichtet. Das Deutsche Historische Institut Warschau unter seinem Direktor Prof. Dr. Klaus Ziemer ermöglichte im Rahmen des Projektes „Auftakt zum Vernichtungskrieg. Der deutsche Überfall auf Polen 1939" intensive Archivstudien in Polen und Deutschland zwischen 2000 und 2007. Die Bestände des United States Holocaust Memorial Museum in Washington D.C. konnten zudem 2004 im Rahmen einer Charles H. Revson Fellowship am dortigen Center for Advanced Holocaust Studies eingehend ausgewertet werden. Rainer Juchheim von der Außenstelle Ludwigsburg des Bundesarchivs sorgte unermüdlich für Aktennachschub und neue Signaturen aus dem reichhaltigen Fundus bundesdeutscher Nachkriegsermittlungen. Dr. Martin Cüppers recherchierte weiteres Material am Archivstandort Berlin und las ebenso sorgfältig Korrektur wie Dr. Jacek Andrzej Młynarczyk. Dr. Andrzej Wesołowski gab den wertvollen Hinweis auf das in den Beständen des Zentralen Militärarchivs in Warschau-Rembertów befindliche Kriegsalbum von Erich Ehlers aus dem Stab der Einsatzgruppe II. Dr. Alexa Stiller ortete die Bromberg-Akten zur Tätigkeit der Einsatzgruppe IV und des Einsatzkommandos 16 im Archiv des Instituts des Nationalen Gedenkens in Warschau. Auf das herzlichste danken möchten die Autoren des weiteren Daniel Brewing M.A., der auf Grundlage der „Tannenberg-Berichte" das Itinerar der Einsatzgruppen erstellte, sowie Róża Zielnik, die die Übersetzungen aus dem Polnischen ins Deutsche fertigte. Die Geschäftsführung der TRANSIT FILM-GmbH München stellte freundlicherweise eine Kopie des Streifens „Zwischen Strom und Steppe" (Deutschland-Ungarn 1938) zur Verfügung. Der Löwenanteil bei der Fertigstellung des Buches wurde – ganz ohne Zweifel – wieder einmal in Ludwigsburg geleistet, wo Heidrun Baur, die Sekretärin der dortigen Forschungsstelle der Universität Stuttgart, ebenso schnell wie zuverlässig sämtliche Texte am Bildschirm bearbeitete und die Register erstellte.

Ludwigsburg/Warschau/Washington D.C., im Sommer 2007

Klaus-Michael Mallmann/Jochen Böhler/Jürgen Matthäus

„Beseitigung der lebendigen Kräfte"

Sicherheitspolizei und SD in Polen 1939

„We shall establish beyond the realm of doubt facts which, before the dark decade of the Third Reich, would have seemed incredible. The defendants were commanders and officers of special SS groups known as Einsatzgruppen – established for the specific purpose of massacring human beings because they were Jews or because they were for some other reason regarded as inferior people."[1] Dieses Eröffnungsplädoyer des US-Chefanklägers zum Nürnberger Einsatzgruppen-Prozeß fiel nicht zufällig auf den 29. September 1947. Exakt sechs Jahre zuvor, am 29. September 1941, hatten Angehörige des Sonderkommandos 4a der Einsatzgruppe C in der Schlucht von Babij Jar bei Kiew ein zweitägiges Massaker initiiert, dem mehr als 30 000 Juden – Männer, Frauen und Kinder – zum Opfer fielen.[2] Noch vor Ablauf eines Jahres hatten die 3000 in den Reihen der Einsatzgruppen A, B, C und D in die Sowjetunion einmarschierenden deutschen Männer – in Kooperation mit einheimischen Hilfstrupps – etwa eine halbe Millionen Menschen, überwiegend Juden, getötet.[3] Die Einsatzgruppen waren im Koordinatensystem von Vernichtungskrieg und Holocaust die effektivste Mordwaffe vor der Erfindung der Todeslager mit ihrer Kulmination in Auschwitz. Die Tätigkeit dieser Spezialeinheiten von Sicherheitspolizei und SD auf dem Gebiet der ehemaligen Sowjetunion zog schon früh das Interesse von Staatsanwälten und Historikern auf sich und kann mittlerweile als relativ gut erforscht gelten.[4] Für ihren ersten Einsatz nach Beginn des Krieges – den Polenfeldzug – kann davon jedoch keine Rede sein.

Forschungsstand und Quellenlage

Die Verwendung von polizeilichen Einsatzgruppen als professionelle Mordkommandos im Zuge der Eroberung Polens im Spätsommer/Herbst 1939 war kaum Verhandlungsgegenstand in Nachkriegsprozessen und wirft noch heute viele Fragen auf. Zwar ist in der Forschung allgemein unbestritten, daß der deutsche Überfall auf Polen von Beginn an durch Übergriffe mit beispielloser Brutalität gegen Zivilisten und Kriegsgefangene gekennzeichnet war. Doch bis vor kurzem fehlte es an differenzierenden Betrachtungen. In der polnischen Historiographie wurde die Verantwortung für Exekutionen im September und Oktober 1939 pauschal der Wehrmacht zugeschrieben, da diese damals die vollziehende Gewalt im Lande innehatte.[5] Westliche Forscher hingegen befaßten sich zwar mit den Einsatzgruppen, ignorierten aber gemeinhin, daß auch Truppen der Wehrmacht am Rande der Kampfhandlungen Tausende Polen und Juden ermordeten.[6] Die neueste Forschung belegt, daß Übergriffe deutscher Soldaten in den ersten Kriegsmonaten nicht von ‚oben' angeordnet wurden, sondern auf eine allgemeine, durch die NS- und Wehrmachtspropaganda verstärkte Verachtung der Bevölkerung Polens sowie auf eine im deutschen Heer damals verbreitete Partisanenphobie zurückzuführen waren.[7] Die Einsatzgruppen der Sicherheitspolizei und des SD mordeten dagegen bereits in Polen sowohl aus allgemeinen Verhaltensvorgaben, bisweilen in Gestalt von Befehlen, wie auch aufgrund spezifischer Konstellationen, die aus der konkreten Lage vor Ort, ihrer Einschätzung durch die Einheitsführer und besatzungspolitischen Interessen erwuchsen. Damit steht fest – der Grundstein zu Vernichtungskrieg und Holocaust wurde 1939 gelegt.

Trotz der immensen Bedeutung, die dem polnischen Operationsraum somit für die deutsche Herrschaftspolitik im Zweiten Weltkrieg zukommt, blieb der Konnex zwischen Septemberfeldzug und Himmlers Spezialtruppe lange Zeit unbeachtet. Noch 15 Jahre nach Kriegsende war keine wissenschaftliche Abhandlung zu diesem Thema erschienen. Anfang der 1960er Jahre setzte dann zögerlich die Veröffentlichung vereinzelter zufälliger Quellenfunde ein.[8] Erste Überlegungen hinsichtlich Aufstellung, Struktur und Tätigkeit der Einsatzgruppen wurden von Historikern des Jüdischen Historischen Instituts (Żydowski Instytut Historyczny, ŻIH) Warschau[9] und Staatsanwälten der Ludwigsburger Zentralen Stelle der Landesjustizverwaltungen zur Aufklärung von NS-Verbrechen[10] angestellt; sie kamen jedoch eher einem Herumtasten im Nebel gleich, zumal zu diesem Zeitpunkt die Zusammenfassungen der Tagesberichte der Einsatzgruppen, die das Sonderreferat „Unternehmen Tannenberg" während des deutschen Überfalles auf Polen in der Berliner Gestapo-Zentrale erstellte, noch nicht zur Verfügung standen.[11] 1965 konnte der westdeutsche Historiker Hanns von Krannhals dann eine Abschrift dieser zunächst im Archiv des polnischen Innenministeriums lagernden Akten anfertigen, die aber bisweilen fehler- und lückenhaft geriet und weder nach editorischen Gesichtspunkten überarbeitet noch veröffentlicht wurde. Bald darauf zog man auf polnischer Seite nach, als Kazimierz Leszczyński im Auftrag der Hauptkommission zur Untersuchung der NS-Verbrechen in Polen die Tagesberichte – allerdings mit wesentlichen Auslassungen – in deutscher und polnischer Sprache publizierte.[12]

Dieser bisher mit Abstand am häufigste genutzte Quellenbestand zu den Einsatzgruppen in Polen gewährt allerdings keinen verläßlichen Einblick in deren tatsächliche Aktivitäten. Zwar sollten die Tagesmeldungen der Einsatzgruppen zweimal täglich fernmündlich in der Berliner Zentrale eingehen, doch blieb die Wirklichkeit im „Blitzkrieg" hinter den Planungen zurück; zudem enthalten die Meldungen zahlreiche Verständnisfehler, die vor allem hinsichtlich der Standorte bisweilen für Verwirrung sorgen. Durch die schnellen Bewegungen der Einheiten, die häufig erst mit zeitlicher Verzögerung im Sonderreferat registriert wurden, riß die Verbindung bisweilen für mehrere Tage ab, so daß man dort manche Gruppe noch in Einsatzräumen wähnte, die diese bereits längst verlassen hatte. Die Massenerschießungen, die die Einsatzgruppe z. b. V. beispielsweise in Przemysl (Przemyśl) und Umgebung durchführte, sucht man in den Sammelberichten vergebens. Dort findet sich nur der lakonische Hinweis: „Einsatzgruppe z. b. V.: Keine Meldungen".[13] Am meisten aber fällt bei der Beurteilung des Quellenwertes der „Tannenberg-Berichte" ins Gewicht, daß sie die wahre Natur des Auftrags der Einsatzgruppen bewußt verschleiern sollten. Was mancher Kommandoführer in seiner Berichterstattung vor Ort noch unverblümt zum Ausdruck brachte, wurde aus den mit relativ hohem Verteiler im SD-Hauptamt und im Geheimen Staatspolizeiamt zirkulierenden Sammelberichten herausredigiert. Die Meldung des Einsatzkommandos 16 aus Bromberg an den Inspekteur der Sicherheitspolizei Nordost vom 30. September 1939 etwa, es seien in der Stadt „ganz erhebliche mehr oder weniger illegale Erschießungen bezw. Geiselhinrichtungen vorgenommen worden", fehlt im „Tannenberg-Bericht" desselben Tages. Statt dessen liest man dort von „Fahndungsmaßnahmen" der Einheit.[14] Man war schließlich noch in der Probephase des Massenmords.

Zeitgleich mit der Erschließung der Tagesberichte setzte in Polen eine wahre Flut von Veröffentlichungen zu den Einsatzgruppen ein, die erst mit dem Systemwechsel Ende der 1980er Jahre allmählich verebbte.[15] Dabei entstanden einige brauchbare Überblicksdarstellungen,[16] vor allem aber aufschlußreiche Regionalstudien zu Schlesien und Südpolen (mit den urbanen Zentren Kattowitz [Katowice], Krakau [Kraków] und Tschenstochau [Częstochowa] – Einsatzgruppen I, II und z. b. V.),[17] zu Großpolen und Westmasowien (Posen [Poznań] und Lodsch [Łódź] – Einsatzgruppen III, IV und VI),[18] zu Pommerellen und Nordmasowien (Danzig [Gdańsk] und Bromberg [Bydgoszcz] – Einsatzgruppen IV, V und Einsatzkommando 16)[19] sowie zu Warschau (Warszawa) (Einsatzgruppe IV).[20] Diese beachtliche Forschungsleistung fand allerdings in den Arbeiten westlicher Historiker bis auf ganz wenige Ausnahmen[21] keinen Niederschlag.[22] Am deutlichsten wird dieses Defizit am Beispiel der bisher umfassendsten Studie zu den Einsatzgruppen in Polen, die der ehemalige Direktor des Münchner Instituts für Zeitgeschichte, Helmut Krausnick, nach knapp zwanzigjähriger Forschungsarbeit veröffentlichte.[23] Krausnick nutzte zwar die auf Deutsch und Polnisch veröffentlichen Quellen zu den Einsatzgruppen in Bromberg,[24] griff aber für die Tagesberichte auf das provisorische Krannhals-Manuskript zurück, obwohl diese zumindest in Kopie seit Ende der 1960er Jahre im Bundesarchiv – zunächst in Koblenz, heute in Berlin-Lichterfelde – zugänglich sind.[25] Krausnicks Literaturverzeichnis weist zudem an einschlägiger polnischsprachiger Literatur zum Thema lediglich einen Titel nach,[26] den man im Textteil dann aber vergeblich sucht. Diese zum Zeitpunkt ihrer Veröffentlichung bereits überholte Studie wird außerhalb Polens gemeinhin jedoch nach wie vor als Standardwerk angesehen.[27] Nahezu 20 Jahre nach Ende des Kalten Krieges bleibt es ein Forschungsdesiderat, den unterschiedlichen Kenntnisstand zwischen Ost und West abzugleichen, zumal das Wissen über die Vorbereitungen der Berliner Zentralen von Gestapo, Kripo und SD auf den Einmarsch, die Aufstellung, Zusammensetzung und Befehlsgebung der Einsatzgruppen sowie ihr Verhältnis zur Wehrmacht[28] – alles Bereiche, auf die die westliche Forschung in der Vergangenheit den Schwerpunkt gelegt hat – in der polnischen Literatur nach wie vor weitgehend unterentwickelt ist.

Mit einem bloßen Abgleich des Kenntnisstandes dies- und jenseits des ehemaligen Eisernen Vorhangs allein ist es indes nicht getan. Denn eine Vielzahl von Fragen ist bisher von beiden Seiten entweder erst gar nicht gestellt oder zumindest nicht zufriedenstellend beantwortet worden. Über die Anzahl und Stärke der Einsatzkommandos sowie ihre personelle Zusammensetzung herrscht noch weitgehend Unklarheit. Des weiteren ist bis heute nicht geklärt, wie Mordbefehle weitergegeben und wie sie vor Ort in die Tat umgesetzt wurden. Wie sahen sich die Mörder selber, und wie wurden sie im Nachhinein von Überlebenden bzw. Zeugen der Massaker beschrieben? Welche Stationen durchliefen sie im Anschluß an den polnischen Kriegsschauplatz, und wie setzten sie die dort gewonnenen Erfahrungen um, wenn sie sich ‚neuen Herausforderungen' – wie im Zuge des Überfalls auf die Sowjetunion im Sommer 1941 – gegenübersahen? Konnten sie sich nach 1945 in die Normalität einer bürgerlichen Existenz flüchten oder wurden sie zur Rechenschaft gezogen? All diese Fragen warten noch auf fundierte Antworten.

Der überwiegende Teil der verfügbaren Quellen zu den Einsatzgruppen 1939 wurde bisher weder publiziert noch hinsichtlich dieser und weiterer Fragestellungen wissenschaftlich ausgewertet. Im Bundesarchiv Berlin-Lichterfelde befinden sich die Akten des Reichssicherheitshauptamtes, anhand derer sich die Entstehung und Aufstellung der Einsatzgruppen 1939 rekonstruieren läßt. Die in den Staatsarchiven in Łódź, Posen und Kattowitz, im Posener Westinstitut (Instytut Zachodni, IZ) sowie im Archiv der Warschauer Abteilung des Instituts des Nationalen Gedenkens (Instytut Pamięci Narodowej, IPN) lagernden Dokumentensammlungen zu einzelnen Einsatzgruppen und -kommandos liefern wertvolle Informationen über deren reale Tätigkeit in Polen 1939. Augenzeugenberichte über Einsatzgruppenmassaker lassen sich in den Beständen des IPN, des IZ und des ŻIH in Warschau einsehen. Als eine wahre Fundgrube erweisen sich zudem die in der Außenstelle Ludwigsburg des Bundesarchivs lagernden Akten westdeutscher Nachkriegsermittlungen gegen ehemalige Einsatzgruppenmitglieder hinsichtlich ihres Werdegangs in Kriegs- und Nachkriegszeit sowie der Zusammensetzung und Herkunft der für Polen aufgestellten Einheiten. In Verbindung mit den Unterlagen des ehemaligen Berlin

Document Center ergeben sie ein plastisches Bild des Personaltableaus. Außerdem finden sich mehrere SD-Berichte der Einsatzgruppen über die Situation im sowjetisch besetzten Ostpolen im United States Holocaust Memorial Museum (USHMM) in Washington D.C. Diese Quellensammlungen, die nahezu ohne Einschränkung seit Jahrzehnten der historischen Forschung zur Verfügung stehen, bilden das solide Fundament der vorliegenden Studie, die erstmalig alle wesentlichen Aspekte der Einsatzgruppen in Polen 1939 erörtert und belegt, daß der Vernichtungskrieg nicht erst 1941, sondern bereits 1939 begann.[29] Dabei stehen die offenen Fragen zur Zielsetzung, Tätigkeit und Wirkung von Himmlers Truppe im Vordergrund, und selbst wenn sie sich im Rahmen des vorliegenden Bandes nicht umfassend beantworten lassen, so soll er doch die Grundlage dafür schaffen, die Thematik auf die Agenda geschichtswissenschaftlicher Analyse zu setzen.

Die Organisation

Am 18. Mai 1939 lag Heydrich der erste Hinweis hinsichtlich eines Einsatzes von Sicherheitspolizei und SD in Polen vor: „Nach zuverlässigen Meldungen soll die Mobilmachung gegen Polen für den 2.7.1939 festgelegt sein", hatte SS-Oberführer Arpad Wigand, der SD-Führer des SS-Oberabschnitts Südost, tags zuvor gemeldet. „Soweit die südliche Heeresgruppe in Frage kommt, soll der Stoß von der Slowakei aus in Richtung Pinsk-Rokitnosümpfe geführt werden."[30] Und am 7. Mai bereits hatte das SD-Judenreferat Möglichkeiten ventiliert, eine vollständige Registrierung der polnischen Juden zu gewährleisten.[31] Am 22. Mai wurde im SD-Hauptamt die Zentralstelle II P geschaffen, die sämtliche Vorgänge eruieren sollte, die das Deutschtum in Polen betrafen; die dabei entstehenden Karteien sollten „einem eventuellen Einsatzkommando zur Verfügung gestellt werden".[32] Gut einen Monat später war man dort schon bedeutend weiter. Zwischenzeitlich hatte man die Stimmung der Polen in Deutschland erfaßt und die Lage der Deutschen in Polen analysiert, vor allem aber eine „Einsatzkartei", gegliedert nach Personen, Institutionen und Orten, erstellt; sie enthielt auch die Namen der „im Rahmen der Volkstumsauseinandersetzung hervorgetretenen Polen", also die Mitglieder jener Traditionsverbände, die an die Aufstände in Posen und Oberschlesien nach dem Ersten Weltkrieg erinnerten.[33] Auf ihrer Basis stellte man Fahndungslisten für die Einsatzkommandos zusammen, die während des Feldzuges laufend ergänzt wurden.[34]

Parallel dazu traten die Vorbereitungen für die eigentlichen Operationen in die heiße Phase. Bevor Heydrich in Urlaub ging, rief er am 5. Juli Brigadeführer Dr. Werner Best und Oberführer Heinrich Müller vom Geheimen Staatspolizeiamt (Gestapa) sowie Brigadeführer Heinz Jost und die Sturmbannführer Walter Schellenberg und Dr. Helmut Knochen vom SD-Hauptamt zu sich, um die „wesentlichsten Fragen" des anstehenden Überfalls zu besprechen. Demnach war der Einsatz von 2 000 Mann in vier gleichgroßen Gruppen geplant, von denen der SD 350–450 stellen sollte.[35] Während Heydrichs Abwesenheit befaßte sich Best, dem die „Gesamtvorbereitung" übertragen worden war, mit der organisatorischen Umsetzung dieser Pläne. Gestützt auf die ihm unterstehenden Referate des Amtes Verwaltung und Recht im Hauptamt Sicherheitspolizei und die Abteilung I des Gestapa schuf Best in enger Zusammenarbeit mit Schellenberg im Juli und August 1939 das normative, personelle und technische Gerippe der Einsatzgruppen in Polen. Wie seine erhaltenen Kalendernotizen belegen, fanden seit dem 14. Juli mehrfache „Besprechung[en] über Großeinsatz" in unterschiedlicher Zusammensetzung statt; außerdem sondierte Best bei Admiral Wilhelm Canaris, dem Chef der militärischen Abwehr, und Staatssekretär Dr. Wilhelm Stuckart vom Innenministerium. Als die Vorbereitungen nahezu abgeschlossen waren, entstand im Hauptamt Sicherheitspolizei das Sonderreferat „Unternehmen Tannenberg"; dies war der Deckname des geplanten Überfalls. In diesem Dauerdienst sollten in der Berliner Zentrale sämtliche Vorgänge des Einsatzes zusammenlaufen und zweimal täglich Sammelberichte erstellt werden. Am 1. September, dem Tag des Kriegsbeginns, wurde Best zum Stellvertreter des Chefs der Sicherheitspolizei, also zum Berliner Statthalter Heydrichs, „anläßlich der Aktion Polen" ernannt, während sich Schellenberg zwei Tage später als Beauftragter Heydrichs bei Himmler in dessen „Sonderzug Heinrich" begab.[36]

Kurz zuvor, am 29. August, hatten Heydrich und Best die notwendige Übereinkunft mit Oberst Eduard Wagner, dem Stabschef des Generalquartiermeisters im Oberkommando des Heeres, erzielt. „Besprechung bei Ministerialdirektor Best (SD), anschließend bei dem berüchtigten Chef des SD – Heydrich", notierte dieser in seinem Tagebuch. „Es handelt sich um den Einsatz der Gestapo-Gruppen im Operationsgebiet. Wir kamen schnell überein. Beides etwas undurchdringliche Typen, Heydrich besonders unsympathisch."[37] Basis dieser Übereinkunft waren mit Sicherheit die kurz zuvor formulierten „Richtlinien für den auswärtigen Einsatz der Sicherheitspolizei und des SD",[38] die sich an den Direktiven für die Kommandos beim Einmarsch in das Sudetenland orientierten, diese zum Teil wortwörtlich wiederholten und deswegen wohl als unverfänglich galten.[39] „Aufgabe der sicherheitspolizeilichen Einsatzkommandos", hieß es dort, „ist die Bekämpfung aller reichs- und deutschfeindlichen Elemente in Feindesland rückwärts der fechtenden Truppe". Diese Gummidefinition, die in der Folgezeit zur Standardfloskel avancieren sollte, delegierte die Entscheidungsmacht darüber, wer als „reichs- und deutschfeindliche Elemente" zu gelten hatte, an die Kommandeure vor Ort. Die so erteilte Blankovollmacht öffnete von ‚oben' bestehende Schranken, entgrenzte die Spielräume und ersetzte normative Festlegung durch effizienzorientierte Flexibilität. In der Aufzählung der Mittel gab man sich dagegen noch ausgesprochen moderat: „Jeder Angehörige der Einsatzgruppen hat in jeder Lage und gegen jedermann bestimmt[,] aber korrekt aufzutreten. Die gesetzten Ziele sind so zu erreichen, daß Beschwerden möglichst vermieden werden." Und geradezu pazifistisch heißt es eine Seite weiter: „Mißhandlungen oder Tötungen festgenommener Personen sind strengstens untersagt und, soweit derartiges von anderen Personen unternommen werden sollte, zu verhindern. Gewalt darf nur zur Brechung von Widerstand angewandt werden." In einem Punkt allerdings blieben die Richtlinien recht undeutlich: Hinsichtlich des Verhältnisses der Einsatzgruppen zur Wehrmacht war zwar von „dauernde[r] Verbindung" und „reibungslose[m] Verkehr", nicht aber von direkter Unterstellung die Rede.

Dort sah man dies naturgemäß anders, hatte doch das Oberkommando des Heeres Anfang August festgehalten, daß „alle Polizeikräfte [...] nach den Weisungen und im Sinne der Inhaber der vollziehenden Gewalt [zu] arbeiten" hätten,[40] also weisungsabhängig seien. Es war darum kein Zufall, daß alle Armeen, die in den Tagen nach der Übereinkunft zwischen Wagner und Heydrich ihr Verhältnis zu den Einsatzgruppen definierten, dies mehr oder minder deutlich im Sinne einer Unterstellung formulierten, jedoch deren oben zitierte allgemeine Aufgabenstellung aus den „Richtlinien" in ihre Direktiven übernahmen. Die 8. Armee erklärte die Einsatzgruppe III als „unterstellt",[41] und deren Kommandeur akzeptierte dies explizit: „Ich unterstehe in meiner Eigenschaft als Führer der Einsatzgruppe III direkt dem Oberbefehlshaber der VIII. Armee bezw. dem Oberquartiermeister der VIII. Armee."[42] Allerdings ließ diese scheinbar so klare Formulierung gleich zwei Hintertürchen offen: Die Subordination bezog sich nur auf den Kommandeur persönlich und nicht auf die ganze Einsatzgruppe, und sie betraf lediglich dessen Verhältnis zur höchsten Befehlsebene, nicht aber das zu den übrigen Kommandobehörden. Der Kommandant des rückwärtigen Armeegebietes 580 sah sich gleichfalls als Herr ‚seiner' Einsatzgruppe: „Ich habe die vollziehende Gewalt in Bromberg übernommen. Sämtliche Truppen und Behörden sind mir unterstellt", dekretierte er[43] und erklärte die „Einsatzgruppe Beutel" als dem Polizeigeneral Mülverstedt explizit „unterstellt"; seit dem 13. September galt diese Unterordnung dann gegenüber dem Befehlshaber der Ordnungspolizei (BdO) im Armeegebiet.[44] „SS-Obergruppenführer v. Woyrsch untersteht dem Oberbefehlshaber der 14. Armee unmittelbar", befahl auch deren Oberquartiermeister hinsichtlich des Kommandeurs der Einsatzgruppe z.b.V.[45] Die 10. Armee wiederum stellte die Einsatzgruppe II auf eine Stufe mit der heereseigenen Geheimen Feldpolizei und machte sie so implizit zur unterstellten Formation. Gleichzeitig ordnete sie jedoch auch an: „Sämtliche Truppenteile (einschl. Ordnungsdienste) sind verpflichtet[,] Anforderungen der Einsatzkommandos, sobald es die taktische Lage erlaubt, weitgehendst [sic] nachzukommen."[46]

Während der Vorbereitungen auf den Septemberfeldzug wirkte das SD-Hauptamt nicht nur an der Aufstellung der Einsatzgruppen mit, sondern kümmerte sich zudem noch um zwei spezifische Felder. Zum einen intensivierte es seine nachrichtendienstlichen Verbindungen zu den Volksdeutschen in Polen, um sie für den Fall des Angriffs als Fünfte Kolonne zu instrumentalisieren. So findet sich folgender Beförderungsvorschlag von 1941: „Kortas hat sich zur Polenzeit aktiv für das Deutschtum eingesetzt, war Schulungsleiter der Jungdeutschen Partei für Polen von 6 Kreisen und hat somit durch seinen persönlichen Einsatz die Kameradschaft und den Zusammenhalt der Deutschen in Polen aufrecht erhalten. Gleichzeitig hat K. dauernd für den SD.-Nachrichtendienst gearbeitet und ist würdig, in das Führerkorps der SS aufgenommen zu werden."[47] Und den evangelischen Pfarrer im schlesischen Kempen (Kępno) lobte der erste Tagesbericht zum „Unternehmen Tannenberg": „Mit weiteren 15 Volksdeutschen hat er schon früher nachrichtendienstlich gearbeitet."[48] Zum anderen war das SD-Hauptamt damit beauftragt, durch die vorgetäuschten polnischen Angriffe auf den Sender Gleiwitz, Pitschen und Hochlinden am Abend des 31. August 1939 eine Begründung für den deutschen Überfall zu fabrizieren.[49] Hitler selbst hatte diesen Schritt am 22. August gegenüber seiner hohen Generalität begründet: „Ich lasse ein paar Kompanien in polnischer Uniform in Oberschlesien oder im Protektorat angreifen. Ob die Welt das glaubt, ist mir scheißegal. Die Welt glaubt nur an den Erfolg."[50]

Ende August sammelten sich in Städten südlich, westlich und nördlich der Grenze fünf Einsatzgruppen, die halbkreisförmig in Polen einfallen sollten. Die größte von ihnen stand in Wien bereit, um mit vier Kommandos von jeweils 90 Mann über die Ostslowakei nach Westgalizien zu gelangen; seit 4. September wurde sie als Einsatzgruppe I bezeichnet.[51] In Oppeln formierte sich die spätere Einsatzgruppe II mit zwei Kommandos.[52] Dieselbe Zusammensetzung besaß auch die künftige Einsatzgruppe III, die in Breslau aufgestellt wurde und eine Stärke von 330 Mann aufwies.[53] Am 25. September wurden die Gruppen II und III vereinigt und dem Gruppenführer III unterstellt.[54] Dramburg in Pommern diente als Sammelpunkt für den Stab und die beiden Kommandos der späteren Einsatzgruppe IV, die gemeinsam 200–250 Mann stark waren.[55] Auch die spätere Einsatzgruppe V, deren Ausgangspunkt das ostpreußische Allenstein bildete, wies anfangs erst zwei Kommandos mit etwa 250 Mann auf.[56] Diese fünf Gruppen und ihre 12 Kommandos überschritten kurz nach dem 1. September die Grenze und stellten die erste Welle des sicherheitspolizeilichen Einsatzes in Polen.

Doch bei diesem Aufgebot sollte es nicht bleiben. „In Oberschlesien sind überall schwere Bandenkämpfe, die nur durch drakonische Maßregeln gebrochen werden können", notierte Wagner am 3. September,[57] und Generaloberst Franz Halder, der Chef des Generalstabes im Oberkommando des Heeres, befand am selben Tag: „14. Armee braucht Polizei für rückwärtiges Gebiet."[58] Diese Optik spiegelte die noch wachsende Freischärlerpsychose auf deutscher Seite. Denn dort übersah man, daß die Anlage der Wehrmachtsoperationen als schnelle Durchbrüche motorisierter Verbände den Widerstand überrollter und versprengter polnischer Truppenteile im Rücken der Front geradezu provozierte, und daß die so verursachte Fragmentierung des Kriegsschauplatzes die Grenzen zwischen regulärer und irregulärer Kriegführung verwischte. Obwohl dieses Problem also im wesentlichen hausgemacht war, galt bald schon jeder, der hinter der Hauptkampflinie eine Waffe trug, als Freischärler.[59] Himmler zog eine doppelte Konsequenz aus den Hilferufen der Militärs. Noch am 3. September befahl er die Aufstellung einer zusätzlichen Einsatzgruppe z. b. V. zur „radikale[n] Niederwerfung des aufflackernden Polenaufstandes im neubesetzten Teile Oberschlesiens mit allen zur Verfügung stehenden Mitteln". Sie bestand aus vier Polizeibataillonen und einem sicherheitspolizeilichen Sonderkommando in Stärke von 350 Mann, sammelte sich am 6. September in Gleiwitz und war zunächst dem VIII. Armeekorps, dann der 14. Armee unterstellt.[60] Parallel zu dieser neuen Einsatzgruppe genehmigte der Reichsführer-SS die Entsendung von Polizeibataillonen. „Abends um 21 Uhr noch eine Besprechung mit dem eilig von mir herbeigeholten General von Bomhard, dem Chef von Daluege, wegen Polizeiabstellungen", notierte Wagner am 5. September. „Sie kratzen noch zusammen, was sie haben, und wir fahren es morgen abend von Hamburg, Münster, München in Eiltransporten an die Ostfront."[61] „Polizeiwalze hinter Armeen", jubilierte Halder einen Tag später nach Wagners Vortrag.[62] Ende September befanden sich bereits 21 Polizeibataillone und zwei berittene Abteilungen beim Einsatz in Polen.[63]

Die weiteren Aufstockungen der Sicherheitspolizei und des SD dienten nicht mehr der Niederkämpfung vermeintlicher „polnischer Banden", sondern sollten bereits militärisch eroberte Gebiete polizeilich besetzen und den dort befindlichen Einheiten den weiteren Vormarsch ermöglichen. So wurde am 9. September die Einsatzgruppe VI mit zwei Kommandos „zur Besetzung der Provinz Posen" in Frankfurt/Oder zusammengezogen.[64] Drei Tage später entstand in Danzig das selbständige Einsatzkommando 16 in der Stärke von zunächst 100 Mann „für das Gebiet des Militärbefehlshabers Westpreußen".[65] Die Zahl 16 ergab sich aus der Addition aller Kommandos bei den Einsatzgruppen mit römischen Ziffern.[66] Abteilungen dieser Einheit operierten in Westpreußen, wie das polnische Pommerellen deutscherseits bezeichnet wurde.[67] Außerdem rückte am 13. September das neu gebildete Einsatzkommando 3/V nach Nordmasowien vor,[68] wurde jedoch am 3. Oktober wieder nach Allenstein zurückgezogen.[69] In diesem organisatorischen Gefüge vollzogen Sicherheitspolizei und SD den Überfall auf Polen, der für sie – ebenso wie für die Wehrmacht[70] – der Auftakt zum Vernichtungskrieg werden sollte.

Das Personal
Bei der Personalzusammenstellung[71] ist ein deutliches Ost-West-Gefälle festzustellen: Die Männer der grenznahen Stapo-Stellen Tilsit, Allenstein, Königsberg, Elbing, Köslin, Schneidemühl, Frankfurt/Oder, Liegnitz, Oppeln und Breslau wurden weitgehend in Marsch gesetzt. Die Stapo-Stellen in Mittel-,

West- und Süddeutschland sowie in der Ostmark und im Protektorat Böhmen und Mähren hingegen bildeten die Reserve und stellten nur Teilkommandos mit etwa 10–15 Mann unter Führung eines Kriminalrates oder eines Kommissars. Grosso modo galt dieses Muster auch für die entsprechenden SD-Abschnitte und Kripo-Stellen. Zudem wurden Personal und laufende Lehrgänge der Führerschule der Sicherheitspolizei in Berlin-Charlottenburg und der Grenzpolizeischule im sächsischen Pretzsch eingesetzt, da sie kurzfristig mobilisierbar waren. Mit diesem Modus, der sich 1940 beim Überfall auf West- und Nordeuropa hinsichtlich seiner regionalen Ausrichtung komplett umdrehte,[72] versuchte man einerseits die Funktionsfähigkeit des Himmler'schen Imperiums so weit wie möglich zu erhalten, andererseits eine für auswärtige Einsätze bislang nicht erreichte Truppenstärke zu gewährleisten. Während man bei den Mannschaftsdienstgraden nach dem Kriterium der Entbehrlichkeit vorging und die Auswahl den jeweiligen Dienststellenleitern überließ, handelte man beim leitenden Personal vom Kommissar aufwärts nach dem Prinzip der zentralisierten Auslese. Dort wurden Vorschläge von den Fachämtern gemacht, die Einsatzgruppenchefs und die Kommandoführer zudem direkt von Heydrich oder sogar Himmler bestimmt.[73] Welch große Bedeutung man dem Unternehmen beimaß, belegt die Tatsache, daß mit 21 Leitern der damals 64 Stapo-Stellen im Reich und im Protektorat immerhin ein Drittel zu den Einsatzgruppen abgestellt wurde.[74]

Einsatzgruppe I
So übernahm SS-Brigadeführer Bruno Streckenbach in Wien das Kommando der Einsatzgruppe I. 1902 geboren, hatte er 1919 einem Freikorps angehört, ein Jahr später am Kapp-Putsch teilgenommen und sich danach in verschiedenen kaufmännischen Berufen versucht. Seit 1919 bewegte er sich im völkischen Spektrum, wurde 1930 Mitglied von NSDAP und SA und trat im September 1931 zur SS über. Auf Wunsch des Hamburger Gauleiters Kaufmann übernahm er im Dezember 1933 die Leitung der dortigen Stapo-Stelle und avancierte 1938 überdies zum Inspekteur der Sicherheitspolizei und des SD (IdS) für den Wehrkreis X. Im November 1939 machte ihn Himmler zum Befehlshaber der Sicherheitspolizei und des SD (BdS)[75] im Generalgouvernement mit Sitz in Krakau. Der Juni des folgenden Jahres brachte einen weiteren Karrieresprung: Heydrich ernannte ihn als Nachfolger Bests zum Amtschef I und damit zum Verwaltungs- und Personalchef des RSHA. Parallel dazu behielt Streckenbach seine Funktion als BdS bis Januar 1941 bei, ehe er sich in Berlin ganz der Aufstellung der Einsatzgruppen für das Unternehmen „Barbarossa" widmete. Enttäuscht darüber, daß Ernst Kaltenbrunner und nicht er nach dem Tod Heydrichs zum Chef der Sicherheitspolizei und des SD aufstieg, erbat Streckenbach im Dezember 1942 seine Überstellung zur Waffen-SS. Auch dort machte er in erstaunlich kurzer Zeit Karriere und kom-

mandierte seit April 1944 die aus Letten bestehende 19. Waffen-Grenadier-Division.[76]

Streckenbachs Stellvertreter und zugleich Verbindungsoffizier zur 14. Armee verkörperte einen anderen Typus. Sturmbannführer Walter Huppenkothen war kein aus der SS stammender polizeilicher Seiteneinsteiger, sondern ein Jurist, der bald nach der Ausbildung bei der Gestapo angeheuert hatte. 1907 geboren, trat er noch während der Referendarausbildung 1933 NSDAP und SS bei, war 1934/35 hauptamtlicher Referent beim SD-Oberabschnitt in Düsseldorf und wechselte dann zur Geheimen Staatspolizei. 1936/37 fungierte er als stellvertretender Chef der Stapo-Leitstelle Königsberg, trat dann an die Spitze der Stapo-Stelle Lüneburg und sammelte bereits 1938 beim Einmarsch ins Sudetenland Erfahrung als stellvertretender Führer einer Einsatzgruppe. Im Spätherbst 1939 wurde Huppenkothen zum Kommandeur der Sicherheitspolizei und des SD (KdS) in Krakau ernannt, im Februar 1940 zum KdS in Lublin. Im Juli 1941 versetzte man ihn zurück ins RSHA, wo er als Gruppenleiter IV E reüssierte. Anfang April 1945 war er RSHA-Anklagevertreter bei den Todesurteilen gegen Hans von Dohnanyi, Dietrich Bonhoeffer, Wilhelm Canaris und Hans Oster.[77] Ebenfalls Jurist war der staatspolizeiliche Sachbearbeiter beim Chef der Zivilverwaltung des Armeeoberkommandos 14, Sturmbannführer Heinz Richter. 1903 geboren, war er der NSDAP bereits 1926 beigetreten, hatte die Mitgliedschaft jedoch während seiner Referendarzeit zwischen 1930 und 1932 ruhen lassen. 1935 wurde er von der Stapo-Leitstelle Berlin eingestellt, übernahm in den folgenden beiden Jahren als Chef die Stapo-Stelle Allenstein und wurde 1938/39 zum IdS Wien abgeordnet. Nach seinem Einsatz in Polen kehrte Richter ins RSHA zurück und wurde von dort im Januar 1942 als neuer Leiter des Einsatzkommandos 8 nach Weißrußland geschickt, um die Vernichtung der dortigen Juden voranzutreiben. Im September dieses Jahres kam er dann als Gerichtsoffizier zum BdS Frankreich, ehe er im Mai 1944 die Führung der Stapo-Stelle Frankfurt/Oder übernahm, wo er kurz vor Kriegsende im dortigen Gefängnis ein Massaker an den Insassen verantwortete.[78]

Der Leiter des SD-Kommandos im Stab der Einsatzgruppe I, Hauptsturmführer Franz Hoth, Jahrgang 1909, verkörperte einen dritten Typus: den des nicht akademisch vorgebildeten, hoch mobilen SD-Angehörigen, der von Schauplatz zu Schauplatz eilte. Als kaufmännischer Angestellter wurde er 1931 Mitbegründer einer NSDAP-Ortsgruppe und SA-Mitglied, trat 1933 zur SS über und kam ein Jahr später im SD-Hauptamt unter. Bereits bei den Einmärschen in Österreich, im Sudetenland und in Tschechien führte er SD-Kommandos, ehe er im April 1940 dann an die Spitze des SD-Abschnitts Bremen trat. Im Juli 1942 kam er zum Einsatzkommando bei der Panzerarmee Afrika, das den Holocaust auf Palästina ausdehnen sollte, im November dieses Jahres dann zum Einsatzkommando Tunis. Anschließend war er beim BdS Frankreich und übernahm im November 1943 die Dienstgeschäfte des KdS Nancy. Nach dem

Rückzug führte er ab August 1944 das z. b. V.Kommando 29 bei der Einsatzgruppe H in Pressburg (Bratislava) und um die Jahreswende 1944/45 das z. b. V.Kommando 5 der Einsatzgruppe L bei der Ardennenoffensive. Im April 1945 wurde Hoth dann als neuer KdS Stavanger nach Norwegen versetzt.[79] Einen vierten Typus wiederum, den des republikanisch sozialisierten Laufbahnpolizisten, verkörperte der kriminalpolizeiliche Sachbearbeiter im Stab der Einsatzgruppe I, Regierungs- und Kriminalrat Georg Schraepel. 1898 geboren, war er noch Weltkriegssoldat gewesen und nach einem Jurastudium 1928 Kriminalbeamter geworden. Der NSDAP gehörte er seit 1933 an, während er der SS erst 1942 beitreten sollte. Seit 1930 hatte Schraepel die Kripo-Stelle Braunschweig geführt, seit April 1939 dann die in Bochum. Als Gruppenleiter IV blieb er bis März 1941 beim BdS Krakau. Danach wechselte er als Personalreferent für die Kripo ins Amt I des RSHA.[80]

Der Führer des Einsatzkommandos 1/I, Sturmbannführer Dr. Ludwig Hahn, Jahrgang 1908, war bereits als Jurastudent Anfang 1930 der NSDAP beigetreten und 1933 als Referendar SS-Mitglied geworden. Unmittelbar nach der Assessorprüfung 1935 trat er ins SD-Hauptamt ein. 1936 übernahm er die stellvertretende Leitung der Stapo-Stelle Hannover, wurde aber noch im September dieses Jahres ins Berliner Gestapa versetzt, um 1937 dann auf den Chefsessel der Stapo-Stelle Weimar zu wechseln. Im Januar 1940 löste er Huppenkothen als KdS in Krakau ab und wurde im August dieses Jahres zum Sonderbeauftragten Himmlers beim deutschen Gesandten in Pressburg ernannt. Im Frühjahr 1941 befehligte Hahn dann die Einsatzgruppe beim Überfall auf Griechenland. Im August desselben Jahres wurde er KdS in Warschau und war 1942/43 maßgeblich an der Liquidierung des dortigen Ghettos beteiligt. Im Dezember 1944 übernahm Hahn – mittlerweile Standartenführer – die Leitung der Einsatzgruppe L bei der Ardennenoffensive, wurde Ende Januar 1945 Beauftragter des RSHA beim Befehlshaber der Sperr- und Auffanglinie im Rahmen der Heeresgruppe Weichsel und fungierte seit März dann als KdS Westfalen-Nord in Münster, wo er noch in den letzten Kriegstagen mehrere Ostarbeiter ohne Urteil erschießen ließ.[81] Den SD-Trupp beim Einsatzkommando 1/I führte Hauptsturmführer Franz Heim, Jahrgang 1907, ein gelernter Drogist, der bereits 1930 der NSDAP und der SA beigetreten war und 1931 zur SS wechselte. Als Obersturmbannführer und Gruppenleiter II sollte Heim bald schon zum stellvertretenden BdS Krakau avancieren, dort jedoch 1943 an Krebs sterben.[82]

Wie alle übrigen Einsatzkommandos rekrutierte sich auch 1/I aus mehreren Teilgruppen unterschiedlicher Provenienz. So brachte Hahn etwa 10 Mann von der Stapo-Stelle Weimar mit.[83] Ähnliche Kontingente stellten das Berliner Gestapa,[84] die Stapo-Stellen Hannover,[85] Erfurt,[86] Oppeln[87] und Schwerin sowie die Kripo-Stelle Weimar.[88] Mit ihnen kamen etliche Täter, die die Vernichtung der polnischen Juden befördern sollten: So etwa Hauptsturmführer und Kriminalrat Walter Liska vom Gestapa, der seit Dezember 1941 Leiter IV beim KdS Lublin war und damit die gesamte Gestapo-Aktivität in diesem Distrikt koordinierte.[89] Oder Obersturmführer und Kriminalkommissar Wilhelm Raschwitz, gleichfalls vom Gestapa, der als Leiter der Grenzpolizeikommissariate Jaslo (Jasło), dann Neu-Sandez (Nowy Sącz) die Shoah in diesen Teilen Westgaliziens exekutierte und im Februar 1945 fiel.[90] Oder Obersturmführer und Kriminalkommissar Kurt Stawizki von der Stapo-Stelle Oppeln, der als Leiter IV beim KdS Lemberg (Lwów) bis November 1943 verantwortlich für die Judenvernichtung in Ostgalizien war.[91] Oder Kriminalobersekretär und Untersturmführer Hans Soltau von der Stapo-Leitstelle Hamburg, der im Oktober 1942 als Chef der KdS-Außendienststelle Ostrowiec im Distrikt Radom die Deportation von 15000 Juden organisierte.[92] Oder auch Untersturmführer und Kriminalkommissar Alfred Spilker vom Gestapa, NSDAP-Mitglied seit 1930, der als Chef des Sonderkommandos IV AS beim BdS Krakau zum gefährlichsten Widersacher des polnischen Widerstandes im Generalgouvernement werden sollte, seit August 1944 dann ein Einsatzkommando zur Niederschlagung des Warschauer Aufstandes führte und gleichfalls bei Kriegsende mutmaßlich ums Leben kam.[93]

Auch der Führer des Einsatzkommandos 2/I, der 1905 geborene Sturmbannführer Bruno Müller, war Jurist und bereits als Referendar 1931 der NSDAP und SS beigetreten. Nachdem er 1933/34 kommissarischer Bürgermeister von Norderney gewesen war, ernannte ihn die oldenburgische Regierung 1935 zum Leiter des dortigen Gestapa. Zwei Jahre später wurde er Chef der neu geschaffenen Stapo-Stelle Wilhelmshaven. Als erster KdS blieb er bis Dezember 1939 in Krakau, kehrte dann kurz zu seiner Heimatdienststelle zurück und übernahm bereits im Frühjahr 1940 die Führung des Einsatzkommandos 1 beim Überfall auf die Niederlande. Im Oktober dieses Jahres kam er ins RSHA, wo er bis Mai 1941 das Referat III B 4 für Einwanderung und Umsiedlung leitete. Im Juni wurde Müller dann der Einsatzgruppe D zugewiesen, die von Rumänien aus in die Sowjetunion einmarschierte. Er fungierte dort zunächst als Leiter IV in deren Stab und erhielt dann bis Oktober 1941 die Führung des Sonderkommandos 11b. Vor der ersten Massenexekution packte er ein zweijähriges jüdisches Kind und rief: „Ihr müßt sterben, damit wir leben können." Dann erschoß er das Kind und dessen Mutter. Seit Dezember dieses Jahres war Müller dann Chef der Stapo-Leitstelle Stettin, von Oktober 1943 bis März 1944 KdS Wolhynien-Podolien in Luzk (Łuck) und zugleich stellvertretender BdS Ukraine, danach Führer des Einsatzkommandos Essegg der Einsatzgruppe E in Kroatien bis Mai dieses Jahres, anschließend KdS im nordfranzösischen Rouen. Seit Oktober 1944 leitete er das z.b.V.Kommando 1 im mährischen Zlin, um seit April 1945 dann als KdS Nordmark zu amtieren. Kurz vor Ankunft der Briten befahl er noch ein Massaker an Insassen des Arbeitserziehungslagers Kiel-Hassee.[94] Müller – so scheint es – riß sich geradezu um auswärtige Einsätze quer durch das deutsch besetzte Europa; kein SS-Führer aus dem Bereich des RSHA kam auf eine höhere Zahl.

Müller brachte ebenfalls Angehörige seiner Stapo-Stelle Wilhelmshaven mit zum Einsatzkommando 2/I.[95] Zudem rekrutierte sich sein Personal aus den Stapo-Stellen Bremen[96] und Schwerin[97] sowie aus 20 Mann von der Stapo-Leitstelle Dresden.[98] Deren Kopf, Hauptsturmführer und Kriminalkommissar Robert Weissmann, NSDAP-Mitglied seit 1929 und ein Jahr später von der SA zur SS übergetreten, war ein polizeilicher Seiteneinsteiger des Jahres 1933. Als Chef des Grenzpolizeikommissariats Zakopane und seit Juli 1943 als Leiter IV beim KdS Krakau sollte er eine Blutspur in Westgalizien hinterlassen. „Es ist Krieg", erklärte Weissmann bei der Deportation der Juden von Zakopane. „Nahrung ist selbst bei bevorrechtigten Leuten knapp. Warum sollte Nahrung durch euch elende Juden vergeudet werden?"[99] Kriminalsekretär Rudolf Bennewitz hingegen war ein Dresdener Laufbahnpolizist seit 1924. Doch auch er verspürte keinerlei Hemmungen, als er im September 1942 die Leitung des Grenzpolizeikommissariats Przemysl antrat und die Deportation der dortigen Juden mit vollzog.[100]

Der Führer des Einsatzkommandos 3/I, Sturmbannführer Dr. Alfred Hasselberg, Jahrgang 1908, war gleichfalls Jurist und gehörte der SA seit 1933 an. Als er 1935 bei der Gestapo Beschäftigung fand, trat er auch der NSDAP bei und wechselte zur SS über. Ein Jahr später verließ er das Berliner Gestapa und übernahm die Leitung der Stapo-Stelle Schneidemühl, ehe er in gleicher Funktion zur Stapo-Stelle Dortmund kam. Hasselberg wurde erster KdS in Lublin, jedoch noch im Januar 1940 abberufen und der Wehrmacht zur Verfügung gestellt, nachdem zwei seiner Kriminalkommissare im RSHA ein Disziplinarverfahren wegen seiner Eskapaden und Extravaganzen angestrengt hatten.[101] Sein Stellvertreter war Kriminalkommissar Hans Block, geboren 1898 und NSDAP-Mitglied seit 1925, der 1933 von der Gestapo in Tilsit übernommen worden war und im Juni 1939 zur Stapo-Leitstelle Wien wechselte. Im Distrikt Lublin war er zunächst Chef des Grenzpolizeikommissariats Zamosc (Zamość). Im Juni 1942 übernahm er dann die Leitung des Grenzpolizeikommissariats im ostgalizischen Drohobycz und vollendete die Vernichtung der dort ghettoisierten Juden. 1944 kam Block in Ungarn ums Leben.[102] Es war wenig verwunderlich, daß auch Hasselberg und Block Angehörige ihrer Dienststellen in Dortmund und Wien zum Einsatzkommando 3/I mitbrachten.[103] Daneben rekrutierte sich das Personal aus den Stapo-Stellen Köln,[104] Frankfurt/Main,[105] Würzburg,[106] Erfurt,[107] Troppau[108] und Augsburg.[109] Außerdem kam ein 20-köpfiger Teiltrupp von der Stapo-Leitstelle München hinzu, der von Kriminalkommissar Johann Schmer geführt wurde.[110] Bereits 1891 geboren und Soldat im Ersten Weltkrieg, hatte dieser 1919 an der Niederschlagung der Münchner Räterepublik teilgenommen und war 1923 in den Polizeidienst getreten. Als NSDAP-Mitglied seit 1933 versetzte man ihn noch im selben Jahr zur Politischen Polizei.

Als Kriminalrat und Sturmbannführer fungierte Schmer von Dezember 1941 bis Januar 1944 als Leiter IV beim BdS Krakau.[111] Auch der Führer des Einsatzkommandos 4/I, Obersturmbannführer Karl Brunner, Jahrgang 1900, war noch Weltkriegssoldat und 1919 Freikorpskämpfer und Mitglied des Deutsch-völkischen Schutz- und Trutzbundes gewesen. Als er jedoch nach dem Studium als Verwaltungsjurist 1927 in den bayrischen Staatsdienst eintrat, hielt er sich politisch bedeckt, „obwohl [er] dem Führer die Treue hielt", wie er in seinem Lebenslauf schrieb. Im März 1933 allerdings war es mit der Zurückhaltung vorbei, und Brunner fand den Weg zu NSDAP und SA. Im folgenden Jahr wechselte er zur Bayrischen Politischen Polizei und avancierte 1937 – nunmehr seit drei Jahren Mitglied der SS – zum stellvertretenden Chef der Stapo-Leitstelle München. Im Februar 1940 wurde Brunner zum IdS Salzburg ernannt; seit Januar 1944 amtierte er dann als SS- und Polizeiführer (SSPF) in Bozen.[112] Zum SD-Trupp beim Kommando 4/I gehörte Untersturmführer Dr. Helmut Glaser. Geboren 1910, war er bereits 1931 als Romanistikstudent der österreichischen NSDAP beigetreten und deswegen nicht in den Schuldienst übernommen worden. 1938 wurde er hauptamtlich beim SD-Unterabschnitt Kärnten eingestellt, leitete 1940/41 das SD-Referat beim KdS Krakau und übernahm anschließend die vertretungsweise Führung des SD-Abschnitts Klagenfurt. 1944 trat Glaser als Sturmbannführer an die Spitze des SD-Abschnitts Bayreuth, um im Dezember dieses Jahres dann Chef des z. b. V.Kommandos 29 bei der Einsatzgruppe H in der Slowakei zu werden.[113] Die Männer des Einsatzkommandos 4/I kamen von den Stapo-Stellen Stuttgart,[114] Dortmund[115] und Innsbruck.[116] Zu letzteren gehörte auch Kriminalkommissar und Hauptsturmführer Hanns Mack, geboren 1904, NSDAP- und SS-Mitglied seit 1931, der 1933 als Seiteneinsteiger zur Württembergischen Politischen Polizei gekommen war. Als Leiter der KdS-Außenstelle Reichshof (Rzeszów) sollte er im Juli 1942 die „Aussiedlung" der 23 000 dort ghettoisierten Juden organisieren.[117] Auch Kriminalkommissar und Obersturmführer Heinrich Hamann, Jahrgang 1908, gleichfalls NSDAP- und SS-Mitglied seit 1931, zählte zum Kommando. Als Chef des Grenzpolizeikommissariats Neu-Sandez verantwortete er die Deportation der dortigen Juden im August 1942.[118]

Einsatzgruppe II
Kommandeur der in Oppeln aufgestellten Einsatzgruppe II wurde Obersturmbannführer Dr. Emanuel Schäfer. Geboren 1900, war er 1918 noch Soldat, betätigte sich in den folgenden beiden Jahren dann als Aktivist im deutsch-polnischen „Volkstumskampf" und beteiligte sich an der Niederschlagung der oberschlesischen Aufstände. Nach dem Jurastudium trat er als Kriminalkommissaranwärter in den Polizeidienst. Im Februar 1933 übernahm Schäfer auf Wunsch der neuen Herren die Leitung der Politischen Polizei in Breslau, im

Mai 1934 dann die der Stapo-Stelle Oppeln. Die Mitgliedschaft in der SS 1936 und in der NSDAP 1937 komplettierte seine Ankunft im Dritten Reich. Im März 1939 führte er das Einsatzkommando III beim Überfall auf Tschechien. Im Februar 1940 wurde Schäfer Chef der Stapo-Stelle Kattowitz, im Oktober dieses Jahres Leiter der Stapo-Stelle Köln, wo er bis Jahresende die Deportation von 3000 Juden in drei Transporten nach Litzmannstadt und Riga verantwortete. Im Januar 1942 stieg er zum BdS Belgrad auf und schloß noch im selben Jahr die Vernichtung der serbischen Juden mit Gaswagen ab. Um die Jahreswende 1944/45 befehligte Schäfer die Einsatzgruppe K während der Ardennenoffensive und übernahm im Januar 1945 dann die Dienstgeschäfte des BdS Triest.[119] Auch sein Stellvertreter, Obersturmbannführer Eduard Strauch, der SD-Führer der Einsatzgruppe II, sollte ein Experte in Sachen Judenmord werden. Geboren 1906, absolvierte er gleichfalls ein Studium der Rechte und trat noch als Referendar 1931 NSDAP und SS bei. Seit August 1934 leitete er hauptamtlich den SD-Abschnitt Dortmund. Im März 1941 kam er zur Stapo-Leitstelle Königsberg und wurde von dort im November dieses Jahres zum Einsatzkommando 2 in Lettland versetzt. Im Februar 1942 reüssierte Strauch als KdS Weißruthenien in Minsk und organisierte dort die Vernichtung der weißrussischen Juden. Im Juli 1943 wurde er als Ic-Offizier zu Himmlers Chef der Bandenkampfverbände, Obergruppenführer Erich von dem Bach, abgeordnet. Im April 1944 versetzte man Strauch zum Bevollmächtigten des Chefs der Sicherheitspolizei und des SD in Belgien und Nordfrankreich nach Brüssel, wo er seit Juni dieses Jahres als KdS Wallonien in Lüttich verwandt wurde. Im Oktober 1944 kam er dann als Ic zum III. SS-Panzer-Korps.[120]

Jurist war auch der Verbindungsoffizier der Einsatzgruppe II zur 10. Armee, Sturmbannführer Eduard Holste, Jahrgang 1904. Als Gerichtsassessor schloß er sich 1933 NSDAP und SS an und ließ sich 1935 zur Braunschweigischen Politischen Polizei versetzen. Zwischenzeitlich zum Chef der Stapo-Stelle Braunschweig ernannt, übernahm Holste im August 1940 die Abteilungen I/II der Stapo-Leitstelle Berlin und wurde von September 1941 bis September 1942 zur Einsatzgruppe B und von Oktober 1942 bis März 1943 zur Einsatzgruppe D abgeordnet, wo er jeweils als Leiter IV Verwendung fand. Anschließend fungierte er als Gerichtsoffizier des IdS Stettin, seit Februar 1944 als Referent des Untersuchungsführers im RSHA.[121] Ähnlich wie Schäfer war auch der kriminalpolizeiliche Sachbearbeiter der Einsatzgruppe II, Regierungs- und Kriminalrat Dr. Richard Schulze, Laufbahnpolizist. Als Angehöriger des Jahrgangs 1898 war er Weltkriegssoldat gewesen, hatte danach einem Freikorps angehört und Staatswissenschaften studiert, ehe er 1926 bei der Kriminalpolizei anheuerte. Ähnlich wie Schäfer hatte auch Schulze im Juni 1933 die Leitung der Geheimen Staatspolizei in Hessen auf Wunsch des Gauleiters Sprenger übernommen. Ein Jahr später wechselte er auf den Chefsessel der Polizeiabteilung im Hessischen Staatsministerium und wurde 1937 dann zum Leiter der Kripo-

Stelle Gleiwitz ernannt, obwohl er erst 1935 der NSDAP beigetreten war und 1938 schließlich auch Mitglied der SS werden sollte. Ende 1939 baute er die Kripo-Stelle Kattowitz auf, übernahm im März 1941 die Kripo-Leitstelle Königsberg und wechselte im August 1942 als Gruppenleiter C ins Amt V des RSHA, wo ihm die Kriegsfahndungszentrale unterstand. Schulze war in dieser Funktion maßgeblich an der Festnahme jener 80 Fliegeroffiziere der Royal Air Force beteiligt, die im März 1944 aus dem Stalag Luft III im niederschlesischen Sagan entflohen waren; kriegsrechtswidrig wurden 50 von ihnen für diesen Ausbruch erschossen.[122]

Der Führer des Einsatzkommandos 1/II, Sturmbannführer Otto Sens, war gleichfalls 1898 geboren, hatte den Ersten Weltkrieg bei der Marine miterlebt und danach als Angehöriger eines Freikorps bis 1920 in Berlin, Oberschlesien und im Ruhrgebiet gekämpft. Nach dem Scheitern des Kapp-Putsches hatte er das väterliche Geschäft in Dessau übernommen und sich 1930 in der NSDAP und 1931 in der SS engagiert. Im Februar 1934 wurde ihm darum die Leitung der Anhaltischen Politischen Polizei übertragen, aus der die Stapo-Stelle Dessau hervorging. Im Februar 1940 löste er Schäfer als Chef der Stapo-Stelle Kattowitz ab, ging ein Jahr später in gleicher Funktion nach Koblenz und übernahm im Dezember 1943 dann die Dienstgeschäfte des IdS Stettin.[123] Leiter des SD-Trupps beim Einsatzkommando 1/II war Hauptsturmführer Josef Trittner, Jahrgang 1907, ein Wiener mit abgebrochenem Jurastudium. 1933 trat er dort NSDAP und SS bei, wurde im Juni 1936 mit der Leitung des illegalen Nachrichtendienstes im SS-Oberabschnitt Ostmark betraut und saß danach wegen Betätigung für die verbotene NSDAP ein Jahr im Gefängnis. Nach dem deutschen Einmarsch 1938 übernahm Trittner die Führung des SD-Unterabschnitts Wien. Von Oktober 1939 bis September 1941 leitete er dann den SD beim KdS Radom, anschließend den beim KdS Krakau, ehe er im Mai 1943 zur Waffen-SS überstellt wurde.[124] Beim Personal des Einsatzkommandos 1/II lassen sich dagegen nur wenige Herkunftslinien feststellen. So sind etwa Gruppen von der Kripo-Stelle Gleiwitz[125] sowie von den Stapo-Stellen Karlsbad und Potsdam nachweisbar. Doch auch unter ihnen befanden sich Männer, die bald schon Massenverbrechen begehen sollten. Aus Karlsbad beispielsweise kam Kriminalkommissar und Hauptsturmführer Adolf Feucht, Jahrgang 1909, der das Judenreferat beim KdS Radom übernahm. Ein von ihm geleitetes Sonderkommando führte im Sommer und Herbst 1942 die Ghettoliquidierungen im gesamten Distrikt durch. Im Spätsommer und Herbst 1944 war Feucht dann Stellvertreter Spilkers in dessen Einsatzkommando bei der Niederschlagung des Warschauer Aufstandes. Er fiel unmittelbar vor Kriegsende 1945.[126] Aus Potsdam kam Hauptsturmführer und Kommissaranwärter Hans Krüger, gleichfalls 1909 geboren und SA-Mitglied seit 1929. Als Chef des Grenzpolizeikommissariats im ostgalizischen Stanislau (Stanisławów) sollte er 1941/42 dort die „Endlösung der Judenfrage" exekutieren.[127]

Mit Abstand am wenigsten wissen wir über das Einsatzkommando 2/II. Sein Führer, Sturmbannführer Karl-Heinz Rux, wurde 1907 in Bromberg geboren und mußte 1919 mit seinen Eltern auf Reichsgebiet flüchten, empfand sich also als Opfer polnischer Vertreibungspolitik. Auch er absolvierte ein Jurastudium, trat 1933 NSDAP und SS bei und wurde als Assessor ins Gestapa übernommen. Über die Stapo-Stellen Elbing, Königsberg, Münster und Wien kam er 1939 als Leiter zur Gestapo in Salzburg. Seit Spätherbst dieses Jahres baute Rux die neue Stapo-Stelle Bromberg auf, wurde im Oktober 1944 zum dortigen KdS ernannt und wechselte zwei Monate später in gleicher Funktion ins slowenische Veldes.[128] Es ist anzunehmen, daß auch er einen Teil seines Personals beim Kommando 2/II aus Salzburg mitbrachte. Daneben ist lediglich ein Kontingent von der Stapo-Leitstelle Hamburg bekannt.[129] Es wurde von Kriminalkommissar und Untersturmführer Hermann Altmann geführt, Polizist seit 1926 und SS-Mitglied seit 1936, der als KdS-Außenstellenleiter in Petrikau (Piotrków Trybunalski) im Oktober 1942 an der Deportation der 23 000 dort ghettoisierten Juden nach Treblinka beteiligt war.[130]

Einsatzgruppe III
Die in Breslau aufgestellte Einsatzgruppe III wurde von Obersturmbannführer Dr. Hans Fischer[131] kommandiert, einem 1906 geborenen Juristen, der seit 1927 dem Nationalsozialistischen Studentenbund angehört hatte und 1932 als Referendar NSDAP und SS beigetreten war. 1934/35 leitete er die Stapo-Stelle Erfurt und war anschließend als Chef der Gestapo in Recklinghausen, Münster, Königsberg und Breslau tätig. Im Oktober 1939 wechselte er als IdS nach Wien; im Februar 1941 übernahm er die Doppelaufgabe eines IdS Südwest in Stuttgart und eines BdS Elsaß in Straßburg. Im Januar 1944 wurde Fischer zum IdS in Berlin ernannt, im April dieses Jahres zudem zum Inspekteur der Schulen der Sicherheitspolizei und des SD. Seit Februar 1945 amtierte er dann als BdS der Reichshauptstadt.[132] Auch Fischers Stellvertreter und zugleich Verbindungsoffizier zur 8. Armee war promovierter Jurist. Sturmbannführer Dr. Walter Schlette, Jahrgang 1904, war ebenfalls 1931 als Referendar Mitglied der NSDAP geworden. Im April 1935 stellte ihn die Stapo-Leitstelle Berlin ein. Im Oktober dieses Jahres avancierte Schlette zum Leiter der Stapo-Stelle Köslin, einen Monat später trat er der SS bei. 1936 versetzte man ihn als Chef zur Stapo-Stelle Osnabrück. Beim Überfall auf die Niederlande führte er das Einsatzkommando 2 in Arnheim. Im Oktober 1940 wurde Schlette zum Vertreter des Polizeipräsidenten in Münster berufen, 1941/42 dann zum Stab des Generalkommissars im ukrainischen Shitomir abgeordnet. Im Juni 1942 trat er seine Stelle in Münster wieder an und amtierte seit Februar 1944 als Vertreter des Polizeipräsidenten in Magdeburg, ehe er im Juli dieses Jahres zum Hauptamt Ordnungspolizei einberufen wurde.[133]

Gleichfalls Jurist war der Leiter des SD-Kommandos im Stab der Einsatzgruppe III, Hauptsturmführer Franz Marmon. Geboren 1908, schloß er sich 1933 NSDAP und SS an und fand im Februar 1936 eine Anstellung im SD-Hauptamt. 1940 wurde er zum BdS Prag abgeordnet, im Herbst 1941 als Chef der Exekutive zur Stapo-Leitstelle München. Im März 1943 kam Marmon zum BdS Belgrad; im April des folgenden Jahres rückte er zum stellvertretenden Leiter der Münchner Gestapo auf. Im August 1944 ernannte man ihn zum Chef der Stapo-Stelle Kassel, Anfang 1945 zum dortigen KdS. Ende März/Anfang April dieses Jahres befahl Marmon kurz vor dem Einmarsch der US-Truppen die Erschießung von 40 Gestapo-Häftlingen und von 78 italienischen Zivilarbeitern, denen er Plünderung unterstellte.[134] Als Verbindungsführer der Einsatzgruppe III beim Chef der Zivilverwaltung des Armeeoberkommandos 8 fungierte Sturmbannführer Dr. Max Großkopf. Bereits 1892 geboren, studierte er seit 1911 Rechtswissenschaften und Volkswirtschaftslehre, meldete sich 1914 als Kriegsfreiwilliger, wurde 1917 Leutnant und 1919 promoviert. Seit 1920 führte er die väterliche Mühle und arbeitete seit 1927 als Justitiar für die Reichsverbände der deutschen Müllerei. 1932 trat er der NSDAP bei, übernahm im September 1933 das wirtschafts- und agrarpolitische Referat im Gestapa und wurde 1935 auch SS-Mitglied. Seit Spätherbst 1939 leitete Großkopf die Abteilung I beim BdS Krakau, wurde im September 1940 dann zum dortigen KdS ernannt und verantwortete in dieser Funktion die Shoah in Westgalizien. Im September 1943 wurde er zum Leiter der Stapo-Stelle Graz bestellt, im Januar 1945 offiziell als Verbindungsführer beim Europa-Institut Dresden eingesetzt; faktisch fungierte er damit als Kontaktmann des RSHA zum Stab der kollaborierenden russischen Wlassow-Armee.[135]

Hauptsturmführer Dr. Wilhelm Scharpwinkel wiederum, der Führer des Einsatzkommandos 1/III, gehörte zum Typ der jüngeren Gestapo-Juristen. Geboren 1904, war auch er als Referendar 1932 Mitglied der NSDAP geworden. 1936 kam er zur Stapo-Leitstelle Berlin, wurde 1938 nach Wien abgeordnet, reüssierte anschließend als stellvertretender Chef der Stapo-Leitstelle Breslau und übernahm dann die Führung der Stapo-Stelle Liegnitz. Anfang 1941 wechselte er nach Wilhelmshaven, ehe er im September des folgenden Jahres das Kommando über die Gestapo in Breslau erhielt. Angehörige seiner Stapo-Leitstelle ermordeten 1944 10 kriegsgefangene alliierte Fliegeroffiziere nach ihrer Flucht aus Sagan. Ende des Jahres übernahm Scharpwinkel als KdS Breslau auch die Leitung von Kripo und SD und bildete aus ihnen eine nach ihm benannte Kampfgruppe während der Belagerung der Stadt.[136] Als SD-Führer beim Kommando 1/III fungierte Hauptsturmführer Johannes Löhndorf, Jahrgang 1912. Nach einer Banklehre war er bereits mit 19 Jahren 1931 NSDAP und SA beigetreten und 1933 vom SD-Oberabschnitt Ost hauptamtlich übernommen worden. Später gehörte Löhndorf dem KdS Lublin, an, wurde im Juni 1943 zum KdS Kauen (Kaunas/Kowno) nach Litauen versetzt und kam mutmaßlich in der letzten Kriegsphase ums Leben.[137] Fast das gesamte Personal von Scharpwinkels Stapo-Stelle Liegnitz wurde zum Einsatzkommando 1/III abgestellt.[138] Hinzu kamen Kontingente der Stapo-Leitstelle Breslau,[139] der Stapo-Stelle Regensburg[140] sowie der Kripo-Leitstellen Breslau[141] und Berlin.[142] Auch unter ihnen waren große Akteure des einsetzenden Massenmordes. Kriminalrat Arnold Kirste aus Liegnitz etwa, 1901 geboren, sollte im Sommer 1941 als stellvertretender Chef des Einsatzkommandos 2 in Lettland fungieren und danach als Leiter IV beim KdS Riga die Vernichtung der Juden koordinieren.[143] Ebenfalls aus Liegnitz kam Untersturmführer und Kriminalkommissar Lothar Hoffmann, Jahrgang 1905 und Polizist seit 1927. Als Judenreferent beim KdS Lublin bis 1944 war er zentral verantwortlich für die Ghettoisierung, Deportation und Ermordung der Juden des Distrikts.[144]

Das Einsatzkommando 2/III wurde von Hauptsturmführer Fritz Liphardt geführt. Geboren 1905, schloß er sich nach dem Jurastudium als Referendar 1933 NSDAP und SA an und wurde im August 1935 bei der Stapo-Leitstelle Stettin eingestellt. 1936 rückte er dort zum stellvertretenden Chef auf und wurde Mitglied der SS. Vom Februar bis Juni 1938 wechselte er in gleicher Funktion nach Aachen, um dann Leiter der Stapo-Stelle Frankfurt/Oder zu werden. Als KdS Radom von November 1939 bis September 1943 exekutierte Liphardt die „Endlösung der Judenfrage" in Zentralpolen, wurde dann Chef der Gestapo in Dortmund und übernahm im November 1943 die Stapo-Leitstelle Stettin.[145] SD-Führer beim Einsatzkommando 2/III war Hauptsturmführer Hans Harms, Jahrgang 1904, der bereits als Rechtsreferendar 1931 zu NSDAP und SS gestoßen war und seit 1934 dem SD-Hauptamt angehörte. Von 1941 bis Anfang 1945 amtierte er als Leiter III beim KdS Radom.[146] Das Kommando selbst setzte sich aus Angehörigen der Stapo-Leitstellen Berlin und Breslau, der Stapo-Stelle Darmstadt sowie des SD-Oberabschnitts Breslau zusammen.[147] Von Darmstadt etwa kam Untersturmführer und Kriminalkommissar Paul Fuchs, Jahrgang 1908 und Polizist seit 1931, der als Referatsleiter IV A beim KdS Radom zum erbittertsten Gegenspieler der polnischen Widerstandsbewegung im Distrikt werden sollte.[148]

Einsatzgruppe IV
Kommandeur der in der NSDAP-Ordensburg Krössinsee bei Dramburg zusammengestellten Einsatzgruppe IV war Brigadeführer Lothar Beutel, ein 1902 geborener Apotheker, der nach dem Ersten Weltkrieg dem Freikorps Escherich angehört hatte und 1929 der NSDAP sowie 1930 der SS beitrat. Als Leiter des SD-Oberabschnitts Mitte war er 1934 in die Röhm-Morde in Dresden verwickelt. Im Dezember 1937 stieg Beutel zum IdS in den Wehrkreisen VII und XIII, zum Leiter des SD-Oberabschnitts Süd und zum Chef der Stapo-Leitstelle München auf. Mitte Oktober 1939 wurde er als Kommandeur der Einsatzgruppe IV wegen Korruption und Bereicherung abgelöst, verhaftet und aus der SS ausgeschlossen, im November 1940 jedoch wieder auf-

genommen und 1944 zur Waffen-SS eingezogen.[149] Beutel wurde zunächst durch seinen bisherigen Stellvertreter, Obersturmbannführer Josef Meisinger, abgelöst. 1899 geboren, hatte dieser sich 1916 als Kriegsfreiwilliger gemeldet und 1919 als Angehöriger des Freikorps Epp an der Niederschlagung der Münchner Räterepublik mitgewirkt. Obwohl Meisinger 1922 Polizeibeamter geworden war, nahm er im November 1923 an Hitlers Putschversuch in München teil und erwarb sich so die Trägerschaft des Blutordens. Als offizielles NSDAP-Mitglied seit 1933 brachte ihn Heydrich im Mai 1934 mit ins Berliner Gestapa, wo er als Regierungs- und Kriminalrat die Parteiangelegenheiten bearbeitete. Seit 1941 fungierte Meisinger dann als Polizeiattaché in der deutschen Botschaft in Tokio.[150] Nach kurzer Zeit bereits wurde auch er als Chef der in Warschau angekommenen Einsatzgruppe IV abgelöst und durch SS-Oberführer Arthur Nebe ersetzt. 1894 geboren, hatte Nebe 1914 ebenfalls zu den Kriegsfreiwilligen gehört, war 1926 als Kommissaranwärter bei der Berliner Kripo eingetreten und 1931 NSDAP-Mitglied geworden. Im April 1933 wurde er als Leiter der Exekutive ins Gestapa versetzt. Zwei Jahre später trat er an die Spitze des Reichskriminalpolizeiamtes, aus dem 1939 das Amt V des RSHA hervorgehen sollte. Als Chef der Gruppe IV hielt sich Nebe nur drei Wochen in Warschau auf und eilte noch im November nach München, um das Attentat aufzuklären, das auf Hitler im Bürgerbräukeller verübt worden war. Von Juni bis Oktober 1941 führte er dann die Einsatzgruppe B und begann mit ihr die Vernichtung der weißrussischen Juden. Als Mitwisser des 20. Juli 1944 verhaftet, wurde Nebe zum Tode verurteilt und im März 1945 hingerichtet.[151]

SD-Führer im Stab der Einsatzgruppe IV war Obersturmbannführer Erich Ehrlinger. 1910 geboren, trat er noch als Jurastudent 1931 NSDAP und SA bei, wechselte 1935 zur SS und fand im selben Jahr Anstellung im SD-Hauptamt. Ende 1939 fungierte er kurzzeitig als Leiter des SD und stellvertretender KdS in Warschau. Beim Überfall auf die Sowjetunion führte er das Sonderkommando 1b der Einsatzgruppe A und wurde im Dezember 1941 als KdS nach Kiew versetzt. Im September 1943 erhielt Ehrlinger die Leitung der Einsatzgruppe B, einen Monat später die neu geschaffene Funktion eines BdS in Minsk. Im April 1944 stieg er schließlich zum Amtschef I im RSHA auf.[152] Als Ehrlingers Stellvertreter bei der Einsatzgruppe IV wirkte Obersturmführer Heinz Hummitzsch, ebenfalls Jahrgang 1910. Noch während seines Geschichts- und Germanistikstudiums wurde er 1933 SA-Mitglied und trat im Herbst 1935 ins SD-Hauptamt ein. Ende 1939 wurde er Referatsleiter III B 1, 1943/44 Leiter III beim BdS Brüssel.[153] Gleichfalls zum SD beim Stab der Einsatzgruppe gehörten Sturmbannführer Heinz Wossagk, geboren 1908, NSDAP-Parteigenosse seit 1931 und seit 1933 im SD-Hauptamt,[154] sowie Hauptsturmführer Adolf Bonifer, ebenfalls Jahrgang 1908, NSDAP- und SA-Mitglied seit 1932. Dieser sollte im Juli 1941 ein Einsatzkommando z. b. V. des KdS Warschau führen und

Judenerschießungen in Minsk und Baranowicze vornehmen; kurz vor Kriegsende 1945 kam Bonifer ums Leben.[155] Verbindungsoffizier der Gruppe IV zur 4. Armee war Sturmbannführer Dr. Ernst Gerke, ein 1909 geborener Jurist, der sich noch als Referendar 1932 der NSDAP angeschlossen hatte. Von 1936 bis 1938 leitete er die Stapo-Stelle Hildesheim und wurde dann nach Chemnitz versetzt. Seit Dezember 1939 stand Gerke an der Spitze der Stapo-Leitstelle Breslau. Ab November 1942 amtierte er dann als Chef der Gestapo in Prag und übernahm kurz vor Kriegsende zusätzlich die Funktion des dortigen KdS.[156] Auch Hauptsturmführer Bernhard Baatz, der Adjutant des Kommandeurs der Einsatzgruppe IV, sollte noch eine beachtliche Karriere als Täter des Vernichtungskrieges machen. 1910 geboren, trat er noch als Jurastudent 1932 NSDAP und SS bei. Im Februar 1937 fand er eine Anstellung im Gestapa und kam 1938 zur Stapo-Stelle Linz. Seit Februar 1940 leitete er dann im RSHA nacheinander die Referate für Polen, die besetzten Westgebiete und den Einsatz ausländischer Arbeiter im Reich. Im August 1943 übernahm Baatz die Führung des Einsatzkommandos 1 im nordrussischen Gatschina, zwei Monate später wurde er KdS Estland in Reval. Im Oktober 1944 sollte er dann als KdS nach Reichenberg (Liberec) wechseln.[157]

An der Spitze des Einsatzkommandos 1/IV stand Sturmbannführer Helmuth Bischoff, Jahrgang 1908. Bereits als Schüler hatte er sich in völkischen Kreisen bewegt und war schon als Jurastudent 1930 NSDAP-Mitglied geworden. Seit Oktober 1935 gehörte er der Stapo-Leitstelle Berlin an, übernahm einen Monat später die Führung der Stapo-Stelle Liegnitz, im September 1936 die der Gestapo in Lüneburg und wechselte im Oktober 1937 nach Köslin. Im August 1940 ernannte man ihn zum Chef der Stapo-Leitstelle Posen. Im September 1941 drehte sich das Versetzungskarussell weiter, und Bischoff trat an die Spitze der Stapo-Leitstelle Magdeburg. Im Februar 1945 schließlich versetzte man ihn als KdS z. b. V. zum Sperrgebiet Mittelbau-Dora im Harz, wo er als Abwehrbeauftragter der unterirdischen V-Waffenproduktion fungierte und zahlreiche Exekutionen verantwortete.[158] SD-Führer beim Kommando 1/IV war Hauptsturmführer Helmuth Gohl, ein 1905 geborener Ingenieur, der sich 1931 NSDAP und SA angeschlossen hatte und seit 1935 hauptamtlich vom SD-Oberabschnitt Südwest beschäftigt wurde. Während des Krieges setzte man ihn als Beauftragten des SD-Auslandsnachrichtendienstes in Warschau, Paris und Verona ein. Im Frühjahr 1944 leitete er das Sonderkommando der Sicherheitspolizei, das in Monaco Juden zur Deportation festnahm.[159] Das Personal des Kommandos 1/IV rekrutierte sich aus Angehörigen der Stapo-Stellen Köslin,[160] Frankfurt/Oder,[161] Lüneburg[162] und Kiel[163] sowie der Kripo-Leitstelle Magdeburg.[164]

Das Einsatzkommando 2/IV leitete Sturmbannführer Dr. Walter Hammer. Der 1907 geborene Jurist hatte 1933 die Mitgliedschaft in NSDAP und SA erworben und war im Juni 1935 ins Gestapa eingetreten. 1937 amtierte er als

Chef der Stapo-Stelle Erfurt und kehrte dann in die Berliner Zentrale zurück. Im August 1938 übernahm er die Führung der Gestapo im pommerschen Schneidemühl und wechselte Ende 1939 nach Aachen. Im Januar 1941 wurde Hammer als Leiter IV zum BdS Niederlande in Den Haag versetzt und im Februar des folgenden Jahres zum Balkanreferenten im Amt VI des RSHA ernannt. Im Februar 1944 kam er als Leiter IV zum BdS Prag.[165] Den SD-Trupp beim Kommando 2/IV kommandierte Hauptsturmführer Dr. Ernst Kah, der als Angehöriger des Jahrgangs 1899 noch Weltkriegssoldat gewesen war und 1921 in Oberschlesien gegen die Polen gekämpft hatte. Nach einem Studium der Nationalökonomie und der Rechtswissenschaft arbeitete er als Wirtschaftsjurist, trat 1932 der NSDAP bei und wurde 1934 hauptamtlicher Referent der Deutschen Arbeitsfront. 1937 schloß er sich der SS an und wechselte 1938 zum SD-Oberabschnitt Südwest. Seit Herbst 1941 war Kah dann Leiter III und stellvertretender KdS in Warschau.[166]

Das Einsatzkommando 2/IV stammte von den Stapo-Stellen Schneidemühl,[167] Frankfurt/Oder[168] und Potsdam[169] sowie vom SD-Oberabschnitt Nord in Stettin.[170] Außerdem wurden ihm – ebenso wie dem Kommando 1/IV – Kraftfahrer von der Stapo-Stelle Aachen zugeteilt.[171] Auch unter diesen Männern befanden sich Aktivisten des Vernichtungskrieges: Aus Schneidemühl etwa kam Kriminalkommissar Franz Wenzel, Hammers Stellvertreter, ein 1896 geborener Österreicher, der dort 1933 der NSDAP beigetreten war. Im Juli 1941 sollte er ein Einsatzkommando z. b. V. des KdS Warschau führen, das Judenerschießungen im Bezirk Bialystok (Białystok) vornahm. Von Oktober 1941 bis Juni 1942 exekutierte er dann die Shoah als Chef des Grenzpolizeikommissariats im ostgalizischen Drohobycz.[172] Ebenfalls aus Schneidemühl stammte Kriminalkommissar Wolfgang Birkner, Jahrgang 1913, im Juli 1941 gleichfalls Chef eines Einsatzkommandos z. b. V. des KdS Warschau in der Stadt Bialystok; er fiel kurz vor Kriegsende 1945.[173] Aus Potsdam kam Kriminalkommissar Walter Stamm, geboren 1904 und Polizist seit 1931; als späterer Leiter IV wurde er die rechte Hand des KdS Warschau.[174] Aus Frankfurt/Oder stammte Kriminalkommissar Herbert Raschik, Jahrgang 1906, Mitglied der SS seit 1929 und NSDAP-Parteigenosse seit 1930. Als Leiter der Stapo-Außendienststelle Bochum ließ er Ende März 1945 20 Gestapo-Häftlinge kurz vor dem Eintreffen der Alliierten erschießen und in Bombentrichtern verscharren.[175]

Einsatzgruppe V
Kommandeur der in Allenstein aufgestellten Einsatzgruppe V war Standartenführer Ernst Damzog, bereits 1882 geboren und damit mit Abstand der Älteste im Führungspersonal. Er war schon 1914 Kriminalkommissar geworden, übernahm 1933 die Leitung der Kripo in Breslau und trat NSDAP und SS bei. 1934 holte man Damzog ins Gestapa, wo er als stellvertretender Chef des Abwehr-

amtes III fungierte. Danach stand er bis Sommer 1938 an der Spitze der Stapo-Stelle Frankfurt/Oder und stieg anschließend als Regierungs- und Kriminaldirektor zum Grenzinspekteur Ost auf. Seit November 1939 amtierte dieser klassische Laufbahnpolizist dann als IdS Warthegau in Posen, ehe er im Februar 1945 aus Altersgründen abgelöst wurde.[176] Verbindungsoffizier der Einsatzgruppe V zur 3. Armee war Sturmbannführer Dr. Fritz Rang, als Angehöriger des Jahrgangs 1899 gleichfalls Soldat im Ersten Weltkrieg und 1919/20 dann im Freikorps Epp. Als Mitglied der NSDAP seit 1932 und der SS seit 1933 kam er im Januar 1934 zum SD-Hauptamt und wurde 1938 Pressereferent im Gestapa. Von Oktober 1939 bis Januar 1940 leitete Rang die neue Stapo-Stelle Zichenau (Ciechanów) im angegliederten Südostpreußen, ging dann ins RSHA zurück und reüssierte dort im Januar 1943 als Chef der wichtigen Ländergruppe IV D, die sich mit den besetzten Gebieten befaßte.[177]

Stellvertreter Damzogs und SD-Führer im Stab der Einsatzgruppe V war Standartenführer Dr. Wilhelm Fuchs, 1898 geboren, Weltkriegssoldat und ebenfalls Freikorpsangehöriger 1919. Der Landwirtschaftslehrer trat 1932 NSDAP und SS bei und wurde im April 1933 Adjutant von Richard Walther Darré, dem Chef des Rasse- und Siedlungshauptamtes. 1936 kommandierte man Fuchs zum SD, wo er im Oktober des folgenden Jahres zum Unterabschnittsführer in Dresden aufrückte. 1940 war er zunächst Leiter II beim BdS Krakau, dann IdS in Braunschweig. 1941 führte er die Einsatzgruppe Jugoslawien, kam im September 1943 als KdS nach Kauen und wurde im Mai 1944 schließlich als BdS Ostland in Riga eingesetzt.[178] Als sein Stellvertreter beim SD der Gruppe V wirkte Sturmbannführer Dr. Hans Ehlich, Jahrgang 1901, ein Arzt, der 1931 NSDAP-Parteigenosse und 1932 SS-Mitglied geworden war. Im Juni 1936 ernannte man ihn zum Rassereferenten in der Gesundheitsabteilung des sächsischen Innenministeriums. Im Februar 1937 wechselte er dann ins SD-Hauptamt als Referatsleiter II 213 für Rasse und Volksgesundheit. Nach dem Polenfeldzug arbeitete Ehlich als Referent III ES – zuständig für Einwanderung und Siedlung – im RSHA eng mit Eichmann zusammen und war anschließend als Gruppenleiter III B bis 1945 für Fragen des Volkstums, also der ‚rassischen Auslese', verantwortlich.[179]

Jurist hingegen war der Chef des Einsatzkommandos 1/V, Sturmbannführer Dr. Heinz Gräfe. Geboren 1908, trat er als Referendar 1933 in die SS ein, wurde im Juli 1935 vom SD-Oberabschnitt Elbe eingestellt und reüssierte im Januar 1936 als stellvertretender Leiter der Stapo-Stelle Kiel. Im September 1937 wechselte er auf den Chefsessel der Gestapo in Tilsit und übernahm im Oktober dieses Jahres zusätzlich die Führung des SD-Unterabschnitts Gumbinnen. Im April 1941 kam Gräfe als Gruppenleiter VI C ins RSHA, wurde so für die SD-Auslandsarbeit in der Sowjetunion, dem Nahen und Fernen Osten zuständig und initiierte Anfang 1942 das Unternehmen „Zeppelin", eine großangelegte antisowjetische Zersetzungs- und Sabotageaktion. Im Januar 1944 kam er bei einem Verkehrsunfall ums Leben.[180] Gräfes Stellvertreter im Kommando 1/V, Kriminalrat Helmut Heisig, Jahrgang 1902 und NSDAP-Mitglied seit 1933, war dagegen 1928 Laufbahnpolizist geworden. 1933/34 hatte er dem Gestapa angehört und dann nacheinander die Kripo-Stellen in Dessau, Bonn und Chemnitz geführt. Ende 1940 wurde Heisig dann stellvertretender Leiter der Stapo-Stelle Hohensalza (Inowrocław) und ein Jahr später Chef der Stapo-Außendienststelle Würzburg, wo er drei Deportationen nach Theresienstadt und Auschwitz verantwortete.[181]

Chef des SD-Trupps beim Einsatzkommando 1/V war Sturmbannführer Rudolf Hotzel. Geboren 1909, trat er 1931 unmittelbar nach dem Abitur der NSDAP bei und erwarb ein Jahr später die SS-Mitgliedschaft. Zunächst arbeitete Hotzel als Lehrer, kam 1936 dann ins SD-Hauptamt und 1937 als Stabsführer zum SD-Unterabschnitt Gumbinnen. Im September 1938 avancierte er zum Abschnittsführer in Königsberg, baute 1939/40 den SD-Abschnitt Hohensalza auf und wurde anschließend ins RSHA versetzt. Im Januar 1943 stieg er dort zum Gruppenleiter I B auf, war damit für die gesamte Ausbildung und Schulung verantwortlich und zugleich Kommandeur der Führerschule der Sicherheitspolizei in Berlin-Charlottenburg. Im Oktober 1944 wurde Hotzel dann Chef des Sonderkommandos 7b bei der Einsatzgruppe B in Ostpreußen.[182] Sein Stellvertreter beim SD-Trupp der Einsatzgruppe 1/V war Untersturmführer Dr. Herbert Strickner, ein 1911 geborener Österreicher, der bereits 1932 der dortigen NSDAP beigetreten war, Ende 1933 ins Deutsche Reich flüchten mußte und gleichfalls eine Lehrerausbildung absolvierte. Im Juni 1938 kam er als Referent zum SD-Oberabschnitt Nordost, Anfang 1940 zum Leitabschnitt Posen, wo er das System der Deutschen Volksliste entwickelte, das eine Einstufung der Volksdeutschen in vier Gruppen vorsah. Im Oktober 1942 wurde Strickner dann ins RSHA zu Ehlichs Gruppe III B versetzt.[183] Wenig ist hingegen über das Personal des Kommandos 1/V bekannt. Nachweisbar sind lediglich Abstellungen von den Stapo-Leitstellen Königsberg[184] und Berlin.[185]

An der Spitze des Einsatzkommandos 2/V stand der Jurist und Hauptsturmführer Dr. Robert Schefe, Jahrgang 1909, der noch als Student 1932 der NSDAP beigetreten war. 1937 wurde er im SD-Hauptamt eingestellt und im September 1938 zum Chef der Stapo-Stelle Allenstein ernannt. Im Spätherbst 1939 übernahm Schefe dann die Führung der neuen Stapo-Stelle Lodsch – 1940 in Litzmannstadt umbenannt – und verantwortete die ersten Deportationen aus dem dortigen Ghetto in das Vernichtungslager Kulmhof um die Jahreswende 1941/42. Ende Januar 1942 wurde er zum Amt V des RSHA versetzt, übernahm 1943 die Führung der Kripo-Leitstelle Berlin und fiel noch kurz vor Kriegsende 1945.[186] Als Schefes Stellvertreter im Kommando 2/V fungierte Obersturmführer und Kriminalrat Paul Hohmann, geboren 1901, ein Laufbahnpolizist seit 1928. 1933 erwarb er die SS-Mitgliedschaft und wurde noch im selben Jahr von der Kripo zur Stapo-Stelle Königsberg versetzt. Ende 1939 baute er die neue Stapo-Stelle Bromberg mit auf und übernahm 1942 dann die Leitung eines fliegenden Kommandos des RSHA, das an den Grenzen zur Schweiz und zu Spanien operierte.[187] Den SD-Trupp des Einsatzkommandos 2/V leitete Sturmbannführer Werner Böhm, Jahrgang 1909, der das Jurastudium „infolge politischer Tätigkeit" abgebrochen hatte, wie er in seinem Lebenslauf schrieb. 1930 trat er der NSDAP, 1932 der SA bei und wechselte im Februar 1936 als Stabsführer zum SD-Unterabschnitt Königsberg. Im Oktober 1937 übernahm Böhm dann die Führung des SD-Unterabschnitts Marienwerder in Elbing.[188] Von dort brachte er auch Personal seiner Dienststelle mit zum Kommando 2/V.[189] Mit etwa 80 Beamten unter Führung Hohmanns stellte die Stapo-Leitstelle Königsberg zweifellos den Löwenanteil dieser Einheit.[190] Hinzu kamen Angehörige der Stapo-Stellen Allenstein,[191] Elbing,[192] Tilsit und Karlsbad[193] sowie der Kripo-Stellen Königsberg und Allenstein.[194]

Das Einsatzkommando 3/V unterstand Sturmbannführer Dr. Walter Albath, Jahrgang 1904 und ebenfalls Jurist. Auch er trat noch als Referendar 1932 der NSDAP bei, erwarb ein Jahr später die SS-Mitgliedschaft und fand im Oktober 1935 eine Anstellung als Schutzhaftdezernent bei der Stapo-Leitstelle Berlin. 1937 wurde Albath als stellvertretender Leiter zur Stapo-Stelle Koblenz versetzt und stieg im Herbst 1938 dann zum Chef der Gestapo in Elbing auf. Im November 1939 trat er an die Spitze der Stapo-Leitstelle Königsberg, wechselte ein Jahr später in gleicher Funktion nach Düsseldorf und wurde im Juni 1944 schließlich zum dortigen IdS, 1945 zum BdS mit erweiterten Machtbefugnissen ernannt. Im März 1945 ließ Albath in Essen 35 Ostarbeiter, die strafbarer Handlungen bezichtigt wurden, ohne Urteil erschießen.[195] Zum SD-Trupp des Kommandos 3/V gehörte Untersturmführer Eberhard Heinze, Jahrgang 1913 und Angehöriger des SD-Oberabschnitts Nordost. Als Teilkommandoführer des Einsatzkommandos 11a leitete er im Herbst 1941 ein mehrtägiges Massaker im ukrainischen Cherson, bei dem 5 000 Juden ermordet wurden. Danach führte er die Volksdeutsche Leitstelle beim SSPF auf der Krim, die die „Germanisierung" des künftigen „Gotengaus" durchführen sollte. Heinze kannte also die beiden Seiten nationalsozialistischer Siedlungspolitik, das ‚Leeren' und das ‚Anfüllen' eines Raumes. Im Januar 1945 kam er mutmaßlich ums Leben.[196] Das Personal des Kommandos 3/V selbst rekrutierte sich aus Angehörigen der Stapo-Stelle Elbing und der Kripo-Stelle Danzig.[197]

Einsatzgruppe z. b. V.
Die verspätet aufgestellte Einsatzgruppe z. b. V. unterstand dem Befehl von Obergruppenführer Udo von Woyrsch, als Angehöriger des Jahrgangs 1895 Weltkriegsoffizier 1914–1918, Freikorpskämpfer in Schlesien 1919 und Aktivist im Kapp-Putsch 1920. Danach bewirtschaftete er sein Rittergut Schwanowitz, trat 1929 der NSDAP bei, wurde im November 1930 Mitglied der SS und über-

nahm in den folgenden Jahren deren Aufbau in Schlesien. Von 1934 bis 1936 leitete Woyrsch den SS-Oberabschnitt Südost in Breslau, war tief in die dortigen Röhm-Morde verstrickt und wurde dann zum Persönlichen Stab des Reichsführers-SS versetzt. Zwischen April 1940 und Februar 1944 amtierte der Duzfreund Himmlers dann als Höherer SS- und Polizeiführer (HSSPF) Elbe in Dresden.[198] Die vier Polizeibataillone der Einsatzgruppe z. b. V. waren zunächst Oberst Dr. Friedrich Wolfstieg unterstellt, der jedoch bald schon durch den bisherigen Leiter der Polizeisportschule Berlin-Spandau, Oberst Karl Brenner, Jahrgang 1895 wie Woyrsch selbst, ersetzt wurde. Damit stand ein überzeugter Nationalsozialist, der es noch bis zum SS-Gruppenführer bringen sollte, an der Spitze dieses personenstarken Verbandes. Als Kommandeur des Polizeiregiments Warschau verantwortete Brenner am 11. November 1939 die vollständige Ermordung der Juden von Ostrow (Ostrów Mazowiecki) – die erste Totalliquidierung einer jüdischen Gemeinde überhaupt.[199]

Noch älter als Woyrsch und Brenner war der Chef des sicherheitspolizeilichen Kommandos bei der Einsatzgruppe z. b. V.: SS-Oberführer Dr. Dr. Emil Otto Rasch, geboren 1891. Auch er war Weltkriegssoldat, Freikorpskämpfer und Mitglied des Deutsch-völkischen Schutz- und Trutzbundes gewesen, hatte dann Rechts- und Wirtschaftswissenschaften studiert und in beiden Fächern promoviert. Danach arbeitete Rasch als Syndikus und Rechtsanwalt, schloß sich 1931 der NSDAP an und amtierte seitdem als Bürgermeister in Radeberg, seit 1935 als Oberbürgermeister in Wittenberg. 1933 erwarb er auch die SS-Mitgliedschaft, trat 1936 hauptamtlich in die Dienste des SD und machte dort rasch Karriere. Im Oktober 1937 wurde er Leiter der Stapo-Stelle Frankfurt/Main, im März 1938 Chef der Gestapo in Linz. Im Februar 1939 stieg Rasch zum IdS in Kassel auf, führte im März dieses Jahres die Einsatzgruppe I nach Prag und amtierte seit November dann als IdS in Königsberg, wo er im Durchgangslager Soldau (Działdowo) 1940 Massenerschießungen von Polen und geistig Behinderten durchführen ließ. Von Juni bis Anfang Oktober 1941 initiierte er dann als Chef der Einsatzgruppe C den Massenmord an den ukrainischen Juden. Anschließend kehrte Rasch in die Wirtschaft zurück und übernahm einen Direktorenposten bei der Kontinental Petroleum AG in Hamburg.[200]

Raschs sicherheitspolizeiliches Kontingent bei der Einsatzgruppe z. b. V. war in zwei Kommandos unterteilt, die jedoch keine eigenen Nummern erhielten. An der Spitze des ersten Teilverbandes stand mit Obersturmbannführer Otto Hellwig, Jahrgang 1898, ein weiterer Weltkriegssoldat und Freikorpskämpfer. Er war 1920 in die Schutzpolizei eingetreten, hatte es dort zum Hauptmann gebracht und war im Februar 1933 mit der Leitung der Politischen Polizei im Regierungsbezirk Minden beauftragt worden. Kurz danach erwarb Hellwig die Mitgliedschaft in der NSDAP und reorganisierte seit Oktober 1933 das Polizeiwesen des Landes Lippe. Im April 1935 wechselte er als Regierungsrat zur preußischen Gestapo, trat der SS bei und übernahm 1936 den Chefsessel der

Stapo-Leitstelle Breslau. Im April 1937 wurde Hellwig Kommandeur der Führerschule der Sicherheitspolizei in Berlin-Charlottenburg, ehe er im Oktober 1941 zum SSPF im ukrainischen Shitomir berufen wurde. Im Mai 1943 wechselte er in gleicher Funktion nach Bialystok und stieg Ende 1944 dann zum stellvertretenden HSSPF Nordost in Königsberg auf.[201] Hellwigs Stellvertreter bei der Einsatzgruppe z. b. V., Hauptsturmführer Dr. Jakob Seinsche, kam ebenso wie der größte Teil des leitenden Personals von der Führerschule. Geboren 1901, war er nach einem Jurastudium 1927 in den Polizeidienst eingetreten und 1933 zur NSDAP gestoßen. Von April 1941 bis Dezember 1944 amtierte Seinsche als Leiter V beim KdS Krakau.[202] Auch der laufende Kommissarlehrgang wurde von der Führerschule zu Hellwigs Kommando abgeordnet.[203] Außerdem kamen Teilgruppen von den Stapo-Leitstellen Magdeburg[204] und Wien[205] sowie von den Stapo-Stellen Reichenberg,[206] Hildesheim,[207] Nürnberg[208] und Wesermünde.[209] Aus Hildesheim beispielsweise stammte Untersturmführer und Kriminalkommissar Heinrich Huck, Jahrgang 1905. Ende März 1945 ließ er als Leiter der dortigen KdS-Außendienststelle drei Ostarbeiter und 60–80 Italiener wegen des Verdachts der Plünderung ohne Verfahren und Urteil öffentlich erhängen.[210]

Chef des zweiten sicherheitspolizeilichen Kontingents der Einsatzgruppe z. b. V. war Standartenführer Dr. Hans Trummler. Als Angehöriger des Jahrgangs 1900 war auch er noch Frontsoldat und danach Freikorpskämpfer gewesen, hatte anschließend Volkswirtschaftslehre studiert und im Bankfach gearbeitet. 1928 trat Trummler NSDAP und SA bei, wurde 1932 hauptamtlicher SA-Führer und war 1934/35 beim Chef des Ausbildungswesens tätig. 1936 übernahm er die Führung der Grenzüberwachung München, 1938 die Inspektion der Grenz- und Wacheinheiten im Gestapa, 1939 die Leitung der Grenzpolizeischule Pretzsch. Im Februar 1942 wurde Trummler Kommandeur der Sicherheitspolizeischule Fürstenberg, im September 1944 BdS Rhein-Westmark in Wiesbaden. In dieser Funktion sollte er zahlreiche Lynchmorde an abgesprungenen oder abgeschossenen westalliierten Fliegern verantworten.[211] Auch Trummler brachte den laufenden Lehrgang sowie das Lehrpersonal der Grenzpolizeischule mit zur Einsatzgruppe z. b. V.[212] Außerdem waren Angehörige des SD-Unterabschnitts Oppeln beim Kommando.[213] Zum Lehrpersonal der Grenzpolizeischule gehörte beispielsweise Obersturmführer und Kriminalkommissar Hermann Herz, Jahrgang 1908 und Polizist seit 1930, der 1944 als Leiter der Stapo-Außendienststelle Allenstein im Rahmen der „Aktion 1005" die Beseitigung der dortigen Massengräber durchführte und die dafür eingesetzten Häftlinge dann erschießen ließ.[214] „Recht ist, was Deutschland nützt", lautete sein Lieblingssatz im Unterricht.[215] Aus Pretzsch kam auch Hauptsturmführer Karl Essig, ebenfalls 1908 geboren und SA-Mann seit 1928. Als Leiter der KdS-Außendienststelle Kielce sollte er sich später ebenfalls als Judenmörder hervortun.[216]

Einsatzgruppe VI
Die verspätet in Frankfurt/Oder aufgestellte Einsatzgruppe VI wurde von SS-Oberführer Erich Naumann geleitet. Der 1905 geborene kaufmännische Angestellte schloß sich 1929 der NSDAP, 1930 der SA an und übernahm 1933 hauptamtlich die Führung des SA-Hochschulamtes in Dresden. Im Juli 1935 wechselte Naumann als Sturmbannführer zur SS, amtierte zunächst als Abteilungsleiter im SD-Hauptamt und führte seit 1936 dann die SD-Abschnitte in Nürnberg und Stettin. Im August 1938 erhielt er die Leitung des SD-Oberabschnitts Ost; im Oktober 1939 folgte die Ernennung zum IdS Berlin. Vom November 1941 bis März 1943 vollendete Naumann als Chef der Einsatzgruppe B die Vernichtung der weißrussischen Juden, kehrte dann nach Berlin zurück und übernahm im Juni 1943 zusätzlich die Aufgabe eines IdS Stettin. Im September dieses Jahres ging er als BdS nach Den Haag, im Juni 1944 als IdS nach Nürnberg.[217] Naumanns Stellvertreter bei der Gruppe VI war Standartenführer Walter Potzelt, geboren 1903. Der gelernte Bankkaufmann hatte sich bereits in den frühen 1920er Jahren im völkischen Spektrum bewegt und war 1930 NSDAP und SS beigetreten. 1934 ernannte ihn Heydrich zu seinem persönlichen Adjutanten. Ende 1935 wechselte Potzelt als Stabsführer zum SD-Oberabschnitt Ost, übernahm im Februar 1936 die Leitung des SD-Oberabschnitts Fulda-Werra und im April 1939 die der 6. SS-Standarte in Berlin. 1940/41 tat er bei der Waffen-SS Dienst, wurde im Oktober 1941 jedoch für das RSHA als unabkömmlich reklamiert und im April 1942 zum stellvertretenden BdS Ostland in Riga ernannt.[218]

Den SD im Stab der Einsatzgruppe VI kommandierte Sturmbannführer Albert Rapp, Jahrgang 1908. Bereits völkisch sozialisiert, war er noch als Jurastudent 1931 der NSDAP beigetreten und kam unmittelbar nach seinem Assessorexamen 1936 hauptberuflich zum SD. Zunächst war Rapp beim SD-Unterabschnitt Baden tätig, seit Dezember 1937 dann Hauptabteilungsleiter beim SD-Oberabschnitt Ost unter Naumann. Im Herbst 1939 wurde er Führer des SD-Leitabschnitts Posen und wechselte im Frühjahr 1940 in gleicher Position nach München zum SD-Leitabschnitt Süd. Von Februar 1942 bis Frühjahr 1943 leistete Rapp als Chef des Sonderkommandos 7a dann seinen persönlichen Beitrag zur Ermordung der Juden in Weißrußland. Anschließend avancierte er zum IdS Braunschweig, ehe er im Oktober 1944 als Gruppenleiter VI C ins RSHA versetzt wurde.[219] Rapps rechte Hand bei der Einsatzgruppe VI war Untersturmführer Emil Haussmann. 1910 geboren, trat der gelernte Volksschullehrer, der bereits im Januar 1930 Mitglied der NSDAP geworden war, 1937 hauptamtlich in den Dienst des SD-Oberabschnitts Südwest in Stuttgart und übernahm dort das Judenreferat. 1939 blieb Haussmann mit Rapp in Posen, wurde anschließend als Anwärter des leitenden Dienstes ausgewählt und beteiligte sich im Einsatzkommando 12 als Teilkommandoführer von Juni bis Oktober 1941 an der Shoah in der Südukraine; bei der Vernichtung von 5000

Juden aus Nikolajew im September 1941, bei der er mitschoß, bezeichnete er die Ermordeten als „Ungeziefer".[220] Verbindungsoffizier der Gruppe VI zur Wehrmacht war Hauptsturmführer Robert Mohr, ein 1909 geborener Jurist, der 1933 NSDAP und SS beigetreten und 1938 ins Gestapo gekommen war. 1939/40 amtierte er als Umsiedlungsreferent beim BdS Krakau und kehrte dann zusammen mit Streckenbach ins RSHA zurück. Von November 1941 bis September 1942 exekutierte Mohr als Führer des Einsatzkommandos 6 die „Endlösung der Judenfrage" in der Ostukraine. Anschließend wurde er Chef der Stapo-Stelle Darmstadt, ehe er im April 1944 dann an die Spitze der Stapo-Leitstelle Magdeburg trat.[221]

Führer des Einsatzkommandos 1/VI war Sturmbannführer Gerhard Flesch, ein Jurist des Jahrgangs 1909, der 1933 die Mitgliedschaft in NSDAP und SS erworben hatte. Unmittelbar nach seiner Assessorprüfung kam er im November 1936 ins Gestapo und übernahm dort das Judenreferat. Mitte 1937 wurde Flesch zur Stapo-Leitstelle Berlin versetzt, wechselte 1938/39 als stellvertretender Chef zu den Stapo-Stellen Frankfurt/Oder und Saarbrücken, führte im März 1939 beim Einmarsch in Tschechien das Sonderkommando Pilsen und stieg im Sommer 1939 dann zum Chef der Stapo-Stelle Erfurt auf. Im Spätherbst dieses Jahres kehrte er zunächst dorthin zurück, wurde aber schon seit April 1940 als KdS im norwegischen Bergen eingesetzt, seit Oktober 1941 in gleicher Stellung in Trondheim.[222] Fleschs Stellvertreter beim Kommando 1/VI war Sturmbannführer und Kriminalrat Max Hotze, Jahrgang 1888, der bislang die Kripo-Stelle Recklinghausen geführt hatte, danach die in Litzmannstadt aufbaute und im Mai 1940 die Kripo-Stelle Düsseldorf übernehmen sollte.[223] Das Personal des Einsatzkommandos 1/VI stammte von den Stapo-Stellen Münster,[224] Köln,[225] Saarbrücken[226] und Kiel,[227] von der Kripo-Leitstelle Berlin[228] und der Kripo-Stelle Wuppertal[229] sowie vom SD-Unterabschnitt Darmstadt.[230] Aus Köln beispielsweise kam Kriminalkommissar Franz Tormann, geboren 1910, der 1942/43 beim Sonderkommando 7a unter Rapp an der Judenvernichtung teilnehmen sollte.[231]

Die Leitung des Einsatzkommandos 2/VI hingegen übernahm mit Sturmbannführer und Regierungs- und Kriminalrat Franz Sommer, Jahrgang 1897, ein klassischer Laufbahnpolizist. 1914 hatte er zu den Kriegsfreiwilligen gehört, war 1919 in die Polizei eingetreten und 1926 zum Kriminalkommissar befördert worden. Seit April 1933 führte Sommer die Exekutive der Politischen Polizei in Düsseldorf und erwarb zeitgleich die NSDAP-Mitgliedschaft. Im September 1934 trat er an die Spitze der neuen Stapo-Stelle Düsseldorf. Nach dem Polenfeldzug wechselte Sommer dann auf den Chefsessel der Kripo-Leitstelle Köln.[232] Auch das Personal des Kommandos 2/VI kam fast ausschließlich aus westdeutschen Dienststellen der Sicherheitspolizei. Die Stapo-Stellen Aachen,[233] Osnabrück,[234] Trier[235] und Koblenz[236] stellten ebenso Männer ab wie die Stapo-Leitstelle Reichenberg,[237] die Kripo-Stellen Düsseldorf[238] und

Kiel[239] sowie die Kripo-Leitstelle Köln.[240] An der Spitze des Aachener Kontingents stand mit Untersturmführer und Kriminalkommissar Herbert Lange ein Großtäter des Holocaust. Geboren 1909, trat er 1932 NSDAP und SA bei und wechselte 1933 zur SS. 1934 hängte er sein Jurastudium an den Nagel, um Kriminalangestellter der Gestapo in Stettin zu werden. Nach bestandenem Kommissarlehrgang versetzte man Lange zur Stapo-Stelle Aachen, im Herbst 1939 zur neuen Stapo-Leitstelle Posen, wo er zunächst das Gefängnis im Fort VII beaufsichtigte. Bereits im Winter 1939/40 stellte er ein mobiles Sonderkommando zusammen, das mit Gaswagen die Liquidierung von Geisteskranken im Warthegau, 1940 auch in Ostpreußen durchführte. Als Kommandant des Vernichtungslagers Kulmhof seit Dezember 1941 wandte Lange dann diese neue Mordtechnik gegen die arbeitsunfähigen Juden des Großghettos Litzmannstadt an, ehe er im März 1942 ins Amt IV des RSHA versetzt wurde. Seine erfolgreichen Ermittlungen gegen die Attentäter des 20. Juli brachten ihm dort die außerplanmäßige Beförderung zum Sturmbannführer ein. Im April 1945 fiel Lange im Endkampf um Berlin.[241]

Einsatzkommando 16
Das gleichfalls verspätet in Danzig aufgestellte Einsatzkommando 16 wurde von Obersturmbannführer Dr. Rudolf Tröger geleitet, einem 1905 geborenen Juristen, der 1933 Mitglied der NSDAP geworden war, im August 1937 ins Gestapa kam und im November dieses Jahres an die Spitze der Stapo-Stelle Chemnitz trat. Im Frühjahr 1939 als Chef der Politischen Polizei und Kopf der künftigen Stapo-Leitstelle nach Danzig berufen, wurde er im November 1939 dort IdS, fiel jedoch als Leutnant der Reserve bereits im Frankreichfeldzug im Juni 1940.[242] Während Tröger das Kommando 16 von der ehemaligen Freien Stadt aus dirigierte, operierte dieses von Anfang an in separaten Teileinheiten. Die in Gdingen/Gotenhafen (Gdynia) stand unter dem Befehl von Hauptsturmführer und Kriminalrat Friedrich Claß. 1899 geboren, war auch er Weltkriegssoldat und Freikorpskämpfer gewesen, 1920 in die Danziger Schutzpolizei eingetreten und 1932 zum Kommissar befördert worden. Im März 1933 schloß sich Claß der NSDAP an und übernahm kurze Zeit später die Leitung der Politischen Polizei im Danziger Polizeipräsidium. 1940 wurde er Chef der Kripo-Stelle Graz, wechselte dann als Referatsleiter für Kapitalverbrechen ins Amt V des RSHA und trat im April 1944 an die Spitze der Kripo-Leitstelle Düsseldorf.[243] Claß' rechte Hand war der 1905 geborene Kriminalkommissar Werner Wilcke von der Kripo Danzig. In seinem Lebenslauf von 1940 schrieb er unverblümt: „Bei Ausbruch des Kriegs wurde ich zur Geh. Staatspolizei Danzig kommandiert [,] und hier erfolgte mein Einsatz bei der Erstürmung der polnischen Post in Danzig. Später fand ich beim Einsatzkommando im besetzten Gebiet Verwendung und wurde u. a. in Neustadt, Putzig, Halbinsel Hela und zuletzt in Gotenhafen mit der Evakuierung bzw. Liquidierung deutsch-

feindlicher polnischer Elemente betraut."[244] Die Einheit in Gotenhafen setzte sich aus 30–35 Beamten der Kripo und der Politischen Polizei Danzig zusammen,[245] die auch das übrige Personal des Einsatzkommandos 16 stellten. Eine weitere Teilgruppe in Thorn (Toruń) unterstand Kriminalkommissar Hans-Joachim Leyer. Geboren 1908, wurde er nach einer kaufmännischen Lehre 1933 NSDAP-Mitglied und ein Jahr später Angehöriger der Politischen Polizei Danzig. Während des Krieges blieb Leyer bei der dortigen Stapo-Leitstelle, ehe er im Sommer 1944 zum KdS Lemberg versetzt wurde.[246] Ein Kommando im westpreußischen Strasburg (Brodnica) wurde von Kriminalkommissar Heinz Volkmann geführt, Jahrgang 1913 und seit 1930 in der HJ, seit 1933 in der NSDAP. Auch er gehörte zunächst der Gestapo in Danzig an und wurde im März 1943 dann nach Belgien abgeordnet.[247]

An der Spitze des Teilkommandos in Bromberg stand Kriminalrat Jakob Lölgen. Geboren 1897, war er Soldat seit 1916, trat 1927 als Kriminalkommissaranwärter in den Polizeidienst, wurde 1933 NSDAP-Parteigenosse und ein Jahr später zur Gestapo versetzt. 1938 kam Lölgen als Abwehrspezialist nach Danzig und verblieb dort bis zum Herannahen der Roten Armee im März 1945.[248] Lediglich in Bromberg hielt sich im Rahmen des Einsatzkommandos 16 auch ein SD-Trupp auf, der von Sturmbannführer Dr. Rudolf Oebsger-Röder geleitet wurde. 1912 geboren, gehörte er bereits als Gymnasiast seit 1930 zur HJ, seit 1931 zur NSDAP und SA. Oebsger-Röder absolvierte ein Studium der Zeitungswissenschaft, Geschichte und Soziologie, wurde Assistent an der Universität Leipzig und promovierte dort 1936 mit der Note „Summa cum laude". 1937 trat er hauptamtlich in die Dienste des SD und wurde Hauptabteilungsleiter beim SD-Oberabschnitt Nordost. Im Winter 1939/40 führte er die Nebenstelle Litzmannstadt der Einwandererzentralstelle, wurde dann Gruppenleiter II A im RSHA und im Sommer 1940 mit der Führung des SD-Leitabschnitts Danzig beauftragt. Von September 1941 bis Mai 1942 zur Einsatzgruppe A in die Sowjetunion abgeordnet, avancierte Oebsger-Röder anschließend zum zweiten Mann des Unternehmens „Zeppelin" hinter Gräfe. Seit Mai 1944 kümmerte er sich als KdS in Klausenburg (Cluj) um die Deportation der ungarischen Juden und kehrte im August dieses Jahres dann ins Amt VI des RSHA zurück.[249] Zum Bromberger SD-Trupp gehörte auch Untersturmführer Kurt Schuback, geboren 1913. Er war 1938 zum SD-Oberabschnitt Nordost gewechselt, nachdem er zuvor hauptamtlicher HJ-Führer gewesen war. Schuback sollte im Herbst 1941 im RSHA das Referat VI C 12 übernehmen, das für den SD-Auslandsnachrichtendienst in der Türkei, im Iran und in Afghanistan zuständig war.[250]

Das biographische Profil
Wenn man diese individuellen Werdegänge nach strukturellen Gemeinsamkeiten hinterfragt, sich also auf die Suche nach einem biographischen Profil be-

gibt, so fällt zunächst der zeitlich überaus frühe Anschluß an die NS-Bewegung ins Auge. Bei den meisten Führungskräften der Einsatzgruppen in Polen geschah der Beitritt zu NSDAP, SA, SS oder HJ bereits vor 1933; der Rest folgte im Jahr der „Machtergreifung" oder kurz darauf. Überdies wird man bei etlichen Weimarer Laufbahnpolizisten, denen die Mitgliedschaft vor 1933 bei Strafe der Entlassung verboten gewesen war, durchaus heimliche braune Affinitäten unterstellen dürfen. Zugleich läßt das immer wieder anzutreffende Faktum, daß Referendare in Ausbildung bereits vor 1933 NS-Organisationen beitraten und damit ihren Rausschmiß riskierten, Rückschlüsse auf die Motivation zu. Es handelte sich nicht um bloße Karrieristen, sondern primär um Weltanschauungstäter, obwohl sie die Aufstiegschancen, die sich nach 1933 dann bieten sollten, gerne wahrnahmen. Denn sie waren alles andere als angepaßte Funktionäre ohne eigene Überzeugung. In erster Linie wünschten sie das Dritte Reich, wollten es in Theorie und Praxis entwerfen und exekutieren. Sie hatten einer universalistischen Moral längst eine Absage erteilt und folgten partikularistischen Gesetzen, die lediglich für die eigene, ethnisch definierte „Volksgemeinschaft" gelten sollten. Die Transformierung ihres Gewissens, jene seit Beginn der NS-Herrschaft fortschreitende rassistische Verengung weiterhin gültiger moralischer Maßstäbe auf „arische Deutsche", lag also bereits hinter ihnen.[251]

Dieses Selbstverständnis rassischer Sendung und völkischer Neuordnung, das Bewußtsein, einer neuen Elite anzugehören, unterschied sie deutlich von puren Technokraten der Macht oder von Verwaltungsjuristen klassischen Werdegangs.[252] Dr. Werner Bests nachträgliche Begründung für die Auswahl des Führungspersonals der Einsatzgruppen erweist sich demnach als heuchlerisch und irreführend: „Also blieben nur die Juristen übrig, für deren Einsetzung in leitende Stellungen ich mich immer einsetzte, weil ich von ihnen eine gleichmäßige, ausgewogene und vernünftige Amtsführung erwartete, welche Eigenschaften für den auswärtigen Einsatz von besonderer Bedeutung erschienen. Es trifft also nicht zu, daß ich Staatspolizeistellen-Leiter oder Vertreter von solchen vorschlug, weil von ihnen ein besonders hartes und rücksichtsloses Vorgehen zu erwarten gewesen wäre."[253] Hier setzte Best eindeutig auf die professionelle Sympathie der gegen ihn ermittelnden Staatsanwälte, probierte den Schulterschluß von Kollege zu Kollege und legte so letztlich erfolgreich – wie zu zeigen sein wird – die Leimrute eines rechtsstaatlichen Selbstverständnisses hinsichtlich der Einsatzgruppen in Polen aus. Statt dessen ging es gerade um die Kombination aus Ideologie und Fachwissen, weltanschaulichem Wollen und polizeilicher Praxis, die dort gefragt war.

Die beachtliche Ansammlung von Doktortiteln und akademischen Werdegängen bei den Kommandoführern demonstriert auf beängstigende Weise, daß bürgerliche Herkunft, christliche Erziehung und humanistische Bildung keine stabilen Barrieren gegen den Absturz in die Barbarei waren. Gerade weil sie nicht vom Rand, sondern aus der Mitte der Gesellschaft stammten, hatten sie wie selbstverständlich die klassischen Ausbildungsstätten künftiger Eliten durchlaufen und das von Antisemitismus und radikalem Nationalismus infizierte Klima der Weimarer Universitäten internalisiert. Sie hatten dort ein Gegenmodell zur liberalen Welt von 1848 kennengelernt, die von ihnen nach den Erfahrungen der Niederlage und des Zusammenbruchs als gescheitert und durch den als Versklavung interpretierten Versailler Vertrag zudem als diskreditiert angesehen wurde.[254] Nicht die Restauration des Kaiserreiches, sondern ein neues Deutschland war ihr Ziel. Ihre Antiwelt baute auf Volk und Rasse statt auf Recht und Würde des Individuums auf, setzte auf Biologismus, Rassereinheit und Revanche und verachtete Toleranz, Internationalismus und konsensualen Interessenausgleich. Die Mechanismen nationalsozialistischer Inklusion und Exklusion waren ihnen seitdem vertraut. Ebenso geläufig war ihnen Carl Schmitts einflußreiche Unterscheidung von Freund und Feind, von „volksgemäß" und „volksfremd", von „deutsch" und „undeutsch", denn Ordnungen der Ungleichheit erschienen ihnen wünschenswert, ja notwendig.[255]

Die Quintessenz der Erfahrungen, die diese jungen Akademiker aus ihrem Studium mitnahmen, waren Aktivismus und antisemitische Militanz, das Selbstverständnis einer revolutionären Avantgarde und häufig genug bereits die Einübung körperlicher Gewalt als Medium der Politik, als Terror gegen politische Gegner und als gemeinschaftsbildendes Kampferlebnis. Denn sie sahen sich nicht als Bürger, sondern als Führer, legitimiert allein durch das Handeln, die Tat, die im Erfolg ihre Rechtfertigung sucht und findet. Ihr Schlachtfeld war die Praxis, nicht der argumentative Diskurs. Dort aber gab es keine Koexistenz konkurrierender Ideen. Dort stellten sich keine intellektuellen Einwände in den Weg, sondern nur der Feind, den man widerlegt, indem man ihn vernichtet.[256]

Diese antibürgerliche Konzeption, die die Nationalsozialisten im Falle ihrer Machtübernahme zu realisieren versprachen, wischte alle Störfaktoren beiseite, nahm keine Rücksicht mehr auf Gegner, humanistische Bedenken und religiöse Einwände, um den Primat der Rasse und den Vorrang des Deutschen durchsetzen zu können. Der völkisch orientierte Deutsche Hochschulring, in der Weimarer Republik stärkster politischer Studentenverband, bekannte sich bereits ausdrücklich zur „deutschen Volksgemeinschaft", der Juden nicht angehören könnten, da „jüdische Art nicht deutsche Art" sei.[257] Eine solche akademische Sozialisation schuf keinerlei Resistenzen, sondern war der ideale geistige Nährboden des Nationalsozialismus.[258] Dessen Weltbild war diesen Männern längst vertraut, als sie zu Gestapo, Kripo oder SD stießen: Ihr Ideal war der rassisch homogene Volkskörper, und mit dem Mythos einer internationalen jüdischen Verschwörung gegen Deutschland hatten sie einen Deutungsrahmen verinnerlicht, mit dem sich eine polar gewordene Welt erklären ließ.[259] Niemand brauchte sie mehr davon zu überzeugen, im Bolschewismus eine

„jüdische Zweckschöpfung" zur Eroberung des Erdballs zu erblicken. Auch die nationalsozialistische Denkfigur, nicht in den eigenen Herrschaftsplänen, sondern in den Juden die Schuldigen am Ausbruch des Zweiten Weltkrieges zu erkennen, war ihnen geläufig. Und gemäß der umgekehrten Kausalität und Logik dieser Projektion einer Verschwörungstheorie sahen sie es als gerecht an, die vermeintlichen Verursacher des Waffenganges zu bestrafen.[260]

Unübersehbar ist jedoch auch die Prägung durch den Ersten Weltkrieg, den 10 der 28 Führer der Einsatzgruppen und -kommandos – also gut ein Drittel – noch als Frontsoldaten mitgemacht hatten. Fast alle waren anschließend Freikorps beigetreten und hatten am deutsch-polnischen „Volkstumskampf" oder am Kapp-Putsch teilgenommen. Auch diese Sozialisation bot nicht nur die Erfahrung massenhafter Gewalt, sondern brachte auch ein Weltbild mit, in dem sich Haß auf „Novemberrepublik", „Erfüllungspolitik" und westliche Zivilisation mit rassistischem Denken verbanden.[261] Denn der Antisemitismus, der die Juden zum Sündenbock für die Kriegsniederlage und die chaotische Nachkriegssituation stempelte, war damals zum Kitt einer rechtsradikalen Subkultur völkischer Verbände, Freikorps und paramilitärischer Bünde geworden, die es in dieser Form bisher nicht gegeben hatte.[262] Bei den Österreichern im Führungspersonal wiederum sind zudem die Spuren der Illegalisierung und des jahrelangen Untergrundkampfes deutlich zu erkennen.[263]

Dieses Amalgam aus junger Frontkämpfer- und Kriegsjugendgeneration hatte sich nicht einer Entwicklung angepaßt oder gar unterworfen, sondern war deren Vorreiter, oft genug gar deren Erfinder gewesen. In Polen überschritten diese Männer nunmehr gemeinsam den Rubikon hinsichtlich der Anwendung polizeilicher Befugnisse. Bisher hatte es zu ihrer Routine gehört, Menschen mittels Schutzhaftbefehl aus dem Verkehr zu ziehen oder vor Gericht zu stellen. Sie hatten Folter befohlen oder stillschweigend gebilligt, um Geständnisse zu erpressen, doch die wenigsten von ihnen – abgesehen etwa von Beutel und Woyrsch – hatten bis jetzt gemordet oder Erschießungen unmittelbar angeordnet. Sie hatten die Transformation der bürgerlichen Zivilgesellschaft in eine rassistische Volksgemeinschaft befürwortet und praktiziert, jenen Prozeß der „Ausscheidung" der jüdischen Deutschen, der mit der Herstellung sozialer Distanz begonnen hatte und über die Stationen der Stigmatisierung, Segregation und Isolation in völliger Rechtlosigkeit gemündet war.[264] Und sie hatten über die Zerschlagung der innerdeutschen Opposition hinaus bereits gesellschaftsbiologische Konzepte beim Vorgehen gegen „Berufsverbrecher", „Gemeinschaftsfremde" und „Asoziale" polizeilich exekutiert. Diese Gewalterfahrung wurde jetzt durch den Mord auf freiem Feld ergänzt, das bisherige Handlungsrepertoire um eine zusätzliche Variante bereichert. Diese Erweiterung geschah also keineswegs voraussetzungslos, bedeutete aber gleichwohl einen qualitativ neuen Schritt auf dem Weg in den Abgrund, den Zivilisationsbruch des systematischen Massenmordes.

Den Krieg begriffen diese Männer nun als Wahrheitsprobe auf die jahrelang geübte Kampfrhetorik. Sie hatten auf die große Zeitenkehre gesetzt und sahen sich jetzt auf dem Weg zur rassischen Neuordnung der Welt: kämpferisch, rücksichtslos, auf religiöse Weise glaubensgewiß und siegessicher. Und gerade weil sie keinerlei Zweifel daran hatten, diesen Krieg zu gewinnen, rechnete auch keiner von ihnen damit, sich für irgendeine Handlung jemals rechtfertigen zu müssen. Der Einsatz in Polen mit seiner exzessiven Zunahme von Tötungsgewalt auf der Basis pauschaler Urteile oder purer Projektion sollte im Leben aller dieser Männer, aber auch für ihre Institutionen Gestapo, Kripo und SD eine zentrale Zäsur darstellen. Das Vorgehen galt nunmehr ganzen Menschengruppen, die kollektiv und pauschal als „gefährlich", „minderwertig" oder „fremdrassig" eingestuft wurden, und ging über die Verfolgung politischer Gegner hinaus zur rassischen Generalprävention über. Die Aktivitäten bekamen eine neue völkische Begründung und gewannen eine bislang kaum vorstellbare mörderische Dynamik. In Polen lernten diese Männer – wie es Michael Wildt prägnant formuliert hat – in großen Räumen zu denken und zivilisatorische Schranken zu überschreiten.[265] Die dort eingeübte Praxis des Massenmordes war der eigentliche Gründungsakt des parallel dazu entstandenen RSHA. Denn hinter die in Polen gefundenen Lösungen führte kein Weg zurück. Sie waren quasi die Blaupause späterer Radikalisierungen. Die Männer der Einsatzgruppen fungierten als Wegbereiter für ihre künftigen Nachfolger. Destruktive Energien wurden dort freigesetzt, die mit allen Verbindlichkeiten der bisherigen Tradition brachen, Maßstäbe setzten und das Tor zu einer neuen Sphäre öffneten, in der sich totalitäre Erlösungssehnsüchte und genozidale Gewalt paarten und in einem Staatsterrorismus ungeahnten Ausmaßes münden sollten.

Die Marschwege
Am Mittwoch, dem 16. August 1939, erreichte Hauptsturmführer Erich Ehlers auf seinem Heimaturlaub in Kiel ein Telegramm der Berliner SD-Zentrale: „Dienstantritt Sonnabend früh erforderlich. Bestätigung erbeten. Ehrlinger". Ehlers war als Mitglied des Stabes der späteren Einsatzgruppe II für den bevorstehenden Einsatz in Polen vorgesehen und nahm wie befohlen am 19. August in Berlin seine Ausrüstung – Stahlhelm, Gasmaske, Offizierskiste, feldgraue Uniform – in Empfang. Zwei Tage später verließen die Männer der Einsatzgruppe die Reichshauptstadt mit dem Zug in Richtung des Bereitstellungsortes Oppeln. Nach erfolgter Typhus-Impfung und einem geselligen Abend bei einer „Pulle Cognac" setzte sich die Einheit am 29. August über Leobschütz und Neustadt nach Gleiwitz in Bewegung.

Einsatzgruppe II
Drei Tage nach Beginn des deutschen Einmarsches überschritten die Kommandos der Einsatzgruppe II von Gleiwitz aus auf der Rollbahn der 10. Armee die

Die Marschwege 47

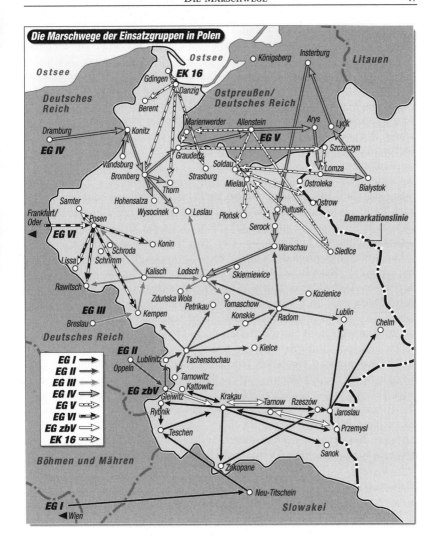

Reichsgrenze und machten in dem kleinen polnischen Grenzstädtchen Lublinitz (Lubliniec) Halt, das auch Ehlers' Gruppenstab tags darauf auf dem Weg nach Tschenstochau durchquerte, um in der dortigen Handelsbank Quartier zu beziehen.[266] Das Einsatzkommando 1/II richtete, ebenfalls von Tschenstochau aus, zunächst Nebenstellen in Lublinitz, Petrikau und Tarnowitz (Tarnowskie Góry) ein,[267] während das Kommando 2/II seinen Wirkungskreis von Landsberg (Gorzów Śląski) über Ruda und Welun (Wieluń)[268] nach Radomsko verschob. Dort verblieb es vom 8. bis zum 17. September, um dann weiter nach Kielce vorzurücken. Der Gruppenstab wurde am 20. September von Tschenstochau in östlicher Richtung nach Radom verlegt;[269] von beiden Standorten aus unternahm er Vorstöße in die nähere Umgebung.[270] Am 27. September folgte das Gros des Einsatzkommandos 2/II dem Stab und kam von Kielce nach Radom; kleinere Abteilungen verteilten sich auf zuvor bereits besetzte Ortschaften.[271] Am 17. Oktober schließlich rückte der Gruppenstab in seinen östlichsten Standort Lublin ab, wo er bis zum 14. November verblieb.[272]

Die Bewegungsmuster der anderen Einsatzgruppen glichen weitgehend dem der Gruppe II: Nach Bereitstellung und Überschreiten der Grenze im Rücken derjenigen Armee, der sie zugeteilt waren, richteten sich die Stäbe in den größeren Städten ein. Ihre Kommandos hingegen besetzten als mobile Schwadronen umliegende Ortschaften und bauten dort Nebenstellen auf, von denen aus sie ihr Einsatzgebiet kontrollieren konnten. Mit der Verschiebung der Front rückten auch die Stäbe in weiter landeinwärts gelegene Städte vor. Die unterstellten Kommandos verblieben teils auf bereits bezogenen Posten, teils flankierten sie die Vorwärtsbewegung der Gruppenstäbe, bildeten deren Vorhut oder kehrten in die ursprünglichen Einsatzräume zurück. Die Bewegungen der Einsatzgruppen waren dabei so aufeinander abgestimmt, daß sie das gesamte deutsch besetzte Gebiet, in enger Zusammenarbeit mit den jeweiligen örtlichen Besatzungsbehörden, nahezu lückenlos überwachten. Die in diesen Räumen beheimatete Bevölkerung saß damit in einer tödlichen Falle.

Einsatzgruppe I
So kontrollierte der Stab der Einsatzgruppe I nach einem Marsch vom Bereitstellungsort Wien über das slowakische Neu-Titschein (Nový Jičín), mit einem kurzen Zwischenstopp in Teschen (Cieszyn), im Operationsgebiet der 14. Armee von Krakau aus bis Mitte September mit seinen vier Kommandos in Kattowitz (Kommando 1/1), Teschen (Kommando 2/I), Zakopane (Kommando 3/I)[273] und Rybnik (Kommando 4/I) das gesamte oberschlesische Industriegebiet und die Gebirgsausläufer der Tatra.[274] Am 13. September stieß das Kommando 2/I über Bielitz (Bielsko-Biała)[275] zum Stab in Krakau. Das Kommando 4/I rückte dafür von Rybnik nach Teschen auf,[276] während sich das Kommando 3/I in östlicher Richtung über Rzeszów, 1940 in Reichshof umbenannt, nach Jaroslau (Jarosław) begab, wo es am 17. September eintraf.[277] Anschließend wurde

Rzeszów zum Standort des Kommandos 3/I, das von dort aus und nach seinem Abrücken Anfang November nach Lublin Teilverbände in die jeweilige Umgebung aussandte.[278] Seit dem 20. September folgte der Stab dem Vormarsch des Kommandos 3/I in Richtung Przemysl, um fünf Tage später wieder an seinen Ausgangspunkt Krakau zurückzukehren. Das Kommando 1/I, das bis dahin in Kattowitz verblieben war,[279] verlegte dafür um den 23. September seinen Standort in das 250 Kilometer östlich gelegene Sanok.[280] Zwei Teilkommandos der Einsatzgruppe I dagegen verblieben zunächst in der Slowakei in Wartestellung; dabei handelte es sich um 20 Mann unter Johann Schmer zur Bewachung eines Flugfeldes in Zipser-Neudorf (Spišská Nová Ves) und 30 Mann unter Kriminalkommissar Heinrich Küthe im slowakischen Sillein (Žilina). Während Küthes Einheit bereits am ersten Mobilmachungstag mit dem Infanterieregiment 62 in Richtung Saybusch (Żywiec) vorrückte und sich nach einer Frontverwendung beim XVIII. Armeekorps um den 20./21. September mit dem Rest des Kommandos 3/I im Raum Jaroslau vereinte, stieß Schmers Teilverband erst Mitte September aus der Slowakei zu den in Polen stationierten Kommandos der Gruppe.[281]

Einsatzgruppe z. b. V.
Im Operationsraum der Einsatzgruppe I trat bald auch die nachträglich aufgestellte Einsatzgruppe z. b. V. auf den Plan. Deren Führer, Udo von Woyrsch, erhielt am 2. September 1939 einen Anruf seines alten Kameraden Himmler, der ihn anwies, umgehend nach Gleiwitz aufzubrechen, wo im Polizeipräsidium sein Einsatzbefehl bereitläge.[282] Tatsächlich fand Woyrsch dort tags darauf ein Telegramm des Reichsführers-SS vor, worin dieser ihn zur rücksichtslosen Bekämpfung etwaiger polnischer Aufstandsbewegungen autorisierte.[283] Der Gruppenstab und die vier Polizeibataillone der Einsatzgruppe z. b. V. sammelten sich daraufhin in Gleiwitz; das sicherheitspolizeiliche Sonderkommando unter Otto Rasch wurde im nahegelegenen Oppeln mit Waffen und Uniformen ausgestattet.[284] Von dort aus brach die Einsatzgruppe z. b. V. nach Oberschlesien auf, wo das Grenzabschnittskommando 3 die ihm unterstellten Einheiten am 5. September darüber aufklärte, daß nun „motorisierte Einsatzkommandos" zur Brechung des polnischen Widerstandes eingesetzt würden.[285]

Neben der Gruppe z. b. V. war jedoch noch ein zweiter personenstarker Polizeiverband in Oberschlesien aktiv: das Polizeiregiment 3, das, ebenso wie die vier Polizeibataillone der Einsatzgruppe z. b. V.,[286] vom Kommandeur der Ordnungspolizei beim VIII. Armeekorps, Oberst der Schutzpolizei Dr. Friedrich Wolfstieg, befehligt wurde, zwar ebenfalls aus vier Polizeibataillonen bestand,[287] jedoch explizit kein Verband der Einsatzgruppe z. b. V. war.[288] So waren es nicht Woyrschs Bataillone, die am 5. September 1939 die „Befriedung" von Auschwitz durchführten, sondern Verbände des Polizeiregiments 3.[289] Ebensowenig zur Einsatzgruppe z. b. V. zählten die Polizeibataillone I und II,

die am 6. September im Raum Pless (Pszczyna), Rybnik, Lublinitz und Tarnowitz eingesetzt waren, oder das in Mährisch-Ostrau (Moravská Ostrava) stationierte Polizeibataillon IV, obwohl sie in den Tagesmeldungen der Gruppe z. b. V. an prominenter Stelle erwähnt werden.[290]
Das sicherheitspolizeiliche Sonderkommando von Rasch rückte am 6. September geradewegs in Kattowitz ein; ihm folgte tags darauf der Gruppenstab. Von dort aus ‚betreute' die Einsatzgruppe z. b. V. mit ihren vier, in Züge aufgeteilten Polizeibataillonen unter anderem Sosnowitz (Sosnowiec) und Bendzin/Bendsburg (Będzin),[291] bevor Raschs Einheit am 10. September vom Kommando 1 der benachbarten Einsatzgruppe I abgelöst wurde. An diesem Tag rückte die gesamte Einsatzgruppe z. b. V. auf Anordnung des Armeeoberkommandos 14 aus Kattowitz in dessen rückwärtiges Armeegebiet ab. Daß Woyrsch dabei auch gleich die Bataillone des Polizeiregiments 3 mitnahm und somit Kattowitz sowie das gesamte südwestlich gelegene Gebiet schlagartig eines erheblichen Teils seiner Sicherungskräfte entblößte,[292] verstimmte die verbliebenen Besatzungstruppen erheblich und handelte ihm beinahe ein kriegsgerichtliches Verfahren ein.[293] Dessen ungeachtet marschierte die Gruppe z. b. V., der Einsatzgruppe I immer ein paar Tage voraus, zügig über Krakau[294] nach Osten, um am 13. September schließlich in Tarnow (Tarnów) und am 16. September in Przemysl Quartier zu nehmen.[295] Von dort wurde der Verband dann am 20. September nach Kattowitz zurückbeordert.[296] In der oberschlesischen Industriemetropole hielten sich demnach permanent Einheiten der Einsatzgruppen I oder z. b. V. auf. Da im nur 25 Kilometer nördlich gelegenen Tarnowitz das Kommando 2 der Einsatzgruppe II stationiert war, war eine enge Tuchfühlung der drei Einheiten zueinander gewährleistet.

Einsatzgruppe III
Die Männer der für den Einsatz in Großpolen bei der 8. Armee vorgesehenen späteren Einsatzgruppe III sammelten sich in der dritten Augustwoche im Bereitstellungsort Breslau. Von dort führte der Weg des Stabes in nordöstlicher Richtung von Kempen über Kalisch (Kalisz) nach Lodsch,[297] wo dem Gruppenführer III, Fischer, am 25. September auch die südlicher operierende Einsatzgruppe II unterstellt wurde. Lodsch avancierte somit zu einer Art logistischer Zentrale, zumal der Gruppenführer I, Streckenbach, um den 9. Oktober dort auch seinen einstweiligen Dienstsitz als BdS einrichtete.[298] Das Kommando 2/III verblieb ständig beim Gruppenstab[299] und bildete zudem Nebenstellen in Ostrowo (Ostrów Wielkopolski), Rawitsch (Rawicz) und Lissa (Łęczno).[300] Das Kommando 1/III hingegen setzte sich nacheinander in Schildberg, Kalisch und Posen fest,[301] um schließlich am 23. September zu Stab und Schwesterkommando in Lodsch zu stoßen und zwei Tage darauf in Leslau (Włocławek), Skierniewice, Zduńska-Wola und, auf Wunsch des Chefs der Zivilverwaltung beim Armeeoberkommando 8[302], in Tomaschow (Tomaszów Mazowiecki) Neben-

stellen zu errichten. Eine Teilgruppe des Kommandos 1/III unter Kriminalobersekretär Franz Kubin war im Oktober in Chelm (Chełm) stationiert.[303]

Einsatzgruppe IV
Die größte Strecke während des Einsatzes in Polen sollte die Einsatzgruppe IV zurücklegen, die sich Ende August in der Ordensburg Krössinsee sammelte.[304] Sie durchquerte von Pommerellen über Ostpreußen bis in die Einzugsgebiete von Bialystok und Warschau nacheinander die Operationsräume der 4., 3. und 8. Armee. Vom pommerschen Dramburg aus brach sie Anfang September in südöstlicher Richtung auf. Gruppenstab und ein Teil des Kommandos 2/IV wurden am 8. September, zeitgleich mit dem Kommando 1/IV, das zuvor in Vandsburg (Więcbork) stationiert war, von Konitz (Chojnice) nach Bromberg verlegt.[305] Vorausabteilungen des Kommandos 1/IV, der 30 Mann starke Trupp Schöne, gefolgt vom Trupp Werner, sowie dessen Chef Bischoff hatten Bromberg allerdings bereits am 5. September erreicht und sich gemeinsam mit den Verbänden des III. Korps der 4. Armee an der Einnahme der Stadt beteiligt; der Trupp Vogel agierte zeitgleich nördlich von Nakel (Nakło nad Notecią) und erreichte Bromberg am 7. September.[306] Das in Konitz zurückgelassene Kontingent des Kommandos 2/IV brach von dort am 10. September in Richtung Culmsee/Kulmsee (Chełmża) auf; Teile des Kommandos 1/IV marschierten von Mrotschen (Mrocza) über Krone (Koronowo), Bromberg und Wysocinek nach Hohensalza (Inowrocław).[307]

Das Gros der Einsatzgruppe IV rückte Mitte September von Bromberg aus, unter Zurücklassung eines Abwicklungskommandos in der Stadt[308] und von Verbindungsmännern in der Region[309], über Ostpreußen in den Operationsraum der 3. Armee nach Bialystok vor.[310] Dort traf es am 19. September, drei Tage vor der Übergabe der Stadt an die sowjetischen Truppen[311], ein.[312] Am 21. September setzte sich die Einheit wieder über Lyck ins ostpreußische Insterburg in Marsch,[313] von wo aus sie dann wiederum am 25. September in das Operationsgebiet der 8. Armee aufbrach. Über Pultusk (Pułtusk), Zatory und Jablonna (Jabłonna)[314] erreichte die Einsatzgruppe IV, nachdem ein Teil des Stabes am 1. Oktober der Gruppe III in Lodsch einen Besuch abgestattet hatte[315], ihr endgültiges Ziel Warschau.[316] Die geringe Entfernung zwischen Warschau und Lodsch garantierte ab Anfang Oktober eine enge Fühlungnahme der Gruppe IV zu den südlicher stationierten Formationen der Sicherheitspolizei und des SD. Am 8. Oktober sandte sie außerdem einen Erkundungstrupp von 10 Mann in das südöstliche Operationsgebiet der Einsatzgruppe II nach Lublin,[317] von deren Stab in Radom wiederum eine Woche später eine Delegation in Warschau eintraf.[318]

Einsatzgruppe V
Während der Gruppenstab der späteren Einsatzgruppe V in der ersten Septemberwoche im ostpreußischen Bereitstellungsort Allenstein verblieb, besetzte das Kommando 1/V, von Marienwerder kommend, das etwa 100 Kilometer weiter westlich gelegene Graudenz (Grudziądz).[319] Das Kommando 2/V bezog südlich davon in Neidenburg Stellung. Am Abend des 6. September marschierte der Gruppenstab über die deutsch-polnische Grenze in das Operationsgebiet der 3. Armee nach Soldau und richtete sich dort für zwei Wochen ein.[320] Das Einsatzkommando 1/V rückte näher an den Stab heran, indem es unter Beibehaltung der Graudenzer Stellung nördlich[321] und westlich[322] von Soldau Nebenstellen bildete. Das Kommando 2/V beließ ein Kontingent in Neidenburg, stieß in Soldau zum Stab und etablierte mit Mielau (Mława) die bis dahin südlichste Außenstelle der Einsatzgruppe.[323] Seit dem 9. September führte das Kommando diesen Vormarsch bis tief nach Masowien fort, indem es Przasnysz, Zichenau (Ciechanów), Makow (Maków Mazowiecki), Kolno, Serock und schließlich Pultusk besetzte, wo dann auch sämtliche Kräfte am 20. September zusammengezogen wurden.[324] Am 11. September wurde in Allenstein ein neues Einsatzkommando 3/V gebildet, das zur Besetzung der bisher von Kommando 1/V und Gruppenstab besetzten Räume am 13. September vorgesehen war. Statt dessen verblieb es jedoch bis zum 20. September im Bereitstellungsort, um sich anschließend in einer Achse von Nordwesten nach Südosten über das gesamte Operationsgebiet der Einsatzgruppe V zu verteilen.[325]

Das Einsatzkommando 1/V wurde am 12. September, unter Belassung von Teilen in Graudenz, die tags darauf nachgezogen wurden, über Kolno und Szczuczyn nach Lomza (Łomża) verlegt, um dann wieder, diesmal mit Quartier in Soldau, zum Gruppenstab zurückzukehren.[326] Am 20. September brach die Einheit erneut auf und marschierte über Ostroleka (Ostrołęka) nach Drogusowo[327] und Ostrow,[328] wo sie das Einsatzkommando 2/V ablöste. Der Gruppenstab V schließlich verlegte seinen Sitz am 21. September von Soldau nach Serock, das tags zuvor ebenfalls vom Kommando 2/V aufgegeben worden war. An diesem Tag endeten die Rochaden der Einsatzgruppe V. Ihre Einheiten blieben für fast zwei Wochen in den bis dahin erreichten Stellungen, um sich schließlich sämtlich am 3. Oktober in Mielau zu versammeln.[329] Die Gruppe IV umkreiste dabei im September 1939 das Operationsgebiet der Gruppe V im südlichen Ostpreußen und Masowien, indem sie zunächst im westlich gelegenen Bromberg agierte, daraufhin im Norden quer durch Ostpreußen in das östlich gelegene Bialystok marschierte und schließlich Anfang Oktober im nur etwas über 100 Kilometer südlich Mielau gelegenen Warschau Quartier bezog.

Einsatzgruppe VI
Die Einsatzgruppen I bis V und ihre Unterkommandos waren bereits tief ins Landesinnere vorgedrungen, als die Gruppe VI am 9. September in Frankfurt/ Oder aufgestellt wurde. Sie sollte von Westen her den Großraum Posen besetzen, der im Rahmen der administrativen Neuaufteilung der besetzten Gebiete als ein eigener Militärbezirk vorgesehen war.[330] Die dort bereits operierende Einsatzgruppe III wurde somit in die Lage versetzt, ihre Kräfte in östlicher Richtung in die Region von Lodsch zu verlagern. Am 11. September begann die Gruppe VI in den Kreisen Neutomischl (Nowy Tomyśl) und Birnbaum (Międzychód) mit dem Einsatz, rückte tags darauf in Posen ein[331] und bildete zahlreiche Posten und Nebenstellen in der Umgebung. Ein Trupp von vier Mann besetzte noch am 13. September das nordwestlich gelegene Samter (Szamotuły). Kommando 1/VI unterhielt am 14. September Posten in Posen, Krotoschin (Krotoszyn) und Kempen. Einem Unterkommando in Lissa unterstanden die Nebenstellen Wollstein (Wolsztyn), Kosten (Kościan), Gostyn (Gostyń) und Rawitsch. Ein weiteres Unterkommando in Schroda (Środa Wielkopolska) verfügte über Nebenstellen in Wreschen (Września), Jarotschin (Jarocin) und Schrimm (Śrem).[332] Zumindest Kempen, Lissa und Rawitsch waren in der Vorwoche noch von Einheiten der Einsatzgruppe III besetzt gewesen. Im Laufe des September kamen noch Unterkommandos in Kalisch und Konin hinzu; am 30. September existierte des weiteren ein Sonderkommando in Pleschen (Pleszew).[333] Die ‚Zentrale' Posen blieb mindestens bis zum 14. Oktober besetzt;[334] der Gruppenchef VI hielt sich noch am 15. November dort auf.[335]

Einsatzkommando 16
Als letzte mobile sicherheitspolizeiliche Formation wurde am 12. September das selbständige Einsatzkommando 16 in Danzig ins Leben gerufen. Wie die Gruppe VI im Gebiet des Militärbefehlshabers Posen aktiv geworden war und dabei die Ostverschiebung der Einsatzgruppe III abgesichert hatte, war das Kommando 16 im Gebiet des Militärbefehlshabers Westpreußen zuständig und übernahm damit auch Gebiete, die zuvor von den Einsatzgruppen IV und V ‚bearbeitet' worden waren. Als statischstes aller Kommandos in Polen verblieb die Einheit bis zum 26. September geschlossen in Danzig, um dann Teilkommandos in Gdingen/Gotenhafen, Bromberg und Thorn zu bilden und Nebenstellen in Berent (Kościerzyna), Preußisch Stargard (Starogard), Tuchel (Tuchola), Graudenz und Strasburg zu errichten.[336] Zumindest das Teilkommando Bromberg bestand bis zum 19. November.[337]

Die sicherheitspolizeilichen Einsatzgruppen und -kommandos hatten somit im Verlaufe des Septemberfeldzuges ein engmaschiges Netz über das gesamte deutsch besetzte Gebiet gespannt. Kaum eine größere polnische Ortschaft lag damals abseits der Operationsräume der Einsatzgruppen. Die höchsten Konzentrationen der mobilen Exekutionskommandos waren dabei in Ostoberschlesien, in Westgalizien, im Posener Raum und in Danzig-Westpreußen zu beobachten, wo teils zeitgleich, teils nacheinander zwischen zwei und drei Einsatzgruppen in Aktion traten. Folgerichtig waren es gerade diese Landstriche, die im Herbst 1939 die höchsten Opferzahlen zu beklagen hatten.

Verselbständigung und Eskalation
Die Frage, wie die allmähliche Verselbständigung und Radikalisierung der Einsatzgruppen erfolgte, läßt sich zwar in einzelnen Etappen und Teilschritten verfolgen, jedoch längst nicht in allen Entscheidungsprozessen rekonstruieren. So bleibt etwa Heydrichs Anwesenheit in Polen während der ersten Septemberhälfte ziemlich im Dunkeln. Dasselbe gilt auch für seine Kommunikation mit Himmler, der sich mit seinem „Sonderzug Heinrich" stets in der Nähe des „Führerhauptquartiers" aufhielt und so eine Fülle von Gesprächsmöglichkeiten mit dem ersten Mann des Dritten Reiches besaß. Aber auch darüber wissen wir so gut wie nichts. Als sicher kann allerdings gelten, daß Hitler als Weichensteller dieses Radikalisierungsprozesses fungierte, daß dieser Sprung in eine neue Wirklichkeit somit ohne ihn nicht vorstellbar ist. Bereits am 25. März 1939 unterrichtete er den Oberbefehlshaber des Heeres, Generaloberst Walther von Brauchitsch, davon, daß er die „polnische Frage" zu bearbeiten beabsichtige: „Polen soll dann so niedergeschlagen werden, daß es in den nächsten Jahrzehnten als pol.[itischer] Faktor nicht mehr in Rechnung gestellt zu werden brauchte. Der Führer denkt bei dieser Lösung an eine vom Ostrand Ostpr.[eußens] bis zur Ostspitze Schlesiens vorgeschobenen Grenze."[338] Am 14. August teilte er Brauchitsch und dessen Generalstabschef Halder mit, daß er eine über die militärische Niederlage hinausgehende „Zerschlagung Polens" anstrebe.[339] Am 22. August präzisierte Hitler dies vor den Heeresgruppen- und Armeeführern der drei Wehrmachtsteile auf dem Obersalzberg. „Vernichtung Polens im Vordergrund. Ziel ist Beseitigung der lebendigen Kräfte, nicht die Erreichung einer bestimmten Linie", erläuterte er und forderte: „Herz verschließen gegen Mitleid. Brutales Vorgehen. 80 Mill.[ionen] Menschen müssen ihr Recht bekommen. Ihre Existenz muß gesichert werden. Der Stärkere hat das Recht. Größte Härte."[340]

Damit war der gesamten Wehrmachtsspitze klar, daß in dem kommenden Waffengang weder Ziele noch Mittel eines konventionellen Krieges gelten würden, daß Polen nicht nur als Staat, sondern auch als Nation zertrümmert werden sollte, daß der Feldzug nicht allein von machtpolitischen, sondern zugleich von völkisch-weltanschaulichen Kriterien bestimmt sein werde. Allerdings muß auch betont werden, daß derartige Gedankengänge den Militärs keineswegs fremd waren. Denn ein isolierter Feldzug gegen Polen war in der Generalität durchaus populär. Seit den Konflikten von 1918/19 wurde der neu erstandene polnische Staat als Räuber, Parvenü und Störfaktor angesehen, und die Forderung nach einer Revision des Versailler Vertrages richtete sich viel weniger auf Elsaß-Lothringen als auf die alten Grenzen im Osten. Halder hatte bereits im Frühjahr 1939 explizit von „Vernichtung" gesprochen, als er die bevorstehende Auseinandersetzung mit Polen skizzierte, und hinzugefügt, daß „die Besetzung des Landes von den paramilitärischen Formationen der Partei vorgenommen werden wird".[341] Brauchitsch wiederum gab seinen Männern als Verhaltenskodex mit auf den Weg: „Der deutsche Soldat ist in dem besetzten Gebiete der Repräsentant des deutschen Reiches und seiner Macht. Er soll sich als solcher fühlen und entsprechend ausrichten. [...] Jede Beleidigung und jeder Angriff auf die deutsche Wehrmacht und das deutsche Volkstum ist mit den schärfsten Mitteln zu ahnden", heißt es in seinem Merkblatt für die Truppe, und er setzte wie selbstverständlich voraus: „Das Verhalten gegenüber den Juden bedarf für den Soldaten des nationalsozialistischen Reiches keiner besonderen Erwähnung."[342] Polen sind Untermenschen, Juden Freiwild, ließ sich da mühelos herauslesen.

„Unterweisung der Führer eines Großeinsatzes der Sicherheitspolizei", notierte Best am 18. August in seinen Kalendernotizen.[343] In dieser Besprechung in der Berliner Prinz-Albrecht-Straße, an der alle zukünftigen Einsatzgruppen- und -kommandoführer teilnahmen, gaben Himmler und Heydrich „die Aufgaben der Einsatzgruppen in groben Zügen bekannt". Lothar Beutel, einer der Anwesenden, sagte später darüber aus: „Einzelheiten wurden nur insoweit bekannt gegeben, als uns erläutert wurde, daß im Rahmen der Bekämpfung von Widerstandsbewegungen und -gruppen alles erlaubt sei, also sowohl Erschießungen als auch Verhaftungen. Die Entscheidung, welche Maßnahme zu ergreifen war, oblag den durchführenden Organen, also den dem Gruppenstab unterstehenden Einsatzkommandos. [...] Von ausdrücklichen Maßnahmen gegen die polnische Intelligenz wurde damals im einzelnen nicht gesprochen. Es wurde aber darauf hingewiesen und lag ja an sich auch auf der Hand, daß der Motor der Widerstandsbewegungen in der polnischen Intelligenz zu suchen war. Der Umfang und die Art der Maßnahmen bestimmten sich in den ersten Tagen des Polenfeldzuges, genauer gesagt in den ersten Wochen[,] vom Tagesgeschehen her. Das heißt also, es wurde erst an Ort und Stelle entschieden, was notwendig war, wobei naturgemäß wiederum die ausführenden Organe, also die Einsatzkommandos, die erforderlichen Entscheidungen trafen."[344]

Auch Beutels künftiger Verbindungsführer zur Wehrmacht, Dr. Ernst Gerke, gleichfalls Teilnehmer dieser Sitzung, sagte aus, daß es den Einsatzgruppenchefs in eigener Verantwortung überlassen worden sei, mit welchen Mitteln die polnische Oberschicht beseitigt werde: „Ein genereller Liquidierungsbefehl ist [...] nicht erteilt worden. Denn damals war es nicht Methode, derartige Dinge so klar auszudrücken. Es wurde vielmehr allgemein von der ‚Ausschaltung' der polnischen Intelligenz und des polnischen Widerstandes gesprochen. In welcher Form die ‚Ausschaltung' geschehen sollte, wurde nicht klar ausgedrückt.

Derartige Dinge blieben der eigenen Initiative des Ausführenden überlassen."[345] Beide – Beutel und Gerke – bekundeten also übereinstimmend, daß am 18. August keine eindeutige Direktive zur Tötung der polnischen Intelligenz ergangen sei. Gleichzeitig aber sei diese Schicht als Träger eines möglichen Widerstandes dämonisiert worden, gegen die präventive Maßnahmen angebracht seien. Demnach wurden Freibriefe ausgestellt, nicht Befehle erteilt. Im Rahmen der traditionellen Auftragstaktik umriß man Ziel und Feindbild, überließ aber die Wahl der Mittel den Kommandeuren vor Ort, von denen man Initiative, Selbstmotivierung und -mobilisierung erwartete. Zugleich machten Himmler und Heydrich auch deutlich, daß sie in diesem Rahmen auch Erschießungen billigen würden. Daß Beutel und Gerke sich mit der Einräumung dieses Spielraums selbst belasteten, erhöht den Wahrheitsgehalt ihrer Angaben.[346] Bei Beutel kommt noch hinzu, daß er kein Jurist war, also die Tragweite seiner Aussage nicht zu überschauen vermochte, daß er sie zudem unmittelbar nach der Verhaftung machte, also noch unter Schock stand und vor allem noch keinen Rechtsbeistand besaß, der ihm die Verteidigungslinie vorformuliert hätte.

Die am 3. September aufgestellte Einsatzgruppe z.b.V. war dagegen von vornherein mit Befehlen ausgestattet, die jegliche Entgrenzung von Gewalt zuließen: „Entwaffnung und Niederkämpfung der polnischen Banden, Exekutionen", hatte Himmler ihr als Aufgabenstellung mit auf den Weg gegeben,[347] und das Oberkommando der 14. Armee akzeptierte diese Weisung nahezu wortgleich.[348] Ebenfalls am 3. September ordnete der Reichsführer-SS an: „Polnische Aufständische, die auf frischer Tat oder mit der Waffe ergriffen werden, sind auf der Stelle zu erschießen."[349] Als zwei Tage später „Bandenkämpfe" in Tschenstochau gemeldet wurden, und man daraufhin ein Polizeibataillon in Marsch setzte, hielt Kurt Daluege, der Chef der Ordnungspolizei, fest: „Der Führer des Bataillons hat den Befehl zum schärfsten Durchgreifen und zu Maßnahmen wie im oberschlesischen Industriegebiet: Aufhängen von Franktireuren an den Laternenpfählen."[350] Am 7. September schließlich ordnete Daluege an: „Der Reichsführer SS hat fernmündlich befohlen, daß die Exekutionen im besetzten Gebiet durch die Polizei selbst durchgeführt werden sollen, nicht durch die Armee."[351]

Insbesondere der „Bromberger Blutsonntag"[352] heizte die Gewaltspirale zudem an: Am 3. September hatten Angehörige der deutschen Minderheit dort auf sich zurückziehende polnische Truppen geschossen. Daraufhin gingen polnische Soldaten und Zivilisten gegen die vermeintlichen Aufständischen, aber auch gegen die deutsche Zivilbevölkerung vor.[353] Als die Wehrmacht am 5. September die Stadt besetzte, diente der Gewaltausbruch zwei Tage zuvor als Anlaß zu blutiger Vergeltung. Auch Himmler dienten die Vorkommnisse als Grund für eine weitere Verschärfung der Befehlsgebung. Darauf deutet jedenfalls eine Notiz Halders hin, der am 11. September nach einer Besprechung mit Brauchitsch festhielt: „Bromberg Sonderauftrag Himmler".[354] Damit waren beträchtliche Vollmachten zur Legitimation tödlicher Gewalt erteilt. Doch die Radikalisierung erfolgte nicht nur von ‚oben'. Bereits am zweiten Kriegstag befahl etwa Richard Hildebrandt, der neue HSSPF Weichsel, die Errichtung des späteren Konzentrationslagers Stutthof in einem sumpfigen Waldgelände östlich von Danzig ohne die eigentlich notwendige Genehmigung durch Himmler.[355] Es war das erste nationalsozialistische Haftlager außerhalb des Deutschen Reiches, dem noch viele weitere folgen sollten.

Eine von Best geleitete erste Amtschefbesprechung in Berlin am 7. September erörterte Präzisierungen des Vorgehens der Einsatzgruppen: „Die führende Bevölkerungsschicht in Polen soll so gut wie möglich unschädlich gemacht werden", heißt es im Protokoll. Jedoch scheint man darunter zu diesem Zeitpunkt noch keine generelle Ermordung verstanden zu haben. Denn während dort lapidar festgelegt wurde, daß „polnische Plünderer [...] zu erschießen" seien, heißt es über die polnische Elite: „Es wird entschieden, daß die Führerschicht, die auf keinen Fall in Polen bleiben darf, in deutsche KZ's kommt, während für die Unteren provisorische KZ's hinter den Einsatzgruppen an der Grenze angelegt werden, von denen diese gegebenenfalls sofort in das restlich verbleibende Polen abgeschoben werden können." Zugleich wollte man die Situation dazu nutzen, um die Zahl der Juden zwangsweise zu reduzieren: „Das Hinausschieben polnischer Juden aus Deutschland soll durchgeführt werden, auch der Juden, die aus Polen zugewandert sind und inzwischen die deutsche Staatsangehörigkeit angenommen haben."[356] Damit hatte man zwar die Ziele eindeutiger bestimmt, die Wahl der Mittel aber ließ noch Möglichkeiten offen.

Allerdings scheinen bereits kurze Zeit später die Weichen in Richtung Massenmord gestellt worden zu sein. Am 8. September informierte Abwehrchef Canaris den Oberquartiermeister I, Generalleutnant Karl-Heinrich von Stülpnagel, über Ausführungen von Heydrich ihm gegenüber. Demnach hatte sich der Chef der Sicherheitspolizei und des SD bei dem Admiral darüber beklagt, daß die Kriegsgerichte des Heeres in Polen zu langsam arbeiteten. Heydrichs Philippika gipfelte in dem Satz: „Die kleinen Leute wollen wir schonen, der Adel, die Popen und Juden müssen aber umgebracht werden."[357] Einen Tag später bekundete Halder im kleinen Kreis, „es sei Absicht des Führers und Görings, das polnische Volk zu vernichten und auszurotten. Das übrige kann auch nicht andeutungsweise schriftlich niedergelegt werden."[358] Am 12. September hielt sich Canaris zu einer Besprechung im „Führerzug" im schlesischen Illnau auf. Dabei sprach er Generaloberst Wilhelm Keitel, den Chef des Oberkommandos der Wehrmacht, auf die diesbezüglich herumschwirrenden Gerüchte an: „Ich machte Gen.Oberst Keitel darauf aufmerksam, daß ich davon Kenntnis habe, daß umfangreiche Füsilierungen in Polen geplant seien und daß insbesondere der Adel und die Geistlichkeit ausgerottet werden sollen", hielt Oberstleutnant Erwin Lahousen, der Gruppenleiter II im Amt Ausland/

Abwehr, zwei Tage später für Canaris in einem Aktenvermerk fest. „Gen.Oberst Keitel erwiderte darauf, daß diese Sache bereits vom Führer entschieden sei, der dem ObdH [Oberbefehlshaber des Heeres] klargemacht habe, daß, wenn die Wehrmacht hiermit nichts zu tun haben wolle, sie es auch hinnehmen müsse, daß SS und Gestapo neben ihr in Erscheinung treten. Es werde daher in jedem Militärbezirk neben dem Militär- auch ein Zivil-Befehlshaber eingesetzt werden. Letzterem würde eben die ‚volkstümliche Ausrottung' zufallen."[359] Mit dieser Grundsatzentscheidung Hitlers war ein Prozeß wachsender Verselbständigung und Radikalisierung der Einsatzgruppen eingeleitet, der Konflikte mit den Instanzen des Heeres mit sich bringen sollte, die sich nach wie vor als alleinige Inhaber der vollziehenden Gewalt betrachteten.

Verschärft wurde diese Auseinandersetzung dadurch, daß die nachgeordneten militärischen Kommandobehörden, die am Schauplatz der Geschehnisse mit den Realitäten konfrontiert wurden, von diesem Entschluß zunächst nichts wußten. Wie im Brennglas fokussierte sich dieser bereits angelegte Konflikt am 12. September in einem Ereignis in Lublinitz: An diesem Tag erfuhr der Ic-Offizier der Heeresgruppe Süd, Major Rudolf Langhaeuser, daß ein dort anwesendes Kommando der Einsatzgruppe II die Erschießung von 180 Zivilgefangenen beabsichtige. Dabei handelte es sich um Wehrpflichtige und Reservisten, die zur polnischen Armee einrücken wollten, aber wegen des Ausbruchs der Kampfhandlungen nicht mehr weitergekommen waren. Langhaeuser ordnete deren Übergabe an den Ortskommandanten an, wurde jedoch schon am nächsten Tag von dem Kommando der Sicherheitspolizei mit der Forderung nach Herausgabe der Gefangenen konfrontiert. Der Ic-Offizier setzte sich daraufhin mit Schäfer, dem Chef der Einsatzgruppe, in Verbindung. Dieser erklärte, „er habe den Befehl vom Reichsführer SS erhalten, alle Mitglieder der polnischen Insurgentenverbände zu erschießen". In Tarnow und Kattowitz seien die Exekutionen bereits erfolgt. Langhaeuser wandte sich nun an den Oberbefehlshaber der Heeresgruppe Süd, Generaloberst Gerd von Rundstedt, der jedoch nichts von einer derartigen Anordnung Himmlers wußte. Am 17. September erklärte auch Best in Berlin dem Heeresfeldpolizeichef, eine entsprechende Weisung sei ihm nicht bekannt. Am selben Tag allerdings erhielt der Qu.2-Referent des Generalquartiermeisters von zwei höheren Polizeioffizieren die Mitteilung, „daß der Befehl[,] alle polnischen Insurgenten sofort zu erschießen (ohne Standrecht)[,] unmittelbar aus dem Führerzug an die Einsatzkommandos der Gestapo und Kommandeure der Ordnungspolizei ergangen sei".[360] Was hier Kommunikationspanne und was Verschleierungstaktik war, läßt sich nicht exakt auseinanderhalten. Sicher ist jedoch, daß in dieser Phase zwar eine Grundsatzentscheidung Hitlers gefallen war und über die SS- und Polizeischiene an deren Verbände vor Ort kommuniziert wurde, daß Brauchitsch jedoch protestlos den Kopf in den Sand steckte und die Befehlshaber im besetzten Gebiet darüber in Unkenntnis hielt. Es existierte also eine deutlich differierende Befehlslage, die die Gewalttaten der Einsatzgruppen als nicht autorisierte Übergriffe nachgeordneter Organe erscheinen ließ.

Diese Interpretation wird gestützt durch zwei Ereignisse post festum: Am 13. März 1940 hielt Himmler im Hauptquartier der Heeresgruppe A in Koblenz einen Vortrag vor der versammelten höheren Generalität des Heeres, um die in Polen aufgetretenen Differenzen beizulegen. Der Wortlaut der Rede ist zwar nicht überliefert, wohl aber ihre Kernaussage: „In diesem Gremium der höchsten Offiziere des Heeres kann ich es wohl offen aussprechen: Ich tue nichts, was der Führer nicht weiß."[361] Damit verlagerte Himmler Entschlußbildung und Verantwortung für die Morde in Polen eindeutig auf die höchste Instanz im Dritten Reich. Heydrich wiederum präzisierte dies in einem Brief an Daluege am 2. Juli dieses Jahres: „Während bis zum polnischen Einsatz diese Schwierigkeiten im allgemeinen durch persönliche Fühlungnahme und Aufklärung zu meistern waren, bestand diese Möglichkeit beim polnischen Einsatz nicht. Ursache lag jedoch hier darin, daß die Weisungen, nach denen der polizeiliche Einsatz handelte, außerordentlich radikal waren (z. B. Liquidierungsbefehl für zahlreiche polnische Führungskreise, der in die Tausende ging), daß den gesamten führenden Heeresbefehlsstellen und selbstverständlich auch ihren Stabsmitgliedern dieser Befehl nicht mitgeteilt werden konnte, sodaß nach außen hin das Handeln der Polizei und SS als willkürliche, brutale Eigenmächtigkeit in Erscheinung trat. Dazu kam, daß der Selbstschutz zu Anfang aus zwar verständlicher Erbitterung gegen die Polengreuel selbst zum Teil unmögliche, unkontrollierbare Racheakte ausführte, die dann wieder zu Lasten von SS und Polizei geschrieben wurden."[362] Beides deutet darauf hin, daß dieser fundamentale Affront gegen das Heer von Hitler persönlich gebilligt worden war und daß er in Himmler und Heydrich willige Kettenhunde dafür gefunden hatte.

Am 14. September fand in Berlin erneut eine Amtschefbesprechung statt, die diesmal von Heydrich persönlich geleitet wurde. Er war kurz zuvor von einer „Rundreise an der Front" zurückgekehrt und schilderte jetzt „ausführlich" seine „Eindrücke, die er bei den EKs. an den verschiedenen Stellen gesammelt hat". Darüber, welche Einsatzgruppen und -kommandos Heydrich wo und wann besuchte, und vor allem, welchen Einfluß er auf ihre Aktionen nahm, schweigt sich das Protokoll aus; auch die zweimal täglich erstellten Sammelberichte zum „Unternehmen Tannenberg" enthalten keinerlei Hinweis auf diese Rundreise. Von der radikalisierten Befehlslage oder Konflikten mit dem Heer war am 14. September laut Protokoll ebenfalls nicht die Rede. Lediglich die „Judenfrage" schnitt Heydrich an: „Der Chef ging ein auf das Judenproblem in Polen und legte seine Ansichten hierüber dar. Dem Führer werden vom Reichsführer Vorschläge unterbreitet, die nur der Führer entscheiden könne, da sie auch von erheblicher außenpolitischer Tragweite sein werden."[363] Es scheint, als sei der schwelende Konflikt noch nicht in der Zentrale von Sicherheitspolizei und SD angekommen.

Doch kurze Zeit später erreichte er auch sie. Am 18. September stellte Brauchitsch klar, daß die Oberbefehlshaber der Heeresgruppen und Armeen nach wie vor die alleinigen Inhaber der vollziehenden Gewalt seien; alles andere sei „nicht rechtswirksam".[364] Am folgenden Tag war Heydrich für 9 Uhr zu einer „sehr wichtigen, notwendigen und deutlichen Aussprache" mit Wagner einbestellt.[365] Halder, der noch am selben Tag darüber unterrichtet wurde, äußerte sich dazu detaillierter: „a) Aufträge [der Einsatzgruppen] müssen beim Heere bekannt sein. Verbindungsoffiziere: Himmler ObdH. b) Flurbereinigung: Judentum, Intelligenz, Geistlichkeit, Adel. c) Forderungen Heer: Bereinigung nach dem Herausziehen des Heeres und nach Übergabe an stabile Zivilverwaltung. Anfang Dezember".[366] Demnach hatte sich Brauchitsch, in dessen Auftrag diese Verhandlungen geführt wurden, auf Hitlers Vorschlag eingelassen, forderte allerdings ein Moratorium: Die gewünschte „Flurbereinigung" sollte erst nach der Abdankung des Oberkommandos des Heeres in Polen erfolgen. Bis dahin jedoch wollte man von Seiten der SS informiert werden. An Sinn und Berechtigung des implizit formulierten Massenmordes allerdings wurde kein Zweifel laut. Umgekehrt aber hatte Heydrich den bisher drei von ihm stigmatisierten Feindgruppen – Juden, Geistlichkeit, Adel – jetzt noch eine vierte hinzugefügt: die Intelligenz – eine Schichtbeschreibung also, die völlig ausufernde Definitionen erlaubte, wie sich bald schon zeigen sollte.

Und er hatte noch einen weiteren Sieg errungen, den er am selben Nachmittag stolz in der dritten Amtschefbesprechung präsentierte: Es sei festgelegt, so Heydrich, „daß die Einsatzgruppenleiter der Sicherheitspolizei wohl den AOKs [Armeeoberkommandos] unterstehen, aber unmittelbar Weisungen vom Chef der Sicherheitspolizei erhalten. Die ganze Besprechung muß als ein sehr günstiges Ergebnis in der Zusammenarbeit mit der Wehrmacht bezeichnet werden."[367] Damit hatten die Einsatzgruppen faktisch ihre Selbständigkeit erreicht, auch wenn sie sich nach wie vor auf Konflikte mit der Wehrmacht einzustellen hatten. Ebenfalls am 19. September tagte der Ministerrat für die Reichsverteidigung unter dem Vorsitz von Göring in Anwesenheit von Heydrich und Daluege. Dabei beriet man die „Frage der Bevölkerung des zukünftigen polnischen Protektoratsgebietes und die Unterbringung in Deutschland lebender Juden".[368] Faktisch fiel damit die Grundsatzentscheidung zur zwangsweisen Umsiedlung der jüdischen Deutschen in den neuen Herrschaftsbereich. Mit dieser Kurskorrektur zog man die Konsequenzen aus der gescheiterten Politik der Vertreibung, die in Europa zur Sperrung der meisten Grenzen für jüdische Emigranten geführt hatte.[369] Statt dessen öffnete man nun das Tor für gewaltsame Abschiebungen in Richtung Osten.[370] Dieser Übergang zur Zwangsverschleppung und zur Auslöschung der bürgerlichen Existenz bedeutete einen weiteren Radikalisierungsschub in der antisemitischen Politik des Dritten Reiches, da die Deportation in Gebiete ohne Arbeits- und Verdienstmöglichkeiten automatisch Verelendung, Hunger und Epidemien beinhaltete.³⁷¹ Parallel dazu verhaftete die Gestapo seit Mitte September 584 polnische und staatenlose Juden mit ehemals polnischer Staatsangehörigkeit in Berlin und Ostdeutschland und verschleppte sie ins Konzentrationslager Sachsenhausen.³⁷²

Trotz dieser Erfolge mußte Heydrich am folgenden Tag, dem 20. September, einen herben Rückschlag einstecken. Denn Wagner forderte im Namen des Oberkommandos des Heeres den sofortigen Rückzug der Einsatzgruppe z. b. V. „Diesmal ist mir ein großer Schlag gegenüber unsichtbaren Gewalten, die Du ja auch kennst, gelungen", schrieb er am nächsten Tag triumphierend seiner Frau.³⁷³ Erneut hatte Canaris dabei seine Finger mit im Spiel. Bei einem Besuch der 14. Armee hatte er von deren Ic-Offizier von der „Unruhe" erfahren, „die im Armee-Bereich durch die zum Teil ungesetzlichen Maßnahmen der Einsatzgruppe [...] entstanden ist (Massenerschießungen, insbesondere von Juden). Die Truppe sei insbesondere darüber verärgert, daß junge Leute, statt an der Front zu kämpfen, ihren Mut an Wehrlosen erprobten."³⁷⁴ Ein Protest der 14. Armee beim Generalquartiermeister führte zum gewünschten Erfolg, da das Gestapa sofort einlenkte. Am 22. September konnte man berichten, daß „der Sonderbefehlshaber der Polizei mit den ihm unterstellten Einheiten [...] in das Industriegebiet Kattowitz zurückverlegt" worden sei.³⁷⁵ Damit hatten Himmler und Heydrich eine empfindliche Schlappe erlitten und die Grenzen ihrer Macht aufgezeigt bekommen. Doch eine irreparable Niederlage war dies keineswegs, wie sich bald schon zeigen sollte.

Denn ebenfalls am 20. September schnitt Brauchitsch den Fragenkomplex der vollziehenden Gewalt in einer Unterredung mit Hitler an. „Führer wird von allen Entscheidungen dem ObdH Kenntnis geben", desgleichen Himmler und Heydrich, teilte er anschließend Halder mit. Außerdem hätten die Polizeikommandeure die zuständigen militärischen Befehlshaber zu unterrichten. Seinerseits stimmte Brauchitsch einer „Umsiedlung im großen" zu: „Ehemals deutsche Gebiete werden von denjenigen [Polen] geräumt, die nach 1918 eingezogen sind." Für jeden Deutschen, der dort angesiedelt werde, solle die doppelte Zahl an Polen vertrieben werden. Auch die jüdische Population kam zur Sprache: „Ghetto-Gedanke besteht im großen; im einzelnen noch nicht klarliegend. Berücksichtigung der Wirtschaftsbelange vorweg." Beide stimmten darin überein, daß Bevölkerungsverschiebungen zu unterbleiben hätten, solange die militärischen Operationen noch liefen, und daß alles vermieden werden müsse, was dem Ausland Grund für eine Greuelpropaganda gebe. Wichtig waren außerdem zwei kurze Zusätze: „Zivile Verwaltung für Bereinigung", heißt es da zum einen. Damit hatte Brauchitsch zwar inhaltlich der anstehenden „völkischen Flurbereinigung" zugestimmt, deren Realisierung aber einer Zivilverwaltung überlassen, die die vollziehende Gewalt vom Heer übernehmen werde. Zum anderen wurde festgehalten: „Standgerichte der Polizei. Nachprüfungen Reichsführer SS." Mit diesem Zugeständnis gab Brauchitsch das Instrument der

Standgerichtsbarkeit an Sicherheits- und Ordnungspolizei aus der Hand, verzichtete sogar auf die Urteilskorrektur zugunsten Himmlers und öffnete so die Rechtsprechung vor Ort für die SS. Außerdem vereinbarte er für den 23. September eine Rücksprache mit Himmler.[376] Durch diese Übereinkunft hatte das Heer vor Hitler und der SS kapituliert: Brauchitsch akzeptierte deren Programm, glaubte aber dessen Durchführung auf die Zeit nach seiner Abdankung als Inhaber der vollziehenden Gewalt verschieben zu können. Einerseits erreichte das Heer so seinen bisherigen moralischen Tiefpunkt, andererseits provozierte es mit dieser Nachgiebigkeit erst recht den Konflikt mit der SS, da der Appetit bekanntlich mit dem Essen kommt. Aus selbstbewußten Beratern des Staatsoberhauptes waren reine Befehlsempfänger geworden.[377]

„Gestern abend hatten wir noch tief in der Nacht eine Besprechung beim OB [Oberbefehlshaber] auf Grund der Rücksprachen beim Führer. Es mußten Ausarbeitungen und Weisungen in sehr schwieriger Formulierung gemacht werden, die nachher unterschrieben werden", notierte Wagner am 21. September.[378] Das Resultat war ein kryptisch verfaßter Erlaß Brauchitschs an die Ober- und Militärbefehlshaber vom selben Tage: „Die Einsatzgruppen der Polizei haben im Auftrage und nach Weisung des Führers gewisse volkspolitische Aufgaben im besetzten Gebiet durchzuführen." Danach folgte das Gebot der Inkenntnissetzung, unmittelbar darauf aber das der Ignoranz: „Die Ausführung dieser Aufträge im einzelnen soll den Kommandeuren der Polizeieinsatzgruppen überlassen bleiben und liegt außerhalb der Verantwortlichkeit der Oberbefehlshaber."[379] Damit waren die Kommandos der Sicherheitspolizei und des SD endgültig verselbständigt und die Oberbefehlshaber der Heeresgruppen und Armeen in Polen mit der Frage allein gelassen, was unter „gewisse[n] volkspolitische[n] Aufgaben" zu verstehen sei. Ebenso blieb ungelöst, wie sie sich zu verhalten hätten, falls ihnen deren Lösung durch die Einsatzgruppen mißfiel. Mit diesem Erlaß Brauchitschs hatte das Heer – und mit ihm der Geist des selbständig handelnden, rechtsgebundenen preußischen Offiziers – abgedankt. Sein Oberbefehlshaber hatte eine tendenziell auf Massenmord hinauslaufende Entscheidung des Diktators abgenickt und seinen Kommandeuren in Polen die Augen vor deren Konsequenzen verschlossen.

Ebenfalls am 21. September fand eine von Heydrich geleitete Amtschefbesprechung statt, an der mit Streckenbach, Schäfer, Fischer, Beutel, Damzog und Naumann erstmals auch alle Führer der Einsatzgruppen I bis VI teilnahmen. Der Chef der Sicherheitspolizei und des SD teilte dort mit, daß „die ehemaligen deutschen Provinzen deutsche Gaue werden und daneben ein Gau mit fremdsprachiger Bevölkerung mit der Hauptstadt Krakau geschaffen wird". Himmler werde „Siedlungskommissar für den Osten", und Hitler habe „die Juden-Deportation in den fremdsprachigen Gau" genehmigt, die sich jedoch über die Dauer eines Jahres erstrecken solle. Zur Vorbereitung dieser Abschiebung sei das Judentum in städtischen Ghettos zusammenzufassen. Vordringlich sei, „daß der Jude als Kleinsiedler vom Land verschwindet. Diese Aktion muß innerhalb der nächsten 3 bis 4 Wochen durchgeführt sein." Diese Forderung verstieß eindeutig gegen die zwischen Hitler und Brauchitsch getroffene Vereinbarung, wonach Bevölkerungsverschiebungen bis zum Abschluß der militärischen Operationen unterbleiben sollten. In seiner „zusammenfassenden Anordnung" beschleunigte Heydrich dieses Programm sogar noch: „1.) Juden so schnell wie möglich in die Städte, 2.) Juden aus dem Reich nach Polen, 3.) die restlichen 30000 Zigeuner auch nach Polen, 4.) systematische Ausschickung der Juden aus den deutschen Gebieten mit Güterzügen."[380] Wie zur Bekräftigung faßte Heydrich diese Vorhaben noch am selben Tag in einem Schnellbrief zusammen. Außerdem wurde dort die Bildung jüdischer Ältestenräte festgelegt, die „in kürzester Frist" eine behelfsmäßige Zählung durchzuführen hätten.[381] Da dieser Schnellbrief einen großen Verteiler hatte, der das Oberkommando des Heeres und zahlreiche Ministerien einschloß, scheint er primär an diese Institutionen gerichtet gewesen zu sein, um ihnen zu demonstrieren, daß SS und Polizei die antijüdische Politik in Polen bereits planvoll in Angriff genommen hätten.[382]

Auch für die nichtjüdischen Polen brachte die gemeinsame Sitzung der Amtschefs und Einsatzgruppenkommandeure wichtige Resultate. Heydrich stellte fest, daß vom „politischen Führertum" im besetzten Gebiet „höchstens noch 3 % vorhanden" seien, und befahl: „Auch diese 3 % müssen unschädlich gemacht werden und kommen in deutsche KZs. Die Einsatzgruppen haben Listen aufzustellen, in welchen die markanten Führer erfaßt werden, daneben Listen der Mittelschicht: Lehrer, Geistlichkeit, Adel, Legionäre, zurückkehrende Offiziere usw." Auch letztere seien zu verhaften und ins künftige Generalgouvernement abzuschieben. „Ziel ist: der Pole bleibt der ewige Saison- und Wanderarbeiter, sein fester Wohnsitz muß in der Gegend von Krakau liegen." Zugleich befahl Heydrich das Umschwenken auf eine neue Taktik: Erschießungen seien nur noch bei Notwehr oder Fluchtversuchen vorzunehmen; alles Weitere solle an die Kriegsgerichte abgegeben werden. „Die Kriegsgerichte müssen mit Anträgen so eingedeckt werden, daß sie der Arbeit nicht mehr Herr werden können. C [Chef] will alle Kriegsgerichts-Urteile vorgelegt haben, die nicht auf Tod lauten."[383] Anscheinend beabsichtigte Heydrich so, die Dysfunktionalität ordentlicher Wehrmachtjustiz in einer Situation wie dieser zu beweisen.

Bereits einen Tag später, am 22. September, brachte der Chef der Sicherheitspolizei und des SD – und nicht wie vereinbart Himmler – alle diese Fragen in einer Unterredung mit Brauchitsch zur Sprache. Er sei vom Reichsführer-SS geschickt „zur Entgegennahme von Wünschen des ObdH", stellte sich Heydrich vor und wurde daraufhin mit vier Forderungen konfrontiert: „a) Orientierung des Heeres über alle Befehle der SS. b) Bei allen Maßnahmen müssen auf Befehl des Führers die wirtschaftlichen Belange zunächst den Vorrang haben. Also keine zu schnelle Beseitigung der Juden usw. c) Volkspolitische Bewegungen erst nach Beendigung der Operationen. d) Keine Maßnahmen, die ungünstig im Ausland wirken können." Heydrich sagte die Bekanntgabe aller SS-Befehle sowie die „örtliche Verbindungsaufnahme" mit den Kommandeuren in Polen zu. Die Weisung zur Erschießung aller Insurgenten sei zurückgenommen worden; auch sollten Freischärler nicht mehr ohne Standgerichtsverhandlung erschossen werden. Seine Klage über die zu langsame Arbeit der Kriegsgerichte wurde von Brauchitsch indes zurückgewiesen. Auch Heydrichs Wunsch nach sofortiger Verhaftung und KZ-Verbringung des Adels, der Geistlichkeit und der Lehrer begegnete der Oberbefehlshaber des Heeres mit der Forderung „langsame[n] Vorgehen[s]". Ebenso erging es Heydrichs Postulat einer baldigen Deportation der Juden vom Land in die Städte; diese Bewegung müsse „von militärischer Seite gesteuert" werden, entgegnete Brauchitsch darauf.

Obwohl in dieser Unterredung lediglich das Tempo, nicht aber die Substanz des Programms der Einsatzgruppen kritisiert worden war, zeigte sich Heydrich zutiefst unzufrieden und kritisierte hinterher die „Voreingenommenheit" Brauchitschs.[384] Gleichwohl mußte er in dieser Frage einen Rückzieher machen. Nach einer weiteren Unterredung mit dem Oberbefehlshaber des Heeres am 30. September, die diesmal von Himmler selbst wahrgenommen wurde, schärfte Heydrich den Chefs der Einsatzgruppen noch am selben Tag ein, „daß vor allem auf die Bedürfnisse des Heeres Rücksicht zu nehmen ist". Zeitpunkt und Intensität der Judenkonzentrierung seien „grundsätzlich davon abhängig zu machen, daß hierdurch die militärischen Bewegungen keinesfalls gestört werden".[385] Außerdem lud er die Kommandeure der Einsatzgruppen und die neu ernannten IdS wiederum zu einer Konferenz mit den Amtschefs des gerade gegründeten RSHA am 3. Oktober nach Berlin. „Eingehend" behandelte Heydrich dort den weiteren „Einsatz der Sicherheitspolizei und des SD im Osten, bei welchem das alte Problem SD-Polizei und Wehrmacht in seiner ganzen Schwere wieder aufgetaucht ist".[386] Allerdings enthält das Protokoll außer einem Hinweis auf den „Kampf gegen die Kirchen"[387] dazu keinerlei nähere Informationen.

Hitler jedoch wurde da schon deutlicher. Am 29. September schilderte er Alfred Rosenberg seine Feldzugseindrücke: „Die Polen: eine dünne germanische Schicht, unten ein furchtbares Material. Die Juden, das grauenhafteste, was man sich überhaupt vorstellen konnte. Die Städte starrend von Schmutz."[388] Das jetzt festgelegte Territorium unter deutscher Oberherrschaft wolle er in drei Regionen teilen: „1. Zwischen Weichsel und Bug: das gesamte Judentum (auch a.[us] d.[em] Reich), sowie alle irgendwie unzuverlässigen Elemente. An der Weichsel einen unbezwingbaren Ostwall – noch stärker als im Westen. 2. An der bisherigen Grenze ein breiter Gürtel der Germanisierung und Kolonisierung. Hier käme eine große Aufgabe für das gesamte Volk: eine deutsche Kornkammer zu schaffen, starkes Bauerntum, gute Deutsche aus aller Welt umzusiedeln. 3. Dazwischen eine polnische ‚Staatlichkeit'."³⁸⁹ Goebbels wiederum notierte in seinem Tagebuch am 6. Oktober: „Mittags beim Führer. Große Gesellschaft. [...] Das Judenproblem wird wohl am schwierigsten zu lösen sein. Diese Juden sind gar keine Menschen mehr. Mit einem kalten Intellekt ausgestattete Raubtiere, die man unschädlich machen muß."³⁹⁰ Beides deutet auf eine noch forciertere antijüdische Politik hin.

Ungeachtet des gedrosselten Tempos setzte man auch im RSHA die Planungen für die Zeit nach der Abdankung Brauchitschs als Inhaber der vollziehenden Gewalt fort. Nach der Regelung über die künftige deutsch-sowjetische Grenze am 28. September entstand sofort die Idee eines „Reichs-Getto[s]" im Raum um Lublin, „in dem all die politischen und jüdischen Elemente untergebracht werden, die aus den künftigen deutschen Gauen ausgesiedelt werden müssen".³⁹¹ Für SS-Oberführer Heinrich Müller, den neuen Amtschef IV im RSHA, wiederum war dies Anlaß, um Hauptsturmführer Adolf Eichmann, den Leiter der Zentralstellen für jüdische Auswanderung in Wien und Prag, am 6. Oktober damit zu beauftragen, die „Abschiebung von 70–80000 Juden aus dem Kattowitzer Bezirk [...] über die Weichsel" zu organisieren. „Diese Tätigkeit soll in erster Linie dazu dienen Erfahrungen zu sammeln, um auf Grund dieser derart gesammelten Erfahrungen die Evakuierung größerer Massen durchführen zu können", hielt dieser über die Unterredung fest.³⁹² Auch Nebe, gleichfalls frischgebackener Amtschef, witterte seine Chance und bat Eichmann um „Auskunft, wann er die Berliner Zigeuner schicken kann".³⁹³ Der ‚Judenexperte' begab sich sofort ins Generalgouvernement und ermittelte Nisko am San als geeignetes Deportationsziel.³⁹⁴ Seit 18. Oktober rollten dorthin Transporte mit mehreren Tausend Juden aus Wien, Mährisch-Ostrau, Kattowitz, Königshütte (Chorzów) und Bielitz.³⁹⁵

Aber auch in den einst polnischen Gebieten erhöhte man den Druck. Im Kreis Lublinitz etwa sollten Anfang Oktober „sämtliche polnisch gesinnten Geistlichen, Lehrer, Ärzte und Grundbesitzer festgenommen und in ein Lager gebracht werden", berichtete der dortige Landrat. „Darüber hinaus will die Sicherheitspolizei die polnischen Güter mit Beschlag belegen. Da es deutschgesinnte Personen aus den vorgenannten Ständen kaum gibt, läuft diese Maßnahme auf eine Gesamtverhaftung sämtlicher oben genannter Berufsstände hinaus."³⁹⁶ Vor allem in Westpreußen steigerte man damals die Mordfrequenz. Wie zwei Teilnehmer übereinstimmend aussagten, rief der neue IdS Tröger Anfang Oktober seine Kriminaldirektoren, -räte und -kommissare zu einer Sitzung zusammen. Dort verkündete er, daß er gerade vom Reichsführer-SS zurückgekehrt wäre und von Himmler „beauftragt worden sei, in seinem Bezirk die Angehörigen der polnischen Intelligenz zu beseitigen". In der anschließenden Dienstbesprechung wurde der in Frage kommende Personenkreis erörtert, nicht aber die Mittel der ‚Beseitigung'. Keiner der Teilnehmer erhob irgendwelche Gegenvorstellungen. Danach gingen die Kommandos zu Massenerschießungen über.[397] Im Frühjahr des folgenden Jahres war dann die listenmäßige Erfassung der „noch vorhandenen" Intelligenz geradezu flächendeckend definiert: „Unter polnischer Intelligenz sind insbesondere Ärzte, Rechtsanwälte, mittlere und höhere Beamte, Lehrer, Angehörige des polnischen Adels, polnische Großgrundbesitzer, Apotheker und einflußreiche Kaufleute und Gewerbetreibende zu verstehen. Geistliche sowie Juden sollen in den Listen nicht erfaßt werden."[398] Damit war der polizeiliche Gefährdungsbegriff vollends entkonkretisiert, ein generalisierender Verhaltenskodex für den Osten bereits ausgebildet.

Rückenwind erhielten derartige Vorhaben mit Sicherheit durch Hitlers Amnestieerlaß vom 4. Oktober, in dem dieser festlegte: „Taten, die in der Zeit vom 1. September 39 bis zum heutigen Tage in den besetzten polnischen Gebieten aus Erbitterung wegen der von den Polen verübten Greuel begangen worden sind, werden strafgerichtlich nicht verfolgt."[399] Damit deckte der Diktator unmißverständlich auch die von den Einsatzgruppen verübten Morde. Zwei Tage später, am 6. Oktober, erklärte Hitler in einer Reichstagsrede, die „wichtigste Aufgabe", die sich aus dem „Zerfall des polnischen Staates" ergebe, sei „eine neue Ordnung der ethnographischen Verhältnisse, das heißt, eine Umsiedlung der Nationalitäten". Weiter kündigte er an, im Zuge der bevorstehenden „Ordnung des gesamten Lebensraumes nach Nationalitäten" sei auch „der Versuch einer Ordnung und Regelung des jüdischen Problems zu unternehmen".[400] Auch dies klang in den Ohren der Einsatzgruppenkommandeure wie ein Signal zur „ethnischen Flurbereinigung", legitimierte antipolnische und antijüdische Gewalt.

Zu diesem Zeitpunkt waren sich wohlinformierte Oppositionelle in Deutschland längst darüber bewußt, daß sich das Heer mit seiner Kaltstellung abgefunden und es Verbrechen während des Septemberfeldzuges gegeben hatte. Ulrich von Hassell etwa hielt ein Gespräch mit Carl Goerdeler – beides prominente Verschwörer des 20. Juli 1944 – am 11. Oktober in seinem Tagebuch fest: „Auch die Nerven der Generäle, zum Beispiel Halder, hätten schon sehr gelitten. Einige (er nannte Canaris) seien ganz zerbrochen aus Polen heimgekehrt, nachdem sie dort die Folgen unserer brutalen Kriegführung, besonders in dem zerstörten Warschau, gesehen hätten. Ich erzählte ihm von jungen Kerlen, die im Arbeitsdienst Zeuge geworden wären, wie man Dörfer (wegen Franctireurs) umstellt und angezündet hätte, während die Bevölkerung markerschütternd schreiend darin herumgeirrt sei."[401] Und wenige Tage später notierte er voller Abscheu: „Wenn aber Leute die in einer Synagoge zusammengetriebenen Juden mit Revolvern zusammenknallen, so kann man sich nur schämen."[402]

In dieser völkisch aufgeheizten Atmosphäre fand am 14. Oktober die letzte Besprechung der Amtschefs und Einsatzgruppenkommandeure in Berlin statt, an der als Gast auch Arthur Greiser, der neue starke Mann im Warthegau, teilnahm. Heydrich ging dabei auf „die Liquidierung des führenden Polentums ein, die bis zum 1.11. durchgeführt sein muß. Die Einsatzgruppenleiter haben Listen vorzulegen, in denen genau darzulegen ist, wer als politischer Führer in Frage kommt, wer bereits zu verhaften ist, wer bereits ins Reich überstellt worden ist usw." Das Standrecht in Polen ende zwar am 1. November, doch Heydrich hatte bei Greiser schon angeregt, von Hitler eine Entscheidung zu erwirken, „daß auch nach dem 1.11. das Standrecht durch die Polizei ausgeübt werden kann".[403] Drei Tage später, am 17. Oktober, tagte die Führungsspitze des Dritten Reiches. In Anwesenheit von Keitel, Frank, Himmler, Heß, Bormann, Frick, Lammers und Stuckart umriß Hitler seine Vorstellungen bezüglich Polen: „Es muß verhindert werden, daß eine polnische Intelligenz sich als Führerschicht aufmacht. [...] Eine nationale Zellenbildung darf [...] nicht zugelassen werden." Unzweideutig machte er klar, daß die Instrumente zur Beseitigung der polnischen Elite nicht den Rahmen der Gesetze einhalten würden: „Die Durchführung bedingt einen harten Volkstumskampf, der keine gesetzlichen Bindungen gestattet. Die Methoden werden mit unseren sonstigen Prinzipien unvereinbar sein." Hierin unterschieden sich Hitlers Ziele radikal von jenem pangermanischen Expansionismus des wilhelminischen Kaiserreiches. Sein „Volkstumskampf" beinhaltete nicht lediglich militärischen Sieg, politische Beherrschung und ökonomische Ausbeutung, sondern zielte auf den Lebensnerv der unterworfenen Nation, implizierte also Massenmord. Damit hatten die Einsatzgruppen endgültig grünes Licht, und Keitel bekam als Ratschlag mit auf den Weg: „Die Wehrmacht soll es begrüßen, wenn sie sich von den Verwaltungsfragen in Polen absetzen kann."[404]

Allerdings sollte der bislang geschilderte Konflikt zwischen Wehrmacht und SS nicht dazu verleiten, in der Heeresführung den Hort der Humanität zu sehen und lediglich Himmlers Imperium dem Reich des Bösen zuzuordnen. Denn zum einen ging es hier um den Prinzipienkonflikt, wer wem etwas zu sagen habe, und nicht um die Ziele selbst. Zum zweiten aber waren auch die Verbrechen, die Wehrmachtsverbände an der polnischen Zivilbevölkerung, an Kriegsgefangenen und speziell an Juden begingen, Legion.[405] Und zum dritten kooperierten sie vor Ort im allgemeinen friktionslos mit den Einsatzgruppen, den Polizeibataillonen, den Formationen der Waffen-SS und dem Volksdeutschen Selbstschutz.[406] Es gab seitens des Heeres explizite Wünsche nach „Reinigungsaktion[en] durch Polizei- oder SS-Truppen"[407] oder etwa danach, „daß ein Kommando der Sicherheitspolizei nach Tomaszow gelegt werde".[408] Und als Greiser, ein allseits bekannter Polen- und Judenhasser, die Geschäfte des Chefs der Zivilverwaltung beim Militärbefehlshaber von Posen übernahm, wurde er von diesem mit den Worten begrüßt: „Kompetenzstreitigkeiten gibt es nicht, es gibt nur ein Ziel: In gemeinsamer Arbeit deutsches Land wieder deutsch zu machen."[409] Umgekehrt rügte Heydrich den Heeresfeldpolizeichef, weil „Truppen der Geheimen Feldpolizei mehrfach Personen, die wegen begangener Handlungen erschossen werden sollten, an die sicherheitspolizeilichen Einsatzkommandos mit der Bitte um Vornahme der Erschießungen abgegeben haben". Heydrich seinerseits ersuchte nun, „die Geheime Feldpolizei anzuweisen derartige Erschießungen selbst vorzunehmen".[410]

Es war symptomatisch, wie Generaloberst Walter von Reichenau, der Oberbefehlshaber der 10. Armee, einen schwerwiegenden Zwischenfall in seinem Kommandobereich behandelte: Der Obermusikmeister der ihm unterstellten Leibstandarte „Adolf Hitler" hatte in der Nacht vom 18. auf den 19. September in Blonie (Błonie) 50 jüdische Zivilgefangene erschießen lassen, behauptete jedoch, auf höheren Befehl gehandelt zu haben. Reichenau erbat darum grundsätzliche Weisungen bei der übergeordneten Heeresgruppe Süd. Deren Oberbefehlshaber Rundstedt verneinte die Existenz einer derartigen Anordnung und empfahl die kriegsgerichtliche Aburteilung. Doch Reichenau wandte sich telephonisch direkt an Hitler, der ihm erklärte, daß die Angelegenheit in die Kompetenz des Reichsführers-SS falle. Der Oberbefehlshaber der 10. Armee akzeptierte daraufhin diese Beschneidung seiner Gerichtshoheit, die in eindeutigem Widerspruch zum geltenden Recht stand.[411] Generaloberst Wilhelm List wiederum, der als Oberbefehlshaber der 14. Armee soeben noch den Rückzug der Einsatzgruppe z. b. V. durchgesetzt hatte, schob am 1. Oktober der um sich greifenden Kritik seiner Soldaten am Vorgehen der SS einen deutlichen Riegel vor: Woyrschs Formation habe „mit rücksichtsloser Hand durchgegriffen und ihre Aufgabe im wesentlichen gelöst". List lobte „die im Interesse der Truppe bisher außerordentlich erfolgreiche Tätigkeit dieser Einsatzkommandos" und forderte seine Kommandeure zur Aufklärung ihrer unterstellten Einheiten darüber auf: „Eine weitgehende Unterstützung der Einsatzkommandos bei ihren grenz- und staatspolizeilichen Aufgaben liegt im Interesse der Truppe."[412] Dies bedeutete Schulterschluß und beinhaltete keinerlei Distanzierung. Rundstedt, der neue Oberbefehlshaber Ost, erwähnte in einem Befehl neun Tage später zwar völlig verklausuliert „gewisse sogenannte bevölkerungs-politische Maßnahmen, mit denen das Militär nichts zu tun hat", öffnete zugleich jedoch die Schleusen jedweder tödlicher Gewalt: „Um größeren Unruhen vorzubeugen, ist es erforderlich, daß bereits jeder Versuch der Sabotage (z. B. Störung der Nachrichtenverbindungen) oder Unbotmäßigkeit bereits im Keime mit den schärfsten Mitteln brutal unterdrückt wird."[413] Auch dies ließ sich als Freibrief lesen.

Brauchitsch seinerseits sorgte sich um die weltanschauliche Ausrichtung der Offiziere seines Heeres und befahl ihnen am 25. Oktober: „Jede Kritik an Maßnahmen der Staatsführung hat zu unterbleiben." Selbst von Offiziersfrauen verlangte er, daß sie „im rückhaltlosen Bekenntnis zum Nationalsozialismus und im steten Handeln im Sinne dieser Anschauung vorbildlich sein sollen".[414]

Am 1. November befand er, daß „der Jude der erbittertste Feind des deutschen

Volkstums" sei.[415] Und im Februar 1940 forderte er in einem Grundsatzbefehl „Heer und SS" Verständnis für die zur „Sicherung des deutschen Lebensraumes" in Polen „notwendige und vom Führer angeordnete Lösung volkspolitischer Aufgaben", die „zwangsläufig zu sonst ungewöhnlichen, harten Maßnahmen gegenüber der polnischen Bevölkerung des besetzten Gebietes führen" müssen. Zugleich billigte Brauchitsch eine „weitere Verschärfung dieser Maßnahmen".[416] Generaloberst Johannes Blaskowitz, Rundstedts baldiger Nachfolger als „Oberost", prangerte zwar Ende November die „fast ausschließlich als Exekutionskommandos arbeitenden Einsatzgruppen" an, die „ihre Leute zwangsläufig dem Blutrausch ausliefer[n]",[417] und provozierte so einen Wutanfall Hitlers und seine Abberufung kurze Zeit später.[418] Doch auch in seinen berühmten Notizen für einen Vortrag bei Brauchitsch im Februar 1940 definierte er als „unsere Erzfeinde im Ostraum – der Pole und der Jude" und schrieb: „Es ist abwegig, einige 10 000 Juden und Polen, so wie es augenblicklich geschieht, abzuschlachten; denn damit werden angesichts der Masse der Bevölkerung weder die polnische Staatsidee totgeschlagen noch die Juden beseitigt."[419] Selbst Blaskowitz, der christliche General Hitlers, akzeptierte so das gängige Feindbild und monierte lediglich die angewandten Mittel.

Generalmajor Kurt von Tippelskirch wiederum, der damalige Oberquartiermeister IV im Oberkommando des Heeres, der im Februar 1940 mit Himmler dessen erwähnte Koblenzer Rede aushandelte, kommentierte die „Vorgänge in Polen" diesem gegenüber mit den Worten: „Nicht Härte mißfalle uns, sondern Gefahr der Verrohung."[420] Ihn bekümmerte also nicht die „völkische Flurbereinigung", sondern die bedrohte militärische Disziplin, die Sorge, daß die Soldaten ‚aus dem Ruder laufen' könnten und Befehle nicht mehr befolgt würden. Und im Juli bereits wies General Georg von Küchler, der Oberbefehlshaber der 18. Armee, seine Männer an, sich „jeder Kritik an dem im Generalgouvernement durchgeführten Kampf mit der Bevölkerung, zum Beispiel die Behandlung der polnischen Minderheiten, der Juden und kirchlicher Angelegenheiten, [zu] enthalten. Die völkische Endlösung dieses Volkskampfes, der an der Ostgrenze seit Jahrhunderten tobt, verlangt besonders strenge Maßnahmen. Gewisse Einheiten von Partei und Staat sind mit der Durchführung dieses völkischen Ringens im Osten betraut."[421] Das hätte auch Himmler nicht besser formulieren können. Die Konflikte der Generalität mit den Einsatzgruppen in Polen – das zeigen alle diese Äußerungen – waren nicht abgrundtief; es existierte eine „Teilidentität der Ziele",[422] und es gab breite Zonen weltanschaulicher Übereinstimmung.

Dispositionen und Mentalitäten

Bereits das Profil der für den Angriff auf Polen ausgewählten Führungskader der Sicherheitspolizei und des SD ließ nichts Gutes für die ins Fadenkreuz gerückte Bevölkerung erahnen. Als radikale Weltanschauungstäter brachten sie zwei Grundvoraussetzungen für den zu exekutierenden Massenmord mit: die unerschütterliche Überzeugung der eigenen Überlegenheit, gepaart mit einer abgrundtiefen Verachtung des als Todfeind definierten Gegners, den man so seiner menschlichen Züge beraubte und damit zum Abschuß freigab. Doch allein die ideologische Sattelfestigkeit der auserkorenen Rassenkrieger sicherte noch nicht notwendigerweise deren Erfolg. Denn die den Einsatzgruppen gestellten Aufgaben waren schon hinsichtlich ihrer Größenordnung ein Novum. Aber auch im Hinblick auf die angedachte Explosion des eigenen Gewaltpotentials stand man vor einem Quantensprung, der mental bewältigt werden wollte. Da man sich zudem auf unbekanntem Terrain bewegte, mußten rechtzeitig Vorbereitungen getroffen werden, um einen reibungslosen Ablauf des Unternehmens „Tannenberg" im Felde zu gewährleisten.

Ein erster Schritt bestand darin, die auf Polen angesetzten Männer entsprechend einzuordnen und ihnen die im SD-Hauptamt gesammelten Informationen über Land und Leute möglichst gründlich zu vermitteln. Im Juni 1939 geschah dies im Rahmen eines zweieinhalbwöchigen Lehrgangs für die Führungskader des anstehenden Feldzuges in der SD-Schule Bernau bei Berlin.[423] Die Liste des Schulungspersonals, von dem ein Teil bereits auf einschlägige Erfahrungen im Auslandseinsatz zurückblicken konnte und partiell auch für eine Verwendung in Polen ausersehen war, liest sich größtenteils wie das Who-is-Who des SD-Hauptamtes. Standartenführer Prof. Dr. Franz Alfred Six, Schriftleiter der Zeitschrift „Volk im Werden",[424] 1938 Autor des Buches „Die Presse in Polen"[425] und seit Januar 1939 Leiter gleich dreier Zentralabteilungen im SD-Hauptamt,[426] sowie Obersturmbannführer Erich Ehrlinger, Leiter der Hauptabteilung Weltanschauung unter Six,[427] erörterten „Sinn und Aufgabe des SD allgemein und bei Sondereinsätzen". Hauptsturmführer Herbert Hagen, der Leiter des SD-Judenreferats, hatte bereits mit einem Sonderkommando unter Six an der Besetzung Österreichs teilgenommen;[428] sein Thema lautete nun: „Das Judentum als allgemeiner politischer Gegner, seine Bedeutung in Polen". Kirchenexperten wie Sturmbannführer Albert Hartl, der Mitte Oktober 1939 mit einem SD-Sonderkommando der Einsatzgruppe I die Jesuitenniederlassung in Krakau besetzen sollte,[429] und Hauptsturmführer Helmut Looss[430] referierten über „Kirchen und Sekten allgemein und im Sonderfall"; zu ergänzen wäre hier: Polen. Sturmbannführer Dr. Helmut Knochen, der Leiter der SD-Freimaurerabteilung[431] und spätere BdS Frankreich, der wenige Tage später in Heydrichs Privatwohnung an der Grundsatzbesprechung über den bevorstehenden Einsatz teilnehmen sollte, behandelte das Thema „Freimaurerei" und zwar ebenfalls „allgemein und im Sonderfall".

Sturmbannführer Paul von Vietinghof-Scheel kannte sich als Abteilungsleiter III 111 (Osteuropa) und Referatsleiter Rußland, Polen, ČSR und Danzig wohl am besten bei polnischer „Innen- und Außenpolitik, Strömungen und Persönlichkeiten" aus.[432] Zu Polen in der deutschen Wirtschaftsplanung sowie kulturellen und die Minderheiten betreffenden Angelegenheiten sprachen Hauptsturmführer Willy Seibert,[433] Obersturmführer Heinz Hummitzsch[434] und Hauptsturmführer Walter von Kielpinski.[435] Alle drei waren beim Einmarsch in Österreich 1938, Hummitzsch und Kielpinski – Stabsmitglieder der späteren Einsatzgruppe IV – darüber hinaus in Prag im Frühjahr 1939 dabeigewesen;[436] letzterer blieb von Oktober 1939 bis zum Frühjahr 1940 als Pressereferent beim KdS Warschau.[437] Untersturmführer Dr. Walter Ritze, einst Weltkriegsteilnehmer und Freikorpskämpfer, hatte sich bis dato ganz seiner Fabrik gewidmet und war trotz seiner 41 Jahre im SD bisher nicht einschlägig in Erscheinung getreten. Sein Vortrag über die „Struktur der polnischen Wirtschaft" in der Bernauer Schule fand allerdings augenscheinlich an höherer Stelle Anklang und öffnete ihm das Tor zum praktischen Dienst. Noch im Juni 1939 bat das Personalhauptamt um Mitteilung, „wann mit einer endgültigen Übernahme" Ritzes zum SD-Hauptamt zu rechnen sei.[438] Anfang September überschritt er dann in den Reihen des Gruppenstabes II die deutsch-polnische Grenze, um anschließend zum KdS Lublin kommandiert zu werden.[439] Den im Falle Polens eher zu vernachlässigenden Bolschewismus überließ man einem kleineren Licht wie Untersturmführer Emil Augsburg, der sich kurz zuvor hinsichtlich der Beschaffung von Informationen für die Zentralstelle II P (Polen) verdient gemacht hatte.[440]

Angesichts dieses hochkarätigen Aufgebots hätte den Bernauer Dozenten eigentlich die ungeteilte Aufmerksamkeit ihrer Zuhörer sicher sein müssen, doch anscheinend legte man bei der Proskription des politisch-rassischen Gegners allzuviel Gewicht auf Theorie. Unter den Absolventen des Sommerkurses dürften darum zumindest Gerüchte über die Simplizität des bevorstehenden Auftrages die Runde gemacht haben. Manch einer stellte sich wohl die Frage, warum man die polnische Gesellschaft zunächst mühsam studieren solle, wenn deren Schicksal ohnehin bereits besiegelt sei. Anfang Juli konstatierte die Zentralabteilung I 2 (Personal) jedenfalls ernüchtert, es sei „ausgeschlossen, daß bei der Fülle des Gebotenen jetzt schon eine auch nur notdürftige Beherrschung des Stoffes angenommen werden könne", und empfahl dringend dessen Wiederholung und Vertiefung in kleineren Arbeitsgruppen.[441] Zwei Monate später setzte Heydrich, kurz nach Beginn des Unternehmens „Tannenberg", mehr auf die praktische Erfahrung, als er im Bezug auf geplante Lehrgänge über die Tätigkeit von Gestapo und SD für den elitären Nachwuchs aus der Hitlerjugend und dem Bund Deutscher Mädel feststellte: „An Fachlichem wird man ihnen in der kurzen zur Verfügung stehenden Zeit nur wenig geben können; das muß ihnen bei weiterer Tätigkeit an der Front allmählich näher gebracht werden."[442]

Nachdem also das Gros des zukünftigen Führungspersonals in der Theorie ein eher dürftiges Bild abgegeben hatte, stellt sich die Frage, wie es sich unmittelbar auf den Septemberfeldzug vorbereitete und in der Praxis bewährte. Wie aus Untersuchungen über andere Formationen des Dritten Reiches bereits bekannt, spielten gemeinschaftsstiftende Erlebnisse, wie etwa Alkoholkonsum oder Kameradschaftsabende, vor, während und nach dem Einsatz offenbar eine nicht unwichtige Rolle.[443] Beim Stab der Einsatzgruppe II in Oppeln etwa wurde, unter erhöhter Alarmbereitschaft unmittelbar vor Überschreiten der Grenze, nur noch in der Dienststellte auf dem Fußboden genächtigt. Die Wartezeit vertrieb man sich mit feuchtfröhlichen Abenden, am Volksempfänger oder beim gemeinschaftlichen Kinobesuch.[444] Die ungarisch-deutsche Filmproduktion „Zwischen Strom und Steppe" aus dem Jahr 1938 mit ihrer klischeehaften Darstellung des Lebens in einem kleinen ungarischen Fischerdorf, die sich die Männer am Nachmittag des 27. August ansahen, verdient dabei besondere Beachtung: Ein heimatloser Landstreicher nordischen Typs namens Silo wird von einem Zigeuner am Ufer der Theiß hinterrücks mit einem Messer niedergestochen. Die einfachen, in ihrer Armut glücklichen ungarischen Fischer pflegen ihn gesund. Dafür weiht Silo sie in die Segnungen der Zivilisation ein, bringt ihnen das Schwimmen bei, rät ihnen, Geld statt Tauschware zu verlangen, und baut ihnen mit Unterstützung eines volksdeutschen Schreinermeisters ein neues Boot. In einem Zweikampf tötet er seinen vormaligen Angreifer, den Liebhaber einer verführerischen Zigeunerhexe.[445] Daß diese Schmonzette nach Erich Ehlers' Einschätzung einen „Vorgeschmack der östlichen Verhältnisse" gab, gestattet einen aufschlußreichen Einblick in das Weltbild des 27-jährigen Hauptsturmführers aus Kiel, der 1933 der SS beigetreten war, ein Jahr später vom Chef des SD als Hilfsreferent übernommen wurde, bereits die Einsätze 1938/39 in Wien und Prag mitgemacht und am 15. Juli 1939 bei der Wiederholung des Bernauer Lehrgangs über „Juden und Freimaurer" referiert hatte.[446] Die ersten drei polnischen Zivilisten, die Ehlers' Männer eine gute Woche später in Lublinitz töteten, waren in seinen Augen bezeichnenderweise „Rasiermesserhelden", von denen einer „noch einen Kanten Brot [aß], nachdem die Grube schon gegraben und die Gewehre schon auf ihn gerichtet waren".[447]

Wenn sich tödliche Gewalt der Einsatzgruppen bereits in Standardsituationen, wie etwa bei Verdacht auf verbotenen Waffenbesitz, Bahn brach und von Stabsmitgliedern als selbstverständlich empfunden wurde, so mußte dies um so mehr in Räumen gelten, in denen sich die im Reich propagierte angebliche Minderwertigkeit von Slawen und Juden zu bewahrheiten schien. Der Vortrupp des Kommandos 1/IV, der zusammen mit den ersten Wehrmachtseinheiten am 5. September in Bromberg einmarschierte, stieß dort allerorten auf Spuren der Übergriffe, die polnische Soldaten und Zivilisten zuvor an Angehörigen der volksdeutschen Minderheit verübt hatten. Während dieser „Bromberger Blutsonntag" ohne spürbaren Einfluß auf die Intensität der in der ersten Septemberhälfte von deutschen Einheiten verübten Gewaltverbrechen blieb,[448] schien er in der Stadt selbst den Wegfall aller etwa noch bestehenden Hemmungen zu rechtfertigen. Nach dem Kommandoführer 1/IV, Helmuth Bischoff, hatte „das Schicksal gerade [s]ein Einsatzkommando dazu ausersehen [...], als erstes in diese unglückliche Stadt zu kommen, die ungezählten Opfer zu sehen und die ersten Vergeltungsmaßnahmen durchführen zu dürfen". Er und seine Leute hätten so eine „innere Wandlung" durchgemacht, „von deren Ausmaß und deren Auswirkungen wir uns noch eine Woche vorher selbst hätten keine Vorstellung machen können. Wir sind in dieser kurzen Zeit stahlhart geworden; eine unumstößliche Überzeugung haben wir damals gewonnen: Eine Nation, die solcher Schandtaten fähig ist, hat für alle Zukunft den Anspruch darauf verloren, noch jemals wieder in der Reihe der europäischen Kulturvölker genannt zu werden."[449]

Bischoff mochte beim Einmarsch in Bromberg noch nicht überschauen, in welchem Umfang die deutsche Wehrmacht seit Beginn der Offensive überall im Lande Massenerschießungen von Zivilisten und Kriegsgefangenen sowie Luftangriffe auf unverteidigte Städte durchführte und sich somit selbst außerhalb völkerrechtlicher Bestimmungen und abendländischer Wertvorstellungen bewegte. Dafür hatte er persönlich der Besprechung im Berliner Gestapa am 18. August beigewohnt, in der die Aufgabe der Einsatzgruppen, wie sich ein anderer Teilnehmer nach dem Krieg erinnerte, als „Bekämpfung von Saboteuren, Partisanen, des Judentums, der polnischen Intelligenz und die Bestrafung von Übergriffen gegen die volksdeutsche Minderheit in Polen" definiert wurde.[450] In Bischoffs Augen war die pauschale Ächtung weiter Teile der polnischen Gesellschaft legitim und erhielt durch die Übergriffe in Bromberg nur noch eine zusätzliche Rechtfertigung. Da man den Gruppen- und Kommandoführern vor Ort freigestellt hatte, in diesem Zusammenhang nach Gutdünken Exekutionen anzuordnen, war er entschlossen, die sich ihm bietenden Entfaltungsmöglichkeiten nunmehr voll auszuschöpfen. Als dort in der Nacht vom 7. auf den 8. September ein deutscher Schutzpolizist und ein Wehrmachtssoldat von Unbekannten erschossen wurden, schworen er und seine Männer „blutige Rache! Unser Entschluß, mit diesem Gesindel radikal aufzuräumen, stand nunmehr endgültig fest."[451]

Die dazu erforderlichen Voraussetzungen brachte der 31-jährige Sturmbannführer ohne Zweifel mit: Im deutsch-polnischen Grenzgebiet aufgewachsen, hatte er seine ideologische Zuverlässigkeit im Laufe seines Werdegangs verschiedentlich unter Beweis gestellt. Zudem verfügte er über einschlägige Erfahrungen in der militärischen und polizeilichen Praxis.[452] Für den Einsatz in Polen hatte er überdies mit Obersturmführer Edmund Schöne und Obersturmführer Werner zwei verläßliche Gehilfen ausgewählt, die er bereits aus der gemeinsamen Dienstzeit bei der Stapo-Stelle Köslin kannte. Von dort kam auch der größte Teil von Schönes Männern, die nach Einschätzung Bischoffs „durch zum Teil langjährigen Grenzdienst die Methoden und Charaktereigenschaften der Polen gut kannten".[453] Aus welchem Holz etwa Schöne geschnitzt war, hatte sich bereits im Frühsommer 1939 gezeigt, als der damalige Leiter des Grenzpolizeikommissariats Bütow mit einer Truppe betrunkener Gestapo-Beamter nachts die Wohnung eines Kriegsinvaliden gestürmt und demoliert und dessen Familie in der fälschlichen Annahme, es mit Polen zu tun zu haben, mit der Waffe bedroht hatte.[454] Daß auch Bischoff im Polizeieinsatz ohne zu zögern bereit war, mit Gesetzen, Normen und Werten zu brechen, stellte er am 5. September persönlich unter Beweis. Im Bromberger Nachbarort Nakel erschoß er kurzerhand einen des Plünderns verdächtigen Zivilisten auf offener Straße, da „für lange Verhandlungen mit solchen Verbrechern" bei der gebotenen Eile keine Zeit sei.[455]

Doch beließ es der Kommandoführer 1/IV nicht beim praktischen Beispiel. Vielmehr nutzte er sowohl den ihm eingeräumten Ermessensspielraum als auch die aufgeheizte Atmosphäre in Bromberg der Wehrmacht und seinen eigenen Leuten gegenüber gezielt für die Radikalisierung vor Ort. Am 8. September forderte und erhielt er beim Stadtkommandanten der Ortskommandantur 586 freie Hand für als „Geiselerschießungen" camouflierte Massenexekutionen ohne Standgerichtsverfahren, die er umgehend in die Tat umsetzte. Mit dem Kommandanten des rückwärtigen Armeegebietes 580, SS-Brigadeführer und Major Walter Braemer, übernahm noch am selben Tag ein Wehrmachtsoffizier dort die vollziehende Gewalt, der mit Bischoff auf einer Wellenlänge lag. Im Rahmen einer für den 10. September, dem Sonntag nach den polnischen Ausschreitungen, angesetzten Razzia im Arbeiterviertel Schwedenhöhe durch örtliche Wehrmachts- und Polizeiverbände, darunter die gesamte Einsatzgruppe IV, ordnete Braemer an, jeden „zu erschießen, der mit einer Waffe oder einem anderen Angriffswerkzeug an seinem Körper angetroffen wird" oder „der in irgendeiner Weise Widerstand leistet".[456]

Unmittelbar vor der Aktion hielt Bischoff eine Ansprache vor versammelter Mannschaft, in der er ausführte, es müsse nun Rache für die Greueltaten geübt werden. Daher seien „alle angetroffenen polnischen Männer zu erschießen, ganz gleich, ob sie Waffen trügen oder nicht". Er könne ein solches Vorgehen zwar nicht offiziell decken, da es nicht explizit von der Berliner Zentrale angeordnet worden sei. Allerdings fügte Bischoff hinzu, jeder seiner Untergebenen könne sich bei dieser Razzia „als echter Mann beweisen".[457] Somit hatte er den Freibrief, der ihm und den anderen Kommandoführern Mitte August erteilt worden war, einfach an seine Leute weitergegeben. Dabei ging er offenbar davon aus, die emotional aufgeladene Stimmung werde ihr übriges tun. Diese Rechnung ging zumindest teilweise auf. Nach dem Krieg bemerkte ein ehemaliger Kommandoangehöriger, „daß uns allen klar war, was Bischoff damit meinte. Wir sollten diese Aktion also rigoros durchführen."[458] Bis Sonntagmittag hatten seine Männer im Verein mit Ordnungspolizisten und Wehrmachtssoldaten auf der Schwedenhöhe zwischen 50 und 60 Polen getötet.[459] Dabei erschoß ein Mitglied des Kommandos 1/IV einen alten Mann in seinem Bett mit der Maschinenpistole; ein anderer streckte mit seiner Pistole einen Zivilisten auf der Straße von hinten nieder; ein Angehöriger des Polizeibataillons 6 verabreichte ihm anschließend den „Gnadenschuß".[460] Bis zum Abend stieg die Zahl der Erschossenen auf 120.[461] Des weiteren wurden zwischen 120 und 150 an diesem Tag gefangengesetzte Polen nach Absprache zwischen dem Gruppenführer IV, Lothar Beutel, und Braemer im Verlauf der nächsten zwei Tage außerhalb der Stadt erschossen – nicht von Bischoffs Leuten, sondern von Angehörigen des Einsatzkommandos 2/IV unter Hammer.[462]

Das Zusammenspiel zwischen Führern und Mannschaften funktionierte nicht überall so reibungslos wie beim Kommando 1/IV in Bromberg. Am 21. November 1939 erhoben die Kriminalkommissare Willi Herzberger und Georg Wüst, die zwei Tage zuvor ihren Dienstort Lublin unerlaubt verlassen hatten, im RSHA schwere Vorwürfe gegen Dr. Alfred Hasselberg, der das Einsatzkommando 3/I befehligt hatte und mittlerweile zum KdS in Lublin avanciert war. Gegen diesen wurde umgehend ein Disziplinarverfahren eingeleitet, und mehrere seiner Untergebenen aus Lublin wurden im Laufe der nächsten Wochen in Berlin vernommen.[463] Neben persönlichen Verfehlungen wurde ihm vor allem die schlechte Behandlung seiner Leute vorgeworfen. Einige von ihnen kannten Hasselberg bereits vom Einsatz im Sudetenland 1938. Gerade das aber war ein Teil des Problems, denn genau jene Männer waren jetzt „entsetzt, daß sie diesem Kommando zugeteilt waren".[464]

Hasselberg war ein unberechenbarer Vorgesetzter, der in Polen Allmachtsphantasien entwickelte und sadistische Züge an den Tag legte.[465] Dabei trieb auch er seine Männer zu rücksichtslosem Vorgehen gegen die Bevölkerung an. Als in Siedlce ein Volksdeutscher und ein Hilfspolizist von Polen erschossen worden waren und am kommenden Tag noch alle der daraufhin festgenommenen Geiseln lebten, herrschte er Kriminalobersekretär Franz Kubin an: „Da hätten doch sofort auf dem Ring verschiedene erschossen werden müssen."[466] Im Oktober schickte Hasselberg von Jaroslau aus Rollkommandos in die Gebiete östlich des San, die zunächst zur Besetzung durch die Rote Armee vorgesehen waren, um den dort ansässigen Juden Geld, Schmuck und Wertsachen zu rauben.[467] Eine dieser Gruppen unter Hans Block betrat in Chelm von Juden bewohnte Häuser mit dem Ruf „Geld oder Leben!". Außerdem mißhandelte man jüdische Frauen, was zu massiven Protesten seitens der Ortskommandantur führte.[468] Obwohl er daraufhin dieses Kommando abberufen mußte, machte Hasselberg in einer Führerbesprechung unmißverständlich klar, daß er das Verhalten von Block und seinen Männern deckte.[469] Demnach favorisierte auch er die Methode, den ihm unterstellten Verbänden bei der Umsetzung des „zu Beginn des Einsatzes gegebenen Befehl[s]"[470] die Rahmenbedingungen ihres Vorgehens abzustecken, ihnen dabei möglichst große Freiheiten einzuräumen und nur, wenn es unbedingt erforderlich erschien, korrigierend einzugreifen. Die zeitweilig auftretenden äußeren Spannungen waren dabei nicht von Dauer: Ein weiteres Teilkommando vertrieb bald darauf gemeinsam mit der Wehrmacht etwa 18 000 Juden über den San.[471]

Viel schwerer dagegen wogen beim Kommando 3/I die inneren Spannungen, da Hasselberg seine Launen und Herrenmenschenallüren auch gegenüber den eigenen Männern auslebte. Als seine Einheit in der Slowakei in Bereitstellung lag und auch nach Überschreiten der Grenze in der polnischen Tatra, hatte er noch versucht, den Korpsgeist durch gemeinschaftliches Schwimmen und Frühsport zu festigen, was sich allerdings im weiteren Verlauf des Vormarsches nicht mehr aufrechterhalten ließ.[472] Doch bereits die unterschiedliche Unterbringung von Kommandoführer und Untergebenen im slowakischen Sillein sorgte für Mißstimmung; denn Hasselberg logierte in einem eigenen Zimmer, während seine Leute auf Strohlagern nächtigten.[473] Hinzu kam, daß etliche seiner Unterführer gewöhnliche Mannschaftsdienste wie Postenstehen verrichten mußten.[474] Spätestens Ende September, als die Einheit ihren südöstlichsten Einsatzraum bei Jaroslau am San erreichte, schlug die Stimmung der Kommandoangehörigen in blanken Haß um. Denn Hasselberg brachte Menschen und Maschinen durch permanente Hektik an den Rand der Leistungsfähigkeit. In der verhältnismäßig kurzen Zeit des Einsatzes meldeten sich knapp 50 Mann krank, die aber entweder erst gar nicht vom Dienst freigestellt wurden oder zumindest keine Rückfahrgelegenheit in die Heimat erhielten.[475] Anfang November verhängte Hasselberg zudem eine Urlaubssperre. Zusätzliches Öl ins Feuer gossen seine abfälligen Bemerkungen über „nicht SS-mäßige" Männer der Einheit, die man angeblich besser gleich erschießen solle.[476] Angstpsychosen waren die Folge, und Meuterei lag in der Luft, zumal sich herumsprach, daß die Angehörigen anderer Kommandos zwischenzeitlich bereits zweimal Urlaub erhalten hatten und dort insgesamt „ein kameradschaftliches und freundschaftliches Verhältnis herrschte".[477]

Auch die besondere Art des Einsatzes begann bereits nach kurzer Zeit abzufärben. Plünderungen waren an der Tagesordnung: „Nachdem [...] Dr. Hasselberg für seine Wohnung alles irgendwie für ihn Brauchbare zusammenschleppte [...], scheuten sich die Männer natürlich auch nicht, alles wild durcheinander zu beschlagnahmen und für dienstliche Zwecke zu verwenden."[478] Es waren aber vor allem die Exekutionen, die deutliche Spuren bei den Mannschaften hinterließen. Ein großer Teil der krankheitsbedingten Ausfälle ging auf Magenbeschwerden oder -geschwüre zurück; auch Nervenleiden traten auf.[479] Als Herzberger Anfang November den technischen Obersekretär Fritz Liebl auf sein bedrücktes Aussehen ansprach, erwiderte dieser, „er habe sich gerade mit zwei Kameraden über die Frage unterhalten, was denn werden sollte, wenn sie wieder in der Heimat wären, ob sie dann die verbrecherischen Gepflogenheiten ablegen könnten".[480] Auf Nachfrage erklärte er später im RSHA: „Ich habe mit dem Ausdruck ‚verbrecherische Gepflogenheiten' zum Teil die Erschießungen, zum Teil aber auch andere unbegründete Übergriffe gemeint. Ich bin aufgrund meiner Tätigkeit bei dem Einsatzkommando Hasselberg zu dem Ergebnis gekommen, daß dort ein Menschenleben überhaupt nichts wert war."[481]

Sein Chef führte die Mißstimmung indes auf den Umstand zurück, daß ein nicht geringer Prozentsatz seiner Männer „aus ihrer bisherigen bürgerlichen Sicht heraus die militärische Form des Einsatzes" – gemeint sind hier die Erschießungen – „ablehnten und wohl auch heute noch ablehnen".[482] Offenbar bereitete dabei den Angehörigen des Kommandos 3/I in erster Linie die Art und Weise, wie die Exekutionen durchgeführt wurden, Schwierigkeiten. „Man hätte m[eines] E[rachtens] zumindesten [sic] den Leuten zeigen sollen, wie man die Erschießungen macht, nicht, daß ganz planlos ins Genick geschossen wird", führte Liebl aus und berichtete anschließend, wie er einen Todeskandidaten, der zwar nicht getroffen wurde, aber vor Schreck in die Erschießungsgrube gefallen war, von oben mit einer Kugel in den Hinterkopf getötet habe.[483] Hasselberg, der persönlich nur bei einer Hinrichtung anwesend war[484] und auf dessen Anweisung die Vollstreckung durch Genickschuß erfolgte, ließ sich anschließend jeweils über den Verlauf Bericht erstatten. Daß er sich bei einer solchen Gelegenheit einmal mit den Worten „Na, schnauft noch einer?" nach dem Stand der Dinge erkundigte und ein anderes Mal nach der Verlesung von Todesurteilen einen jüdischen Tenor singen ließ, verstärkte bei seinen Leuten die Überzeugung, von einem Sadisten kommandiert zu werden.[485] Diesen Eindruck konnte auch Hasselbergs Ankündigung nicht korrigieren, „als Äquivalent für den harten Einsatz an die Leute, die von Anfang an dem Kommando angehörten, zu einem angemessenen Preis Stoffe zu verteilen".[486]

Nach wenigen Wochen in Polen hatte sich innerhalb des Einsatzkommandos 3/I ein Gefühl der Erbitterung und Verzweiflung breitgemacht.[487] Von Äußerungen wie „dem [Hasselberg] gehöre doch nur die Kugel" berichtete nachträglich nicht nur Kubin.[488] Die Führer der Teilkommandos hatten alle Hände voll zu tun, die Situation unter Kontrolle zu halten.[489] Ihre Männer reagierten unterschiedlich auf die Extremsituation. Manche warfen „in Lokalen Gläser an die Wand [...], bloß um ihre Wut einmal auszulassen".[490] Andere versuchten, durch teilweise vorgetäuschte Krankheiten dem Kommando zu entkommen, und betranken sich vor Freude und Erleichterung, wenn ihnen dies gelang.[491] Ein weiterer Teil der Männer verrichtete aus Pflichtgefühl gegenüber den Kameraden und aus diffuser Angst seinen Dienst.[492] Die insgesamt ablehnende Haltung richtete sich dabei aber offenbar nicht gegen die Aufgaben, die ihnen abverlangt wurden, sondern gegen deren unprofessionelle, sie belastende Umsetzung und Hasselbergs Willkürherrschaft. Während die wilden Plünderungen in der Stadt Lublin auf Kritik stießen, erfuhr jedoch die systematische Bedrohung der Juden im Distrikt durch Rollkommandos keine negative Erwähnung.[493] Ein besonderes Licht auf den Geist innerhalb der Truppe wirft eine Episode, die nach Aussage von Block „den Männern stark zu denken gegeben hat, vor allem in Bezug auf die charakterlichen Eigenschaften des Reg.[ierungs]-Rats Dr. Hasselberg". Dieser hatte einen „rasseechten" englischen Setter, der bei einem Juden ‚organisiert' worden war, über mehrere Tage schwer mißhandelt. Seine Männer, die zu dieser Zeit laufend Massenerschießungen an Polen und Juden durchführten, zogen daraus den vielsagenden Schluß, ein Mensch, der ein Tier so schlecht behandele, könne kein guter Mensch sein.[494] Allerdings wurde Hasselberg ausgerechnet die Verfolgung und Ermordung der Juden zugute gehalten: „Ich halte es für meine Pflicht, abschließend auch noch zu bemerken, daß Dr. Hasselberg nicht nur negative, sondern auch sehr viel positive Seiten hatte. In der Gegend von Lublin, wo sich so viel Judengesox [sic] herumtrieb, war eine starke Hand notwendig, die mit ihnen fertig wurde, und Dr. Hasselberg ist auch mit ihnen fertig geworden."[495]

Nach Abschluß der Vernehmungen um die Jahreswende 1939/40 grübelte auch der Chef der Sicherheitspolizei und des SD über das Fehlverhalten Hasselbergs nach, der sich mit seinen 31 Jahren und einem Doktor der Rechtswissenschaften eigentlich nahtlos in das Raster der Einsatzgruppen- und -kommandoführer einzufügen schien und mehrere Jahre unbeanstandet bei den Stapo-Stellen Schneidemühl und Dortmund gearbeitet hatte. Daß das Kommando 3/I unter Hasselberg gnadenlos Polen und Juden ermordete, konnte ihn – wie Bischoff, mit dessen Karriere es nach dem Einsatz in Bromberg steil bergauf gehen sollte – in Heydrichs Augen nur auszeichnen. Daß er dabei jedoch seine eigenen Leute schlecht behandelte, entsprach nicht dem Ideal eines nationalsozialistischen Führers, der sich im Rahmen des anlaufenden Mordprogramms zu bewähren hatte und zugleich einem pervertierten Ehrbegriff verpflichtet fühlen sollte. Andere Massenmörder des Dritten Reiches teilten bekanntermaßen diese schizophrene Sichtweise, so etwa der Kommandeur der SS-Reitstaffeln in Polen, Hermann Fegelein, der im April 1940 seinen Truppen eine „saubere und anständige SS-mäßige Art" attestierte, die deren „Charakterfestigkeit" beim „Erledigen von üblen Elementen" unter Beweis gestellt habe.[496] Oder Heinrich Himmler selbst, der 1943 in Posen vor den versammelten Gruppenführern bramarbasierte: „Von euch werden die meisten wissen, was es heißt, wenn 100 Leichen beisammen liegen, wenn 500 daliegen oder wenn 1 000 daliegen. Dies durchgehalten zu haben und dabei – abgesehen von Ausnahmen menschlicher Schwäche – anständig geblieben zu sein, das hat uns hart gemacht."[497]

Daß Hasselberg, der von Heydrich persönlich noch am 21. September 1939 als Vertreter der Sicherheitspolizei beim Chef der Zivilverwaltung in Krakau vorgeschlagen worden war,[498] Anzeichen „menschlicher Schwäche" gezeigt hatte, ließ den Chef der Sicherheitspolizei, nach der ihm eigenen Logik, an der „rassischen" Tauglichkeit des Beschuldigten zweifeln: Am 3. Januar 1940 forderte er vom Rasse- und Siedlungshauptamt dessen Ariernachweis sowie „die Überprüfung seiner Erbgesundheit und insbesondere festzustellen, ob einer der Vorfahren des H.[asselberg] an Geisteskrankheit gelitten hat".[499] Eine Woche später ließ Heydrich zwar das Ermittlungsverfahren gegen ihn einstellen, sprach ihm aber seine „schärfste Mißbilligung" aus, da dessen Behandlung seiner Untergebenen „nicht den von mir an den Führer eines Einsatzkommandos zu stellenden Anforderungen" entsprochen habe. Anschließend stellte er ihn auf dessen eigenen Wunsch der Wehrmacht zur Verfügung.[500]

Bischoff und Hasselberg waren beide 1908 geboren und gehörten somit zu den jüngsten Kommandoführern in Polen. Beide waren Überzeugungstäter, die ihren Auftrag der „Bekämpfung aller reichs- und deutschfeindlichen Elemente in Feindesland" bedingungslos in die Tat umsetzten. Dabei nutzten sie die ihnen eingeräumten Freiräume und weiteten sie aus, überschritten ohne Zögern die Grenzen des Legalen und erwarteten dasselbe von den ihnen Unterstellten. Gegen beide wurde im Anschluß an den Polenfeldzug wegen Plünderung ermittelt.[501] Das Verhältnis der beiden Kommandeure zu ihren Untergebenen hätte allerdings kaum unterschiedlicher sein können. Auf der einen Seite war da Bischoff, der motivierende Ansprachen hielt und die Schützen auf dem Weg in den Massenmord begleitete, auf der anderen Seite Hasselberg, der seine Männer schikanierte und allein an die Erschießungsgruben schickte. Gleichwohl erfüllten beide Einheiten gleichermaßen die an sie gerichteten Erwartungen. Während die Angehörigen des Kommandos 1/IV in Bromberg durch die Autorität Bischoffs und Rachegelüste für die dort an Volksdeutschen verübten Übergriffe genügend angestachelt waren, sorgten im Falle des Kommandos 3/I Angst vor Bestrafung und ständige Bemühungen der Unterführer für einen mehr oder weniger reibungslosen Ablauf. Dieses Ergebnis kam trotz massiver Kritik zustande, da diese sich nicht gegen den Einsatz selbst richtete, sondern gegen die dabei angewandten Methoden und Hasselbergs Führungsstil.

Bei der Vorbereitung des sicherheitspolizeilichen Vorgehens in Polen betraten sowohl die Planer in Berlin als auch die Exekutoren vor Ort Neuland. Unklar war zu Beginn des Unternehmens „Tannenberg" vor allem, wie sich die ausgewählten Führungskader bewähren und die durchzuführenden Maßnahmen auf die Männer im Felde auswirken würden. Auch aus diesem Grund erschien es wohl geboten, die Wahl der Mittel in das Ermessen der Kommandeure zu stellen, die unmittelbar auf die Situation und die Stimmungslage reagieren konnten. Gemeinsame sportliche Betätigung und Freizeitgestaltung, Kameradschaftsabende und Sammelnachtlager sollten anfangs den notwendigen Gruppenzusammenhalt herstellen. In Bromberg machte Bischoff dann vor, wie sich die lokale Atmosphäre zur radikalen Umsetzung des „volkstumspolitischen Auftrags" durch das Einsatzkommando 1/IV nutzen ließ, wobei die Exekutionen durch Schüsse aus der Distanz durchgeführt wurden.[502] Hasselberg gelang dies im Raum Lublin dagegen nur teilweise. Während er sich des Rückhalts bei seinen Männern hinsichtlich der Verfolgung und Ermordung von

Juden offenbar gewiß sein konnte, setzte die Tötungsmethode mittels Genickschuß diese psychischer Anspannung aus. Neben Hasselbergs problematischem Charakter war das die eigentliche Ursache der gereizten Stimmung innerhalb des Einsatzkommandos 3/I.

Die Realgeschichte
Da es die Einsatzgruppen und -kommandos in Polen im Unterschied zum späteren Vorgehen in der Sowjetunion noch vermieden, über ihre Exekutionen ausführlich Buch zu führen, läßt sich die Blutspur, mit der sie das Land durchzogen, nicht mehr vollständig nachzeichnen.[503] Häufig zeugen nur noch die Berichte von Überlebenden vom Martyrium der Opfer des Unternehmens „Tannenberg", und die Zuordnung der Akteure allein anhand dieser Quellengattung erweist sich zumeist als problematisch, wenn nicht unmöglich. Daher sind die wenigen diesbezüglichen Hinweise, die der Täterüberlieferung selbst zu entnehmen sind, von besonderer Bedeutung. Doch auch ein Abgleich mit den Ergebnissen polnischer Nachkriegsuntersuchungen läßt das wahre Ausmaß der Übergriffe von Sicherheitspolizei und SD nur erahnen. Erschwerend kommt hinzu, daß in den ersten Wochen und Monaten der deutschen Besatzung auch Einheiten des Volksdeutschen Selbstschutzes, der Ordnungspolizei, der SS-Verfügungstruppe, der SS-Totenkopfstandarten und der Wehrmacht Massenexekutionen auf polnischem Boden durchführten.[504]

Die ersten Erschießungen sind von der Einsatzgruppe II überliefert, deren Männer am 4. September unmittelbar nach Überschreiten der Grenze drei Zivilisten ohne Standgerichtsverfahren in der Nähe von Tschenstochau exekutierten.[505] Innerhalb der Gruppe dürfte bekannt gewesen sein, daß die Stadt, Sitz des Sanktuariums auf dem Hellen Berge mit der Schwarzen Madonna, dem Symbol des nationalen Freiheitswillens, während der oberschlesischen Aufstände zwischen 1919 und 1921 logistische Nachschubbasis der polnischen Freischärler gewesen war. Zudem war vor dem Angriff innerhalb der Einsatzgruppen, ebenso wie unter den bereitstehenden Wehrmachtsverbänden[506], vor der angeblichen Heimtücke der einheimischen Bevölkerung und vor Partisanentätigkeit gewarnt worden.[507] Gleichfalls am 4. September erschossen Soldaten der Infanterieregimenter 42 und 97 nach einer Schießerei aus ungeklärter Ursache im Stadtgebiet über 200 polnische und jüdische Männer, Frauen und Kinder.[508] Von der Einsatzgruppe II wurde die Situation zwar vergleichsweise nüchtern beurteilt, indem man dort konstatierte, daß „zum Schluß nicht mehr festzustellen [war], wer auf wen schoß". Dennoch exekutierte auch das Kommando 1/II in Tschenstochau „zwei Freischärler auf frischer Tat" und tags darauf „ein[en] Dachschütze[n]";[509] außerdem richtete man „zwei jüdische Rasiermesserhelden" hin.[510] In den kommenden zwei Wochen steigerten sich die Opferzahlen der Gruppe II,[511] die sich nach offizieller Verlautbarung vom 19. September auf insgesamt 72 Tote beliefen. Doch allein um den 17. September herum waren von dieser Einheit 180 Zivilgefangene in Lublinitz als angebliche „Insurgenten, Plünderer usw." erschossen worden.[512]

Mit dem Auftreten von „Freischärlern" rechnete man allerdings noch eher bei der Einsatzgruppe I, die weiter südlich im „Kerngebiet der polnischen Aufständischenorganisationen" operierte. Ostoberschlesien war für die deutsche Planung in vielerlei Hinsicht bedeutsam: Der wichtigste Industriestandort Polens stellte einen erheblichen Teil der Kriegsbeute dar, die möglichst unbeschädigt eingebracht werden sollte. Daher legte man auf deutscher Seite besonderes Augenmerk auf seine schnelle Besetzung und Sicherung. Zudem hatten dort Anfang der 1920er Jahre mehrere bewaffnete Auseinandersetzungen zwischen polnischen und deutschen Freischärlerverbänden stattgefunden. Doch war man bei der Gruppe I zuversichtlich, „daß eine rücksichtslose Ausmerze der Banden, Dachschützen und Saboteure zur Beseitigung dieser Unruhefaktoren" führen werde. Am 12. September erschoß die Einheit nach eigenen Angaben 10 Juden, weil angeblich „aus deren Häusern auf vorbeiziehende Posten der Luftwaffe geschossen" worden war, und drei Tage darauf weitere 23 als gefährlich eingestufte Polen und Juden.[513] Allerdings stellten polnische Behörden nach dem Krieg fest, daß die Gruppe I am 12. September in der Nähe von Krakau in Wirklichkeit 32 Juden ermordet hatte, und in der Umgebung von Kattowitz wurden mehrere Massengräber aus dem September 1939 mit insgesamt über 200 Opfern entdeckt, die man dem Kommando 1/I zuordnete.[514] Seit Anfang Oktober war die eigentliche Zielgruppe dann selbst für Außenstehende deutlich erkennbar, als der Landrat des Kreises Lublinitz festhielt: „Es sollen sämtliche polnisch gesinnten Geistliche, Lehrer, Ärzte und Grundbesitzer festgenommen und in ein Lager gebracht werden."[515] Faktisch hieß dies Vorbereitung zur Liquidierung bzw. Deportation der gesamten polnischen Oberschicht.

Einen weiteren potentiellen Krisenherd stellte aus deutscher Sicht die Provinz Posen dar, die unmittelbar nach Ende des Ersten Weltkrieges ebenfalls Schauplatz eines Aufstandes gewesen war, in dessen Folge die Region dann der jungen Republik Polen zufiel. Bereits am 6. September gab der Gruppenführer III, Fischer, die Devise aus: „Gefangene Rädelsführer der Polen, die ohne Waffen betroffen und deshalb nicht sofort erschossen worden seien, müßten erschossen werden, wenn feststeht, daß sie als Rädelsführer nach Abzug der polnischen Truppen den bewaffneten Widerstand der Bevölkerung organisiert haben."[516] Widerstand gegen die einmarschierenden Truppen der Wehrmacht leisteten in den Städten der Region allerdings keine Partisanen, sondern reguläre Bürgerwehren, deren Mitglieder dennoch zu Hunderten unmittelbar im Anschluß an ihre Gefangennahme durch Angehörige des Grenzabschnittskommandos 2 erschossen wurden.[517] Exekutionen der Gruppe III im relativ kurzen Zeitraum der militärischen Eroberung Großpolens sind hingegen nicht überliefert, aber auch nicht auszuschließen.[518] Mitte des Monats allerdings schritt die frisch eingetroffene Einsatzgruppe VI zur Tat. Nachdem sie am 16. September angeordnet hatte, für die sofortige Befriedung der Region sei Sorge zu tragen und jede Gegenwehr brutal zu brechen,[519] erschoß das Kommando 1/VI in Schlüsselsee (Ślesin) 18 Polen, das Unterkommando Tormann tags darauf in Schroda 21[520] und wenig später in Schrimm 20 Menschen.[521]

Während diese Erschießungen noch verdeckt durchgeführt wurden, ging man seit Ende September im Raum Posen zu öffentlichen Exekutionen über. Am 25. September sah der Chef der Zivilverwaltung beim Militärbefehlshaber, Arthur Greiser, die Lage „allgemein als befriedet an", konstatierte aber dennoch, daß „die vom nunmehr eingesetzten Sondergericht noch in großer Zahl abzuurteilenden Freischärler usw. zur Abschreckung öffentlich erschossen werden. Hauptaugenmerk hat die Polizei auf die polnische Oberschicht gehabt."[522] Gegenüber dem kommissarischen Bürgermeister von Schroda äußerte er sich kurz darauf dahingehend, „daß 300 Erschießungen noch zu wenig seien".[523] Damit stand hier spätestens seit Anfang Oktober auch offiziell nicht länger die Befriedung der besetzten Räume im Vordergrund der sicherheitspolizeilichen Arbeit, sondern die Ausschaltung der polnischen Elite. Seitdem gingen die Formationen der Gruppe VI zu eigenen Standgerichtsverfahren, die summarisch und in Rekordzeit abgewickelt wurden, sowie zu öffentlichen Exekutionen über. So wurden allein am 20. Oktober in Kostschin (Kostrzyn) 28 Personen – Gutsbesitzer, Hauseigentümer, Geschäftsleute, Lehrer und Polizisten – vom Kommando 2/VI zum Tode verurteilt und erschossen.[524] Das Kommando 1/VI wiederum nahm beispielsweise 86 Hinrichtungen in den Kobylniki-Wäldern nach Verhandlungen in Samter am 9., 10. und 27. November vor.[525] Diese jedermann sichtbare Demonstration deutscher Macht sollte einschüchtern und zugleich den potentiellen polnischen Widerstand seiner Köpfe berauben.

Die einheimische Elite wurde nunmehr gezielt auch zu „Vergeltungsaktionen" für angeblich von Polen getötete Angehörige der deutschen Minderheit herangezogen. So kündigte der Befehlshaber der Ordnungspolizei beim Militärbefehlshaber Posen am 19. Oktober an: „Für die verübten Schandtaten und grauenhaften Morde werden in den nächsten Tagen von der Sicherheitspolizei eine entsprechende Anzahl sogenannter unsicherer Polen aus der geistigen Oberschicht herausgesucht und von der Sicherheitspolizei in Zusammenarbeit mit der Schutzpolizei der gerechten Strafe zugeführt."[526] Sechs Tage später konnte er bereits befriedigt die Erschießung von 183 Menschen vermelden.[527] Die Zahl der allein in diesem Zeitraum in der näheren Umgebung von Posen durch die Kommandos 1/VI und 2/VI erschossenen Polen lag jedoch in Wirklichkeit zwischen 250 und 300.[528] Im Raum Lodsch dagegen führte das Kommando 2/III im September und Oktober lediglich Massenverhaftungen durch.[529] Erst im November ging man dazu über, Insassen des Lagers und späteren Gefängnisses Radegast (Radogoszcz) in den Wäldern der Umgebung zu erschießen. Ende 1939 belief sich dort die Zahl der Exekutierten auf etwa 150.[530]

In Westpreußen hatte es zwar seit nahezu einem Jahrhundert keine Aufstandsbewegungen gegeben. Dafür hatte die Region südlich von Danzig nach Ende des Ersten Weltkrieges Anlaß zu ständigen Auseinandersetzungen zwischen beiden Nationen gegeben. 1920 ging sie ohne Volksabstimmung unter dem Namen Pommerellen an Polen und trennte fortan als sogenannter Korridor Ostpreußen vom übrigen Reichsgebiet; Danzig wurde freie Stadt unter Völkerbundsmandat. Die Lage der deutschen Bevölkerung gab der Reichsregierung aufgrund einer repressiven polnischen Minderheitenpolitik oftmals Grund zur Sorge. Zudem verschärften sich am Vorabend des Zweiten Weltkrieges die interethnischen Spannungen noch beträchtlich. Die Übergriffe gegen Angehörige der deutschen Minderheit in Bromberg am dritten Tag des Septemberfeldzuges lieferten der Einsatzgruppe IV sowie später dem Kommando 16 den letzten Vorwand, um unter dem Deckmantel der Vergeltung das bereits seit Monaten entwickelte, gegen die polnische Intelligenz gerichtete Mordprogramm in Gang zu setzen.

Tatkräftige Unterstützung erhielt die SS dabei von Angehörigen der deutschen Minderheit, die über gute Ortskenntnisse und Informationen über verdächtige oder zur Fahndung ausgeschriebene Polen verfügten. Volksdeutsche wurden von den Einsatzgruppen auch andernorts als Informanten und Hilfspolizisten eingesetzt.[531] In Pommerellen jedoch beteiligten sie sich in den Reihen der paramilitärischen Miliz des Selbstschutzes seit Mitte September auch systematisch und im großen Stil an der Verfolgung und Ermordung ihrer polnischen und jüdischen Nachbarn.[532] Bromberg und Umgebung avancierten hierbei zum Epizentrum des Massenmordes. Ihre ersten Erschießungen führten die Männer der Gruppe IV allerdings seit dem 5. September gemeinsam mit den in die Stadt einmarschierenden Wehrmachtsverbänden durch. Bis zum 8. September fielen ihnen zwischen 200 und 400 Einwohner zum Opfer; weitere 120 Menschenleben kostete die Razzia auf der Schwedenhöhe am 10. des Monats.[533] Nach Abzug der Gruppe übernahm dann ein Teil des Einsatzkommandos 16 in Bromberg die Regie und erschoß mit Unterstützung des örtlichen Selbstschutzes zwischen dem 22. September und dem 17. November insgesamt 349 Personen.[534] „Polnische Intelligenz", so resümierte Kriminalrat Lölgen anschließend, „ist in Bromberg nicht mehr vorhanden. Auch in Nakel und Fordon ist die Überprüfung und Liquidierung der polnischen Intelligenz und der Angehörigen des Westmarken-Verbandes restlos durchgeführt."[535] Das Kommando 16 in Danzig mit seinen diversen Untergruppen war „ein reines Exekutionskommando, dessen Aufgabe nur darin bestand, der Forderung des Chefs der Sicherheitspolizei und des SD (Heydrich) nachzukommen, die täglichen Exekutionszahlen zu erhöhen".[536]

Welche Dimensionen die Erschießungen in diesem Zeitraum im gesamten

Raum Pommerellen noch annehmen sollten, geht aus einer Notiz hervor, die der Chef des SD-Trupps des Kommandos 16 in Bromberg Ende Oktober abfaßte: „Die Liquidierung wird nur noch kurze Zeit durchgeführt werden können. [...] Auf jeden Fall wird am Ende trotz aller Härte nur ein Bruchteil der Polen in Westpreußen vernichtet sein (schätzungsweise 20 000)."[537] Einen nicht unbeträchtlichen Anteil daran hatte auch dort der Volksdeutsche Selbstschutz, auf dessen Konto nach Meldung seines Führers Ludolf von Alvensleben bereits Anfang Oktober über 4000 „ehemalige polnische Staatsangehörige" gingen.[538] Doch trotz eines gleichlautenden Auftrags[539] und der teils engen Zusammenarbeit mit örtlichen sicherheitspolizeilichen Kontingenten war der Selbstschutz ein autonomer Verband, der seine Befehle in Pommerellen über den Chef der Zivilverwaltung, Albert Forster, und über Alvensleben vom Reichsführer-SS erhielt und nicht den Einsatzgruppen unterstand.[540] Ähnlich arbeitsteilig ging man bei der Gruppe IV vor, nachdem sie sich in die Dienststelle des KdS Warschau umgewandelt hatte und dort Ende des Jahres Massenverhaftungen innerhalb der städtischen Elite vornahm, während die anschließenden Exekutionen von den Stabstruppen der SS-Kavallerie und Ordnungspolizei im Kampinoswald bei Palmiry durchgeführt wurden.[541]

Die Einsatzgruppe V war zwar ebenfalls zunächst in Pommerellen eingesetzt, aber wohl nicht so intensiv im Rahmen der Ermordung der polnischen Intelligenz tätig wie die weiter westlich operierende Gruppe IV oder das Kommando 16. Vielmehr richtete sich ihre Aktivität von Beginn an vorrangig auf die Vertreibung der in ihrem Operationsgebiet beheimateten Juden. Bei den übrigen Formationen der Sicherheitspolizei und des SD gehörten antisemitische Aktionen zwar ebenfalls zum Tagesgeschäft,[542] und Juden zählten selbstverständlich auch zu den Opfern der gegen die indigenen Eliten gerichteten Mordaktionen.[543] Doch so akribisch wie die Gruppe V ging keine der Schwesterformationen vor, wenn es um die Feststellung und Deportation von Juden ging. Bereits in der ersten Woche des Septemberfeldzuges setzten ihre Männer in Graudenz zwei „Bevollmächtigte" der jüdischen Gemeinde ein und begannen mit deren Registrierung und der Erfassung ihrer Vermögenswerte.[544] Die „Abwanderung" der Graudenzer Juden wurde anschließend durch die zwangsweise Schaffung eines „Auswanderungsfonds" von 20 000 Złoty vorbereitet; je etwa 70 Juden aus Mielau und Przasznysz wurden in unbesetztes Gebiet abgeschoben.[545] Die „Erfassung und Beaufsichtigung der im Einsatzbereich angetroffenen Juden" wurde in der zweiten Kriegswoche fortgesetzt,[546] in Pultusk deren Ausschaltung aus der Wirtschaft vorangetrieben und ebenfalls ein „Auswanderungsfonds" geschaffen.[547]

Derweil schritt „die listenmäßige Erfassung aller zurückgebliebenen Juden und deren Vermögenswerte" in Kleinstädten[548] und seit dem 19. September auch „auf dem flachen Lande" weiter fort.[549] Ende des Monats kabelte die Einsatzgruppe V nach Berlin, Juden würden nunmehr „in größeren Kolonnen über die Demarkationslinie abgeschoben".[550] Offenbar nahm mit der Zeit die angewandte Brutalität zu: Während die erste Deportation aus Mielau noch „im Einvernehmen mit den dortigen Truppenführern" erfolgt war,[551] handelte die zweite Vertreibung Ende September dem Gruppenführer V, Damzog, eine harsche Rüge vom Oberbefehlshaber der 3. Armee, General Georg von Küchler, ein, nachdem dessen Oberquartiermeister telefonisch durchgegeben hatte: „Die Leute, die stehen hier auf dem Markt und schreien und rufen, und diese Polizeileute – es sind auch schon Schüsse gefallen, ein paar Häuser brennen."[552] Es dürfte kaum auf einem Zufall beruhen, daß am selben Tag die Synagoge im nahegelegenen Sierpc und ein Nachbargebäude ebenfalls bis auf die Grundmauern niederbrannten – auch wenn die Einsatzgruppe V sich in ihrer Tagesmeldung scheinheilig als Löschkommando ausgab.[553]

Solcherart Brandstiftungen waren gewissermaßen das Markenzeichen der Formationen der Sicherheitspolizei und des SD vor allem in Südpolen, wo nicht nur die Synagogen von Kattowitz,[554] Bendzin[555] oder Konskie[556] in Flammen aufgingen. Selbst ehemalige Einheitsangehörige gaben nach dem Krieg die gezielten Zerstörungen zu.[557] Auch zahlreiche Augenzeugen berichteten über sie,[558] und selbst Himmler gingen sie zu weit: Am 9. September wies er per Fernschreiben die Befehlshaber der Ordnungspolizei und der Sicherheitspolizei bei der 14. und 10. Armee an, zumindest die Synagogen in Krakau, Lodsch und Warschau zu verschonen.[559] Die gezielten Erschießungen von Juden, die die Einsatzgruppe z.b.V. in Ortschaften durchführte, in denen die Synagogen brannten, gaben dem Reichsführer-SS dagegen keinen Anlaß zur Klage, denn zur Durchführung von Exekutionen hatte er Woyrsch ja erst zwei Tage zuvor schriftlich ermächtigt.[560] In der zweiten Kriegswoche konnte von einem „aufflackernden Polenaufstand", zu dessen Niederwerfung diese Einheit ursprünglich ins Leben gerufen worden war,[561] keine Rede mehr sein. Ein neues Betätigungsfeld fanden Woyrsch's Männer in der radikalen Verfolgung der in ihrem Einzugsbereich ansässigen Juden. Die Terrorisierung dieser Bevölkerungsgruppe an den östlichen Rändern des deutschen Operationsgebietes sollte im Schatten der noch andauernden Kampfhandlungen deren Massenflucht in später sowjetisch werdendes Gebiet in Gang setzen.

Auf ihrem Weg von Ostoberschlesien nach Westgalizien ermordete die Gruppe z.b.V. in Bendzin mehrere Hundert und in Trzebinia bei Krakau knapp 50 Juden, bevor sie am 20. September in der Umgebung von Przemysl das größte Massaker des Polenfeldzuges initiierte, dem zwischen 500 und 600 Juden zum Opfer fielen und das schließlich die Rückbeorderung der Einheit durch das Armeeoberkommando 14 zur Folge hatte. Doch auch hier zwang lediglich das brutale Vorgehen der Einsatzgruppe den Armeeoberbefehlshaber, Generaloberst Wilhelm List, zur Intervention.[562] Der Ortskommandant von Chelm, Hauptmann Sommer, hatte ebenfalls bloß das undisziplinierte Verhalten des Unterkommandos Block gegenüber jüdischen Frauen kritisiert, das auch dem

Kommandoführer 3/I, Hasselberg, im Rahmen seines Disziplinarverfahrens im Dezember 1939 in Berlin zum Vorwurf gemacht wurde.[563] Abgesehen davon konnte diese Einheit im Raum Lublin von örtlichen Militärbefehlshabern unbehelligt Juden berauben und ermorden. Da die „Säuberung" des Grenzstreifens, die Massenflucht der polnischen Juden nach Osten und die Abriegelung der Demarkationslinie ganz im Sinne der Wehrmacht war, griff man dort nur zu gerne auf die Hilfe der Einsatzgruppen zurück.[564]

Während Sicherheitspolizei und SD die polnische Elite möglichst systematisch auszuschalten suchten, war ihr Terror gegen die Juden diffuser und tendenziell breiter angelegt. „Die Rechtlosigkeit war von den ersten Tagen an sichtbar. Wir waren Zeugen von Überfällen, Razzien, Schlägen und wie orthodoxen Juden die Bärte abgeschnitten wurden, wie Vorübergehenden der Schmuck geklaut wurde, wir waren Zeugen vom Raub der Möbel aus den Wohnungen und der Waren aus den Geschäften", berichtete ein jüdischer Arzt aus Krakau.[565] Seitdem drehte sich die Spirale der Gewalt unaufhörlich weiter. „Es fanden Einzelerschießungen statt, Bärte und Schläfenlocken wurden samt Haut herausgerissen, es erfolgte das Auffangen zur Zwangsarbeit, Herauswerfen aus den besseren Wohnungen, ‚Pelz-Aktionen' und ‚Gold-Aktionen' wurden durchgeführt", erinnerte sich ein jüdischer Überlebender aus Tarnow,[566] und einer aus Przemysl befand: „Es verging überhaupt kein Tag, ohne daß Erschießungen, schwere Mißhandlungen usw. stattfanden."[567] Zugleich betätigten sich die Einsatzgruppen auf jenen Feldern antisemitischer Aktivität, die bald schon zum Alltag der Sicherheitspolizei gehören sollten: Bereits Anfang Oktober entstand unter ihrer Mitwirkung in Petrikau das erste Ghetto im Generalgouvernement,[568] und am 27. dieses Monats stellte die Einsatzgruppe z.b.V. die Begleitmannschaft zur Deportation von Juden aus Kattowitz nach Nisko.[569]

Die Kommandos der Sicherheitspolizei und des SD setzten in Polen den Massenmord nicht von Beginn an radikal in die Tat um. Gemessen an den hohen Opferzahlen, die die Erschießungen von Wehrmachtsverbänden in der ersten Kriegswoche forderten, ist man fast geneigt, das Vorgehen der Einsatzgruppen im selben Zeitraum noch als relativ gemäßigt zu bezeichnen. Das besetzte Land stellte für sie zunächst noch ein ebenso unbekanntes Terrain dar wie ihr vage formulierter Tötungsauftrag. Mit dem Virus des Massenmordes waren jedoch alle ihre Einheiten infiziert. Es hing vor allem von den äußeren Umständen ab, wann er zum Ausbruch kam. Die Vorreiterrolle kam hier am Ende der ersten Kriegswoche der Gruppe IV in Pommerellen zu, wo die Folgen der polnischen Übergriffe gegen die deutsche Minderheit am deutlichsten sichtbar waren und Vergeltung scheinbar legitimierten. Die Gründung des Kommandos 16 als reine Mordeinheit sollte ab Mitte September für eine weitere Radikalisierung in der Region sorgen. Viele Angehörige der dort beheimateten deutschen Minderheit wurden dabei innerhalb kürzester Zeit von Opfern zu Tätern: Waren sie selbst oder ihre Familien vor Kriegsbeginn oftmals zum Ziel polnischer Übergriffe geworden, stillten sie in den Reihen des Selbstschutzes nur wenige Tage später ihren Durst nach Rache, indem sie mit den Einsatzgruppen kollaborierten und Tausende von Polen und Juden ermordeten. Fälle von Befehlsverweigerung sind in diesem Zusammenhang nicht überliefert.[570]

In Ostoberschlesien und Großpolen diente der angebliche „Polenaufstand" als Argument für die Verfolgung und Ermordung von Polen und Juden. Ebenfalls seit Mitte September gingen dort die Opferzahlen der Einsatzgruppen I, II, III, VI und z.b.V., unter denen sich das brutale Vorgehen der Gruppe IV mittlerweile herumgesprochen haben mußte, sprunghaft in die Höhe. Zugleich setzte in Ostoberschlesien und Westgalizien, den deutsch besetzten polnischen Gebieten mit der dichtesten jüdischen Besiedlung, die gezielte Vertreibung und Ermordung der Juden ein. Die Einsatzgruppe V, in deren Zielgebiet vorab kein ziviler Widerstand erwartet und die polnische Bevölkerung kaum gegen Volksdeutsche vorgegangen war und wo überdies verhältnismäßig wenig Juden lebten, blieb von der Radikalisierung bis Ende September weitgehend unberührt und leitete im Windschatten der „volkstumspolitischen Flurbereinigung" in aller Ruhe die Abschiebung der jüdischen Bevölkerung ein. Erst Ende des Monats folgte man dort dem allgemeinen Trend zu rücksichtslosem Vorgehen gegen Polen und Juden.

Insgesamt verhielten sich die Exekutionen der Einsatzgruppen zur Zeit der Militärverwaltung gegenläufig zu denen der Wehrmacht: Die deutschen Heerestruppen reagierten auf den vermeintlich von der polnischen Bevölkerung geleisteten Widerstand von Beginn an mit größter Härte. Als sich nach wenigen Tagen herausstellte, daß es gar keine einheimische Partisanenbewegung gab, gegen die man hätte vorgehen müssen, gingen die Wehrmachtserschießungen schlagartig zurück. Zur selben Zeit, als verantwortliche Kommandeure durch eine rigorose Befehlsgebung weiteren Übergriffen ihrer Soldaten vorzubeugen suchten,[571] verschärfte man in Berlin die mündlichen Weisungen an deutsche Polizisten und SS-Männer zur rücksichtslosen Verfolgung und Ermordung der polnischen Elite und der Juden. Die dafür notwendige Handlungsfreiheit verschafften dabei Ende September eine Reihe klärender Gespräche mit der Wehrmachtsführung, die bereitwillig die Verantwortung im besetzten Gebiet an zivile Stellen abtrat und die Bevölkerung somit ihrem Schicksal überließ.

Wie viele Menschen die Einsatzgruppen der Sicherheitspolizei und des SD 1939 insgesamt auf polnischem Boden erschossen, ist aufgrund der dürftigen Quellenlage nicht mit letzter Sicherheit zu klären, zumal Exekutionen unter ihrer Ägide, vor allem in den am 8. Oktober annektierten und in das deutsche Reich eingegliederten Gebieten, oftmals vom Selbstschutz oder anderen Formationen[572] ausgeführt wurden. Dabei starben im Rahmen der „volkstumspolitischen Flurbereinigung" bis Ende des Jahres über 40 000 Personen, davon etwa

30 000 im Reichsgau Danzig-Westpreußen, 10 000 im Reichsgau Wartheland, 1 500 in Ostoberschlesien und 1 000 im Regierungsbezirk Zichenau. Im Generalgouvernement fielen den Exekutionen der Einsatzgruppen etwa 5 000 Menschen zum Opfer.[573] Bis Jahresende wurden im besetzten Polen außerdem mindestens 7 000 Juden ermordet;[574] hier ist der Anteil der Einheiten der Sicherheitspolizei und SD ohne Zweifel sehr hoch anzusetzen.[575] Da die offizielle, weitgehend geschönte Opferstatistik der Einsatzgruppen sich bereits Ende September der Tausendergrenze näherte, kann davon ausgegangen werden, daß das wahre Ausmaß ihrer sich ab Oktober exponentiell steigernden Mordexzesse, deren voraussichtliche Obergrenze vom Kommando 16 selbst bei etwa 20 000 angesetzt wurde, bis Jahresende insgesamt deutlich im fünfstelligen Bereich anzusiedeln ist.

Radikalisierung im Vergleich: 1939 und 1941

1939 hatte es in der hohen Generalität durchaus noch kritische Köpfe gegeben, die das heraufziehende Unheil erkannten. „Nachts Fahrt nach Koblenz im Zuge des Oberbefehlshabers des Heeres. Ich höre hier Vorgänge aus der ‚Kolonisierung' des Ostens, die mich tief erschrecken. Macht man dort weiter so, so werden diese Methoden sich einmal gegen uns kehren!", notierte etwa Generaloberst Fedor von Bock, im Septemberfeldzug Chef der Heeresgruppe Nord, am 20. November 1939.[576] Parallel dazu kritisierte Generaloberst Wilhelm Ritter von Leeb gegenüber Halder das „Auftreten der Polizei in Polen", das „einer Kulturnation unwürdig sei", und warnte vor einer „Alleinherrschaft der SS in unserem Volke".[577] Generaloberst Günther von Kluge wiederum, im Septemberfeldzug Oberbefehlshaber der 4. Armee, empörte sich intern über „gewaltsame Umsiedlung im Warthe-Gau, Erschießungen von nationalen Polen und Juden, beabsichtigte Bildung eines Juden-Reservats in Lublin" und befand, daß eine „unfaire Form der Kriegspolitik zu einem üblen Ende führen müsse".[578] 1941 war dies grundlegend anders. „Brauchitsch und Halder haben sich bereits auf das Hitlersche Manöver eingelassen, das Odium der Mordbrennerei der bisher allein belasteten SS auf das Heer zu übertragen", hielt Ulrich von Hassell am 16. Juni – sechs Tage vor Beginn des Unternehmens „Barbarossa" – nach einer Besprechung mit Goerdeler, Ludwig Beck, Hans Oster und Johannes Popitz fest und kommentierte diesen Gesinnungswandel mit der Bemerkung: „Hoffnungslose Feldwebel!".[579] In der Tat hatte Generalstabschef Halder am 6. Mai angeordnet: „Befehl an die Truppen im Sinne der letzten Führeransprache an die Generäle (30.3.1941). Truppe muß den weltanschaulichen Kampf mit durchfechten bei Ostfeldzug."[580] Dies war ein neuer Grad an Willfährigkeit, in der sich Hitlers gestiegener Nimbus nach den Blitz-Siegen im Westen, im Norden und auf dem Balkan spiegelte, aber auch eine Konsequenz des Einknickens der obersten Heeresführung im Konflikt um die Besatzungspolitik in Polen.

Ähnlich wie im Septemberfeldzug bestimmte auch 1941 Hitlers Definitionsmacht den Rahmen, gab er die entscheidenden Stichworte zu Kriegszielen und Art der Kriegführung. „Dieser kommende Feldzug ist mehr als nur ein Kampf der Waffen; er führt auch zur Auseinandersetzung zweier Weltanschauungen", verkündete er am 3. März und postulierte: „Die jüdisch-bolschewistische Intelligenz, als bisheriger ‚Unterdrücker' des Volkes, muß beseitigt werden." Zugleich deutete Hitler an, wen er sich als Exekutor dieses Auftrages vorstellte: „Ob es notwendig sei, auch dort schon Organe des Reichsführers SS neben der Geheimen Feldpolizei einzusetzen, müsse mit dem Reichsführer SS geprüft werden. Die Notwendigkeit, alle Bolschewistenhäuptlinge und Kommissare sofort unschädlich zu machen, spreche dafür."[581] Zwei Wochen später erläuterte er Halder und Wagner: „Die Führungsmaschinerie des russischen Reiches muß zerschlagen werden. Im großrussischen Bereich ist Anwendung brutalster Gewalt notwendig. Weltanschauliche Bande halten das russische Volk noch nicht fest genug zusammen. Es wird mit dem Beseitigen der Funktionäre zerreißen."[582] Und ähnlich wie am 22. August 1939 systematisierte er auch am 30. März 1941 seine Vorstellungen vor der versammelten hohen Generalität.[583] Bolschewismus sei „asoziales Verbrechertum", konstatierte Hitler in dieser Ansprache, auf die sich Halder später dann bezog, und schlußfolgerte daraus: „Wir müssen von dem Standpunkt des soldatischen Kameradentums abrücken. Der Kommunist ist vorher kein Kamerad und nachher kein Kamerad. Es handelt sich um einen Vernichtungskampf." Dabei gehe es um die „Vernichtung der bolschewistischen Kommissare und der kommunistischen Intelligenz". Den Frankreichfeldzug vor Augen stimmte er auf eine neue Dimension der Kriegführung ein: „Der Kampf wird sich sehr unterscheiden vom Kampf im Westen. Im Osten ist Härte mild für die Zukunft. Die Führer müssen von sich das Opfer verlangen, ihre Bedenken zu überwinden."[584]

Damit waren zentrale Kategorien für die Zukunft vorgegeben, die im Laufe der nächsten Wochen in Direktiven umgearbeitet wurden. Judenmord war in diesem Referenzrahmen einerseits bereits von Anfang an intendiert, andererseits aber noch als Hebel zur Beseitigung des politischen Regimes funktional eingebunden, richtete sich noch gegen eine begrenzte, wenn auch nur diffus definierte Gruppe. Zugleich setzte Hitler in diese Vernichtungsabsicht die Erwartung, daß das System sofort kollabiere, wenn ihm seine vermeintliche Trägerschicht gewaltsam entzogen werde. Die um dieses Feindbild des „jüdischen Bolschewismus" zentrierte Befehlslage, die in der Folgezeit durch die Führungsinstanzen von Wehrmacht, Polizei und SS ausgestaltet wurde, wies ein erhebliches Maß an Übereinstimmung auf und läßt sich geradezu als Schulterschluß aller Beteiligten, als arbeitsteilige Operationalisierung einer zugrundeliegenden Zielbestimmung interpretieren. Dies war im Vergleich zu Polen neu und verweist auf zweierlei: Zum einen belegt es die Verankerung des gedanklichen Axioms vom „jüdischen Bolschewismus", jenes seit 1917 im rechten Parteienspektrum virulenten Deutungsklassikers.[585] Denn trotz des noch existenten Hitler-Stalin-Paktes konnte dieses Feindbild mühelos aufgerufen werden, und auch nach dem Angriff am 22. Juni sollte die Diskrepanz zwischen bisherigem Bündnis und plötzlicher Todfeindschaft für keinerlei Irritationen sorgen. Zum anderen erledigt sich spätestens hier die zeitweise beliebte Kontroverse über den starken oder schwachen Diktator.[586] Denn ein Hitler, der 1939 trotz Widerständen aus der Generalität, 1941 völlig ohne Gegenwind seine Kriegsziele, seine systematische Entgrenzung der Kriegführung zu realisieren wußte, kann schwerlich als durchsetzungsunfähig bezeichnet werden. Im Gegenteil: innerhalb eines charismatischen Herrschaftssystems war er Schlüsselfigur und personales Entscheidungszentrum, dessen Image als messianischer Ordnungsstifter nun um die neue Dimension des genialen Feldherrn erweitert worden war.[587]

Unmittelbarer Ausfluß dieser Vorstellungen waren die sogenannten verbrecherischen Befehle der Wehrmachtsführung.[588] Militärs und Juristen gingen ans Werk, um Hitlers Vernichtungskonzept in rechtsfähige Formen zu gießen. Im „Erlaß über die Ausübung der Kriegsgerichtsbarkeit im Gebiet ‚Barbarossa' und über besondere Maßnahmen der Truppe" vom 13. Mai 1941 wurde bestimmt, daß „Straftaten feindlicher Zivilpersonen" der „Zuständigkeit der Kriegsgerichte und Standgerichte bis auf weiteres entzogen" und „Freischärler durch die Truppe im Kampf oder auf der Flucht schonungslos zu erledigen" seien. Zudem wurden Straftaten deutscher Soldaten gegenüber der Zivilbevölkerung unter Hinweis auf die „Leiden", die das deutsche Volk seit 1918 durch den „bolschewistischen Einfluß" erlitten hätte, vom „Verfolgungszwang" befreit.[589] Auch die „Richtlinien für die Behandlung der politischen Kommissare" vom 6. Juni mißachteten in eklatanter Weise das Völkerrecht, indem sie festlegten, daß die Politkommissare der Roten Armee von der Truppe zu erschießen seien.[590] Die vom Oberkommando der Wehrmacht erarbeiteten „Richtlinien für das Verhalten der Truppe in der Sowjetunion" vom 19. Mai, die vor Angriffsbeginn allen Soldaten bekanntgegeben wurden, gingen sogar noch über Hitlers Feindproklamation der „jüdisch-bolschewistischen Intelligenz" hinaus: „Dieser Kampf verlangt rücksichtsloses und energisches Durchgreifen gegen bolschewistische Hetzer, Freischärler, Saboteure, Juden und restlose Beseitigung jedes aktiven und passiven Widerstandes."[591] Erstmals wurde hier tendenziell das gesamte Judentum in die Vernichtungsperspektive gerückt. Hinsichtlich der Kampfführung war damit eine Brutalisierung bereits von Anfang an angelegt. Mit den verbrecherischen Befehlen erfolgte seitens der Wehrmacht eine ideologische Prädetermination, die weit über die Vorgaben für Polen hinausging. Damals hatten antislawische und antijüdische Vorurteile das Verhalten präjudiziert. Jetzt aber stand schon vor Beginn der Kampfhandlungen die Tötungsdrohung gegen bestimmte Feindgruppen im Raum. Auch das unterschied 1941 von 1939.

Während die Wehrmacht so Hitlers Weisungen in Weltanschauungssachen zu Befehlen in Dienstsachen ummünzte,[592] akzeptierte sie – im Gegensatz zu Polen – schon früh, daß Himmler im Operationsgebiet des Heeres „Sonderaufgaben im Auftrage des Führers" zu erfüllen habe und dabei „selbständig und in eigener Verantwortung" handele.[593] Am 25. März legte Wagner, mittlerweile als Generalmajor in die Funktion des Generalquartiermeisters aufgerückt,[594] auf dieser Basis einen Befehlsentwurf vor,[595] der die Zusammenarbeit zwischen Heer und SS thematisierte und am 28. April dann als „Regelung des Einsatzes der Sicherheitspolizei und des SD im Verbande des Heeres" publiziert wurde.[596] Gemäß diesem „Wagner-Heydrich-Abkommen" sollten Einsatzkommandos im rückwärtigen Heeresgebiet und Sonderkommandos im rückwärtigen Armeegebiet tätig werden, die „in eigener Verantwortung Exekutivmaßnahmen gegenüber der Zivilbevölkerung" realisieren durften. Sie unterstanden den drei neuen HSSPF Rußland-Nord, -Mitte und -Süd[597] und hatten die Oberbefehlshaber der Armeen nur noch über die „Weisungen des Chefs der Sicherheitspolizei und des SD" zu unterrichten. Diese wiederum konnten den Kommandos lediglich „zur Vermeidung von Störungen der Operationen" Befehle erteilen. Mit diesem Freibrief waren Einsatzgruppen und Heer von Anfang an weitgehend entkoppelt und die in Polen aufgetretenen Reibungen beseitigt. Anders als dort war die vollziehende Gewalt nunmehr prinzipiell geteilt; die Wehrmacht hatte die Aktivitäten von Heydrichs Einheiten bloß noch zur Kenntnis zu nehmen, sich nicht einzumischen und logistische Unterstützung zu erteilen. Obwohl er sehenden Auges damit den künftigen Massenmord absegnete, gewann Wagner dieser Regelung nur Gutes ab: „Als Grundprinzip wurde erreicht: Die Durchführung politischer Aufträge des Führers soll nicht Sache des Heeres sein", verkündete er am 16. Mai,[598] und Anfang Juni meinte er gar: „Das Heer kann nicht mit allen Aufgaben belastet werden, daher Zusammenarbeit mit Reichsführer SS in polizeilicher [...] Hinsicht."[599] Parallel dazu bereinigte man endgültig das gegenseitige Verhältnis: Am 18. April traf sich Obergruppenführer Karl Wolff, der Chef des Persönlichen Stabes Reichsführer-SS, mit Oberst im Generalstab Radke zu einer Besprechung „über die Vorgänge in Polen 1939".[600] Am 2. Mai berichtete dieser über die erfolgte Regelung „der noch schwebenden Auseinandersetzungen über die seinerzeitigen SS-Taten in Polen".[601] Und am 31. Juli bestätigte auch Himmler, „daß die Ostvorgänge des vorigen Jahres nun endgültig abgeschlossen sein sollen".[602]

Diese grundlegend veränderte Rollenverteilung zwischen Heer und Sicherheitspolizei markiert den wohl wichtigsten Unterschied zwischen 1939 und 1941. Denn im Zeitraum dazwischen hatten sich die deutschen Militärs „von passiven, wenn auch gelegentlich Beschwerde führenden Zuschauern zu Komplizen und aktiven Teilnehmern an Hitlers Neuordnung Europas entwickelt".[603] Der nationale Wiederaufstieg hatte die kühnsten revisionistischen und revanchistischen Hoffnungen erfüllt und den Generalen bisher nichts als

Ruhm, Beförderung und Verdienst gebracht. Die Faszination dieser machtpolitischen Renaissance überdeckte die zahllosen Verstöße gegen Recht und Moral, verrückte die Maßstäbe und korrumpierte Urteilsfähigkeit und Gewissen.[604] Dieses veränderte Selbstverständnis korrespondierte mit dem gegenüber 1939 deutlich veränderten Feindbild und der daraus resultierenden Bedeutungsverschiebung des Judentums. Im Ostfeldzug ging es nicht mehr um ethnische Homogenisierung wie in den eingegliederten westpolnischen Gebieten, die die Juden zum Objekt der Vertreibung gemacht hatte. Jetzt ging es um die Vernichtung des rassisch-ideologisch definierten Hauptfeindes, des „jüdischen Bolschewismus". Diese behauptete Wesensgleichheit, die auch im Offizierskorps weitgehend geteilt wurde,[605] ermöglichte eine ständige Umdeutung und Konversion beider Seiten, die den Stellenwert der jüdischen Bevölkerung vom ersten Tag an veränderte. Sie war nicht mehr wie in Polen bloß eine verachtete Population, sie galt nunmehr als Träger und Schöpfer, als biologisches Substrat des Sowjetsystems. Dieses Zusammenfallen der zentralen Feindbilder – Judentum und Kommunismus –, ihre wechselseitige Überlagerung, Durchdringung und Verstärkung verliehen dem Radikalisierungsprozeß 1941 jene spezifische Dynamik, die dem von 1939 noch weitgehend gefehlt hatte.[606]

Heydrichs Befehlsgebung für die Einsatzgruppen blieb im Rahmen der allgemeinen Beschlußlage: Hinzurichten seien alle Kominternfunktionäre und kommunistischen Berufspolitiker, die hohen, mittleren und radikalen unteren Parteikader, „Juden in Partei- und Staatsstellungen", während jüdische Ärzte wegen drohender medizinischer Unterversorgung möglichst zu verschonen seien. In etwa war das die zivile Entsprechung zum „Kommissarbefehl", der ja auch auf eine vergleichbare militärische Funktionselite zielte. Ebenso wie der „Kriegsgerichtsbarkeitserlaß" der Wehrmacht öffnete aber auch Heydrich bewußt die Gewaltspirale, indem er überdies die Erschießung der „sonstigen radikalen Elemente (Saboteure, Propagandeure, Heckenschützen, Attentäter, Hetzer usw.)", einer beliebig erweiterbaren Gruppe also, erlaubte.[607] Sein „Einsatzbefehl Nr. 8" wiederum, der die Exekution jener sowjetischen Kriegsgefangenen anordnete, „die als bolschewistische Triebkräfte anzusehen sind",[608] verlängerte den „Kommissarbefehl" interpretationsoffen ins Reichsinnere. Damit war von deutscher Seite zwar das Todesurteil über den Bolschewismus gesprochen, noch nicht jedoch über das sowjetische, geschweige denn das europäische Judentum. Daß allerdings auch Juden angesichts der virulenten Vorstellung vom „jüdischen Bolschewismus" in die Vernichtung einbezogen würden, stand gleichfalls von Anfang an fest, ohne daß über Ausmaß und Tempo jedoch genauere Festlegungen existierten. Zugleich waren die Direktiven definitorisch unscharf und enthielten gewissermaßen Öffnungsklauseln für eine weitere Radikalisierung. Hierin ähnelten sich 1939 und 1941 in beträchtlichem Maße. Auch im Septemberfeldzug war nicht exakt bestimmt gewesen, wer genau unter „polnischer Intelligenz" zu subsumieren sei.

Mit diesem unsichtbaren Gepäck im Kopf überschritten die Einsatzgruppen die sowjetische Grenze im Windschatten der deutschen Armeen. Ihre Kommandeure wußten, daß das Verhältnis zur Wehrmacht nicht belastet und das Wirtschaftsmanagement nicht komplett liquidiert werden durfte. Sie wußten aber auch, daß sie zu massenhaften Exekutionen ermächtigt waren und nur am Ziel der Befriedung gemessen würden. Beachteten sie die genannten Einschränkungen – das wußten sie ebenfalls –, konnten sie die Mordfrequenz beliebig erhöhen. „Solange die Beziehungen zur Wehrmacht intakt blieben, würde man sie nicht dafür tadeln, daß sie zu viele Menschen erschossen, sondern allenfalls dafür, daß es zu wenige waren."[609] In diesem geistigen Ambiente entfaltete das Phantom des „jüdischen Bolschewismus" seit Juni 1941 ein Eigenleben, das die Fähigkeit zur Wirklichkeitswahrnehmung beträchtlich reduzierte und umlenkte.[610] Seitdem regulierten Interpretationsleistungen auf der Grundlage eines gemeinsamen Zieles und eines unstrittigen Feindbildes das konkrete Vorgehen. Das war zwar auch in Polen nicht anders gewesen, doch in Konsistenz und Intensität der Vorstellung vom Gegner unterschieden sich 1939 und 1941 erheblich. Im Vergleich zum dämonisierten „jüdischen Bolschewismus" war das Feindbild der „polnischen Intelligenz" noch geradezu nüchternfunktional gewesen.

Als sich die Umsetzung der Vorgaben mit dem 22. Juni in den situativen Ermessensspielraum der Kommandeure vor Ort verlagerte, verwandelten sich die Projektionen in Wegweiser und gewannen damit unmittelbar handlungsorientierende Relevanz. Die Akteure erwiesen sich kollektiv als Gefangene ihrer Phobien. Denn die mitgebrachten Imaginationen waren der einzige Kompaß, um die Wahrnehmungen zu ordnen und Bedrohungen zu orten. Überdies hatten sich die fixen ideologischen Bilder über die Zeit viel zu tief eingebrannt, als daß sie noch eine Überprüfung an der Realität benötigt oder erlaubt hätten. Artefakte dieser Art wiesen den Weg, steuerten den Blick, bestätigten sich wechselseitig und schufen eine selbstentworfene, fiktive Notwehrsituation. Jeder Bericht anderer Einheiten, der diese Ideologeme spiegelte, verifizierte sie scheinbar und bekräftigte die eingebildete Drohkulisse. Es entwickelte sich ein eskalierendes Zusammenspiel aus Projektion und Prävention, das kaum der Steuerung von außen bedurfte, das sich originär aus seiner Eigendynamik speiste. Nach einer Experimentierphase in den ersten Wochen, in der SS und Polizei testeten, was auf dem neuen Kriegsschauplatz möglich war, wußte man zudem, daß die militärischen Oberkommandos diese Einschätzung teilten. Denn statt Protest und Obstruktion ist von der hohen Generalität im Osten fast nur Duldung, Kooperation und Unterstützung überliefert, als diese vom zunehmenden Massenmord an jüdischen Männern erfuhr.[611] Diese weltanschaulich grundierte Realitätswahrnehmung und -verarbeitung hatte es natürlich auch in Polen gegeben; gleichwohl machte auch hier die unterschiedliche Aufgeladenheit der Feindbilder den Unterschied aus.

Zudem wurden derartige Dispositionen gerade zu Beginn des Feldzuges erheblich durch endogene Faktoren in den besetzten Gebieten verstärkt. Neben dem Jubel, der den Deutschen als vermeintlichen Befreiern vom Bolschewismus insbesondere im Baltikum und in der Ukraine entgegenschlug, und verschiedentlich vorkommenden Verstümmelungen von deutschen Kriegsgefangenen[612] waren dies vor allem die zahlreichen Massaker, die das NKWD in seinen Gefängnissen in letzter Minute veranstaltete.[613] Insbesondere die propagandistisch breit ausgeschlachteten Leichenberge von Lemberg prägten sich in die Gedächtnisse ein.[614] Hierin läßt sich eine unmittelbare Parallele zum Septemberfeldzug in Polen erkennen, da man das grausame Geschehen in der westukrainischen Metropole gewissermaßen als Fortsetzung von Bromberg interpretierte, als Modellerlebnis der angeblichen slawischen Niedertracht. Völlig neu war hingegen die Reaktion vieler Litauer, Letten und Ukrainer, die auf die NKWD-Verbrechen mit Pogromen gegen die Juden antworteten, da sie diese als endindividualisierte homogene Gruppe sowjetischer Kollaborateure ansahen und sie kollektiv als Sündenböcke für das unter der kommunistischen Herrschaft erlittene Unrecht haftbar machten.[615] Auf deutscher Seite wiederum dürften die Pogrome Ansporn und Legitimation zugleich gewesen sein, ‚bewiesen' doch die NKWD-Blutbäder und die massenhafte Rache an deren vermeintlichen Urhebern das mitgebrachte Feindbild. Beides verschaffte dem eigenen Vorgehen gegen die Juden gewissermaßen eine Gerechtigkeitsaura und verstärkte gleichzeitig die ohnehin vorhandene Tendenz, jede reale oder eingebildete Gefährdung automatisch auf diese annoncierte Feindgruppe zu projizieren. Dieser Vorgang besaß keinerlei Parallele im deutsch besetzten Polen von 1939, dessen Bevölkerung bestenfalls hämisch die antisemitischen Ausschreitungen der Okkupanten verfolgt hatte, sich jedoch zu keinerlei Gewaltanwendung hinreißen ließ.[616] Heydrich erkannte sofort den Wert dieses Verstärkungseffekts und wies die Einsatzgruppen an, „den Selbstreinigungsbestrebungen antikommunistischer und antijüdischer Kreise in den neu zu besetzenden Gebieten [...] kein Hindernis zu bereiten".[617] In Polen war dies noch undenkbar gewesen.

Erhebliche Bedeutung kam in diesem Zusammenhang auch Stalins Proklamation des „Großen Vaterländischen Krieges" am 3. Juli zu, in der er zum Partisanenkampf in den besetzten Gebieten aufrief.[618] Ebenso wie die NKWD-Massaker trug auch diese Erklärung eines asymmetrischen Krieges dazu bei, das mitgebrachte Bild eines hinterhältigen Gegners zu verfestigen, rechtfertigte sie deutschen Terror als legitime Prävention. Zudem lenkte die Sowjetführung, der bewußt sein mußte, daß die Deutschen den Bolschewismus als jüdische Zweckschöpfung ansahen, deren Blick so sehenden Auges auf das einheimische Judentum und potenzierte damit dessen ohnehin eingebildete Gefährlichkeit. Seitdem aktualisierte sich das Wahnbild des „jüdischen Bolschewismus" in einer Freischärlerpsychose, im imaginierten Konstrukt des jüdischen Heckenschützen oder Bandenhelfers, erweiterte sich die bisherige Konversion „Jude = Bolschewist" durch die Behauptung einer symbiotischen Beziehung zwischen Juden und Partisanen und verdichtete sich so zu einem weiteren irrationalen Bedrohungsszenario. Da Juden, die die Besatzer besonders zu fürchten hatten, zudem vielfach in die Wälder flüchteten, belegte auch dies in deutschen Augen deren scheinbar feindselige Haltung. In dieser Hinsicht unterschied sich 1941 ebenfalls von 1939. In Polen hatte auf deutscher Seite zwar gleichfalls eine Freischärlerpsychose existiert, doch es gab damals lediglich versprengte Truppenteile, jedoch keine Partisanenbewegung, geschweige denn eine Proklamation der Staatsführung dazu.[619]

Für Hitler wiederum bot Stalins Aufruf einen willkommenen Anlaß zur weiteren Brutalisierung der Kriegführung: „Er gibt uns die Möglichkeit, auszurotten, was sich gegen uns stellt", verkündete er am 16. Juli in Anwesenheit von Göring, Rosenberg, Lammers und Keitel und forderte, daß man „jeden, der nur schief schaue, totschieße".[620] Einen Tag später erging sein Erlaß zur „polizeilichen Sicherung der neu besetzten Ostgebiete", der den Spielraum Himmlers erheblich erweiterte.[621] Ebenfalls am 17. Juli erteilte Heydrich seinen „Einsatzbefehl Nr. 8", durch den das Oberkommando der Wehrmacht den Einbruch der SS in das Kriegsgefangenenwesen erlaubte und ihr Selektionen in den Lagern bewilligte, um Kommunisten und „alle Juden" auszusondern.[622] Am 31. Juli schließlich ermächtigte Göring den Chef der Sicherheitspolizei und des SD, „alle erforderlichen Vorbereitungen [...] für eine Gesamtlösung der Judenfrage im deutschen Einflußbereich in Europa" zu treffen.[623] Zugleich entwickelte sich eine routinierte Zusammenarbeit zwischen Wehrmacht und Polizei: Die Truppe konstruierte polizeilich relevante Bedrohungsszenarien und setzte die Sicherheitspolizei so unter Zugzwang. Umgekehrt lasteten die Einsatzgruppen ungeklärte Sabotageakte ideologisch korrekt der jüdischen Population an und sicherten sich so die Zuarbeit der jeweiligen Heeresstellen.[624] Judenmord als prophylaktische „Partisanenbekämpfung" wurde seitdem zum wichtigsten Medium der Eskalation des Tötens. Binnen eines Monats nahm so der Massenmord an Juden und anderen Nichtkombattanten den Charakter einer alltäglichen Angelegenheit an. Auch dies unterschied 1941 von 1939. Ein derartiges Tempo der Radikalisierung hatte es in Polen nicht gegeben. Auch die fast ausnahmslos friktionslose Zusammenarbeit zwischen Wehrmacht und Polizei war ein Novum im Vergleich zu 1939.[625]

Neu war zudem, daß die Spitzen der Wehrmacht und des Heeres diesen Massenmord unisono als kriegsnotwendig bejahten und begrüßten. „Der Kampf gegen den Bolschewismus verlangt ein rücksichtsloses und energisches Durchgreifen vor allem auch gegen die Juden, die Hauptträger des Bolschewismus", verkündete Keitel am 12. September, als sich die Dimension des Genozids bereits klar abzeichnete.[626] Und Reichenau, mittlerweile Generalfeldmarschall und Oberbefehlshaber der 6. Armee, erklärte knapp einen Monat später wie zur Bekräftigung des Massakers von Babij Jar mit seinen 33771 Toten: „Deshalb muß der Soldat für die Notwendigkeit der harten, aber gerechten Sühne am jüdischen Untermenschentum volles Verständnis haben."[627] Zwei Tage später begrüßte Rundstedt als Oberkommandierender der Heeresgruppe Süd den Reichenau-Befehl,[628] und am 28. Oktober schickte Wagner auf Anordnung Brauchitschs den Text des „vom Führer als ausgezeichnet bezeichneten Befehls" an die Heeresgruppen und Armeen der Ostfront mit der Bitte, „im gleichen Sinne entsprechende Anordnungen zu erlassen".[629] Diese allgemeine Einschwörung auf den Rassenkrieg fand sofort begeisterte Nachahmer. Wenigstens die Oberbefehlshaber der 11., 16., 17. und 18. Armee sowie die Befehlshaber der Panzergruppen 2 und 4 sowie des rückwärtigen Heeresgebietes Süd übernahmen den Reichenau-Befehl oder formulierten eigene Direktiven in diesem Geiste zur Verkündung vor der Truppe.[630] Zudem erklärte Hitler persönlich in seinem Aufruf „Soldaten der Ostfront" am 3. Oktober bei Beginn der Operation „Taifun", dem Angriff der Heeresgruppe Mitte auf Moskau, wer hinter dem Bolschewismus und dem „allergemeinsten Kapitalismus" stecke: „Die Träger dieses Systems sind aber auch in beiden Fällen die gleichen: Juden und nur Juden."[631] Den Soldaten des Dritten Reiches war damit klar, daß ihre höchsten Vorgesetzten den Völkermord wollten und von ihren Untergebenen dasselbe erwarteten. In Polen war eine derartige Gleichstimmigkeit noch nicht vorstellbar gewesen.

Hitlers Satrapen – an der Spitze Himmler und Heydrich – bemühten sich, ihren „Führer" nicht zu enttäuschen. Obwohl kein expliziter „Endlösungs"-Befehl existierte, interpretierten sie und ihre Kommandeure vor Ort die Zeichen und Signale, die die Regimespitze aussandte. Nicht Befehl und Gehorsam bestimmten das Geschehen, sondern die Korrespondenz zwischen Hitlers unbürokratischer Art und Weise, seine Wünsche und Prioritäten lediglich mündlich anzudeuten, und der Exegese- und Problemlösungskompetenz der nachgeordneten Täter. „Hitlers Worte sowie Himmlers und Heydrichs Aktivitäten in der Zentrale wirkten indessen wie Steine, die man ins Wasser wirft. Die von ihnen ausgelösten Wellen signalisierten nach und nach immer mehr Menschen, daß man etwas Neues von ihnen erwartete."[632] Diese systemspezifische Kommunikation, die von der eines bürokratischen Anstaltsstaates deutlich abwich und den charismatischen Herrschaftscharakter des Dritten Reiches unterstreicht, dürfte die Radikalisierungsprozesse in Polen und in der Sowjetunion gleichermaßen beeinflußt haben. Hitlers Monologe, die Aufnahmebereitschaft seiner Gesprächspartner und das Interpretationstalent der unteren Instanzen waren 1939 wie 1941 Bausteine der Eskalation. „Dem Führer entgegenarbeiten", nannte Ian Kershaw diese verbreitete Haltung.[633] Die Bereitschaft dazu war jedoch 1941 mit Sicherheit weit stärker als 1939.

Die Kommandoführer der Einsatzgruppen in der Sowjetunion waren genausowenig wie die in Polen von ‚oben' gesteuerte Marionetten, die widerwillig und unter Bedrohung des eigenen Lebens Befehle befolgten, wie sie in Nachkriegsvernehmungen glauben zu machen suchten. Ihre Ambitionen und ihr Ehrgeiz, sich in mörderischen Initiativen zu übertreffen, bildeten einen weiteren wesentlichen Ausgangspunkt des Genozids. Hitlers „Prophezeiung" vom 30. Januar 1939, daß es zur „Vernichtung der jüdischen Rasse in Europa" komme, wenn es dem Judentum gelinge, „die Völker noch einmal in einen Weltkrieg zu stürzen",[634] konnten die meisten von ihnen wortwörtlich herunterbeten und diente ihnen nun als Legitimation eigenen Tuns, aber auch als Beweis für die Genialität des „Führers". Der jüdischen Vernichtungsdrohung – so ihr Schluß daraus – antworte jetzt Deutschland mit einer Kriegserklärung an die Juden, um der eigenen Katastrophe zu entgehen.[635] Massenmord erschien in dieser Optik als Akt der Selbstverteidigung. Dies baute auf der bereits in Polen wirksamen Umkehrung der Kausalitäten auf und finalisierte gewissermaßen die daraus gezogenen verschwörungstheoretischen Schlußfolgerungen. Auch hierin bildete der Septemberfeldzug 1939 jenen ideologischen Sockel, ohne den die Vernichtungsorgien von 1941 nicht denkbar sind.

Die unpräzise Gegnerdefinition gab den Kommandoführern die Möglichkeit, immer ausgedehnter schießen zu lassen. Mit horrenden Zahlen getöteter „jüdischer Heckenschützen", „jüdischer Plünderer", „jüdischer Saboteure" etc., die nach Berlin gemeldet wurden, verortete man sich gleichwohl im vorgegebenen Befehlsrahmen und ‚verifizierte' damit überdies das herrschende Feindbild.[636] Zugleich ergab sich mit dieser quantitativen Entgrenzung ein qualitativer Sprung. Denn durch diese sukzessive Übererfüllung entfernte sich der Vernichtungsprozeß in eigener Dynamik von seiner Ausgangskonstellation. Was als antibolschewistischer Kreuzzug begonnen hatte, nahm so immer mehr den Charakter eines Rassenkrieges an. Befeuert wurde dieser Prozeß der Selbstermächtigung durch einen geradezu sportiven Wettlauf um die höchsten Quoten.[637] Bereits der britische Abhördienst in Bletchley Park, der die deutschen Funksprüche dechiffrieren konnte, schlußfolgerte daraus über die Rolle der drei HSSPF, „that the leaders of the three sectors stand somewhat in competition with each other as to their ‚scores'".[638] Daß in diesem Klima bald schon ‚Zigeuner', Psychiatriepatienten, selbst „rassisch minderwertige Subjekte mit asiatischem Einschlag" liquidiert wurden,[639] ohne daß dafür ein zentraler Befehl vorlag, entsprach der Logik jener Radikalisierungsspirale. Dieses Potential mörderischer Eigeninitiative war gewiß auch in Polen vorhanden gewesen, doch es wurde damals noch gedämpft durch die Ungewißheiten hinsichtlich des Verhaltens des Heeres. Derartige Hemmungen waren 1941 entfallen.

Mit dieser Interpretationsleistung schufen die Kommandoführer Fakten, hinter denen die Regimespitze weder zurückbleiben konnte noch wollte. Da sie wußten, daß sich hier Türen öffneten, die in erhofftes Neuland führten, mußten Himmler und Heydrich im Grunde nur loben, abnicken und zeigen, daß ihnen die Richtung nicht mißfiel. Als beide etwa Ende Juni in Augustowo dem Einsatzkommando Tilsit begegneten, das gerade „Säuberungsaktionen" im litauischen Grenzstreifen durchführte, ließen sie sich „unterrichten und billigten diese in vollem Umfange".[640] Und es genügte, daß der Reichsführer-SS bei seinem Besuch in Nikolajew am 4. Oktober Otto Ohlendorf vor versammelter Mannschaft zum SS-Oberführer beförderte.[641] Auch ohne viel Worte verstand jeder der Anwesenden, daß der bisherige Vernichtungsfeldzug der Einsatzgruppe D gegen die Juden der Südukraine damit Billigung von höchster Stelle erhalten hatte. Ebenso wirkte die Mitteilung, daß Hitler persönlich laufend „Berichte über die Arbeit der Einsatzgruppen im Osten vorgelegt" werden sollten.[642] Impulse von ‚oben' konnten sich unter diesen Umständen auf Applaus, Affirmation und Appelle an die Eigeninitiative beschränken; sie brauchten kaum die direkte Form des Befehls oder gar der Drohung anzunehmen.[643] Diese Art kontrollierter Eskalation begleitete auch in Polen die Steigerung der Gewalt. 1941 allerdings war sie bereits routinierter, eingefahrener. Auffällig ist beispielsweise das völlige Fehlen von Konferenzen der Einsatzgruppenführer in Berlin, wie sie 1939 noch mehrfach stattgefunden hatten. Nunmehr genügten die Berichte von der Peripherie an die Zentrale[644] und gelegentliche Inspektionsreisen der SS-Spitze vor Ort.[645]

Vergleicht man die Radikalisierungsprozesse 1939 und 1941, dann fallen Übereinstimmungen und Unterschiede, Ähnlichkeiten und Weiterentwicklungen ins Auge. In beiden Fällen fungierte Hitler als uneingeschränkter Stichwortgeber, definierte er Kriegsziele und Art der Kriegführung. Allerdings war die Willfährigkeit der obersten Heeresführung beim Unternehmen „Barbarossa" bedeutend ausgeprägter. Im Gegensatz zu Polen stimmte sie bereits im Vorfeld grundlegenden Verletzungen des Kriegsvölkerrechtes zu. Gleichfalls im Unterschied zu 1939 war das Vorgehen von Wehrmacht, SS und Polizei 1941 auf Arbeitsteilung, nicht auf Konfrontation angelegt. Vor allem aber stand nunmehr von Anfang an eine Entkoppelung von Heer und Einsatzgruppen fest, hatte man sich bereits zuvor auf eine prinzipielle Teilung der vollziehenden Gewalt festgelegt. Deutlich divergent war 1941 auch das zugrundeliegende zentrale Feindbild und die dadurch freigesetzte Dynamik; anders als in Polen rückte die weit intensivere Vorstellung vom „jüdischen Bolschewismus" zumindest Teile des sowjetischen Judentums von vornherein in die Vernichtungsperspektive. Große Übereinstimmung wies hingegen die spezielle Befehlsgebung für die Einsatzgruppen 1939 und 1941 auf; in beiden Fällen war sie definitorisch unscharf und enthielt Klauseln zur Eskalation der Gewaltspirale. Der darauf basierende Prozeß der Selbstermächtigung vor Ort fiel allerdings in der Sowjetunion bedeutend radikaler aus, da Reibungen mit dem Heer weitestgehend entfielen. Ebenso wie 1939 Teile der polnischen Bevölkerung mit ihren Gewalttaten gegen Volksdeutsche der NS-Propaganda in die Hände gespielt hatten, tat dies 1941 das sowjetische NKWD, das mit seinen Blutbädern das deutsche Bild vom „asiatischen Untermenschen" untermauerte. Völlig unterschiedlich waren hingegen die massenhaften Judenpogrome, mit denen einheimische Antisemiten darauf antworteten. Auch die Proklamation eines Partisanenkrieges durch die sowjetische Staatsführung war präzedenzlos; auf deutscher Seite sorgte sie für eine zusätzliche Dynamisierung des Feindbildes und potenzierte die eingebildete Gefährdung durch Juden in einem gegenüber 1939 unbekannten Maße. Auch die Tatsache, daß die Spitzen von Wehrmacht und Heer den Massenmord öffentlich akklamierten, markiert einen wesentlichen Unterschied zu Polen. Ähnlich war hingegen die Steuerung des Radikalisierungsprozesses von ‚oben': In beiden Fällen genügten ‚weiche' Impulse; retardierende Momente von Gewicht waren bei den Einsatzgruppen nicht zu überwinden. Vor allem aber wird im Vergleich die Bedeutung dieser Einheiten in Polen 1939 deutlich. Ohne sie ist der Quantensprung in der Sowjetunion 1941 nicht zu erklären. Sie waren die Weichensteller auf dem Weg in den Rassen- und Vernichtungskrieg.

Die Umwandlung in stationäre Dienststellen

Als die Einsatzgruppen im Gefolge der Armeen in Polen einbrachen, standen zwar die generellen Stoßrichtungen für sie fest, nicht aber die konkrete zukünftige Verwendung. Es war noch unklar, welche polnischen Landesteile dem Deutschen Reich einverleibt und welche einem Vasallenstaat verbleiben würden. Ebenfalls ungewiß war noch, wann die verbündete Sowjetunion in Ostpolen einfallen und welche Gebiete sie beanspruchen würde. All diese Entscheidungen reiften nach dem Angriff der Roten Armee am 17. September heran und verfestigten sich dann im Laufe des Oktobers 1939.[646] Die deutsch-sowjetische Grenze an der Bug-San-Linie wurde fixiert, der Raum um Kattowitz Oberschlesien zugeschlagen.[647] Die Warthenniederung um Posen und Lodsch, später in Litzmannstadt umbenannt, erhob man zum neuen Reichsgau Wartheland, obwohl dessen Ostteil nie zum Deutschen Reich gehört hatte.[648] Die Pommerellen fielen an die neue Provinz Danzig-Westpreußen[649] und die Masuren um Zichenau an Ostpreußen.[650] Den übrigbleibenden Rest faßte man am 8. Oktober im Generalgouvernement mit seinen zunächst vier Distrikten Krakau, Warschau, Radom und Lublin zusammen.[651] Dieser Raum sollte eine Art Abladeplatz bilden, um „das alte und neue Reichsgebiet zu säubern von Juden, Polacken und Gesindel".[652] Mit dieser 4. Teilung verschwand der polnische Staat erneut von der Landkarte. Die Sowjetunion gliederte sich Ostpolen ein; das Reich annektierte weite Gebiete im Westen und Norden mit dem Ziel beschleunigter ‚Eindeutschung', ‚Entjudung' und ‚Entpolonisierung'.[653]

Die Einsatzgruppen hatten sich dieser Entwicklung anzupassen. Sie mußten eine neue Befehlsstruktur adaptieren, die zunächst noch im Fluß blieb. Hitlers Erlaß über die Organisation der Militärverwaltung vom 25. September gab erste Strukturen vor. Demnach wurden die ehemals polnischen Gebiete auf deutscher Seite in vier Militärbezirke aufgeteilt. Deren Befehlshaber blieben zwar zunächst noch Inhaber der vollziehenden Gewalt, erhielten jedoch für den zivilen Bereich Verwaltungschefs unterstellt.[654] Am 21. Oktober erging dann die Weisung an den Oberbefehlshaber des Heeres, daß dessen Befugnis „zur Ausübung vollziehender Gewalt in dem gesamten Ostgebiet" vier Tage später erlösche.[655] Streckenbach sollte anfänglich die Aufgabe eines BdS, also die eines mit sachlichem Weisungsrecht ausgestatteten Befehlshabers, im Gebiet des Oberbefehlshabers Ost und im Bezirk Lodsch wahrnehmen,[656] während Tröger für Westpreußen und Damzog für den Warthegau als BdS zuständig sein sollten und Rasch als IdS nach Warschau gehen sollte.[657] Beutel wiederum, der ursprünglich als BdS für Polen vorgesehen gewesen war,[658] galt nach seiner Korruptionsaffäre als diskreditiert. An seiner Stelle wurde am 23. Oktober zunächst Obersturmbannführer Dr. Wilhelm Harster als BdS für den Militärbezirk Krakau ernannt.[659] Geboren 1904, hatte der gelernte Jurist 1931 die Leitung der Politischen Polizei in Stuttgart übernommen und war im April 1933 stellvertretender Chef der Württembergischen Politischen Polizei geworden. Ende 1937 wurde er zur Stapo-Leitstelle Berlin versetzt, um im März 1938 dann zum Chef der Stapo-Leitstelle Innsbruck aufzusteigen. Im April 1940 avancierte Harster zum IdS in Kassel, führte kurze Zeit später beim Überfall auf die Niederlande die dortige Einsatzgruppe der Sicherheitspolizei und des SD und rückte anschließend zum BdS Den Haag auf, ehe er im November 1943 dann als BdS Italien nach Verona wechselte. Auch er war 1933 NSDAP und SS beigetreten.[660] Doch bereits Ende Oktober 1939 revidierte man in Berlin die Einsetzung Harsters.[661] Streckenbach wurde am 1. November zum BdS im Generalgouvernement ernannt;[662] Tröger und Damzog erhielten sechs Tage später ihre Bestätigung als IdS, also mit geminderten inspektorialen Vollmachten gegenüber einem BdS, für die nunmehrigen Reichsgaue Danzig-Westpreußen und Posen.[663]

Parallel dazu wurde dem BdS bzw. den IdS im neuen deutschen Osten und den zeitgleich dazu ernannten BdO eine sie verknüpfende Führungsstruktur übergestülpt, die beide Sparten ebenso wie die Waffen-SS für den Fall gemeinsamer Aktionen verzahnen sollte. Zunächst war Woyrsch für diese Funktion als HSSPF in Warschau vorgesehen.[664] Doch dann erhielt Obergruppenführer Friedrich-Wilhelm Krüger die Beförderung zum neuen HSSPF Ost im Generalgouvernement, dem der dortige BdS, der BdO sowie der Führer der SS und des Selbstschutzes mit ihren Stäben unmittelbar unterstellt wurden. Analog verfuhr man in den vier Distrikten. Dort wurden jeweils SSPF eingesetzt, denen das Weisungsrecht gegenüber dem regional verantwortlichen KdS, dem Kommandeur der Ordnungspolizei und dem Führer der SS und des Selbstschutzes zustand.[665] Während so im Generalgouvernement integrierte Dienststellen entstanden, hielt man in den eingegliederten Gebieten an der im Reich üblichen Polizeiorganisation fest und schuf getrennte Dienststellen von Gestapo, Kripo und SD. So entstanden in Danzig-Westpreußen die Stapo-Leitstelle Danzig sowie die Stapo-Stellen Graudenz und Bromberg, wobei die neue Dienststelle in Graudenz die Geschäfte der bisherigen Stapo-Stelle Elbing übernahm. Im Warthegau erhielten die Stapo-Leitstelle Posen mit den Stapo-Stellen Hohensalza und Lodsch/Litzmannstadt die Zuständigkeit für die Politische Polizei. In Ostoberschlesien übernahm dies die neue Stapo-Stelle Kattowitz, in Südostpreußen die Stapo-Stelle Zichenau.[666] Gleichzeitig errichtete man in diesen Städten Dienststellen der Kripo und Abschnitte des SD.

Das Personal all dieser neuen Institutionen rekrutierte sich aus den am 20. November 1939 offiziell aufgelösten Einsatzgruppen. Die Gestapo-Angehörigen des Einsatzkommandos 16 wechselten zur Stapo-Leitstelle Danzig, deren Teilkommando in Thorn zur Stapo-Stelle Graudenz, und das Teilkommando Bromberg bildete dort die neue Stapo-Stelle. Die Männer des Einsatzkommandos 1/V kamen zur Stapo-Stelle Hohensalza, die des Kommandos 1/VI zur Stapo-Stelle Lodsch, die von 2/VI zur Stapo-Leitstelle Posen, während die Gestapo-Angehörigen der Einsatzgruppe z. b. V. die Stapo-Stelle Kattowitz bildeten. Im Generalgouvernement verwandelte sich die Gruppe IV in den KdS Warschau. Die Kommandos 1, 2 und 4 der Einsatzgruppe I verteilten sich auf die westgalizischen Dienststellen des KdS Krakau, während Kommando 3/I den Stamm des KdS Lublin stellte und dort durch Männer des Einsatzkommandos 1/III Verstärkung erhielt. Die Gruppe II und das Kommando 2/III wiederum bildeten die Dienststelle des KdS Radom. Analog verfuhr man mit dem SD- und Kripo-Personal der Einsatzgruppen.[667] Dort, wo deren Personaldecke dafür nicht ausreichte, stockte man den Stellenkegel im Lauf der nächsten Monate durch Versetzungen aus dem Reich zusätzlich auf.

Zeitgleich oder kurze Zeit später kam es zu einem nicht unerheblichen personellen Revirement.[668] Nach Nebes raschem Abgang wurde Meisinger KdS Warschau. Liphardt übernahm die Funktion eines KdS Radom. Bruno Müller amtierte nur kurz als KdS Krakau und wurde dann von Huppenkothen abgelöst. Dieser wiederum wurde bald schon durch Hahn ersetzt, als Huppenkothen an Hasselbergs Stelle als KdS Lublin trat. Die KdS-Dienststellen, die nunmehr alle drei an den Einsatzgruppen beteiligten Sparten in sich vereinigten, erhielten zunächst eine an das RSHA angelehnte Gliederung: Abteilung I bearbeitete Personal und Verwaltung, Abteilung II die Aufgaben des SD, Abteilung III die der Gestapo, Abteilung IV die der Kripo.[669] Dabei gehörte es von Anfang an zu den Obliegenheiten des SD, Nachrichten auch aus den neusowjetischen Gebieten Ostpolens zu sammeln.[670] Im Herbst 1942 erfolgte eine Modifizierung des Aufbaus in Angleichung an das RSHA: Abteilung I war nunmehr für Personal zuständig, Abteilung II für Verwaltung, Abteilung III für den Inlands-SD, Abteilung IV für die Gestapo, Abteilung V für die Kripo und Abteilung VI für den SD-Auslandsnachrichtendienst.[671] Die Stapo-Stellen in den eingegliederten Ostgebieten hingegen bekamen 1939 die damals im gesamten Reich geltende Struktur: Abteilung I für Personal und Verwaltung, Abteilung II für die Exekutive, Abteilung III für die Abwehr-Polizei.

Auch dort drehte sich das Personalkarussell um die Jahreswende 1939/40[672]: Im Reichsgau Danzig-Westpreußen erklomm noch im Spätherbst 1939 Sturmbannführer Dr. Hellmut Tanzmann die Spitze der Stapo-Leitstelle Danzig. Der 1907 geborene Jurist war 1933 NSDAP und SA beigetreten und 1937 im Gestapo untergekommen. Ein Jahr später wurde Tanzmann zum IdS Wien versetzt, 1939 dann als Beauftragter des Chefs der Sicherheitspolizei und des SD nach Pressburg. Im November 1940 stieg er zum stellvertretenden BdS Krakau auf, kam im September 1941 als KdS nach Lemberg und kommandierte dort die Vernichtung der ostgalizischen Juden. Seit April 1943 amtierte Tanzmann als KdS in Montpellier, führte im September 1944 das z. b. V.Kommando 21 nach Norwegen und errichtete dort die neue KdS-Dienststelle Narvik.[673] Rux erhielt Ende 1939 die Stapo-Stelle Bromberg, während die in Graudenz von Hauptsturmführer Dr. Günther Venediger übernommen wurde. Auch dieser 1908 geborene Jurist hatte 1933 die Mitgliedschaft in NSDAP und SA erworben, war 1936 zur Stapo-Leitstelle Berlin gekommen und im Oktober 1938 mit der Vertretung des Chefs der Stapo-Leitstelle Reichenberg beauftragt worden. Im August 1941 rückte Venediger dann an die Spitze der Stapo-Leitstelle Danzig auf, wo er bis Kriegsende verblieb.[674] Im Reichsgau Wartheland trat Bischoff an die Spitze der Stapo-Leitstelle Posen, und Schefe löste Flesch noch im Spätherbst 1939 in Lodsch ab. Die neue Stapo-Stelle Hohensalza hingegen wurde einem Neuling im deutschen Osten übertragen, dem Obersturmführer Friedrich Hegenscheidt. Auch er war Jahrgang 1908, Jurist, seit 1932 NSDAP-Parteigenosse und seit 1937 Vertreter des Leiters der Stapo-Stellen in Elbing, dann in Trier gewesen. Im September 1943 kam Hegenscheidt als KdS nach Nikolajew und stieg im Juni 1944 zum BdS Schwarzes Meer auf; er wurde jedoch zwei Monate später als ungeeignet abgelöst und in Berlin inhaftiert.[675] Schäfer trat an die Spitze der Stapo-Stelle Kattowitz, während die in Zichenau Anfang 1940 von Obersturmführer Hartmut Pulmer übernommen wurde. Ebenfalls 1908 geboren, Jurist und SS-Mitglied seit 1933, war er 1938 zur Gestapo gekommen und seitdem Stellvertreter Gräfes bei der Stapo-Stelle Tilsit gewesen. Pulmer wurde im Januar 1943 KdS in Rennes und im November 1944 Chef der Stapo-Leitstelle Nürnberg, dann dortiger KdS.[676]

Damit waren die Einsatzgruppen in den eingegliederten Gebieten und im Generalgouvernement umfassend in stationäre Dienststellen umgewandelt worden. Zudem wurden speziell zu ihrer Unterstützung drei Referate im neuen RSHA gebildet: Am 6. November 1939 konstituierte sich dort das Referat II O, das für die „Bearbeitung politisch-polizeilicher Angelegenheiten in den besetzten bisher polnischen Gebieten" zuständig sein sollte, von Hauptsturmführer Joachim Deumling geführt wurde und eine gewisse vereinheitlichende Rahmenkompetenz für das Vorgehen im Osten beanspruchte.[677] Außerdem wurde dort ein „Sonder-Fahndungsbuch" für Personen in den besetzten Territorien und in den Gefangenenlagern erarbeitet, mit dem man die dortigen Dienststellen der Sicherheits- und Ordnungspolizei belieferte.[678] Am 31. Oktober kam das Einwanderungs- und Siedlungsreferat III ES unter Leitung von Ehlich hinzu, das „sämtliche anfallenden Vorgänge über die volksdeutsche Einwanderungs- und Siedlungsaktion" zu bearbeiten hatte.[679] Am 21. Dezember schließlich nahm ein Referat seine Arbeit auf, das sich mit der „zentrale[n] Bearbeitung der sicherheitspolizeilichen Angelegenheiten bei der Durchführung der Räumung im Ostraum" befassen sollte; an seine Spitze trat Eichmann.[680]

Überdies wurde Himmler am 7. Oktober zum Reichskommissar für die Festigung deutschen Volkstums aufgewertet, dem die Rückführung aller Volksdeutschen, die „Ausschaltung des schädigenden Einflusses von solchen volksfremden Bevölkerungsteilen, die eine Gefahr für das Reich und die deutsche Volksgemeinschaft bedeuten", und die „Gestaltung neuer deutscher Siedlungsbiete" oblag.[681] Dazu wurde in den neuen Ostprovinzen ein ausgedehntes System von Ein- und Umwandererzentralstellen geschaffen, das Sicherheitspolizei, SD und das SS-Rasse- und Siedlungshauptamt gemeinsam betrieben.[682] Bereits am 8. November fand in Krakau eine hochrangig besetzte Tagung zu „Ansiedlung bzw. Evakuierung im Ostraum" statt, an der Krüger, sein BdO Generalmajor Becker und sein BdS Streckenbach sowie die HSSPF Danzig-Westpreußen, Warthegau, Südost und Nordost teilnahmen.[683] Einen Tag zuvor hatte der Gendarmerie-Kreis Pless mitgeteilt, daß das der Stapo-Stelle Kattowitz unterstehende Gefängnis überfüllt sei und man dorthin keine Schutzhäftlinge mehr abgeben könne.[684] Ende November brachte der Kommandeur der Gendarmerie in Kattowitz diesen Mißstand gegenüber der Gestapo in Erinnerung, und am 18. Dezember vermerkte man dort: „Nach Rücksprache mit Herrn OR. [Oberregierungsrat] Dr. Schäfer wird Anfang Januar 1940 ein Lager eingerichtet."[685] Dies ist der erste Hinweis auf die Entstehung von Auschwitz.[686] Damit war der organisatorische Sockel der anlaufenden „ethnischen Flurbereinigung", des nationalsozialistischen Projekts zur rassischen Neuordnung Europas, gelegt.[687]

Nachkriegsschicksale und justitielle Ahndung

Die Wege des Führungspersonals der Einsatzgruppen in Polen nach dem 8. Mai 1945 waren vielfältig und weisen mancherlei Überraschung auf. Eine Möglichkeit war der natürliche Tod in der unmittelbaren Nachkriegszeit, ohne erkannt und belangt worden zu sein. So verstarb Ernst Damzog im Juli 1945, Friedrich Claß im Dezember dieses Jahres. Auch Walter Potzelt verschied mutmaßlich 1946 auf friedliche Weise; ebenso erging es 1950 Dr. Alfred Hasselberg.[688] Die Angst vor Strafe und Auslieferung führte damals allerdings auch zu Selbstmorden: Karl-Heinz Rux erschoß sich nach dem Rückzug aus Slowenien am 8. Mai 1945 in Villach. Dr. Max Großkopf brachte sich in Berlin um, nachdem die Rote Armee die Stadt erobert hatte.[689] Emil Haussmann beging 1947 Suizid in Nürnberg, bevor er auf der Anklagebank des Einsatzgruppen-Prozesses Platz nehmen sollte.[690] Und Franz Wenzel erhängte sich noch 1962, als die erste Vernehmung wegen seiner Verbrechen anstand.[691]

Aber es existierte auch die Chance des erfolgreichen Abtauchens: Dr. Hans Fischer verschwand 1945 spurlos aus Berlin, ohne je wieder gesehen zu werden.[692] Kurt Stawizki lebte bis zu seinem Tod 1959 unter falschem Namen als Angestellter der Deutschen Forschungsgemeinschaft in Bonn.[693] Die erstaunlichste illegale Karriere aber gelang Franz Sommer: Im März 1944 wegen eines Lungenleidens nach Davos beurlaubt, besorgte er sich dort falsche Papiere und kehrte irgendwann in die Bundesrepublik zurück. In den zahlreichen Ermittlungsverfahren gegen ihn in den 1960er und 1970er Jahren gaben sich die Staatsanwaltschaften stets mit der Standardauskunft zufrieden, daß er in seiner Heimatstadt Düsseldorf nicht gemeldet sei, verbuchten ihn als „verschollen" und entwickelten darüber hinaus keinerlei Verfolgungseifer. Als die Mitteilung eintraf, daß er am 3. März 1980 eben dort verstorben sei, schloß man erleichtert die Akten. Jeglichen Hinweis auf Sommers Untergrundexistenz in der Stadt, in der er geboren wurde und zwei Jahrzehnte lang Kripo-Beamter und Stapo-Chef gewesen war, sucht man dort vergebens.[694]

Zweifellos am härtesten traf es jene, die 1945 gefaßt und an die Länder ausgeliefert wurden, in denen sie Verbrechen begangen hatten: So übergaben die Amerikaner etwa Josef Meisinger nach der japanischen Kapitulation an die polnischen Behörden, die ihn im März 1947 zum Tode verurteilten und noch im selben Monat in Warschau hinrichteten.[695] Ebenso erging es Walter Liska, der 1946 an Polen überstellt und 1949 in Lublin gehängt wurde, sowie Dr. Herbert Strickner, den 1951 in Poznań dasselbe Schicksal ereilte.[696] Fritz Liphardt nahm sich in polnischer Haft in Szczecin (Stettin) das Leben.[697] Hermann Altmann erhielt 1955 in Łódź die Todesstrafe, die jedoch in lebenslange Haft umgewandelt wurde; vier Jahre später entließ man ihn in den Westen.[698] Franz Hoth wurde durch das Militärgericht Metz zum Tode verurteilt und im Juli 1949 hingerichtet.[699] Die Briten lieferten Dr. Wilhelm Fuchs an Jugoslawien aus, wo man ihn im Dezember 1946 exekutierte.[700] Ein norwegisches Gericht sprach seinen Schuldspruch gegen Gerhard Flesch im Februar 1948 und ließ ihn noch im selben Monat erschießen.[701] Eduard Strauch wurde im Nürnberger Einsatzgruppen-Prozeß 1948 zum Tode verurteilt, jedoch an Belgien ausgeliefert, wo das Militärgericht Brüssel 1949 diese Strafe bestätigte. Drei Jahre später zu lebenslangem Zuchthaus begnadigt, starb Strauch im September 1955 in belgischer Haft.[702] Aber auch diejenigen, die in sowjetische Hände fielen, traf es: Rudolf Bennewitz wurde im Herbst 1945 durch das NKWD festgenommen, 1950 pauschal wegen Zugehörigkeit zur Sicherheitspolizei zu lebenslänglichem Zuchthaus verurteilt und 1956 in die Bundesrepublik entlassen.[703] Dr. Wilhelm Scharpwinkel starb im Oktober 1947 in sowjetischer Gefangenschaft.[704]

Auch die Westalliierten fällten Schuldsprüche in der unmittelbaren Nachkriegszeit gegen das ehemalige Einsatzgruppenpersonal: Wegen seiner Beteiligung an den Fliegermorden wurde Dr. Hans Trummler 1946 in Dachau zum Tode verurteilt und im Oktober 1948 in Landsberg hingerichtet.[705] Im dortigen Kriegsverbrechergefängnis endete im Juni 1951 auch Erich Naumann am Strang, der im Einsatzgruppen-Prozeß 1948 wegen seiner Tätigkeit als Chef der Einsatzgruppe B ein Todesurteil erhalten hatte.[706] Dieselbe Strafe hätte mit Sicherheit auch seinen Mitangeklagten Dr. Dr. Otto Rasch als ehemaligen Führer der Einsatzgruppe C erwartet. Doch dieser erwies sich bald schon als verhandlungsunfähig, wurde im Oktober 1948 krank aus der Haft entlassen und starb einen Monat später.[707] Das britische Militärgericht in Hamburg verurteilte Dr. Walter Albath 1948 wegen des Massakers am Essener „Montagsloch" zu 15 Jahren Gefängnis, die dieser bis 1955 absaß.[708] Dasselbe Tribunal verhängte auch gegen Bruno Müller 1947 eine 20-jährige Haftstrafe wegen seiner Exzesse in der Kriegsendphase. 1953 wurde er vorzeitig aus dem Gefängnis entlassen und starb im März 1960 – gewissermaßen ,rechtzeitig' vor den nunmehr intensiven einsetzenden Nachforschungen durch die westdeutsche Justiz.[709]

Aber auch bis zu diesem Zeitpunkt hatten sich bundesrepublikanische Gerichte bereits strafrechtlich mit dem Führungspersonal der Einsatzgruppen befaßt: Udo von Woyrsch wurde 1948 wegen der SS-Morde beim sogenannten Röhm-Putsch zu 20 Jahren Haft verurteilt, 1952 freigelassen und 1957 erneut deswegen mit 10 Jahren Gefängnis bedacht; er starb 1982.[710] Helmut Heisig wurde 1949 hinsichtlich der Würzburger Deportationen freigesprochen und verschied 1954.[711] Walter Huppenkothen, angeklagt wegen seiner Mitwirkung am Standgericht gegen die Verschwörer aus der Abwehr, erhielt 1951 dreieinhalb Jahre Zuchthaus. Ein Jahr später hob der Bundesgerichtshof dieses Urteil auf, und eine erneute Verhandlung ergab einen Freispruch. 1955 wurde Huppenkothen dann zu sieben Jahren verurteilt. 1959 auf Bewährung entlassen, arbeitete er als Wirtschaftsjurist und starb 1979.[712] Franz Marmon fand 1952 milde Richter; wegen seines Kasseler Kriegsendphasenmassakers kam er mit zwei Jahren Haft davon.[713] Noch besser traf es Heinrich Huck: Sein Hildesheimer Massenmord 1945 wurde 1953 sogar mit einem Freispruch gewürdigt; friedlich verstarb er 1980.[714] Dr. Emanuel Schäfer dagegen wurde 1954 wegen der Judendeportationen aus Köln und der Gaswagenmorde in Serbien zu sechs Jahren und neun Monaten Zuchthaus verurteilt. Bereits 1956 entlassen, war er anschließend am Institut für Industriewerbung in Düsseldorf tätig, ehe er 1974 starb.[715] Das von Herbert Raschik befohlene Bochumer Massaker von 1945 kam gleichfalls 1954 zur Verhandlung; er erhielt dafür vier Jahre Gefängnis wegen Totschlags.[716] Erich Ehrlinger stand 1961 wegen seiner diversen Verbrechen auf dem Boden der Sowjetunion vor Gericht und erhielt dafür 12 Jahre Zuchthaus. Der Bundesgerichtshof hob das Urteil jedoch auf; danach erwies sich der Angeklagte als verhandlungsunfähig und wurde 1969 endgültig außer Verfolgung gesetzt.[717]

Seit den 1960er Jahren mehrten sich dann die Gerichtstermine für die Funktionsträger der Einsatzgruppen in Polen. Da sie häufig auch nach 1939 dort verblieben waren, standen meistens die Deportationen in die Vernichtungslager 1942/43 sowie Mordaktionen in den Ghettos im Mittelpunkt. So wurde Robert Weissmann 1965 mit sieben Jahren Zuchthaus bestraft.[718] Das Urteil gegen Heinrich Hamann lautete 1966 auf lebenslang,[719] ebenso bei Hans Krüger zwei Jahre später.[720] Das Landgericht Wiesbaden verhängte gegen Lothar Hoffmann 1973 eine dreieinhalbjährige Haftstrafe, gegen seinen Kommissarskollegen Gotthard Schubert vom KdS Lublin eine von sechs Jahren.[721] Dr. Ludwig Hahn erhielt im selben Jahr zunächst 12 Jahre Freiheitsentzug, 1975 dann ein Urteil auf lebenslänglich.[722] Außerdem erfolgten in diesem Kontext etliche Schuldsprüche gegen ehemalige Einsatzgruppenangehörige minderen Ranges, die bisher namentlich nicht genannt wurden.[723] Allerdings konnten auch in dieser Phase intensiverer justitieller Ahndung ranghohe Täter der Einsatzgruppen einer Bestrafung entkommen: Karl Essig, Paul Fuchs und Hermann Herz erzielten Freisprüche.[724] Hanns Mack starb rechtzeitig 1967, ehe die 1963 erhobene Anklage 1969 dann endlich verhandelt wurde.[725] Außerdem erhielten drei ehemalige Führungskader der Einsatzgruppen in Polen Haftstrafen wegen ihrer Verbrechen in Weißrußland: Albert Rapp bekam lebenslänglich, Heinz Richter wurde zu sieben Jahren Haft verurteilt, Franz Tormann zu drei Jahren.[726] Robert Mohrs Schuldspruch wegen seiner Beteiligung an der Judenvernichtung in der Ukraine lautete 1965 auf acht Jahre Zuchthaus.[727] Helmuth Bischoff wiederum bekam 1966 zwar eine Anklage wegen seiner Exekutionen als KdS in Dora-Mittelbau und 1976 eine wegen seiner Tätigkeit als Chef der Stapo-Leitstelle Posen zugestellt, erwies sich jedoch 1974 als verhandlungsunfähig.[728]

Festzustellen ist also eine relative Fülle von Prozessen gegen die Täter von 1939. Allerdings wird der aufmerksame Leser auch registriert haben, daß dabei keinerlei Verurteilungen wegen der Verbrechen der Einsatzgruppen in Polen zu finden sind. In der Tat formulierten deutsche Staatsanwaltschaften speziell deswegen nur drei Anklageschriften: 1972 lag die gegen Dr. Werner Best als deren Organisator vor, doch das Hauptverfahren wurde wegen Zweifeln an seiner Verhandlungsfähigkeit nicht eröffnet. Er blieb bis zu seinem Tod 1989 ein freier Mann.[729] 1973 wurde Bruno Streckenbach angeklagt, aber auch ihm gelang es mit einem Gutachten zu seinem Herzleiden als nicht verhandlungsfähig eingestuft zu werden; er starb 1977.[730] Einzig und allein die Anklage gegen Jakob Lölgen und seinen damaligen Adlatus Horst Eichler wegen Bromberg kam zur Verhandlung und endete 1966 vor dem Landgericht München I mit einem skandalösen Freispruch.[731] Daneben gab es etliche Urteile gegen Angehörige des Volksdeutschen Selbstschutzes, die jedoch außerhalb eines staatlichen Auftrags gehandelt hatten und kausal nicht mit den Einsatzgruppen in Verbindung zu bringen sind.

Übrig bleibt das erschreckende Faktum, daß deren Verbrechen in Polen justitiell in keinem einzigen Fall geahndet wurden. Zwar erhielten nicht wenige Täter der Einsatzgruppen eine Strafe – jedoch wegen anderer Untaten. Wohl saßen einige von ihnen – etwa Lothar Beutel, Helmuth Bischoff, Bernhard Baatz und Dr. Walter Hammer – deswegen zeitweise in Untersuchungshaft, doch ein Gerichtsverfahren wegen ihrer Morde in Bromberg wurde nie eröffnet.[732] Auch Kommandoführer wie Karl Brunner, Otto Hellwig, Dr. Walter Schlette oder Otto Sens kamen straflos davon, erst recht die ihnen untergeordneten Funktionsträger der Einsatzgruppen, die sich seit Kriegsende neu erfanden und nicht ungeschickt in die postnationalsozialistische Zeit einzufädeln verstanden. Gemäß der Devise ‚Alles, was du sagst, muß wahr sein – aber du mußt nicht alles sagen' konstruierten sie sich widerspruchsfreie Varianten ihrer Lebensläufe, die sie auswendig lernten und danach sorgfältig auf die Abdeckung der blinden Flecken achteten. Die Nachkriegs-Narratio wurde so mit der Zeit zur zweiten Haut, zur neuen Identität, an die ihre Träger selbst zu glauben begannen.

Dr. Hans Ehlich, der einstige Volkstumspapst im RSHA, konnte als Arzt unbehelligt in Braunschweig praktizieren, ehe er dort 1991 verstarb.[733] Dr. Rudolf Oebsger-Röder, immerhin in Bromberg, bei der Einsatzgruppe A und in Klausenburg dreimal in Massenmord verwickelt, fand Anschluß an die neuformierte Organisation Gehlen, stieg zum Residenten des Bundesnachrichtendienstes in Djakarta auf und wurde zum Haus- und Hofberichterstatter des Diktators Suharto; auch er starb 1992, ohne je einen Tag in Haft verbracht zu haben.[734] Zudem schafften einstige Angehörige der Einsatzgruppen polizeiintern erstaunliche Karrieren: Kurt Zillmann etwa, der als Lehrer für Kriminalistik und Kriminologie an der Führerschule 1939 Hellwigs Adjutant in dessen Teilkommando in der Einsatzgruppe z. b. V. gewesen war, wurde 1959 die Leitung des Landeskriminalpolizeiamtes in Kiel übertragen.[735] Eduard Michael wiederum, SA-Mitglied seit 1933, der als Kriminalkommissar der Kripo-Stelle Gleiwitz 1939 zum Einsatzkommando 1/II gehört hatte und im September/Oktober 1942 während der Deportationen Leiter der KdS-Außendienststelle Tschenstochau gewesen war, stieg gar zum Personalchef des Bundeskriminalamtes auf.[736]

Die Tatsache, daß die Verbrechen der Einsatzgruppen in Polen gewissermaßen ignoriert wurden, läßt sich nicht generell und in jedem Fall auf zu geringen staatsanwaltschaftlichen Verfolgungseifer zurückführen.[737] Denn es existieren genügend positive Gegenbeispiele. Das justitielle Vorgehen gegen die meisten Täter der Deportationen in Westgalizien beispielsweise ist als vorzüglich zu bewerten, ebenso das gegen das KdS-Personal in Lublin und Warschau. Die Frage, warum trotz etlicher Ermittlungsverfahren die Einsatzgruppen des Jahres 1939 durch den Rost der Rechtsprechung fielen, läßt als Antwort allerdings nur Mutmaßungen zu: In den Köpfen der Staatsanwälte und Richter – aber auch der deutschen Historiker – existierte wohl jenes erst jüngst widerlegte Bild, daß der Polenfeldzug trotz einiger Ausschreitungen noch ein relativ normaler Krieg gewesen sei und daß der wirkliche rassenbiologisch motivierte Vernichtungskrieg erst 1941 mit dem Unternehmen „Barbarossa" begonnen habe.[738] Flankiert wurde diese Vorstellung von der populären Projektion, das Verhalten der NS-Institutionen sei lediglich eine – gelegentlich überzogene – Reaktion auf die polnischen Greuel gegenüber den Volksdeutschen kurz vor und nach Kriegsbeginn gewesen. Diese beiden zählebigen Interpretamente schufen sich wechselseitig stützende Legitimationsmuster, die den Zugang zum wahren Grauen des Jahres 1939 verstellten und noch zivilisatorische Standards vorgaukelten, als diese längst schon im Untergang begriffen waren. Denn der Freibrief, traditionelle Rücksichten und moralische Bedenken abzuschütteln, war zu diesem Zeitpunkt bereits dankbar angenommen worden. Bezüglich der Einsatzgruppen in Polen muß darum eindeutig von einer kalten Amnestie im Nachkriegsdeutschland gesprochen werden.

Die Einsatzgruppen in zeitgenössischen Quellen und Nachkriegsaussagen

Verzeichnis der abgedruckten Dokumente

Dok. 1) Vermerk SD-Hauptamt II 12 v. 8.7.1939 116
Dok. 2) Richtlinien für den auswärtigen Einsatz der Sicherheitspolizei und des SD (undat./August 1939) 117
Dok. 3) Vernehmung Lothar Beutel, 1939 Chef der Einsatzgruppe IV, v. 20.7.1965 (Auszüge) 121
Dok. 4) Vernehmung Horst W., 1939 Angehöriger der Einsatzgruppe IV, v. 23.6.1965 (Auszug) 122
Dok. 5) Vernehmung Hubert S., 1939 Angehöriger des Einsatzkommandos 1/I, in Ost-Berlin v. 5.2.1971 (Auszug) 122
Dok. 6) Aussage Władysława Winiecka, 1939 Einwohnerin von Danzig, v. 29.9.1973 (Auszüge) 123
Dok. 7) Fernschreiben Chef der Sicherheitspolizei v. 4.9.1939: Unternehmen Tannenberg–hier: die Bezeichnung der Einsatzgruppen 123
Dok. 8) Vermerk Chef der Zivilverwaltung beim Armeeoberkommando 8 in Breslau v. 6.9.1939 (Auszug) 124
Dok. 9) Adjutant des Chefs der Sicherheitspolizei an Einsatzgruppe III v. 6.9.1939 124
Dok. 10) Chef der Zivilverwaltung beim Armeeoberkommando 8 v. 7.9.1939: Tagesbefehl Nr. 2 (Auszug) 125
Dok. 11) Helmut Bischoff: Einsatzkommando im Polenfeldzug (undat./Ende 1939) über Bromberg (Auszug) 125
Dok. 12) Chef der Sicherheitspolizei/Sonderreferent „Unternehmen Tannenberg" v. 9.9.1939: Tagesbericht für die Zeit vom 8.9., 20.00 Uhr, bis 9.9., 8.00 Uhr (Auszug) 126
Dok. 13) Anlage Kriegstagebuch Kommandant des rückwärtigen Armeegebietes 580: Lage am 9.9.39 morgens 126
Dok. 14) Anlage Kriegstagebuch Kommandant des rückwärtigen Armeegebietes 580: 9.9.39 gegen Mittag 127
Dok. 15) Anlage Kriegstagebuch Kommandant des rückwärtigen Armeegebietes 580: 10.9.39 127
Dok. 16) Chef der Sicherheitspolizei/Sonderreferent „Unternehmen Tannenberg" v. 10.9.1939: Tagesbericht für die Zeit vom 10.9.1939, 8 Uhr, bis 10.9., 20 Uhr (Auszüge) 127

Dok. 17) Bericht Berta Lichtig über Mielec (undat.) (Auszüge) 128
Dok. 18) Vernehmung Bruno G., 1939 Angehöriger des Einsatz-
kommandos 2/IV, über Bromberg v. 1.12.1964 (Auszüge) 129
Dok. 19) Vernehmung Erich M., 1939 Angehöriger des Einsatz-
kommandos 1/IV, über Bromberg v. 30.11.1964 (Auszüge) 130
Dok. 20) Chef der Sicherheitspolizei/Sonderreferent „Unternehmen
Tannenberg" v. 11.9.1939: Tagesbericht für die Zeit vom 10.9.,
20.00 Uhr, bis 11.9., 8.00 Uhr (Auszug) 131
Dok. 21) Vernehmung Georg B., 1939 Angehöriger des Einsatz-
kommandos 1/IV, über Bromberg v. 16.11.1965 (Auszüge) 131
Dok. 22) Vernehmung Dr. Walter Hammer, 1939 Chef des Einsatz-
kommandos 2/IV, über Bromberg v. 20.7.1965 (Auszüge) 131
Dok. 23) Anlage Kriegstagebuch Kommandant des rückwärtigen
Armeegebietes 580: Lage am 11.9.39 132
Dok. 24) Armeeoberkommando 14/Oberquartiermeister v. 12.9.1939:
Besondere Anordnungen Nr. 14 (Auszug) 133
Dok. 25) Vernehmung Georg Schraepel, 1939 Kripo-Referent im Stab
der Einsatzgruppe I, v. 16.4.1964 (Auszug) 133
Dok. 26) Vernehmung Hubert S., 1939 Angehöriger des Einsatz-
kommandos 1/I, v. 5.2.1971 (Auszug) 133
Dok. 27) Aussage Jakub Gasecki, 1939 Einwohner von Dynow,
v. 21.1.1969 (Auszüge) 133
Dok. 28) Bericht Sacher Grünbaum v. 11.6.1945 (Auszug) 134
Dok. 29) Aussage Zofia Semik, 1939 Einwohnerin von Limanowa,
v. 13.5.1977 (Auszüge) 135
Dok. 30) Bericht Marian Bień, 1939 Einwohner von Przemysl,
v. 17.8.1946 (Auszug) 136
Dok. 31) Erklärung Rudolf Langhaeuser, 1939 Ic-Offizier Generalstab
Heeresgruppenkommando Süd, v. 30.4.1967 (Auszug) 136
Dok. 32) Runderlaß Grenzschutz-Abschnitts-Kommando 3/Chef der
Zivilverwaltung Kattowitz v. 13.9.1939: Orts- und Werkswehren–
Durchführung von Maßnahmen gegen die Aufständischen-Verbände
(Auszüge) 137
Dok. 33) Chef der Sicherheitspolizei/Sonderreferent „Unternehmen
Tannenberg" v. 13.9.1939: Tagesbericht für die Zeit vom 13.9.,
8.00 Uhr, bis 13.9., 20.00 Uhr (Auszug) 138
Dok. 34) Einsatzkommando 1/VI v. 14.9.1939: Befehl Nr. 1 (Auszüge) . 138
Dok. 35) Aussage Roman Tyńczyk, 1939 Einwohner von Ślesin,
v. 1.6.1970 (Auszug) 139
Dok. 36) Chef der Sicherheitspolizei/Sonderreferat „Unternehmen
Tannenberg" v. 15.9.1939: Tagesbericht für die Zeit vom 15.9., 8 Uhr,
bis 15.9., 20 Uhr (Auszug) 139

Dok. 37) Aussage Richard Otto Dey, 1939 evangelischer Pfarrer in
Thorn, v. 24.7.1962 (Auszüge) 140
Dok. 38) Aussage Roman Klamrowski, 1939 Einwohner von Kostrzyn,
v. 17.9.1973 (Auszüge) 141
Dok. 39) Bericht Leon (Leib) Salpeter, 1939 Einwohner von Krakau,
über die Bildung des Judenrats (undat.) (Auszug) 142
Dok. 40) Chef der Sicherheitspolizei/Sonderreferat „Unternehmen
Tannenberg" v. 17.9.1939: Tagesbericht für die Zeit vom 16.9.,
20 Uhr, bis 17.9., 8 Uhr (Auszüge) 142
Dok. 41) Landrat des Kreises Pless an Chef der Zivilverwaltung
Kattowitz v. 19.9.1939: Zusammenarbeit mit der Sicherheitspolizei . 143
Dok. 42) Chef der Sicherheitspolizei/Sonderreferat „Unternehmen
Tannenberg" v. 20.9.1939: Tagesbericht für die Zeit vom 20.9.,
8.00 Uhr, bis 20.9., 20.00 Uhr (Auszüge) 143
Dok. 43) Protokoll SD-Hauptamt Stabskanzlei I 11 v. 27.9.1939:
Amtschef- und Einsatzgruppenleiterbesprechung am 21.9. (Auszüge) 144
Dok. 44) Schnellbrief Chef der Sicherheitspolizei v. 21.9.1939:
Judenfrage im besetzten Gebiet (Auszüge) 145
Dok. 45) Oberbefehlshaber des Heeres an die Ober- und Militärbefehls-
haber v. 21.9.1939: Tätigkeit und Aufgaben der Polizei-Einsatz-
gruppen im Operationsgebiet 146
Dok. 46) Einsatzgruppe VI an Chef der Zivilverwaltung Posen
v. 21.9.1939: Stimmungsbericht (Auszug) 147
Dok. 47) Stapo Schroda an Einsatzkommando 1/VI v. 22.9.1939:
Lagebericht 147
Dok. 48) Chef der Sicherheitspolizei/Sonderreferat „Unternehmen
Tannenberg" v. 24.9.1939: Tagesbericht für die Zeit vom 23.9.,
12.00 Uhr, bis 24.9., 12.00 Uhr (Auszug) 148
Dok. 49) Nebenstelle Schrimm an Einsatzkommando 1/VI v. 24.9.1939
(Auszug) 148
Dok. 50) Lagebericht Chef der Zivilverwaltung beim Militärbefehls-
haber Posen v. 25.9.1939 (Auszug) 149
Dok. 51) Einsatztrupp Bromberg an SD-Führer Einsatzkommando 16 v.
26.9.1939: Stimmungsbericht 24.9. (Auszug) 149
Dok. 52) Führer Einsatzgruppe III an Armeeoberkommando 8 v.
26.9.1939: Tätigkeitsbericht für den 25.9. (Auszüge) 150
Dok. 53) Chef der Sicherheitspolizei/Sonderreferat „Unternehmen
Tannenberg" v. 26.9.1939: Tagesbericht für die Zeit vom 25.9.,
12.00 Uhr, bis 26.9., 12.00 Uhr (Auszüge) 151
Dok. 54) Protokoll v. 26.9.1939: Quartiermeister-Besprechung beim
Armeeoberkommando 8 am 25.9. (Auszug) 151

Dok. 55) Einsatzkommando 4/I an Landrat des Kreises Pless v.
27.9.1939: Verfahren in politisch-polizeilichen Angelegenheiten . . 152
Dok. 56) Bericht Helena Aussenberg, 1939 Einwohnerin von Radomyśl
Wielki, v. 15.10.1945 (Auszug) 152
Dok. 57) Bericht Berta Lichtig über Radomyśl Wielki (undat.) (Auszug) 153
Dok. 58) Vernehmung Kurt G., 1939 Angehöriger des Einsatz-
kommandos 1/IV, v. 13.11.1965 (Auszug) 153
Dok. 59) Vernehmung Walter Piller, 1939 Angehöriger des Einsatz-
kommandos 1/V, v. 26.3.1947 (Auszug) 153
Dok. 60) Chef der Sicherheitspolizei/Sonderreferat „Unternehmen
Tannenberg" v. 29.9.1939: Tagesbericht für die Zeit vom 28.9.,
12.00 Uhr, bis 29.9., 12.00 Uhr (Auszug) 154
Dok. 61) Aussage Pola Ajzensztajn, 1939 Einwohnerin von Krasnystaw,
v. 30.9.1946 (Auszug) 154
Dok. 62) Chef der Zivilverwaltung beim Militärbefehlshaber Posen v.
29.9.1939: Richtlinien für den Verwaltungsaufbau in den Kreisen
und Städten der Provinz Posen (Auszug) 154
Dok. 63) Bericht Moniek Kaufman, 1939 Einwohner von Hrubieszów,
v. 20.1.1947 (Auszug) 155
Dok. 64) Chef der Sicherheitspolizei/Sonderreferat „Unternehmen
Tannenberg" v. 30.9.1939: Tagesbericht für die Zeit vom 29.9.,
12.00 Uhr, bis 30.9., 12.00 Uhr (Auszüge) 156
Dok. 65) Schnellbrief Chef der Sicherheitspolizei v. 30.9.1939 157
Dok. 66) Bekanntmachung des Bürgermeisters von Schmiegel v.
30.9.1939 157
Dok. 67) Bericht Moses Zwas, 1939 Einwohner von Cisna, v. 31.5.1945
(Auszug) 158
Dok. 68) Oberbefehlshaber der 14. Armee an die Kommandeure v.
1.10.1939 159
Dok. 69) Chef der Sicherheitspolizei/Sonderreferat „Unternehmen
Tannenberg" v. 1.10.1939: Tagesbericht für die Zeit vom 30.9.,
12.00 Uhr, bis 1.10., 12.00 Uhr (Auszug) 159
Dok. 70) Landrat des Kreises Lublinitz an Chef der Zivilverwaltung
Kattowitz v. 2.10.1939: Einsatzkommando der Sicherheitspolizei und
Zivilverwaltung (Auszug) 160
Dok. 71) Vernehmung Josef M., 1939 Selbstschutz-Führer in Bromberg,
v. 24.10.1962 (Auszug) 161
Dok. 72) Vernehmung Max S., 1939 Angehöriger des Sicherheitspolizei-
Einsatzkommandos Bromberg, v. 8.3.1962 (Auszug) 161
Dok. 73) Vernehmung Ewald S., 1939 Angehöriger des Selbstschutzes in
Bromberg, v. 16.8.1962 (Auszüge) 161

Dok. 74) Vernehmung Horst Eichler, 1939 Kriminalkommissar-Anwärter
des Sicherheitspolizei-Einsatzkommandos Bromberg, v. 30.8.1962
(Auszug) 162
Dok. 75) Einsatzgruppe VI an Chef der Zivilverwaltung in Posen v.
3.10.1939: Tagesbericht (Auszug) 162
Dok. 76) SD-Einsatzkommando 16 an Inspekteur der Sicherheitspolizei
und SD-Führer Nordost v. 4.10.1939: Lagebericht Westpreußen
(Auszug) 163
Dok. 77) Vermerk SS-Hauptsturmführer Adolf Eichmann v. 6.10.1939 . 164
Dok. 78) Erlaß Reichssicherheitshauptamt v. 6.10.1939: Einrichtung des
Referats II O 164
Dok. 79) SD-Einsatzkommando 16 an Inspekteur der Sicherheitspolizei
und SD-Führer Nordost v. 7.10.1939: Lagebericht Westpreußen
(Auszüge) 164
Dok. 80) Unterkommando Schroda an Einsatzkommando 1/VI v.
9.10.1939: Tagesbericht (Auszüge) 165
Dok. 81) Vernehmung Max-Franz Janke, 1939 Kriminalrat des Sicher-
heitspolizei-Einsatzkommandos Gotenhafen, v. 10.7.1969 (Auszüge) 165
Dok. 82) Vernehmung Heinrich B., 1939 Angehöriger des Einsatz-
kommandos 3/I, v. 19.5.1960 (Auszug) 167
Dok. 83) Tätigkeitsbericht Einsatzgruppe IV in Warschau v. 10.10.1939
(Auszüge) 167
Dok. 84) Vernehmung Erich H., 1939 Angehöriger des Einsatz-
kommandos 1/IV, über Warschau v. 20.11.1964 (Auszüge) 168
Dok. 85) Aussage Josef Lemke, 1939 Einwohner von Neustadt/
Westpreußen, v. 10.2.1971 (Auszüge) 168
Dok. 86) Vernehmung Edmund S., 1939 Hilfspolizist in Bromberg, v.
7.7.1961 (Auszug) 169
Dok. 87) SD-Einsatzkommando Bromberg an Inspekteur der Sicher-
heitspolizei und SD-Führer Westpreußen v. 14.10.1939: Lagebericht
(Auszüge) 170
Dok. 88) Aussage Marianna Kazmierczak, 1939 Einwohnerin von
Zakrzewo, v. 12.10.1971 (Auszüge) 170
Dok. 89) Aussage Gertrud Schneider, 1939 Einwohnerin von Chludowo
bei Posen, v. 17.8.1973 (Auszüge) 171
Dok. 90) Erlaß Reichssicherheitshauptamt v. 17.10.1939: Unternehmen
Tannenberg–hier: Auflösung des Sonderreferates 171
Dok. 91) Aussage Franciszek Komar, 1939 Einwohner von Thorn, v.
26.6.1968 (Auszüge) 172
Dok. 92) Vernehmung Friedrich V., 1939 Schutzpolizist in Thorn, v.
8.3.1963 (Auszüge) 172

Dok. 93) Paula von Karlowska, 1939 Gutsbesitzergattin in Gostyn, an
Zentrale Stelle der Landesjustizverwaltungen Ludwigsburg v.
14.1.1965 (Auszug) 173
Dok. 94) SD-Einsatzkommando Bromberg an SD-Hauptamt v.
20.10.1939: Lagebericht (Auszüge) 174
Dok. 95) Chef Einsatzgruppe I an Chef der Sicherheitspolizei und des
SD v. 20.10.1939: Vorgänge jenseits der Grenze (Auszug) 175
Dok. 96) Aussage Stanislaw Szalapieta, 1939 Einwohner von Schroda,
über eine Standgerichtsverhandlung des Einsatzkommandos 2/VI am
20.10.1939 v. 14.11.1972 (Auszüge) 175
Dok. 97) SD-Führer Einsatzgruppe IV an Chef der Sicherheitspolizei
und des SD v. 21.10.1939: Stimmungs- und Lagebericht aus dem von
den Russen besetzten Gebiet (Auszüge) 176
Dok. 98) Vermerk Reichssicherheitshauptamt IV (II A 4) v. 23.10.1939
(Auszug) 178
Dok. 99) Aussage Marcin Rydlewicz, 1939 Einwohner von Lissa, über
eine Standgerichtsverhandlung des Einsatzkommandos 1/VI v.
6.7.1967 (Auszug) 179
Dok. 100) Ungezeichneter Vermerk aus Posen v. 24.10.1939 (Auszüge) . 179
Dok. 101) Aussage Willy Panse, 1939 Oberstfeldmeister des Reichs-
arbeitsdienstes, v. 19.5.1967 (Auszüge) 180
Dok. 102) Lagebericht Sicherheitspolizei-Einsatzkommando Bromberg
v. 24.10.1939 (Auszüge) 181
Dok. 103) Vernehmung Edmund S., 1939 Schutzpolizist in Bromberg,
v. 3.12.1970 (Auszüge) 181
Dok. 104) Vernehmung Kurt L., 1939 Angehöriger des Sicherheits-
polizei-Einsatzkommandos Bromberg, v. 1.3.1962 (Auszug) 182
Dok. 105) Befehlshaber der Ordnungspolizei beim Militärbefehlshaber
Posen an Reichsführer-SS v. 25.10.1939: Berichterstattung (Auszüge) 182
Dok. 106) Vernehmung Georg Wüst, 1939 Kriminalkommissar des
Einsatzkommandos 1/III, v. 27.6.1961 (Auszug) 183
Dok. 107) Vernehmung Kurt G., 1939 Angehöriger des Einsatz-
kommandos 1/IV, v. 30.7.1970 (Auszüge) 183
Dok. 108) Dr. Rudolf Oebsger-Röder, 1939 Chef des SD-Einsatz-
kommandos Bromberg: Notwendigkeit der propagandistischen
Bearbeitung der Polen in Westpreußen (undat./Ende Oktober 1939). 184
Dok. 109) Landrat des Kreises Kosten an Chef der Zivilverwaltung
Posen v. 31.10.1939: Lage- und Tätigkeitsbericht (Auszug) 186
Dok. 110) Lagebericht SD-Einsatzkommando Bromberg, Stand vom
1.11.1939 (Auszüge) 186
Dok. 111) Erlaß Reichsführer-SS v. 1.11.1939: Führerorganisation der
Polizei im Generalgouvernement 187

Dok. 112) Aussage Josef Lemke, 1939 Einwohner von Neustadt/
Westpreußen, v. 19.6.1959 (Auszüge) 188
Dok. 113) Lagebericht Sicherheitspolizei-Einsatzkommando Bromberg v.
4.11.1939 (Auszug) 189
Dok. 114) Stadtkommissar von Bromberg an Sicherheitspolizei-Einsatz-
kommando Bromberg v. 9.11.1939 189
Dok. 115) Lagebericht Sicherheitspolizei-Einsatzkommando Bromberg
v. 10.11.1939 (Auszug) 189
Dok. 116) Aussage Willy Lau, 1939 stellvertretender Landrat des Kreises
Karthaus, v. 3.7.1970 (Auszug) 190
Dok. 117) Erlaß Höherer SS- und Polizeiführer Posen v. 12.11.1939:
Abschiebung von Juden und Polen aus dem Reichsgau „Warthe-Land"
(Auszug) 190
Dok. 118) Lagebericht SD-Einsatzkommando Bromberg, Stand vom
14.11.1939 (Auszüge) 191
Dok. 119) Vermerk Dr. Tröger, Inspekteur der Sicherheitspolizei und
des SD Danzig-Westpreußen, v. 16.11.1939 192
Dok. 120) Lagebericht Sicherheitspolizei-Einsatzkommando Bromberg
v. 17.11.1939 (Auszüge) 192
Dok. 121) Erlaß Chef der Sicherheitspolizei und des SD v. 20.11.1939 . 193
Dok. 122) General Walter Petzel, Chef Wehrkreiskommando XXI, an
Befehlshaber des Ersatzheeres v. 23.11.1939 (Auszug) 194
Dok. 123) Lily Jungblut, Ehefrau eines Gutsbesitzers aus der Umgebung
von Hohensalza und NSDAP-Mitglied seit 1930, an Hermann
Göring v. 6.12.1939 (Auszüge) 195
Dok. 124) Vernehmung Fritz Liebl, 1939 Angehöriger des Einsatz-
kommandos 3/I, v. Dezember 1939 (Auszug) 196
Dok. 125) Erlaß Chef der Sicherheitspolizei und des SD v. 21.12.1939:
Räumung in den Ostprovinzen 197
Dok. 126) Brief einer Einwohnerin von Bromberg (Name unleserlich)
an den dortigen Staatsanwalt v. 28.3.1940 197
Dok. 127) Vermerk Kripo-Stelle Bromberg v. 8.4.1940 197
Dok. 128) Vermerk Stapo-Stelle Bromberg v. 27.4.1940 198

Quellentexte

Dok. 1) Vermerk SD-Hauptamt II 12 v. 8.7.1939
BAB, R 58/7154
Am 5.7.1939 fand in der Wohnung des Gruppenführers [Heydrich] eine Besprechung statt, an der teilnahmen: Gruppenführer, Brigadeführer Best, Brigadeführer Jost, Oberführer Müller, Sturmbannführer Schellenberg, Sturmbannführer Knochen, Hauptsturmführer Neumann. Der Gruppenführer hatte die Besprechung angesetzt, um die wesentlichsten Fragen, die alle Ämter angehen, noch vor seinem Urlaub zu erledigen.

1.) P-Vorbereitung

Die Durchführung erfolgt wie bisher Gestapa und SD zusammen. Entsprechend dem Vorschlag von Brigadeführer Best ist mit einem Einsatz von etwa 2000 Mann zu rechnen. Der SD wird mit etwa 350 bis 400–450 Mann beteiligt sein. Der Einsatz ist in folgender Weise vorgesehen. Es sind 4 Einsatzgruppen zu je 500 Mann. Die SD-Kommandos werden nur dort eingesetzt, wo eine ausgesprochen nachrichtendienstliche Arbeit erforderlich ist. Die SD-Angehörigen sollen je nach Bedarf vor allem in den größeren Orten den einzelnen Gruppen und Einsatzkommandos zugewiesen werden. Es sind folgende 4 Gruppen vorgesehen:

1. Gruppe: Leitung Meisinger, Warschau.
2. Gruppe: Damzog, zugeteilt Assessor Baatz.
3. Gruppe: Schäfer, Oppeln.
4. Gruppe: Streckenbach.

Diese Gruppen werden in je 5 Kommandos zu je 100 Mann eingeteilt. Der Gesamtbefehl ist für Brigadeführer Beutel vorgesehen, Sitz in Warschau. Die Gruppen werden in folgenden Richtungen vorgehen:

Gruppe 1: unmittelbar Berlin–Warschau.

Gruppe 2) 3) 4) wird je nach dem Vorgehen der Wehrmacht von Ostpreußen, Schlesien, Slowakei zum Einsatz kommen.

2.) SD-Einsatz

Brigadeführer Jost: Beim Chef der Zivilverwaltung. Standartenführer Dr. Six: Stab Gruppenführer Heydrich. Obersturmbannführer Ehrlinger: Leiter des SD-Einsatzkommandos.

Sturmbannführer Dr. Knochen: Erledigung Sonderaufgaben im Rahmen der bisherigen Tätigkeit II 12. Als Leiter des SD-Sonderkommandos wurden verschiedene Vorschläge gemacht, Obersturmbannführer Ehrlinger wurde aufgrund seiner bisherigen Erfahrung für den kommenden Einsatz bestimmt.

3.) Technische Vorbereitung

Die Gesamtvorbereitung hat Brigadeführer Best. Er hat für Ausrüstung, Uniform, Beschaffung von Waffen, Funkgerät, Bürowagen usw. alles zu veranlassen. Von Brigadeführer Best ist für die rein technische Beschaffung Trümmler [Trummler] vorgesehen.

4.) Gegner-Bearbeitung

Staatspolizeiliche Vorbereitungen Oberführer Müller (Meisinger) und Standartenführer Dr. Six. Es wurde betont, daß innerhalb von II bereits von den einzelnen Sachgebieten aus Vorbereitungen getroffen werden (Erstellung von Karteien, Berichten usw.). Gruppenführer wies darauf hin, daß auch für die gesamten Exekutivmaßnahmen Vorbereitungen zu treffen sind, wie Feststellung der bestehenden Gefängnisse, Haftmöglichkeiten. Neben den Fragen der SD- und staatspolizeilichen Vorbereitungen wurde vom Gruppenführer betont, daß der eigentliche Einsatz und die Durchführung erst in dem Moment klar entschieden werden kann, wenn die Wehrmacht den Einsatzplan festgelegt hat. Nach den bisherigen Informationen bestehen beide Möglichkeiten:

1.) lediglich Danzig und den Korridor zu besetzen,

2.) Gesamtpolen zu besetzen, Schaffung eines Protektorats mit einer selbständigen Ukraine (Ukraine dasselbe Verhältnis zum Reich wie jetzt die Slowakei).

Der Einsatz besonderer Ukraine-Kommandos wurde nach erfolgreicher Genehmigung durch RFSS Brigadeführer Jost übertragen. Angeblich soll Canaris einen Sonderauftrag für Ukraine haben.

Vfg. [Verfügung]
1. Ausfertigung: Vorlage Leiter II
2. Ausfertigung: SS-Sturmbannführer Dr. Knochen

Dok. 2) Richtlinien für den auswärtigen Einsatz der Sicherheitspolizei und des SD (undat./August 1939)
BAB, R 58/241

I. Allgemeines

1) Aufgabe:

Durch Vereinbarung mit dem Oberkommando des Heeres ist die Aufgabe der Einsatzgruppen und Einsatzkommandos festgelegt, wie sie in dem Schreiben des Oberkommandos des Heeres (6. Abt.-II-GenStdH. Nr. 1299/39 g.Kdos.) vom 31.7.1939 bestätigt worden ist: „Aufgabe der sicherheitspolizeilichen Einsatzkommandos ist die Bekämpfung aller reichs- und deutschfeindlichen Elemente in Feindesland rückwärts der fechtenden Truppe".

2) Einheitliche Führung:

Die Einsatzgruppen und Einsatzkommandos der Sicherheitspolizei bestehen aus Angehörigen der Geheimen Staatspolizei, der Kriminalpolizei und des Sicherheitsdienstes. Alle Angehörigen unterstehen einheitlich den Führern der Einsatzgruppen und Einsatzkommandos. Diese entscheiden über den Einsatz der einzelnen Angehörigen nach den nachstehenden Richtlinien.

3) Verhältnis zur Wehrmacht:

Zu den Kommandostellen der Armee, den Chefs der Zivilverwaltung, der deutschen Zivilverwaltung und der Deutschen Ordnungspolizei ist dauernde Verbindung aufrechtzuerhalten. Für einen reibungslosen Verkehr mit diesen Stellen sind die Führer der Einsatzgruppen und Einsatzkommandos persönlich verantwortlich. Die Anordnungen über das Verhältnis der Sicherheitspolizei zur Wehrmacht sind genauestens einzuhalten.

4) Persönliches Verhalten:

Jeder Angehörige der Einsatzgruppen hat in jeder Lage und gegen jedermann bestimmt aber korrekt aufzutreten. Die gesetzten Ziele sind so zu erreichen, daß Beschwerden möglichst vermieden werden.

5) Nachrichtenverbindungen:

Von größter Wichtigkeit ist die sofortige Herstellung und dauernde Aufrechterhaltung der Nachrichtenverbindungen. Vor Beginn und während des Vormarsches ist über die nächstliegende Dienststelle der Geheimen Staatspolizei dauernd Verbindung mit dem Geheimen Staatspolizeiamt in Berlin aufrechtzuerhalten. Die Einsatzgruppen haben täglich einmal an den Chef der Sicherheitspolizei einen Tagesbericht zu erstatten, der zu enthalten hat: Standort der Einsatzkommandos, vermutlicher Standort des nächsten Tages, besondere Vorkommnisse, Zahl der Festnahmen (besonders wichtige Personen sind namentlich aufzuführen). Nach Erreichung des Zielortes haben die Einsatzkommandos mit allen zur Verfügung stehenden Mitteln Verbindung zur zuständigen Einsatzgruppe herzustellen. Die Einsatzgruppen haben ständige Verbindung mit dem Geheimen Staatspolizeiamt in Berlin zu wahren.

6) Festnahmen, Durchsuchungen und Beschlagnahmen:

Bei jeder Festnahme ist ein Formular der ausgegebenen Formularbücher „Festnahmen" mit zwei Durchschriften auszufüllen. Die Urschrift und die erste Durchschrift sind auf dem schnellsten Wege dem Führer des Einsatzkommandos zuzuleiten. Dieser hat die Urschrift auf schnellstem Wege dem Geheimen Staatspolizeiamt–II D–zuzuleiten. Die Durchschrift bleibt beim Führer des Einsatzkommandos. Die zweite Durchschrift bleibt im Formularbuch, das nach Verbrauch an den Führer des Einsatzkommandos abzugeben ist. Bei jeder Beschlagnahme, Sicherstellung, Durchsuchung usw., ist ein Formular der ausgegebenen Formularbücher „Durchsuchungen" mit zwei Durchschriften auszufüllen. Die Urschrift und eine Durchschrift sind ebenfalls dem Führer des Einsatzkommandos zuzuleiten, der auf schnellstem Wege die Urschrift dem Geheimen Staatspolizeiamt–I F–zuzuleiten hat. Im übrigen ist wie oben bei Festnahmen zu verfahren. Die Ablieferung beschlagnahmter Gegenstände ist von der empfangenden Stelle auf der zweiten Durchschrift des Durchsuchungsberichts zu bescheinigen. Auf die ordnungsmäßige Aufbewahrung und Sicherung beschlagnahmter Gegenstände ist besondere Sorgfalt zu verwenden.

7) Behandlung festgenommener Personen:
Mißhandlungen oder Tötungen festgenommener Personen sind strengstens untersagt und, soweit derartiges von anderen Personen unternommen werden sollte, zu verhindern. Gewalt darf nur zur Brechung von Widerstand angewandt werden. Die festgenommenen Personen sind zunächst in geeigneten Hafträumen zu sammeln. Die Führer der Einsatzgruppen haben für schnellsten Transport der Festgenommenen zu der am besten zu erreichenden Staatspolizeistelle zu sorgen, die zu ersuchen ist, das Eintreffen der festgenommenen Personen unverzüglich dem Geheimen Staatspolizeiamt–II D–zu melden.

8) Verhalten gegenüber der Bevölkerung:
Jede außerdienstliche Verbindung mit der nichtdeutschen Bevölkerung ist verboten. Dienstliche Obliegenheiten und Verpflichtungen sind in höflicher, korrekter, aber bestimmter Form zu vollziehen. Jede geschlechtliche Verbindung mit Frauen oder Mädchen fremden Volkstums ist eine Sünde gegen das eigene Blut und Mißachtung des fremden Volkstums. Zuwiderhandlungen werden strengstens bestraft.

9) Wirtschaftlicher Dienst:
Die Vorschrift über den Wirtschaftsverwaltungsdienst beim auswärtigen Einsatz der Geheimen Staatspolizei in besonderen Fällen vom 13.3.1939 (S-V 2 Nr. 4631/39–251–13) gilt gleichermaßen für die Angehörigen der Geheimen Staatspolizei, Kriminalpolizei und des Sicherheitsdienstes.

10) Unterstützung durch Ordnungspolizei und Wehrmacht:
Reichen die Kräfte der Einsatzgruppen oder Einsatzkommandos in besonderen Fällen nicht aus, so haben die Führer die Ordnungspolizei oder im Notfalle die Wehrmacht um Unterstützung zu bitten. In diesen Fällen liegt die sachliche Leitung der Aktion bei der Sicherheitspolizei, die Führung der ordnungspolizeilichen oder militärischen Kräfte bei ihren Führern.

11) Hilfspolizeibeamte:
Im Bedarfsfalle können zuverlässige Reichsdeutsche und Volksdeutsche zu Hilfspolizeibeamten bestellt werden. Hierbei sind die ausgegebenen Vordrucke und Armbinden zu verwenden. Die Bestellung hat durch die Führer der Einsatzgruppen oder Einsatzkommandos zu erfolgen, die auch für die Tätigkeit der Hilfspolizeibeamten verantwortlich sind.

12) Dienststrafgewalt:
Der Führer der Einsatzgruppe hat die Befugnis, bei schweren, das Ansehen der Sicherheitspolizei schädigenden Dienstverfehlungen gegen die betreffenden Angehörigen der Sicherheitspolizei und des SD sofortige Maßnahmen zu ergreifen. Er kann in diesem Rahmen Schutzhaft verhängen und kleine Dienstvergehen sofort im Ordnungsstrafverfahren durch Erteilung von Warnungen

und Verweisen ahnden. Im Falle der Verhängung von Schutzhaft ist an das Geheime Staatspolizeiamt unverzüglich zu berichten.

II. Staatspolizeiliche Tätigkeit

Die Einsatzkommandos haben in den ihnen zugewiesenen Bezirken grundsätzlich alle Aufgaben wahrzunehmen, die eine Staatspolizeistelle in ihrem Bezirk zu erfüllen hat, es sei denn, daß nachstehend anderes bestimmt ist:

<u>1) Festnahmen:</u>

Festzunehmen sind die in der ausgegebenen Fahndungsliste verzeichneten Personen, reichsdeutsche Emigranten und Landeseinwohner, die sich den Maßnahmen der deutschen Amtsstellen widersetzen oder offensichtlich gewillt sind und auf Grund ihrer Stellung und ihres Ansehens in der Lage sind, Unruhe zu stiften. Vor der Festnahme maßgebender Personen ist, falls nicht Gefahr im Verzuge ist, dem Chef der Zivilverwaltung Mitteilung zu machen.

<u>2) Vorbeugungsmaßnahmen:</u>

Unterbindung jeder Tätigkeit deutschfeindlicher Organisationen und Bestrebungen. Sicherstellung ihrer Gebäude, ihres Materials und ihrer Einrichtungen.

<u>3) Sicherstellungen:</u>

Sicherstellung der polizeilichen Gebäude und Einrichtungen und aller sonstigen für die Tätigkeit der Deutschen Polizei erforderlichen Gebäude, Einrichtungen, Akten, Karteien usw. Sicherstellung sonstiger wichtiger Gebäude, Einrichtungen, Archive und Unterlagen (reichsfeindlicher Verbände, Juden, Freimaurer, Marxisten, Staatsbehörden, Staatsarchive usw.).

III. Kriminalpolizeiliche Tätigkeit

1) Übernahme aller kriminalpolizeilichen Einrichtungen, Gebäude, Akten des erkennungsdienstlichen Materials (Fingerabdruckblätter, Personenakten, Steckbrief) usw.

2) Sicherstellung des kriminalpolizeilichen Vollzugsdienstes.

3) Überwachung der Arbeit der fremden Kriminalpolizei, soweit eine solche noch zugelassen wird.

<u>IV. Tätigkeit der SD-Angehörigen</u>

Die SD-Angehörigen sollen nur bei Gefahr im Verzuge zu Exekutivhandlungen herangezogen werden. Ihre Aufgabe ist:

1) Sofortiger Aufbau eines nachrichtendienstlichen Netzes, Wiederaufnahme bestehender nachrichtendienstlicher Verbindungen speziell mit V-Männern innerhalb der deutschen Minderheiten bzw. bekannt zuverlässiger einheimischer Kreise. Es ist weniger Wert auf die Auswertung der Nachrichten und Informationen zu legen, als auf deren schnellste und erfolgversprechendste Weitergabe. Die für die Gesamtaktion auf Seiten des SD vorbereitete Objektkartei (Sammlung der nachrichtendienstlich wichtigen Organisationen, Ver-

bände, deren Sitze pp.) und Subjektkartei (Sammlung aller für die Netzbildung nachrichtendienstlich wichtiger Personen–V-Männer, Agenten und Akteure–) ist bei der Arbeit zugrunde zu legen.

2) Unterrichtung der Führer der Einsatzgruppen über alle wichtigen nachrichtendienstlichen Vorgänge, vor allem über Form und Wirkung der von Wehrmachtsdienststellen und Zivilbehörden getroffenen Anordnungen.

3) Sicherstellung der Auswertung des beschlagnahmten gegnerischen Materials. Es ist dafür Sorge zu tragen, daß bei Beschlagnahme von Archivsammlungen usw. eine zweckmäßige Verwahrung der erfaßten Materialien erfolgt; die Erfahrung hat gezeigt, daß eine undurchdachte Verstauung häufig den Wert des Materials, der gerade in der Art der Zusammenstellung liegt, zerstört. Soweit möglich und erforderlich, sind die SD-Angehörigen bei Beschlagnahmen und Festnahmen auf Sachgebieten, die vom SD bearbeitet werden (Katholizismus, Judentum, Freimaurerei) zu beteiligen.

4) Im übrigen gelten die Sonderanweisungen des SD-Hauptamtes, die mit dem unter IV 1 2. Abs. erwähnten Material übergeben werden.

Dok. 3) Vernehmung Lothar Beutel, 1939 Chef der Einsatzgruppe IV, v. 20.7.1965 (Auszüge)
BAL, B 162/Vorl. Dok.Slg. Leitzordner Einsatzgruppen in Polen II

Etwa Mitte August 1939 fand hier in Berlin in der Prinz-Albrecht-Straße eine Besprechung statt, an der unter anderem die zukünftigen Führer der Einsatzgruppen geladen waren und an der unter anderem Heydrich, Himmler die Aufgaben der Einsatzgruppen in groben Zügen bekanntgaben. Uns wurde damals mitgeteilt, daß unsere Aufgabe in erster Linie die Absicherung des Gebietes im Rücken der kämpfenden Truppe sein sollte, daß wir ferner Widerstandsbewegungen zu verhindern und zu bekämpfen hatten und die Sicherheit für die nachfolgenden Verbände zu gewährleisten hatten. Einzelheiten wurden nur insoweit bekanntgegeben, als uns erklärt wurde, daß im Rahmen der Bekämpfung von Widerstandsbewegungen und Gruppen alles erlaubt sei, also sowohl Erschießungen als auch Verhaftungen. Die Entscheidung, welche Maßnahme zu ergreifen war, oblag den durchführenden Organen, also den dem Gruppenstab unterstehenden EKs. Wenn ich mich recht erinnere, waren auch die EK-Führer bei den Besprechungen dabei. Von ausdrücklichen Maßnahmen gegen die polnische Intelligenz wurde damals im einzelnen nicht gesprochen. Es wurde aber darauf hingewiesen und lag ja an sich auch auf der Hand, daß der Motor der Widerstandsbewegungen in der polnischen Intelligenz zu suchen war. Der Umfang und die Art der Maßnahmen bestimmte[n] sich in den ersten Tagen des Polenfeldzuges, genauer gesagt in den ersten Wochen, vom Tagesgeschehen her. Das heißt also, es wurde erst an Ort und Stelle entschieden, was notwendig war, wobei naturgemäß wiederum die durchführenden Organe, also die Einsatzkommandos, die erforderlichen Entscheidungen trafen. [...] Schriftliche Befehle habe ich als Leiter der Einsatzgruppe überhaupt nicht bekommen, zumindest kann ich mich nicht daran erinnern. Auch die Kommandoführer und die Abteilungsleiter im Gruppenstab können meines Erachtens in der ersten Zeit keine Befehle aus Berlin bekommen haben, da das technisch gar nicht möglich war. Wir hielten uns ja jeweils nur kurze Zeit an den Orten auf, und ein geordneter Funk- und Fernschreibverkehr bestand nicht. Es können allenfalls kurze Funksprüche über die Einsatzgruppenbewegung auf dem Vormarsch gegeben worden sein. Später, als die Gruppe etwas seßhaft geworden war, sind wohl per Funk und Fernschreiben Weisungen aus Berlin gekommen. [...] Ich kann mich erinnern, daß ich im September einmal nach Berlin zu einer Besprechung beordert wurde. Es kann am 21.9.1939 gewesen sein. Die Besprechung stand unter Leitung Heydrichs. An ihr nahmen außer mir auch die anderen Führer der Einsatzgruppen teil[,] und ich weiß nicht mehr genau, ob bei dieser oder der Besprechung im August von Ri[bb]entrop die außenpolitische Situation schilderte. Ich kann mich erinnern, daß bei dieser Besprechung unter anderem auch erörtert wurde, daß der künftige Widerstand in Polen geringer sein würde, wenn möglichst wenige Angehörige der polnischen Intelligenz überlebten. Ich kann mich allerdings nicht entsinnen, daß in dieser Besprechung direkt Befehle zur Tötung der Intelligenz gegeben wurden. Gesprochen wurde im allgemeinen von der „Sicherstellung". Der Zweck dieser Sicherstellung war ja aber durch die schon erwähnte Bemerkung, je weniger Überlebende, desto geringer der Widerstand, klar gestellt.

Dok. 4) Vernehmung Horst W., 1939 Angehöriger der Einsatzgruppe IV, v. 23.6.1965 (Auszug)
BAL, B 162/Vorl. AR-Z 13/63, Bd. 4, Bl. 694
Die zu erwartenden Aufgaben im Falle eines Krieges mit Polen sind uns nicht erläutert worden, sondern wir wurden vielmehr zu bestimmten Vorsichtsmaßnahmen gegenüber der poln. Bevölkerung angehalten. Es wurde davon gesprochen, daß wahrscheinlich die Brunnen vergiftet seien und daß die Volksdeutschen im poln. Raum in größter Gefahr seien und unser Vormarsch, ich möchte richtig stellen, daß der Vormarsch der Wehrmachtseinheiten in Polen ein Wettlauf um das Leben der Volksdeutschen würde. Ferner wurden wir darauf hingewiesen, daß auf poln. Seite gutausgebildete Freiwilligenverbände vorhanden seien und daß mit Partisanentätigkeit unbedingt zu rechnen ist.

Dok. 5) Vernehmung Hubert S., 1939 Angehöriger des Einsatzkommandos 1/I, in Ost-Berlin v. 5.2.1971 (Auszug)
BAL, B 162/Vorl. AR-Z 302/67, Bd. 2, Bl. 405
Nach den uns verlesenen Befehlen sollten wir das von der faschistischen Wehrmacht freigekämpfte Gebiet Polens befrieden, das heißt, jeden festgestellten oder vermuteten Widerstand der polnischen Bevölkerung gegen die faschisti-

sche Okkupation Polens rücksichtslos mit der Waffe bekämpfen. Das war damals so zu verstehen, daß polnische Bürger, die Widerstand leisteten, von uns erschossen werden sollten. Dabei sollte kein Unterschied gemacht werden zwischen der polnischen Zivilbevölkerung und zwischen versprengten Angehörigen der polnischen Streitkräfte. Diese versprengten polnischen Armeeangehörigen sollten nicht als Kriegsgefangene behandelt, sondern als Widerstandskräfte liquidiert werden. Das wurde nach meinen Erinnerungen damit begründet, daß die gesamte polnische Bevölkerung angeblich dem deutschen Volk feindlich gegenüberstehen würde und daß demzufolge gegen die gesamte polnische Bevölkerung rücksichtslos vorgegangen werden müßte.

Dok. 6) Aussage Władysława Winiecka, 1939 Einwohnerin von Danzig, v. 29.9.1973 (Auszüge)
BAL, B 162/Vorl. AR-Z 51/75, Bd. 1, Bl. 112f.
Mein Bruder war Aktivist des Polentums und gehörte fast allen polnischen Organisationen auf dem Gebiet von Gdansk an. Er war auch Präses der polnischen Gemeinde in Gdansk. Am 1. September 1939, gleich nach Ausbruch des 2. Weltkrieges, wurde mein Ehemann Jan Winiecki, geb. um 1881 wahrscheinlich in Joncewo, Kreis Znin, Sohn des Jozef und der Michalina, durch mir unbekannte Funktionäre der Gestapo verhaftet und in der Viktoria-Schule eingesperrt. Nach einer Woche wurde ebenfalls mein Bruder Roman verhaftet und in derselben Schule eingesperrt. Einige Tage darauf besuchte ich meinen Mann in der Viktoria-Schule. Ich erfuhr damals von ihm und seinen Mitgefangenen, an deren Namen ich mich nicht erinnere, daß mein Bruder Roman Ogryczak von Gestapofunktionären, an ihrer Spitze Antoni Reiwer, in das 3. Stockwerk gebracht und dort so stark geschlagen worden sei, daß er fast tot war. Danach wurde mein Bruder von Antoni Reiwer und den übrigen Gestapofunktionären, die sie nicht kannten, auf den Steinfußboden im Parterre hinuntergeworfen. Meiner Schwägerin gelang es, die Herausgabe seiner Leiche zu erwirken. Ich habe den Leichnam gesehen. Gesicht und Kopf meines Bruders waren massakriert. [...] Der Leichnam meines Bruders wurde auf dem Friedhof in Gdansk an einer Stelle bestattet, die „Kaninchenberg" genannt wurde. Mein Mann wurde nach einiger Zeit in das Konzentrationslager Oranienburg-Sachsenhausen verbracht, wo er im Juni 1940 ermordet wurde.

Dok. 7) Fernschreiben Chef der Sicherheitspolizei v. 4.9.1939: Unternehmen Tannenberg–hier: die Bezeichnung der Einsatzgruppen
BAB, R 58/241
Da die Namen der früheren Sammelplätze zur Bezeichnung der sicherheitspolizeilichen Einsatzgruppen nicht mehr geeignet sind, sind von jetzt an die folgenden Bezeichnungen zu verwenden:

Die frühere Einsatzgruppe Wien wird als Einsatzgruppe I bezeichnet;
die frühere Einsatzgruppe Oppeln wird als Einsatzgruppe II bezeichnet;
die frühere Einsatzgruppe Breslau wird als Einsatzgruppe III bezeichnet;
die frühere Einsatzgruppe Dramburg wird als Einsatzgruppe IV bezeichnet;
die frühere Einsatzgruppe Allenstein wird als Einsatzgruppe V bezeichnet;
die neu gebildete Einsatzgruppe unter Führung des SS-Oberführers Oberregierungsrats Dr. Rasch wird als Einsatzgruppe z. b. V. bezeichnet.

Dok. 8) Vermerk Chef der Zivilverwaltung beim Armeeoberkommando 8 in Breslau v. 6.9.1939 (Auszug)

APŁ, 175/10 b

Führer der Einsatzgruppe, Oberregierungsrat Fischer, teilt mit:

1.) Beschießung deutscher Truppen durch Freischärler in den rückwärtigen Quartieren sei nachgewiesen. Dadurch Beunruhigung der Gruppe.

2.) Überall läuft Vieh unversorgt herum. Niemand da zum Einfangen.

3.) Verbrechergesindel treibt sich hinter der Front herum.

4.) Deutsche Polizeikräfte seien dringend notwendig. Planmäßiger Einsatz einer Hilfspolizei erwünscht.

5.) Die Anschläge des Oberbefehlshabers, besonders auch die Aufforderung zur Waffenabgabe, werden nur entlang der Marschstraßen ausgehängt. Die seitlich gelegenen Dörfer und Gehöfte wissen davon nichts. Waffeninhaber könnten deshalb wegen Waffenbesitzes nicht bestraft werden. Auch hier fehlt Polizeischutz.

6.) Gefangene Rädelsführer der Polen, die ohne Waffen betroffen [sic] und deshalb nicht sofort erschossen worden seien, müßten erschossen werden, wenn feststeht, daß sie als Rädelsführer nach Abzug der polnischen Truppen den bewaffneten Widerstand der Bevölkerung organisiert haben.

Dok. 9) Adjutant des Chefs der Sicherheitspolizei an Einsatzgruppe III v. 6.9.1939

APŁ, 175/10 b

Auf höchsten Befehl sollen im ganzen polnischen Industriegebiet in allen Schächten und Werken, in denen Sabotage verübt werden kann, an allen wichtigen und durch solche Sabotage gefährdeten Stellen, in größter Anzahl polnische Arbeiter und polnische Ingenieure hereingebracht werden, da diese aus Selbsterhaltungstrieb das größte Interesse haben werden, ihr eigenes Leben in Sicherheit zu bringen und jede Sabotage von sich aus anzeigen werden. Gruppenführer ersucht, diese Weisung als Richtlinie für sich selbst zu nehmen und dem CdZ [Chef der Zivilverwaltung] und dem Obergruppenführer v. Woyrsch zur Kenntnis zu bringen.

gez. Neumann, SS-Hauptsturmführer, 1. Adjutant

Dok. 10) Chef der Zivilverwaltung beim Armeeoberkommando 8 v. 7.9.1939: Tagesbefehl Nr. 2 (Auszug)
APP, 298/49

4. Behandlung von Freischärlern

Es ist in verschiedenen Fällen vorgekommen, daß polnische Zivilisten, die verdächtig waren, auf deutsche Truppen geschossen zu haben, der Sipo [Sicherheitspolizei] zwecks Klärung der Täterschaft übergeben worden sind. Ein derartiges Verfahren ist unzweckmäßig, da nur in den seltensten Fällen nachträglich ausreichende Schuldbeweise erbracht werden können. Es wird auf den Befehl des Oberbefehlshabers verwiesen, wonach Meuchelmörder und Freischärler sowie Zivilpersonen, die mit Waffen in der Hand betroffen [sic] werden, zu erschießen sind. In gleicher Weise kann gegen polnische männliche Zivilpersonen vorgegangen werden, die sich in Häusern oder Gehöften befinden, aus denen auf unsere Truppen geschossen worden ist; in der Regel wird sich das auf Männer beschränken.

Dok. 11) Helmuth Bischoff: Einsatzkommando im Polenfeldzug (undat./ Ende 1939) über Bromberg (Auszug)
IPNW, NTN 196/180
[7.9.1939]

Nachdem denn auch in dieser Nacht in fast allen Straßen Brombergs und insbesondere in der Nähe unseres von Kleingärten umgebenen Dienstgebäudes von unbekannten polnischen Heckenschützen ununterbrochen lebhaft geschossen worden war, begaben wir uns am folgenden Morgen zum Ortskommandanten ins Rathaus, um von ihm energische und drakonische Abschreckungsmaßnahmen zu fordern. Leider war der tatkräftige erste Ortskommandant, General von Gablentz, bereits wieder abgelöst und mit der Truppe weiter gerückt. An dessen Stelle trafen wir ein hilfloses, in Majorsuniform gestecktes Männchen, das seinen Dienst wie in Friedenszeiten in langen Hosen versah, vor. Dieser Herr war entsetzt über die Forderungen, die die Sicherheitspolizei zusammen mit dem Kommandeur der Ordnungspolizei, General von Mülverstedt, an ihn stellte. Auf unser Verlangen nach öffentlicher Erschießung von 50 Geiseln erklärte er, daß er 10 Geiseln erschießen lassen wollte, wenn er erneut die Meldung bekäme, daß wiederum ein deutscher Soldat oder Polizeiangehöriger hinterrücks von den Polen zur Strecke gebracht worden sei. Wenn wir allerdings selbst die Verantwortung für derartige Maßnahmen übernehmen wollten, dann würde er uns nichts in den Weg legen; er selbst aber könne ein so scharfes Einschreiten nicht verantworten. Diese Auskunft genügte uns restlos, und nachdem wir uns kurz und verständnisinnig in die Augen geblickt hatten, verabschiedeten wir uns vom Herrn Ortskommandanten. Die Vorbereitungen für die Erschießung von Geiseln und die Auswahl derselben nach allen Berufsschichten aus der Zahl der Internierten wurde sofort in Angriff genommen. Als die Polen sogar die unverschämte Frechheit besaßen, von der am Marktplatz gelegenen Kirche aus mittags um 12 Uhr zu schießen, fanden endlich die ersten Geiselerschießungen in aller Öffentlichkeit auf dem Marktplatz statt. Gleichzeitig mit ihnen wurden acht aus der Kirche herausgeholte Dachschützen zusammen mit dem Pfarrer gerichtet. Dieser fromme Herr hatte Männern von mir noch am Tage vorher ausdrücklich und feierlich versichert, daß in seiner Kirche alles in Ordnung sei und keine fremden Personen auf kirchlichem Boden sich befänden.

[8.9.1939]

Als die dritte Nacht unseres Aufenthaltes in Bromberg hereinbrach und wir mit Sicherheit mit neuen Feuerüberfällen rechnen mußten, hatten wir zum Schutz unserer Unterkunft zu einem Verfahren gegriffen, das aus der Not der Stunden geboren war. Bereits am hellen Tage nachmittags um 5 Uhr standen vor der Unterkunft der Männer 14 aus Juden und Polen bestehende Geiseln vor dem Hoteleingang. Sie selbst und die vorbeigehenden Polen wußten genau, daß für jeden Schuß, der in dieser Nacht auf unserer Straße fiel, einer von ihnen daran glauben mußte. Da die polnischen Heckenschützen sich nicht einmal dadurch abschrecken ließen, erfüllte sich das Schicksal der festgenommenen Geiseln.

Dok. 12) Chef der Sicherheitspolizei/Sonderreferent „Unternehmen Tannenberg" v. 9.9.1939: Tagesbericht für die Zeit vom 8.9., 20.00 Uhr, bis 9.9., 8.00 Uhr (Auszug)

BAB, R 58/7001

Einsatzgruppe IV:

Für die Stadt Bromberg wurden folgende Maßnahmen getroffen:

1. ab 18.00 Uhr hat sich die gesamte Bevölkerung in ihren Wohnungen aufzuhalten.

2. Der Ausschank von Trinkbranntwein ist verboten.

3. Mit sofortiger Wirkung wurde Ausweiszwang eingeführt.

4. Plündern wird mit dem Tode bestraft.

5. Wegen der noch immer anhaltenden nächtlichen Schießereien von polnischen Einwohnern wurden vor jedem Stabsquartier und auf dem Marktplatz Geiseln aufgestellt, die bei weiteren Freischärler-Angriffen sofort erschossen werden.

Dok. 13) Anlage Kriegstagebuch Kommandant des rückwärtigen Armeegebietes 580: Lage am 9.9.39 morgens

BA-MA, RH 23/167

In der Stadt ist in der Nacht vom 8. zum 9.9.39 wiederholt geschossen [worden]. Ein Angehöriger der Panzerabwehr-Abt. 218 schwer verwundet. Bisherige Säuberungsaktionen, von den einzelnen Truppenteilen angesetzt, ergaben folgendes: Erschossen 200–300 polnische Zivilisten. Mitteilung stammt von Ortskommandantur Bromberg. Kommissarischer Oberbürgermeister Kampe schätzt Zahl der Erschossenen auf mindestens 400. Genaue Zahlen sind nicht zu ermitteln. Durchgeführt von Polizei, S.-D., Einsatzgruppe und Truppen, vornehmlich Flieger Nachr.Regt. [Nachrichten-Regiment] 1. Interniert etwa 400–500 Zivilisten, wahllos von der Straße durch die in Bromberg eingerückten Truppen gemacht. Zahl erhöht sich bis 10.9.39 auf 1400. Hierunter viele zurückflutende Flüchtlinge.

Dok. 14) Anlage Kriegstagebuch Kommandant des rückwärtigen Armeegebietes 580: 9.9.39 gegen Mittag
BA-MA, RH 23/167
Besuch des Staatssekretärs Freisler
  Teilt die Errichtung von Sondergerichten in Bromberg mit. Erkundigt sich, ob Urteile schon gefällt. Ich kann nur mitteilen, daß bisher nur die Truppe selbst gesprochen hat und mehrere Hundert Zivilisten wegen Waffentragens bezw. Widerstand erschossen wurden. Freisler bringt zum Ausdruck, daß Urteile des Sonder- und Kriegsgerichts erwünscht sind.

Dok. 15) Anlage Kriegstagebuch Kommandant des rückwärtigen Armeegebietes 580: 10.9.39
BA-MA, RH 23/167
In der Nacht vom 9. zum 10.9.39 ist an 2 Stellen am Rande der Stadt von außen her, an einer Stelle in der Stadt auf deutsche Soldaten geschossen [worden]. 1 Soldat verwundet. Ich befehle die Erschießung von 20 Geiseln auf dem Markt. Mittags vollstreckt. Erneuter Aufruf an Bevölkerung. Die Säuberungsaktion im gemeinsten Kommuneviertel ergibt: etwa 120 Erschossene, 900 Verhaftete (übler Mob). Diese Verhafteten werden von den übrigen Internierten getrennt. Stehen den Sondergerichten zur Aburteilung zur Verfügung. Hierüber Aufruf an die Bevölkerung der Stadt. Bekanntgabe der befohlenen Erschießung der Geiseln.

Dok. 16) Chef der Sicherheitspolizei/Sonderreferent „Unternehmen Tannenberg" v. 10.9.1939: Tagesbericht für die Zeit vom 10.9.1939, 8 Uhr, bis 10.9., 20 Uhr (Auszüge)
BAB, R 58/7001
Einsatzgruppe IV:
  In Bromberg wird in den nächsten Tagen eine umfassende Säuberungsaktion durchgeführt. Es sollen dabei sämtliche Stadtgebiete Brombergs planmäßig durchgekämmt werden. Dabei soll Wohnung für Wohnung durchsucht werden. Beim Vorfinden von Waffen werden strenge Maßnahmen ergriffen werden, desgleichen bei Widerstand.

Einsatzgruppe V:
[...] Abwanderung der Graudenzer Juden dadurch vorbereitet, daß der jüdischen Gemeinde aufgegeben wurde, binnen 3 Tagen 20000 Zloty zwecks Schaffung eines Auswanderungsfonds aufzubringen. Von 350 Juden in Mlawa wurden 66 Männer im Alter von 15 bis 60 Jahren und 3 Frauen festgenommen und südostwärts Chorzele im Einvernehmen mit dem dortigen Truppenführer in das noch nicht besetzte polnische Gebiet abgeschoben. 70 Juden aus Przasznitz wurden in der Nähe von Friedrichshof nach Polen abgeschoben. Den übrigen besonders in den Kreisstädten noch anwesenden zahlreichen Juden wurden im Einvernehmen mit den Ortskommandanturen strenge Auflagen unter schwerer Strafandrohung bei Verstoß auferlegt.

Dok. 17) Bericht Berta Lichtig über Mielec (undat.) (Auszüge)
ŻIH, 301/1029
Die Synagoge begossen sie mit Benzin und steckten sie an. Die Juden im Badehaus und in der Metzgerei wurden eingeschlossen und die Gebäude angezündet. Wer sich durch Flucht retten wollte, wurde beschossen und wieder ins Feuer geworfen. Dann fielen sie über die Stadt her und holten Juden aus ihren Wohnungen, wobei sie sich oft nach den Weisungen des Drecks und Abschaums der Stadt richteten. [...] Die herausgesuchten Juden wurden in der Metzgerei lebendig verbrannt. Das Feuer unterhielten sie zwei Tage lang. Ein paar Häuser in der Nachbarschaft brannten ab. Auf den Gebäuden und in den Fenstern der Christen wurden Gemälde von Heiligen aufgestellt. Am Abend desselben Tages fing eine andere SS-Einheit 20 junge Menschen, vor allem Studenten, die aus verschiedenen Städten kamen, wie Dąbrowa, Żabno, Tarnów. Es waren Jungen, die geflüchtet und hier vom Einmarsch der Deutschen überrascht worden waren. Sie wurden auf einen LKW geladen und nach Berdechów gebracht, ein Dorf drei Kilometer von Mielec entfernt, wo man ihnen die Arme und Beine brach, die Bäuche zerquetschte, bis die Eingeweihte herausquollen, und sie erschoß, als sie in den letzten Zügen lagen. Einer von ihnen überlebte, der geflohen war, als er sah, was sich anbahnte. Sie verfolgten ihn und schossen hinterher. Er versteckte sich bei dem Bauern Gawryś, der ihn, die Verfolgung sehend, hinausschaffte und in einem Maisfeld versteckte. Die Leichen seiner Gefährten lagen zwei Tage herum, als endlich Juden aus der Stadt kamen, sie aufsammelten und sie sowie Teile der Gliedmaßen beerdigten. [...] Am selben Tag des Einmarschs in die Stadt fing die dritte SS-Einheit über 150 junge und alte Juden, stellte sie an die Mauer der Jeschiwa mit dem Gesicht zur Wand und erhobenen Händen. So mußten sie ohne ein Zucken mehrere Stunden ausharren. Die Juden waren schon halb bewußtlos, und als sie begannen die Gewehre durchzuladen, beteten sie und riefen „Shema Israel". Als sie schießen wollten, kam ein Dienstwagen aus der Nebenstraße gefahren. Als man dort die aufgestellten Juden sah, stieg ein deutscher Offizier aus dem Auto

und fragte, was diese Menschen hier machten, sprach mit den Peinigern und befahl ihnen auseinanderzugehen. Diese Juden glaubten nicht, daß sie noch lebten. Alle waren wie betäubt, desto mehr, als sie gesehen hatten, was mit den anderen geschehen war, die bei lebendigem Leibe verbrannt worden waren. [...] Am zweiten Tag – immer noch brannten die Synagoge, das Badehaus, die Metzgerei, die Jeschiwa und die anliegenden Häuser – wurden wieder ein paar Mädchen gefangengenommen, und man ließ sie mit bloßen Händen das Klosett im Haus des Bürgermeisters Kazana reinigen. Nach diesen Ereignissen flüchtete die Jugend beider Geschlechter und Männer mittleren Alters massenweise auf die russische Seite. Der Rest, der nicht konnte oder keine Gelegenheit dazu hatte, wartete mit Furcht auf den Lauf der Dinge. Das Lächeln verschwand von den Gesichtern der Menschen, ihre Blicke wurden düster, man schlich scheu an den Wänden entlang und ging nur in wichtigen Angelegenheiten aus dem Haus. Menschen starben an Herzinfarkten sowohl aus Freude als auch aus Verzweiflung.

Aus dem Polnischen übersetzt von Róża Zielnik

Dok. 18) Vernehmung Bruno G., 1939 Angehöriger des Einsatzkommandos 2/IV, über Bromberg v. 1.12.1964 (Auszüge)
BAL, B 162/Vorl. AR-Z 13/63, Bd. 1, Bl. 128f.

SS Stubaf. [Sturmbannführer] Bischoff richtete an uns eine Ansprache, in der er etwa folgendes zum Ausdruck brachte. Seine Rede war derart aufgebaut, daß er zunächst auf den sogenannten Blutsonntag einging, an dem viele Volksdeutsche von Polen zum Teil bestialisch ermordet worden waren. Seine weiteren Ausführungen waren dahingehend, daß er beabsichtigte, uns zu einer Art Revancheaktion zu bewegen. Diese sollte derart durchgeführt werden, daß die Angehörigen der EG IV ihnen vorher zugewiesene Straßenzüge bzw. Häuser nach „verdächtigen" polnischen Personen durchsuchen sollten. Bischoff gab auch ganz klar zum Ausdruck, daß polnische Personen, „die sich irgendwie verdächtig machen", sofort zu erschießen seien. Er gab auch zum Ausdruck, daß diese Aktion von keiner höheren Warte aus angeordnet worden sei, und etwa wörtlich sagte er: „Bei dieser Aktion könne sich jeder als echter Mann beweisen." [...] Mir ist auch noch erinnerlich, daß zum Sammelplatz Volksdeutsche kamen, um die dort versammelten polnischen Gefangenen in Augenschein zu nehmen. Sofern eine Belastung von einem Volksdeutschen gegenüber einem Polen geäußert wurde, wurde dieser dann einem gesonderten Gefangenenkommando zugeteilt. Diese Gefangenen brachte man später zur Artilleriekaserne.

Dok. 19) Vernehmung Erich M., 1939 Angehöriger des Einsatzkommandos I/IV, über Bromberg v. 30.11.1964 (Auszüge)
BAL, B 162/Vorl. AR-Z 13/63, Bd. 1, Bl. 117 ff.

Ich kann mich auch noch eines Vorfalls erinnern, der sich an einem Sonntag, es muß der darauffolgende Sonntag des sogenannten Blutsonntags, der 10.9.39, gewesen sein, als die gesamten EG-IV-Angehörigen, also beide EKdo's sowie Einheiten der Polizei zusammentreten mußten. Bischoff hielt eine Ansprache, die in etwa beinhaltete, daß die Polen einen Sonntag vorher den Blutsonntag veranstaltet hätten und wir nun Revanche üben müßten. [...] Es wurden kleinere Kommandos gebildet, die unter Führung eines EG-IV-Angehörigen Straßenzüge bzw. Häuser zu durchkämmen hatten. Es wurde uns mit auf den Weg gegeben, alle angetroffenen polnischen Männer zu erschießen, ganz gleich, ob sie Waffen trugen oder nicht. Ich möchte hier jedoch erwähnen, daß Bischoff in seiner Ansprache erwähnte, daß eventuelle vorgenommene Erschießungen anläßlich dieser Aktion nicht von ihm gedeckt werden könnten, da diese Aktion nicht von höherer Warte aus angeordnet worden sei. [...] Nach dieser Aktion wurden innerhalb der EG-IV-Angehörigen Gespräche bezüglich dieser Aktion geführt. Von einem gewissen Ernst V., SS-H'Scharf. und KOAss. [SS-Hauptscharführer und Kriminaloberassistent] von der Stapo Schneidemühl, machte folgende Ausführungen: Er sei mit seinem Kommando in eine polnische Wohnung eingedrungen. Im Bett liegend hätte er einen alten Mann angetroffen. Dieser wollte sich gerade aus dem Bett erheben. V. hätte ihm bedeutet, liegen zu bleiben. Daraufhin hätte er den alten Mann im Bett erschossen. [...] Ich bin auch Zeuge einer anderen Schießerei gewesen: Diese fand ebenfalls anläßlich der sonntäglichen Aktion in Bromberg statt. Ich sah, wie ein Pole männlichen Geschlechts aus einem Miethaus kam. Ein gewisser M., Gerhard, SS-O'Scharf. und KAss. [SS-Scharführer und Kriminalassistent], ebenfalls von der Stapo Schneidemühl, zog seine Pistole und schoß von hinten auf den vorher bezeichneten Polen. Er traf diesen in den Rücken und zwar so, daß der Pole nicht gleich tot war. Daß der Pole nicht gleich tot war, schließe ich daraus, daß ein Angehöriger der Ordnungspolizei ihm mit einer 08-Pistole den „Gnadenschuß" gab. [...] Die Aktion sollte mittags um 13.00 Uhr beendet werden. Anschließend sollten die einzelnen Truppführer die Anzahl der Erschossenen einem Offizier der Ordnungspolizei melden. [...] Ich erstattete „Fehlanzeige", und der Polizeioffizier fragte mich darauf, ob wir denn niemanden angetroffen hätten. Ich erwiderte ihm, das wäre nicht der Fall. Wir hätten aber keine Ursache gehabt, Leute zu erschießen. Bei dieser Gelegenheit warf ich einen Blick auf die Liste, die der Polizeioffizier in der Hand hatte, und ersah darauf, daß nach den eingegangenen Meldungen der einzelnen Trupps etwa 700 Polen als erschossen angegeben waren. Ich habe mich bei dem Polizeioffizier bezüglich dieser angegebenen Zahl erkundigt, ob diese tatsächlich erschossen worden sind, was mir von diesem bestätigt worden sind [sic]. Er machte mir gegenüber eine tadelnde Bemerkung, da ich angeblich der einzige Truppführer gewesen bin, der keine Erschießungen nachweisen konnte.

Dok. 20) Chef der Sicherheitspolizei/Sonderreferent „Unternehmen Tannenberg" v. 11.9.1939: Tagesbericht für die Zeit vom 10.9., 20.00 Uhr, bis 11.9., 8.00 Uhr (Auszug)
BAB, R 58/7001
Einsatzgruppe IV:
[...] Die auf Grund der immer noch andauernden Überfälle auf Deutsche angekündigte durchgreifende Säuberungsaktion in Bromberg hat am 10.9.1939 vormittags 6.30 Uhr begonnen und wird erfolgreich fortgesetzt. Der Reichsführer-SS hat auf Grund der Meldung über die zahlreichen Feuerüberfälle auf deutsche Truppentransporte, Dienststellen und Militärstreifen in Bromberg befohlen, vornehmlich aus den Kreisen der polnischen Intelligenz in Bromberg und zusätzlich aus den Kommunisten 500 Geiseln festzunehmen und bei den geringsten Aufstands- und Widerstandsversuchen rücksichtslos durch Erschießung von Geiseln durchzugreifen.

Dok. 21) Vernehmung Georg B., 1939 Angehöriger des Einsatzkommandos 1/IV, über Bromberg v. 16.11.1965 (Auszüge)
BAL, B 162/Vorl. AR-Z 13/63, Bd. 4, Bl. 725
Die Absperrung erfolgte durch Wehrmacht und Schutzpolizei. Ich selbst mußte beim Wagen zurückbleiben, als meine Wagenbesatzung sich in die Wohnhäuser der Polen begab. Während die Festnahmetrupps durch die poln. Wohnungen gingen, sammelten sich außerhalb der Absperrungen Schaulustige an. Darunter waren viele Volksdeutsche, die nach Revanche schrieen und dabei den Blutsonntag erwähnten. Sie riefen auch u.a.: „Schlagt sie tot". Gemeint waren damit die Polen. Ich habe auch gesehen, wie die poln. Männer unter Schlägen aus den Häusern geholt und zu Sammelstellen gebracht wurden. Dort standen Lkw's [Lastkraftwagen]. Immer wenn ein Lkw mit Gefangenen voll besetzt war, fuhr dieser weg. [...] Mir ist noch bekannt, daß bei der Festnahmeaktion viel[e] Schüsse fielen. Ich habe aber nicht gesehen, wie Polen erschossen wurden. Allerdings kann ich berichten, daß viele männliche Polen flüchten wollten. Dabei konnte ich beobachten, daß sowohl von der Wehrmacht als auch von den SS-Leuten auf sie geschossen wurden. Die Polen sind getroffen worden und liegen geblieben.

Dok. 22) Vernehmung Dr. Walter Hammer, 1939 Chef des Einsatzkommandos 2/IV, über Bromberg v. 20.7.1965 (Auszüge)
BAL, B 162/Vorl. AR-Z 13/63, Bd. 3, Bl. 590
Am 11. September fand dann – wie ich mich jetzt erinnere – eine Such- und Festnahmeaktion statt, bei der beide Einsatzkommandos eingesetzt waren. [...]

Am Abend fand dann eine Besprechung bei Beutel statt, bei der ihm über die durchgeführte Aktion Meldung erstattet wurde. Nach dieser Meldung erklärte Beutel, daß er sich entschlossen habe, die festgenommenen Polen erschießen zu lassen, da man mit ihrem potentiellen Widerstand auch in Zukunft rechnen müsse. Sie würden daher eine ständige Gefahr für die Sicherheit der deutschen Besatzungsmächte bedeuten. Da die Einsatzgruppe IV für diese Sicherungsaufgaben eingesetzt worden war, hatte ich, obschon ich den Erschießungsbefehl als hart empfand, keine Bedenken, ihn durchzuführen. Beutel gab dann den beiden EK-Führern, also Bischoff und mir, den Befehl, die Erschießungen am nächsten Tag, also dem 12. September, durchführen zu lassen. Diese Erschießungen erfolgten in einem Waldgelände außerhalb Brombergs.

Dok. 23) Anlage Kriegstagebuch Kommandant des rückwärtigen Armeegebietes 580: Lage am 11.9.39

BA-MA, RH 23/167

Während der Nacht einzelne Schüsse am Rande der Stadt. Innerhalb der Stadt soll ein Freischärlerschuß gefallen sein. Fall wird zwecks weiterer Erschießung von Geiseln noch geprüft. Flakbatterie auf Flugplatz feuert versehentlich auf Streife der Panzerabwehr-Abt. 218. Keine Verluste. Säuberungsaktion im Nordwestteil Brombergs ergibt etwa 120 Festnahmen. Durchstreifung der Wälder nördlich Brombergs bringt 25 Gefangene, 5 davon gefallen. Ein Offizier, ein Fähnrich und ein Soldat, halb in Uniform und halb in Zivil, werden erschossen. Volksdeutsche werden aufgerufen, Anzeigen über Vorgänge am Mordsonntag zu erstatten. Erste Aburteilung durch Sondergericht. 3 Todesurteile.

<u>Befehl an die Kommandeure 16 Uhr</u>

1. an Führer der Feldgend.[armerie] Abteilung 581: Aus Süden und Südosten strömen starke rückkehrende Flüchtlingskolonnen auf Bromberg zurück. Gend.Abt. verhindert während der Nacht Einfahrt nach Bromberg. Fahrzeuge sind neben den Straßen zu sammeln, werden am 12.9.39 wie an den Vortagen vorher vor Weiterfahrt von Polizei untersucht.

2. an Generalleutnant Müverstädt [Mülverstedt]: Mit den unterstellten Truppen ist am 12.9.39 mit Säuberung der Waldungen südlich Brombergs zu beginnen.

3. an Einsatzgruppe Beutel: Die eingeleiteten sicherheitspolizeilichen Maßnahmen sind fortzusetzen, vornehmlich bei den am 9. und 10.9.39 Internierten in Zusammenarbeit mit Sondergericht. Mündlich!

Feststellung der seit meiner Anwesenheit in Bromberg Erschossenen ergibt eine Zahl von etwa 370.

**Dok. 24) Armeeoberkommando 14/Oberquartiermeister v. 12.9.1939:
Besondere Anordnungen Nr. 14 (Auszug)**
BA-MA, RH 20-14/129
4.) Sonderbefehlshaber der Polizei für den Bereich der 14. Armee
SS-Obergruppenführer v. Woyrsch wurde der 14. Armee als Sonderbefehlshaber der Polizei zugeteilt. SS-Obergruppenführer v. Woyrsch untersteht dem Oberbefehlshaber der 14. Armee unmittelbar. Seine Stellung entspricht der des Chefs der Zivilverwaltung Feindesland. Dem Sonderbefehlshaber der Polizei untersteht [sic] ein Polizeiregiment (mot) und Kräfte der Sicherheitspolizei. Aufgabe des Sonderbefehlshabers der Polizei: Vor allem Niederkämpfung und Entwaffnung polnischer Banden, Exekutionen, Verhaftungen in unmittelbarer Zusammenarbeit mit dem Chef der Zivilverwaltung in Krakau und den Kommandanten des rückwärtigen Armeegebiets. Bereich: Rückwärtiges Armeegebiet. Dienstsitz: Ab 11.9.1939 Krakau. Weisungen und Befehle für den Sonderbefehlshaber ergehen durch den Oberquartiermeister der Armee.

Dok. 25) Vernehmung Georg Schraepel, 1939 Kripo-Referent im Stab der Einsatzgruppe I, v. 16.4.1964 (Auszug)
BAL, B 162/3622, Bl. 224
Organisierte Widerstandsverbände polnischer Zivilisten hat es m. E. [meines Erachtens] damals nicht gegeben. Die poln. Armee war zusammengebrochen[,] und die Bevölkerung war nach meinen Erlebnissen angesichts des plötzlichen Zusammenbruches wie gelähmt. Es dachte niemand an Widerstand.

Dok. 26) Vernehmung Hubert S., 1939 Angehöriger des Einsatzkommandos 1/I, v. 5.2.1971 (Auszug)
BAL, B 162/Vorl. AR-Z 302/67, Bd. 2, Bl. 411
In diesem Zusammenhang ist mir auch noch in Erinnerung, daß zu dieser Zeit im Verlaufe einer solchen Deportationsaktion in Dynow von Angehörigen des Einsatzkommandos 1/I die dortige Synagoge niedergebrannt wurde und daß dabei auch von ihnen jüdische Menschen erschossen worden sind.

Dok. 27) Aussage Jakub Gasecki, 1939 Einwohner von Dynow, v. 21.1.1969 (Auszüge)
BAL, B 162/Vorl. AR-Z 302/67, Bd. 3, Bl. 498 f.
Ich wohne zeit meines Lebens in Dynow, Kreis Brzozow, Woiwodschaft Rzeszow. Ich erinnere mich nicht mehr an das genaue Datum und an den Monat, jedoch war es im Jahre 1939 unmittelbar nach dem Einmarsch der Deutschen in Dynow, als ich sah, wie Deutsche, die dunkle Uniformen mit Totenköpfen trugen, sowie Deutsche, die die Uniformen deutscher Soldaten anhatten, erwachsene jüdische Männer aus den Häusern von Dynow herausholten und auf den

Straßen von Dynow gefangennahmen. Diese Juden – es waren etwa 60 Personen – wurden anschließend von den Deutschen mit 2 Lastwagen zum sogenannten „Zurawiec" – einem Wald bei Dynow – abtransportiert. Zugleich wurde den weinenden Jüdinnen von den Deutschen mitgeteilt, daß diese Juden zur Arbeit über den Fluß San nach Jawornik Ruski abtransportiert worden seien. In der Zwischenzeit wurden diese Juden in Wahrheit sofort von den Deutschen in der Nähe des Waldes erschossen. [...] Etwa zwei bis drei Tage später wurden von den Deutschen in denselben Uniformen etwa 90 männliche Juden in der Nähe der Grundschule in Dynow zusammengetrieben, von wo aus diese Juden mit Autos zum sogenannten „Ksieze pole" (auf deutsch: Priesterfeld), das sich hinter der katholischen Pfarrei von Dynow befand, abtransportiert wurden. Unmittelbar danach hörte man an dieser Stelle Schüsse.

Dok. 28) Bericht Sacher Grünbaum v. 11.6.1945 (Auszug)
ŻIH, 301/4534
Am 11. September 1939 marschierten die Deutschen in Dynów ein. Ein paar Tage später, während des Neujahrsfestes Rosh Hashana, kamen Gestapoleute in die Stadt gefahren, stiegen aus ihren Wagen und begannen in den Straßen sofort mit der Judenjagd. Als sich die Kunde davon verbreitete, versteckten sich die Juden in den Häusern. Die Gestapoleute fielen daraufhin in die Wohnungen ein, aus denen sie die Juden dann herausschleppten, mit erhobenen Händen zum Schulgebäude führten und dort den Tag über festhielten. Die Juden standen mit dem Gesicht zur Wand und erhobenen Händen, und wenn nur jemand für einen Augenblick die Hände herunternahm, schlugen ihn die Gestapoleute mit ihren Revolvergriffen. Nach einigen Stunden trieben sie die Juden in einen Saal, und am Abend luden sie sie auf Autos und fuhren sie aus der Stadt heraus. Dort stellten sie sie in Zehnerreihen auf, leuchteten sie mit Scheinwerfern an und schossen mit Maschinengewehren auf sie. Auf diese Weise kamen in dieser Nacht 170 Juden ums Leben. Es waren zum Teil Juden aus Dynów, aber auch Juden, die aus Brzozów, Krosno, Jasło, Nowy Sącz und Gorlice geflüchtet waren.

In Verlauf dieses Massakers kam mein Vater, Eisig Grünbaum, ums Leben. Der verletzte Jakob Guttman konnte sich retten, er stellte sich auf dem Exekutionsplatz tot, und in der Nacht kroch er auf dem Bauch in das anliegende Feld, von wo aus er in das Nachbardorf auf dem anderen Sanufer floh.

Am nächsten Tag, dem zweiten Tag des Neujahrsfestes, besetzte eine Gestapoeinheit die Synagoge in Dynów, sammelte die Gebetsrollen und Gebetsbücher ein, warf sie auf einen Stapel, begoß sie mit Benzin und zündete sie an. So brannte die Synagoge ab sowie zwei weitere Gebetshäuser mit Gebetsrollen und Talmudschriften. In die brennende Synagoge warfen sie zwei Juden, die in dem Häuschen daneben gewohnt hatten. Es waren der Bäckerhelfer Israel Kehr und der Schuhschaftmacher Józef Rogel.

Nach mehreren Tagen, es war das Laubhüttenfest, gab ein Gemeindepolizist auf Befehl der Gestapo unter Trommelschlägen die Anordnung bekannt, die Juden hätten sich in 15 Minuten unter Todesstrafe auf dem Markt zu versammeln; der Grund wurde aber nicht angegeben. Als sich die Juden versammelt hatten, wurden sie von deutschen Soldaten und Gestapoleuten umstellt und unter den Klängen des örtlichen Orchesters in Richtung des Flusses San getrieben. Hier schossen sie wahllos in die Gegend, um die Juden zu erschrecken, und jagten sie somit in den Fluß, und da das Wasser war an vielen Stellen tief und die Strömung stark war, starben dabei einige ältere Frauen. So verloren die Juden von Dynów fast all ihr Hab und Gut und verließen ihre Heimatstadt, in der ihre Vorfahren seit Jahrhunderten gemeinsam mit der polnischen Bevölkerung gelebt hatten.

Aus dem Polnischen übersetzt von Róża Zielnik und Jochen Böhler

Dok. 29) Aussage Zofia Semik, 1939 Einwohnerin von Limanowa, v. 13.5.1977 (Auszüge)
BAL, B 162/Vorl. AR-Z 304/77-K-, Bl. 14f.
Vor dem Zweiten Weltkrieg wohnte ich mit meinem Mann Jan Semik und vier Kindern in Limanowa. Mein Mann führte den Schornsteinfeger-Betrieb. Anfang September 1939, als der eigentliche Stadtvorsteher von Limanowa die Stadt verließ, wurde meinem Mann die Funktion des Vertreters des Stadtvorstehers übertragen. Am 12. September 1939 gegen 15.00 Uhr kamen Deutsche in unser Haus. Es waren sechs in grünen Mänteln mit schwarzen Schulterklappen, mit Schirmmützen und Totenköpfen an der Mütze. [...] Die Deutschen hatten eine Liste mit Namen von Einwohnern von Limanowa bei sich, an erster Stelle dieser Liste stand mein Mann Jan Semik. Die weiteren Namen, die auf dieser Liste standen, waren Namen von Juden, reichen Handwerkern und Geschäftsleuten aus Limanowa. [...] Mir gelang es, in ein Zimmer des Pfarrhauses im Parterre zu kommen, und in diesem Zimmer sah ich hinter einem Tisch sitzende Deutsche, es waren einige, sowie auf dem Fußboden liegende, geschlagene und blutende Männer. Zwischen diesen erkannte ich meinen Mann. Er hatte ein blutendes Gesicht, ein Auge und Zähne ausgeschlagen. Die weiteren auf dem Fußboden liegenden Männer waren Juden, Handwerker und Geschäftsleute aus Limanowa. [...] Der Wächter, welcher bei der Tür zu diesem Zimmer stand, stieß mich aus dem Zimmer und schlug mir mit der Hand ins Gesicht, und das sechs Monate alte Kind, welches ich in den Händen hielt, warf er an die Kirchenmauer. [...] Vorher – danach wurde ich aus dem Pfarrhaus herausgeworfen – hörte ich, wie die hinter dem Tisch sitzenden Deutschen den Namen meines Mannes vorlasen. Auf den Weg fallend[,] verlor ich das Bewußtsein. Als ich nach einer gewissen Zeit das Bewußtsein erlangte, bemerkte ich ein vor dem Pfarrhaus stehendes Lastauto und Deutsche mit Maschinengewehren, welche meinen Mann und zehn Juden zum Auto führten,

welche zusammen mit meinem Mann im Pfarrhaus festgehalten waren und deren Namen ich vorstehend nannte. Ich sah, wie das Auto in Richtung Mordarka abfuhr. Wie ich später erfuhr, lief dem Auto der Jagdhund meines Mannes und hinter dem Hund mein siebenjähriger Sohn Lukasz her. Mein Sohn traf meinen Bruder Wladyslaw Lesiecki – lebt nicht mehr – und sagte ihm, daß der Hund hinter dem Auto lief, in welchem mein Mann gefahren wurde, und daß das Auto in Richtung Mordarka beim Steinbruch fuhr. Mein Bruder fuhr nach Mordarka[,] und als er gegen 17.00 Uhr in mein Haus kam, sagte er mir, daß die Deutschen meinen Mann und zehn Juden ermordet haben, und daß die Leichen der Ermordeten im Steinbruch in Mordarka liegen.

Dok. 30) Bericht Marian Bień, 1939 Einwohner von Przemysl, v. 17.8.1946 (Auszug)
ŻIH, 301/138
Bereits 1939, gleich nach dem Einmarsch in Przemysl, zeigten die Deutschen ihre verbrecherischen Methoden durch die Ermordung von über 500 Juden vor allem aus der Intelligenz. Damals ließen sie noch die Frauen und Kinder in Ruhe. Sie raubten aber alle jüdischen Geschäfte leer. Deutsche Lastkraftwagen fuhren vor den Geschäften vor und nahmen alle Waren, schafften sie nach Deutschland weg und raubten Privateigentum aus den Häusern.
Aus dem Polnischen übersetzt von Róża Zielnik

Dok. 31) Erklärung Rudolf Langhaeuser, 1939 Ic-Offizier Generalstab Heeresgruppenkommando Süd, v. 30.4.1967 (Auszug)
BAL, B 162/16660
Um den 10./11.9.1939 wurde das Hauptquartier des Oberkommandos der HGr. [Heeresgruppe] Süd im Zuge des Vorrückens der deutschen Kampfkräfte nach Lublinitz, nahe der szt. [seinerzeitigen] deutsch-polnischen Grenze, auf polnischem Gebiet gelegen, verlegt. Bei meinem Eintreffen in Lublinitz meldete mir ein Offizier des Vorkommandos, daß ihm der polnische Bürgermeister eine größere Anzahl von jungen polnischen Männern übergeben habe, die er (der Bürgermeister) im dortigen Schulhaus interniert habe, um irgendwelche Störungen der öffentlichen Sicherheit, insbesondere Ausschreitungen gegen die deutschen Truppen, zu verhüten. Es handle sich dabei um junge wehrpflichtige Männer und um Reservisten, die zwecks Einrückens in die polnische Armee nach L. gekommen seien, hier aber nicht mehr weiter gekommen wären. Ich hielt diese Maßnahme des poln. Bürgermeisters für sehr loyal und veranlaßte, daß die jungen Polen für die Dauer der Anwesenheit des Hauptquartiers unter Bewachung des deutschen Feldgendarmerie-Zugs in der Schule interniert blieben, dort aber ordentlich zu versorgen seien. Nach dem Abrücken des HQu. [Hauptquartiers] seien sie auf freien Fuß zu setzen. Während der nächsten Verlegung des HQu. nach vorn holte mich ein Kraftradfahrer des Feldgen.Zugs

ein, um mir zu melden, daß hinter uns ein Einsatzkommando der SS in L. eingerückt sei, deren Führer vom Führer des Feldgen.Zugs die Auslieferung der jungen Polen zwecks Erschießung verlange. Der Zugführer des Feldgen.Zugs habe bisher dies verweigert, erbitte nun aber meine Befehle. Ich begab mich sofort auf dem Krad des angekommenen Melders nach L. zurück und suchte den SS-Führer auf, der Herausgabe der Internierten gefordert hatte. Der genannte SS-Führer bestand auch mir gegenüber auf Auslieferung der Inhaftierten, um diese als Insurgenten durch seine Einheit erschießen zu lassen. Er berief sich dabei auf Weisungen, die sein Verband „vom Führer" oder „vom Reichsführer SS" erhalten habe. Ich wies den SS-Führer eindringlich darauf hin, daß mir und den Dienststellen der Wehrmacht von solchen Weisungen nichts bekannt sei. Die Herausgabe der Internierten lehnte ich strikt ab, da diesen polnischen jungen Männern nicht das Geringste vorgeworfen werden könne; sie seien lediglich in einer Art Schutzhaft gehalten worden, solange das HQu. des Oberkommandos der HGr. Süd im Ort L. anwesend gewesen sei. Ich sorgte dann dafür, daß die Festgesetzten der uns nachfolgenden Wehrmachtsdienststelle zur weiteren Internierung übergeben wurden, um damit sicherzustellen, daß ihr Leben gesichert blieb. Ob ich schon hier bei meinen ersten Maßnahmen mit einem SS-Führer Dr. Schäfer oder zunächst mit einem seiner Untergebenen gesprochen habe, ist mir nicht mehr gegenwärtig. Sicher ist jedoch in meiner Erinnerung verankert, daß ich in dieser Angelegenheit mit einem SS-Führer Dr. Schäfer verhandelt habe. Nachdem von mir sichergestellt worden war, daß den jungen polnischen Männern nichts geschehen konnte, erstattete ich Meldung an meinen Vorgesetzten, den Chef des Generalstabs des HGrKdos. [Heeresgruppenkommandos] Süd, den damaligen Generalleutnant von Manstein, und trug den Vorfall auch meinem Oberbefehlshaber, dem Generaloberst von Rundstedt, vor. Beide billigten mein Vorgehen.

Dok. 32) Runderlaß Grenzschutz-Abschnitts-Kommando 3/Chef der Zivilverwaltung Kattowitz v. 13.9.1939: Orts- und Werkswehren–Durchführung von Maßnahmen gegen die Aufständischen-Verbände (Auszüge)
APK, 119/3138

1.) Wie hier bekannt geworden ist, kehren jetzt Führer der Aufständischen-Verbände in ihre Heimatstandorte zurück, um erneut ihre Organisation aufzubauen, Gewalttaten und bewaffneten Widerstand zu organisieren. Dieses Treiben ist bereits in der vergangenen Nacht in Kochlowitz festgestellt worden.

2.) Um dieses Treiben von vornherein im Keim zu ersticken, ordne ich im Einvernehmen mit den infrage kommenden Dienststellen des Grenzschutz-Abschnitts-Kommandos und der Sicherheits-Polizei an:

a) In allen Städten und Gemeinden über 5000 Einwohner, in denen noch keine Ortswehren vorhanden sind, sowie in den großen Werken haben die

Führer der eingesetzten Ordnungs- und Sicherheitspolizei, in den Kreisstädten die Landräte in Ausführung meiner an Landräte, Oberbürgermeister und Polizeipräsidenten gerichteten Rundverfügung vom 11.9.39–VAK Nr. 56 aus den am Ort befindlichen und bekannten volksdeutschen zuverlässigen Männern Orts- bezw. Werkswehren zu bilden. Die Führer der Orts- und Werkswehren sind durch die eingesetzten reichsdeutschen Polizeiführer der Ordnungs-Sicherheits-Polizei zu ernennen und mir zur Bestätigung vorzuschlagen. Bei der Bildung dieser Organisationen ist auf bereits im Ort vorhandene eingesetzte Einheiten der SA, SS, Freikorps und Jungdeutsche Verbände zurückzugreifen. [...]

b) Wo sich Führer der Aufständischen zeigen, sind sie sofort festzunehmen und den Einsatzkommandos der Sicherheits-Polizei zuzuführen. Diese befinden sich in folgenden Orten: Kattowitz und Bielitz. Hierbei sind protokollarische Erklärungen einwandfreier Volksdeutscher beizufügen, aus denen hervorgehen muß, um wen es sich bei dem Festgenommenen handelt, was von ihm aus der Vergangenheit bekannt ist, wann seine Rückkehr erfolgte und wo und bei welcher Gelegenheit er in Erscheinung getreten ist. Wo derartige Personen mit der Waffe in der Hand angetroffen worden sind, sind sie sofort zu erschießen.

Dok. 33) Chef der Sicherheitspolizei/Sonderreferent „Unternehmen Tannenberg" v. 13.9.1939: Tagesbericht für die Zeit vom 13.9., 8.00 Uhr, bis 13.9., 20.00 Uhr (Auszug)
BAB, R 58/7001

Einsatzgruppe IV:

Ein Sondergericht unter dem Landgerichtspräsidenten von Schneidemühl wollte im Auftrag von Staatssekretär Freisler in Bromberg tätig werden und die Täter des Bromberger Blutsonntags aburteilen. Da keine abzuurteilenden Täter mehr vorhanden waren, konnte das Gericht seine Tätigkeit nicht aufnehmen.

Dok. 34) Einsatzkommando 1/VI v. 14.9.1939: Befehl Nr. 1 (Auszüge)
APP, 305/2

An die UK [Unterkommandos] Lissa und Schrotta [Schroda]. An die Posten Krotoschin und Kempen.

1.) Das UK Lissa hat folgende Posten zu bilden: in Wollstein, Kosten, Gostyn und Rawitz. Das UK Schrotta bildet die Posten Wreschen, Jaroschin und Schrimm. [...]

4.) Die UK- und Postenführer haben auf jeden Fall für eine baldige Befriedung ihres Geländes Sorge zu tragen. Jeder Widerstand muß mit den brutalsten Mitteln gebrochen werden. Es ist ferner dafür Sorge zu tragen, daß die Waffen usw. abgeliefert werden.

5.) Polen, die auf Deutsche gehetzt haben und im Laufe der Zeit zurückgekehrt sind, wie ich festgestellt habe, sind sofort festzunehmen.

Dok. 35) Aussage Roman Tyńczyk, 1939 Einwohner von Ślesin, v. 1.6.1970 (Auszug)
BAL, B 162/Vorl. AR-Z 124/78, Bd. 3, Bl. 407f.

Eines gewissen Tages, kurz nach dem Einmarsch der deutschen Truppen, saß ich zusammen mit drei Kollegen im Graben an der Straße, die aus Ślesin nach Sompolno führt. Plötzlich bemerkten wir Leute, die aus Ślesin flohen. Diese Leute sagten, daß deutsche Gendarmen Polen auffangen. Daraufhin versteckte ich mich zusammen mit zwei meiner Kollegen im Schilfrohr am Mikorzynsko-Wasowskie-See. Franciszek Waszak aus Rozopole versteckte sich nicht mit uns. Er blieb zurück und sagte uns, daß er in Hamburg geboren ist und daß ihm die Deutschen nichts tun werden. Sie werden ihm höchstens eine Zigarre anbieten. Aus dem Versteck im Schilfrohr sah ich, wie Deutsche in schwarzen Uniformen Leute auf der Straße festnahmen. Sie nahmen ebenfalls Franciszek Waszak fest. Ich sah, wie sie von einem Fuhrwerk einen jungen Polen herunterzogen, während sie den alten Mann, der auf diesem Fuhrwerk saß, freiließen. Nach einer gewissen Zeit vernahm ich zahlreiche fallende Schüsse. Die Deutschen erschossen damals in Rozopole 18 Polen. Die Erschießung selber sah ich nicht. Als ich jedoch das Versteck verließ, sah ich im Riedgras ein ziemlich großes frisches Grab. Die Leichen waren nur leicht mit Erde zugedeckt, die „sich bewegte", was darauf hinwies, daß manche der Erschossenen noch am Leben waren. Nach Ablauf von etwa sechs Wochen gruben örtliche Juden die Leichen der Erschossenen aus, legten sie in eine Kiste und verfrachteten sie in ein Massengrab auf dem römisch-katholischen Friedhof. Unter den Erschossenen war auch der oben erwähnte Franciszek Waszak.

Dok. 36) Chef der Sicherheitspolizei/Sonderreferat „Unternehmen Tannenberg" v. 15.9.1939: Tagesbericht für die Zeit vom 15.9., 8 Uhr, bis 15.9., 20 Uhr (Auszug)
BAB, R 58/7001

Einsatzgruppe VI:

Die Organisation der katholischen Aktion wird einer vorläufigen Überprüfung unterzogen. Die flüchtige Überprüfung ergab, daß die katholische Kirche in Posen den polnischen Chauvinismus systematisch organisierte. Alle Exponenten des katholisch politischen Lebens sind geflüchtet. Gerade die katholischen Verbände und Vereine haben eine äußerst bedeutsame Rolle im politischen Leben Posens gespielt; die Deutschhetze hat bei ihnen eine wesentliche Zentrale. Zu Kreisen der deutsch-evangelischen Kirche wird Verbindung aufgenommen. Eine Reihe von großen Museen und Bibliotheken wurde sichergestellt, die vollständig zu sein scheinen, während aus dem Armeemuseum die wertvollsten Gegenstände weggeschafft wurden. Mit der Deutschen Vereinigung und der Jungdeutschen Partei wird Verbindung aufgenommen, der Gauführer Posen der jungdeutschen Partei, Rittergutsbesitzer Ulrich, hat einen „Sicherheitsdienst" aufgezogen, mit dem er ca. 60 polnische Insurgenten zur Strecke gebracht hat.

Dok. 37) Aussage Richard Otto Dey, 1939 evangelischer Pfarrer in Thorn, v. 24.7.1962 (Auszüge)
BAL, B 162/3240, Bl. 662f.

Ich kann mit Bestimmtheit sagen, daß die ersten großen Festnahmeaktionen der polnischen Intelligenz in Thorn bereits am 13. oder 15. September stattfanden. Ich möchte sagen, daß diese Aktionen teilweise auch schon früher begannen. Zunächst hörte man von einzelnen Festnahmen. Alsbald wurden daraus große Aktionen. Ich kann mich erinnern, daß die ersten Gefangenen der polnischen Intelligenz im Thorner Gerichtsgefängnis festgesetzt wurden. Später wurde die Zahl der Gefangenen so groß, daß man mit diesem Gebäude nicht mehr auskam. Die Gefangenen kamen meiner Erinnerung nach erst von etwa Mitte Oktober an ins Fort VII. Mit Bestimmtheit möchte ich sagen, daß das Internierungslager Fort VII als solches nicht vor dem 15.10.39 bestanden hat. Die Sicherheit meiner Aussage begründe ich damit, daß vor dem von mir angegebenen Datum die Gefangenen aus dem Gefängnis zu Arbeitsleistungen herangezogen wurden. Sie mußten u. a. die in der evgl. [evangelischen] Kirche am Neumarkt aufgebahrten Leichen–40–von der Kirche zum Identifizierungsraum, von dort zum Rathausplatz, wo die Feierstunde stattfand, tragen. Die Feierstunde fand in den letzten Septembertagen 1939 statt. Die Gefangenen kamen alle aus dem Gerichtsgefängnis und gehörten ausschließlich der Intelligenz an. Nach dieser Feierstunde mit anschließendem Begräbnis muß eine große Exekution in Thorn stattgefunden haben. Hierzu muß ich ein Ereignis schildern: Am Abend vor dieser Feierstunde, nach der Identifizierung der aufgebahrten 40 Leichen, erschien ein SS-Mann in schwarzer Uniform mit den Zeichen des SD in meinem Dienstzimmer. Er hatte die Rangabzeichen eines SS-Führers, ich meine, er war im Offiziersrang. Er verlangte von mir die Schlüssel zu der Kirche, in der die Leichen aufgebahrt waren. Sein Ansinnen lehnte ich mit dem Hinweis ab, was er denn bei dem starken Leichengeruch allein in der Kirche wolle und ich die Verantwortung hätte, daß die Leichen am nächsten Tag unversehrt zum geplanten Staatsbegräbnis bereit stünden. Er sagte mir hierauf, daß er die Schlüssel unbedingt haben und die Nacht bei den Leichen verbringen müsse, um sich voll Wut zu laden für die Aktion am kommenden Tage. Ich habe ihm die Schlüssel nicht ausgehändigt. Ich habe aber gehört, daß er sich dennoch Eingang zur Kirche verschafft hatte und die Nacht bei den Leichen verbrachte. [...] Am Tage des Staatsbegräbnisses hörte ich erstmals die Parole, daß für jeden ermordeten Deutschen 10 Polen umgelegt werden würden. Diese Äußerung wurde später in den Propagandareden wiederholt gebraucht. Demnach müßten an diesem Tage 400 Polen erschossen worden sein. Aus Gerüchten habe ich gehört, daß an diesem Tage auch wirklich eine große Exekution erfolgte. Über die Zahl der Opfer kann ich nichts sagen. Diese Exekution soll im Wald von Barbarken stattgefunden haben.

Dok. 38) Aussage Roman Klamrowski, 1939 Einwohner von Kostrzyn, v. 17.9.1973 (Auszüge)
BAL, B 162/Vorl. AR-Z 345/67, Bd. 8, Bl. 1186f.
Am 16. September des Jahres 1939 kamen in den Nachmittagsstunden nach Kostrzyn einige Lastwagen mit Gestapofunktionären. Sie gingen von Haus zu Haus und führten alle Männer auf den Marktplatz, unter anderem auch mich und meinen Bruder Kazimierz. Es waren mit Gewißheit Funktionäre der Gestapo, denn sie hatten an den Mützen das Totenkopfzeichen. Sie trugen grünliche Uniformen. Später wurde auf dem Marktplatz eine Auslese durchgeführt unter Mitwirkung der Einwohner von Kostrzyn, die Deutsche waren. [...] Ein Teil der versammelten Polen wurde nach Haus entlassen, darunter auch mein Bruder Kazimierz. Der Rest, ungefähr 500 Personen, wurde in Dreierreihen in Richtung Swarzędz getrieben. Unter den Getriebenen war auch mein Freund von den Pfadfindern, Tadeusz Drzewiecki, der Schüler einer Handelsschule in Polen war. Einige Minuten, bevor die Gruppe in Richtung Swarzędz getrieben wurde, kam zu einem Gestapomann Else S. und flüsterte ihm etwas ins Ohr. Dieser Gestapomann ging sofort zum Tadeusz Drzewiecki und begann ihn ins Gesicht zu schlagen. Nachdem die ganze Kolonne losmarschierte, holten die Gestapomänner den Tadeusz Drzewiecki aus der Kolonne, nahmen ihn nach hinten und begannen ihn zu schlagen. Ungefähr 3 km wurde er gezwungen[,] um die Kolonne herumzulaufen, und dabei schlugen sie ihn mit dem Karabinerkolben. Drzewiecki war so zerschlagen, daß man ihn nicht erkennen konnte. Bei Skałowo führten zwei Gestapomänner Drzewiecki ins Feld und erschossen ihn dort. Ich füge hinzu, daß Drzewiecki zu diesem Zeitpunkt nicht mehr marschieren konnte und laufend hinfiel. Die Gestapomänner zwangen ihn mit den Bajonetten wieder aufzustehen. Ich habe persönlich gesehen, wie Drzewiecki ins Feld geführt wurde. Danach hörte ich Schüsse. [...] Am nächsten Tag wurden wir auf Lastwagen geladen und nach Owińsk gebracht. Von dort aus gingen wir zu Fuß nach Biedrusko, wo wir auf dem Truppenübungsplatz in Militärunterkünften untergebracht wurden. Dort wurde ich nach mehrmaliger Überprüfung der Personalien, ähnlich wie viele Verhaftete, nach Haus entlassen. Die Deutschen behielten Juden zurück, Männer, die Tätowierungen hatten, und die, die vor dem Krieg bestraft worden waren.

Dok. 39) Bericht Leon (Leib) Salpeter, 1939 Einwohner von Krakau, über die Bildung des Judenrats (undat.) (Auszug)
ŻIH, 301/832
Der Übergangsrat konstituierte sich dadurch, daß ein Präsidium (1–3) gebildet wurde, und er begann seine Arbeit in dem Gemeindegebäude in der Krakowska-Straße 41. Wenige Tage später wurde die Gemeinde informiert, daß die Vertreter der Krakauer Gestapo zur Konferenz kämen. Es fuhren drei Limousinen vor, aus denen drei Offiziere mit mehreren Gestapo-Männern ausstiegen. Die Begrüßung erfolgte dadurch, daß sie den Vizepräsidenten ohrfeigten, da sie nicht vor dem Gebäude erwartet worden waren. Dann erklärte Oberscharführer Siebert:

1) Wir kommen als Sieger und nicht um den Juden zu helfen.

2) Die Gemeinde erkenne ich als die einzige Vertretung der Juden an in der Person des Obmanns.

3) Juden dürfen nirgendwo anders als bei der Gestapo intervenieren (Pomorska-Straße 2) und daß Juden ausschließlich der Kompetenz der Gestapo unterliegen.

4) Die Gemeinde soll Fürsorge für die jüdischen Armen und für Flüchtlinge leisten. Zu diesem Zwecke verfügt sie über das uneingeschränkte Recht, Juden und getauften Juden Steuern aufzuerlegen.

Aus dem Polnischen übersetzt von Róża Zielnik

Dok. 40) Chef der Sicherheitspolizei/Sonderreferat „Unternehmen Tannenberg" v. 17. 9. 1939: Tagesbericht für die Zeit vom 16. 9., 20 Uhr, bis 17. 9., 8 Uhr (Auszüge)
BAB, R 58/7001
Einsatzgruppe I

Ist von einem organisierten, aktiven Widerstand in der Wojewodschaft Krakau wenig zu spüren, so liegen die Verhältnisse in Schlesien als dem Kerngebiet der polnischen Aufständischenorganisationen wesentlich anders. Da der alte Stamm dieser Organisationen und Wehrverbände nach den bisherigen Beobachtungen keine Verstärkung aus der Bevölkerung verzeichnen kann, ist anzunehmen, daß eine rücksichtslose Ausmerze der Banden, Dachschützen und Saboteure zur Beseitigung dieser Unruhefaktoren führt. Der Rückkehr zu allem entschlossener polnischer Elemente nach Kriegsschluß wird durch eine Auswertung des inzwischen staatspolizeilich erfaßten Materials vorgebeugt. [...] Erhebliche Aufgaben stellt die Ausschaltung des Judentums aus der Wirtschaft, da z. B. Krakau rund 100 000 Juden hat, die fast die gesamte gewerbliche Wirtschaft in Händen haben. Eine sofortige Beseitigung führt vermutlich zu chaotischen Zuständen (Verfall wertvoller Wirtschaftsgüter, schlagartiges Erliegen ganzer Wirtschaftszweige, z. B. des Lebensmittelhandels usw.).

Dok. 41) Landrat des Kreises Pless an Chef der Zivilverwaltung Kattowitz v. 19.9.1939: Zusammenarbeit mit der Sicherheitspolizei
APK, 119/1637
Nachdem die drei Kommandos der Sicherheitspolizei in der letzten Woche plötzlich aus dem Kreise Pless abgerückt waren, erschien am Sonnabend bei dem Kreisführer der Gendarmerie ein Kommando Sicherheitspolizei aus Rybnik und forderte die Herausgabe der in Pless in Haft befindlichen Aufständischen zwecks Erschießung. Es liege ein Befehl des Reichsführers SS vor, nach dem die Aufständischen zu erschießen seien. Der Gendarmerie-Kreisführer setzte sich darauf mit mir in Verbindung, worauf ich auch noch den Beauftragten der NSDAP hinzuzog. Ich entschied, daß der Sicherheitspolizei die Personen übergeben werden sollten, die auf Grund klarer Unterlagen zweifelsfrei als Aufständische zu bezeichnen seien. Was die Sicherheitspolizei mit den ihnen übergebenen Aufständischen dann mache, gehe uns nichts an, die an sich erbetene Mitwirkung komme nicht in Frage. Die Sicherheitspolizei hat dann dem Vernehmen nach tatsächlich 6 Aufständische in der Nähe der Stadt Pless erschossen. Zur Aushebung des Grabes waren von der Ortskommandantur Kriegsgefangene zur Verfügung gestellt. Der Gendarmerie-Kreisführer hat die Angelegenheit sofort in seinem nächsten Lagebericht vorgetragen. Ich selbst erstatte diesen Bericht erst heute, nachdem ich zu meinem Erstaunen erfahren habe, daß die erwähnte Anordnung des Reichsführers SS dem Chef der Zivilverwaltung nicht bekannt sein soll.

Dok. 42) Chef der Sicherheitspolizei/Sonderreferat „Unternehmen Tannenberg" v. 20.9.1939: Tagesbericht für die Zeit vom 20.9., 8.00 Uhr, bis 20.9., 20.00 Uhr (Auszüge)
BAB, R 58/7002
Einsatzgruppe VI
In einem Teil der Stadt Posen wird heute eine Suchaktion nach Waffen durchgeführt. Es werden dazu eingesetzt: 1000 Mann Sicherheitspolizei, Ordnungspolizei und Wehrmacht. [...] In der Stadt Posen selbst wird bei den Volksdeutschen in den Vorstädten die Unsicherheit genährt durch das herausfordernde Benehmen vorwiegend halbwüchsiger polnischer Elemente. Klagen der Volksdeutschen darüber, daß die Polen trotz der starken in Posen konzentrierten deutschen Macht sich mit Belästigungen hervorwagen, halten an. Im wesentlichen beschränkt sich jedoch der polnische Widerstandswille auf passive Resistenz, die sich aber den Volksdeutschen gegenüber vornehmlich im Geschäftsleben in betonten Rücksichtslosigkeiten und Benachteiligungen äußert. [...] Das Judentum wendet sich mit großer Aktivität der Sicherstellung der noch vorhandenen materiellen Werte zu. Man hofft durch Einsetzung besonderer Kommissare zur Liquidierung solcher Betriebe, deren jüdische Geschäftsinhaber geflohen sind, in dieser Hinsicht sich durchsetzen zu können.

Es sind in Posen Stadt insgesamt 40 jüdische Geschäfte geschlossen. Angeregt wird die Planung solcher Maßnahmen besonders auch durch den Umstand, daß polnische Angestellte jüdischer Geschäfte sich die Situation zu Nutze machen, um an den Materialbeständen ihrer geflohenen Arbeitgeber sich zu bereichern.

Dok. 43) Protokoll SD-Hauptamt Stabskanzlei I 11 v. 27. 9. 1939: Amtschef- und Einsatzgruppenleiterbesprechung am 21. 9. (Auszüge)
BAB, R 58/825

Am 21. 9. 39 fand unter der Leitung von C [Chef] eine Besprechung der Amtschefs und Leiter der Einsatzgruppen statt, an der folgende Führer teilnahmen: SS-Brigadeführer Dr. Best, SS-Oberführer Müller, SS-Oberführer Nebe, SS-Standartenführer Ohlendorf, SS-Standartenführer Six, SS-Obersturmbannführer Dr. Filbert, SS-Sturmbannführer Rauff, SS-Brigadeführer Beutel, SS-Brigadeführer Streckenbach, SS-Oberführer Naumann, SS-Standartenführer Damzog, SS-Obersturmbannführer Schäfer, SS-Obersturmbannführer Fischer, SS-Sturmbannführer Dr. Meier (Gestapa), SS-Hauptsturmführer Eichmann (jüdische Auswanderungszentrale). Einführend betonte C, daß die Besprechung nicht allumfassend sein könnte, sondern da[ß] lediglich das vordringlichste für die Einsatzgruppenleiter besprochen werden soll. [...] Die Entwicklung im ehemaligen Polen ist zunächst so gedacht, daß die ehemaligen deutschen Provinzen deutsche Gaue werden und daneben ein Gau mit fremdsprachiger Bevölkerung mit der Hauptstadt Krakau geschaffen wird. Als Führer dieses Gaues gegebenenfalls vorgesehen Seyß-Inquart. Dieser fremdsprachige Gau soll außerhalb des neu zu schaffenden Ostwalls liegen. Der Ostwall umfaßt alle deutschen Provinzen[,] und man hat praktisch als Niemandsland davor den fremdsprachigen Gau. Als Siedlungskommissar für den Osten wird RFSS [Reichsführer-SS] eingesetzt. Die Juden-Deportation in den fremdsprachigen Gau, Abschiebung über die Demarkationslinie ist vom Führer genehmigt. Jedoch soll der ganze Prozeß auf die Dauer eines Jahres verteilt werden. Die Lösung des Polenproblems – wie schon mehrfach ausgeführt – unterschiedlich nach der Führerschicht (Intelligenz der Polen) und der unteren Arbeiterschicht des Polentums. Von dem politischen Führertum sind in den okkupierten Gebieten höchstens noch 3 % vorhanden. Auch diese 3 % müssen unschädlich gemacht werden und kommen in KZs. Die Einsatzgruppen haben Listen aufzustellen, in welchen die markanten Führer erfaßt werden, daneben Listen der Mittelschicht: Lehrer, Geistlichkeit, Adel, Legionäre, zurückkehrende Offiziere usw. Auch diese sind zu verhaften und in den Restraum abzuschieben. Die seelsorgerische Betreuung der Polen soll durch katholische Geistlichkeit aus dem Westen durchgeführt werden, die aber nicht polnisch sprechen dürfen. Die primitiven Polen sind als Wanderarbeiter in den Arbeitsprozeß einzugliedern und werden aus den deutschen Gauen allmählich in den fremdsprachigen Gau ausgesiedelt. Das Ju-

dentum ist in den Städten im Getto zusammenzufassen, um eine bessere Kontrollmöglichkeit und später Abschubmöglichkeit zu haben. Hierbei vordringlich ist, daß der Jude als Kleinsiedler vom Land verschwindet. Diese Aktion muß innerhalb der nächsten 3 bis 4 Wochen durchgeführt sein. Sofern der Jude auf dem Land Händler ist, ist mit der Wehrmacht zu klären, wie weit diese jüdischen Händler zur Bedarfsdeckung der Truppe noch an Ort und Stelle verbleiben müssen. Folgende zusammenfassende Anordnung wurde erteilt:
1.) Juden so schnell wie möglich in die Städte,
2.) Juden aus dem Reich nach Polen,
3.) die restlichen 30000 Zigeuner auch nach Polen,
4.) systematische Ausschickung der Juden aus den deutschen Gebieten mit Güterzügen.

Die Einsatzgruppenleiter, insbesondere Schäfer für das Industriegebiet und Damzog für den Nordosten[,] haben Überlegungen anzustellen, wie man einerseits die Arbeitskraft der primitiven Polen in den Arbeitsprozeß eingliedert, andererseits sie aber auch gleichzeitig aussiedelt. Ziel ist: der Pole bleibt der ewige Saison- und Wanderarbeiter, sein fester Wohnsitz muß in der Gegend von Krakau liegen. Erschießungen sind nur noch vorzunehmen, wenn es sich um Notwehr handelt bezw. bei Fluchtversuchen. Alle übrigen Prozesse sind an die Kriegsgerichte abzugeben. Die Kriegsgerichte müssen mit Anträgen so eingedeckt werden, daß sie der Arbeit nicht mehr Herr werden können. C will alle Kriegsgerichts-Urteile vorgelegt haben, die nicht auf Tod lauten.

Dok. 44) Schnellbrief Chef der Sicherheitspolizei v. 21. 9. 1939: Judenfrage im besetzten Gebiet (Auszüge)
BAB, R 58/954
Ich nehme Bezug auf die heute in Berlin stattgefundene Besprechung und weise noch einmal darauf hin, daß die geplanten Gesamtmaßnahmen (also das Endziel) streng geheim zu halten sind. Es ist zu unterscheiden zwischen
1.) dem Endziel (welches längere Fristen beansprucht) und
2.) den Abschnitten der Erfüllung dieses Endzieles (welche kurzfristig durchgeführt werden).

Die geplanten Maßnahmen erfordern gründlichste Vorbereitung sowohl in technischer als auch in wirtschaftlicher Hinsicht. Es ist selbstverständlich, daß die heranstehenden Aufgaben von hier in allen Einzelheiten nicht festgelegt werden können. Die nachstehenden Anweisungen und Richtlinien dienen gleichzeitig dem Zwecke, die Chefs der Einsatzgruppen zu praktischen Überlegungen anzuhalten.
I.
Als erste Vorausnahme für das Endziel gilt zunächst die Konzentrierung der Juden vom Lande in die größeren Städte. Sie ist mit Beschleunigung durchzuführen. Es ist dabei zu unterscheiden:

1.) zwischen den Gebieten Danzig und Westpreußen, Posen, Ostoberschlesien und
2.) den übrigen besetzten Gebieten.

Nach Möglichkeit soll das unter Ziffer 1) erwähnte Gebiet von Juden freigemacht werden, zum mindestens aber dahin gezielt werden, nur wenige Konzentrierungsstädte zu bilden. In den unter Ziffer 2) erwähnten Gebieten sind möglichst wenige Konzentrierungspunkte festzulegen, sodaß die späteren Maßnahmen erleichtert werden. Dabei ist zu beachten, daß nur solche Städte als Konzentrierungspunkte bestimmt werden, die entweder Eisenbahnknotenpunkte sind oder zum mindestens an Eisenbahnstrecken liegen. Es gilt grundsätzlich, daß jüdische Gemeinden mit unter 500 Köpfen aufzulösen und der nächstliegenden Konzentrierungsstadt zuzuführen sind. [...]
II. Jüdische Ältestenräte
1.) In jeder jüdischen Gemeinde ist ein jüdischer Ältestenrat aufzustellen, der, soweit möglich, aus den zurückgebliebenen maßgebenden Persönlichkeiten und Rabbinern zu bilden ist. Dem Ältestenrat haben bis zu 24 männliche Juden (je nach Größe der jüdischen Gemeinde [)] anzugehören. Er ist im Sinne des Wortes voll verantwortlich zu machen für die exakte und termingemäße Durchführung aller ergangenen oder noch ergehenden Weisungen.
2.) Im Falle der Sabotage solcher Weisungen sind den Räten die schärfsten Maßnahmen anzukündigen.
3.) Die Judenräte haben eine behelfsmäßige Zählung der Juden – möglichst gegliedert nach Geschlecht (Altersklassen a) bis 16 Jahren, b) von 16 bis 20 Jahren und c) darüber) und nach den hauptsächlichsten Berufsschichten – in ihren örtlichen Bereichen vorzunehmen und das Ergebnis in kürzester Frist zu melden.

Dok. 45) Oberbefehlshaber des Heeres an die Ober- und Militärbefehlshaber v. 21.9.1939: Tätigkeit und Aufgaben der Polizei-Einsatzgruppen im Operationsgebiet
BA-MA, RH 20–14/178
Die Einsatzgruppen der Polizei haben im Auftrage und nach Weisung des Führers gewisse volkspolitische Aufgaben im besetzten Gebiet durchzuführen. Zur Sicherung der Einheitlichkeit in der Befehlsführung und zur Vermeidung weiterer Zwischenfälle tritt nach Vortrag beim Führer folgende Regelung mit sofortiger Wirkung in Kraft:
1.) Der Führer wird von allen Weisungen, die er bezüglich des besetzten Gebietes an den Reichsführer SS gibt, den Oberbefehlshaber des Heeres in Kenntnis setzen.
2.) Der Reichsführer SS wird dem Oberbefehlshaber des Heeres von allen Weisungen Kenntnis geben, die er in gleicher Sache an nachgeordnete Dienststellen erläßt.

3.) Der Chef der Sicherheitspolizei wird wie der Reichsführer SS verfahren.

4.) Die Kommandeure der Polizeieinsatzgruppen haben die ihnen gewordenen Aufträge dem zuständigen Oberbefehlshaber vor Ausführung zu melden. Die Aufträge des Führers umfassen in erster Linie Maßnahmen volkspolitischer Art. Die Ausführung dieser Aufträge im einzelnen soll den Kommandeuren der Polizeieinsatzgruppen überlassen bleiben und liegt außerhalb der Verantwortlichkeit der Oberbefehlshaber. Ich ersuche die Herren Oberbefehlshaber, nach vorstehender Richtlinie zu verfahren und den Kommandeuren der Polizeieinsatzgruppen zu befehlen, ihre Tätigkeit mit den Belangen des Heeres in Übereinstimmung zu bringen. Geheime Feldpolizei und Feldgendarmerie sind Einheiten des Heeres, die für eine polizeiliche Aufgabe vorstehender Art nicht herangezogen werden dürfen. Ich bitte, mir umgehend durch Fernschreiben zu melden, wenn von Seiten der Polizeieinsatzgruppen gegen vorstehende Weisung verstoßen werden sollte. Ich selbst werde die Herren Oberbefehlshaber laufend über die Weisungen des Führers unterrichtet halten.

gez. v. Brauchitsch

Dok. 46) Einsatzgruppe VI an Chef der Zivilverwaltung Posen v. 21.9.1939: Stimmungsbericht (Auszug)
APP, 298/54
Für die Stimmung der polnischen wie der deutschen Bevölkerung waren von besonderer Bedeutung die Rede des Führers in Danzig und die volksdeutsche Kundgebung in Posen am 21.9.1939. Der Eindruck der beiden Kundgebungen auf die Polen war äußerst deprimierend. Die Einsicht, daß der polnische Staat in seiner bisherigen Form endgültig erledigt ist, setzt sich selbst bei bisher optimistischen polnischen Kreisen durch. Die Worte des Chefs der Zivilverwaltung der Provinz Posen, Senatspräsident Greiser, daß der Pole im neuen deutschen Gebiet niemals gleichberechtigt neben dem Deutschen stehen, sondern diesem nur dienen könne, und daß der Besitzstand auf den Nenner von 1918 zurückgeführt werde, waren durch ihre unmittelbare öffentliche Bedeutung für die Polen von niederschmetternder Wirkung. Das Deutschtum Posens wurde durch die Kundgebung sichtlich aufgerichtet.

Dok. 47) Stapo Schroda an Einsatzkommando 1/VI v. 22.9.1939: Lagebericht
APP, 305/2
Bei meinem Besuch auf dem Gut des Frl. Juan wurde von dem dort z.Zt. wohnenden Hauptmann erzählt, daß in Santomichel [Samter] in der Bevölkerung das Gerücht gehe, daß die Polen eine große Schlacht gewonnen hätten! Man solle noch drei Tage ausharren, bis sie alle wieder erlöst seien. Dieses Gerücht scheint sich auch in Schroda in großem Umfange verbreitet zu haben. Die

Stimmung der Bevölkerung ist entsprechend. Der frühere Bürgermeister Polki aus Schroda, dessen Mitgliedskarte des Vereins Aufständischer Großpolens gefunden wurde, sitzt ein. Bei dem Buchdrucker Malicki, der ein hetzerisches Pamphlet gegen den Führer verfaßt haben soll, wurde ein Gedenkbuch anläßlich einer Fahnenweihe der Aufständischen im Jahre 1938 vorgefunden, in dem die Namen der Festteilnehmer eingetragen sind. Führende Leute aus Schroda, die flüchtig waren, sind zurückgekehrt, darunter auch der Probst Dr. Janitzki und der Postdirektor Polchnopek, die als große Deutschenhasser bezeichnet werden. Als besondere Rädelsführer wurden ein Tomaszewski von dem Gut Augustenburg, ein Piesiak aus Sockelstein bei Wreschen und ein Tuczinski aus Wreschen, der in seiner Wohnung noch einen Trommelrevolver mit der dazugehörenden Munition in Besitz hatte, festgenommen. Des weiteren wurden in Wreschen 13 Juden festgenommen. In Schroda wurden 17 Festnahmen durchgeführt. Gemäß des heute hier eingegangenen Befehls werden die Festnahmen im Laufe des morgigen Tages vorschriftsmäßig nach Vernehmung gesammelt nach dort gereicht. Ein PKW wurde heute requiriert. Ich bitte um eine MP.

Tormann, Krim.Komm. [Kriminalkommissar]

Dok. 48) Chef der Sicherheitspolizei/Sonderreferat „Unternehmen Tannenberg" v. 24. 9.1939: Tagesbericht für die Zeit vom 23. 9., 12.00 Uhr, bis 24. 9., 12.00 Uhr (Auszug)

BAB, R 58/7002

Einsatzgruppe V:

Festnahmen: insgesamt 66 Personen. Unter den Festgenommenen befindet sich der Pfarrer Trzaskoma. Seine Festnahme erfolgte, weil er deutschen Truppen gegenüber erklärt hat, daß sie innerhalb einer Woche wie Staub verschwinden würden. Weiterhin hat er geäußert, daß die Franzosen bereits die Hälfte Westdeutschlands besetzt hätten. In engerem Bekanntenkreise bezichtigte er deutsches Militär der Plünderung. Trzaskoma ist der Staatspolizeistelle Allenstein zur Überführung in ein Konzentrationslager überstellt worden. Die katholische Geistlichkeit im Raume von Plonsk, Gora, Dobrin, Radciaz und Glingjek hat die Bevölkerung aufgefordert, sich ruhig zu verhalten und keinen Widerstand zu leisten. Bei einer in dem Orte Adamowo durchgeführten Aktion wurde der Landwirt Artur Kowalski erschossen. Kowalski leistete der Aufforderung, die Hände zu erheben, keine Folge und versuchte vielmehr, auf die Beamten loszugehen. Kowalski war polnischer Dorfschulze.

Dok. 49) Nebenstelle Schrimm an Einsatzkommando 1/VI v. 24. 9.1939 (Auszug)

APP, 305/2

Am 24. 9.1939 zogen von allen Straßen her Kirchgänger nach der kath. Kirche. Der Andrang war so groß, daß die Kirche nicht alle Erschienenen fassen konnte. Mit Einverständnis des Kreisleiters und Bürgermeisters der Stadt Schrimm wurde der Probst Michalski angewiesen, die Predigt in deutscher Sprache oder gar keine zu halten. Anfangs versuchte er zu erreichen, doch heute noch in polnischer Sprache predigen zu können und in Zukunft in deutscher und in polnischer Sprache zu predigen, weil er das vor dem Jahre 1914 auch getan hätte. Der Gottesdienst wurde von einem Volksdeutschen überwacht.

Dok. 50) Lagebericht Chef der Zivilverwaltung beim Militärbefehlshaber Posen v. 25. 9. 1939 (Auszug)
APP, 298/50
In enger Zusammenarbeit mit dem Militär gelang es in Wochenfrist eine Durchsiebung und Säuberung sowohl der Städte als auch der überwiegenden Zahl der Landkreise vorzunehmen. Die Lage kann heute allgemein als befriedet angesehen werden. Die Aufforderung zur Waffenabgabe, die mit der Androhung der Todesstrafe verbunden war und die in einigen Fällen auch zur Exekution geführt hat, hat alle unsicheren Elemente der Gewaltmittel entblößt. Die Ausgabe von Waffen an zuverlässige Volksdeutsche hat die allgemeine Sicherheit auf dem Lande erhöht. Die inzwischen überall in den Kreisstädten eingetroffenen Polizeikommandos und die hohe Kopfzahl der deutschen Truppen in der Provinz gewährleisten unbedingte Sicherheit. Die polizeiliche Tätigkeit erstreckt sich nunmehr vorwiegend auf die Sichtung und Säuberung der polnischen Bevölkerung. Alle Elemente, die sich an Volksdeutschen tätlich vergangen haben, sind, soweit sie in der Provinz noch vorhanden waren, festgesetzt und in den schwerwiegendsten Fällen standrechtlich erschossen worden. Die Zahl der öffentlichen Exekutionen, die zur Befriedung als äußerst notwendig anzusehen sind, war leider nur gering. Es ist aber damit zu rechnen, daß die vom nunmehr eingesetzten Sondergericht noch in großer Zahl abzuurteilenden Freischärler usw. zur Abschreckung öffentlich erschossen werden. Hauptaugenmerk hat die Polizei auf die polnische Oberschicht gehabt. Alles, was an verhetzten Lehrern und Geistlichen vorhanden war, ist inhaftiert worden und wird in bereitgestellte Konzentrationslager abgeschoben. Die Geistlichkeit ist eindringlich verwarnt worden, in einigen Orten wurden katholische Geistliche, weil sie nachweislich an den deutschen Verfolgungen schuld waren, erschossen.

Dok. 51) Einsatztrupp Bromberg an SD-Führer Einsatzkommando 16 v. 26. 9. 1939: Stimmungsbericht 24. 9. (Auszug)
IPNW, NTN 196/179
Augenblicklich ist die polnische Bevölkerung in Bromberg noch sehr deprimiert, denn mit einer derartigen Niederlage hatte kein Pole gerechnet. Der Pole aber, und hier ganz besonders die Generation, die noch vor 1918 im Sinne der polnischen Konföderation tätig war, hat Erfahrung im Dunkeln zu organi-

sieren[,] und die jüngere Generation wird auf Grund ihrer chauvinistischen Erziehung sehr schnell diese machen. Jedem, der die polnische Volkspsyche kennt, ist daher klar, daß sehr bald mit polnischen Aufstandsbewegungen oder dem Versuch zu rechnen ist. Die Tatsache, daß bisher nur sehr wenige Teile des befreiten Gebietes systematisch durchgekämmt werden konnten, begünstigt natürlich in hohem Maße das Sammeln von versprengten polnischen Soldaten und Banden, um von hier die polnische Bevölkerung zum Widerstand oder Kleinkrieg zu organisieren. Besondere Aufmerksamkeit ist den zurückkehrenden polnischen Flüchtlingen zuzuwenden, da hier die Möglichkeit des Transportes von Munition und Waffen besteht. Auf die Wichtigkeit dieser zutreffenden Maßnahme ist besonders hinzuweisen, wenn man sieht, wie stark der Strom der jetzt zurückflutenden polnischen Flüchtlinge ist. Es ist auch unbedingt anzunehmen, daß sehr viele Polen vor ihrer Flucht vorhandene Waffen und Munition versteckt oder vergraben haben und diese nach ihrer Rückkehr wieder vorholen werden. Der polnische Arbeiter wird als erster zufrieden zu stellen sein. Ihm kommt es hauptsächlich darauf an, daß er wieder Arbeit findet und sein Auskommen hat. Die Gefahren einer Gruppenbildung und Zusammenfassung der Polen wird immer von der polnischen katholischen Kirche, vom Mittelstand und von der Intelligenz zu erwarten sein.

Dok. 52) Führer Einsatzgruppe III an Armeeoberkommando 8 v. 26.9.1939: Tätigkeitsbericht für den 25.9. (Auszüge)
APŁ,175/10 a

1. Stimmung der Bevölkerung: Die Stimmung der Bevölkerung kann nach wie vor dahingehend gekennzeichnet werden, daß die minderbemittelten polnischen Kreise durch die Ankurbelung der Wirtschaft allmählich auf eine Besserung ihrer Lebenshaltung hoffen, während in den polnischen bürgerlichen Kreisen nach wie vor Zurückhaltung zu beobachten ist. Es wird hier noch immer die Hoffnung ausgesprochen, daß Sowjetrußland die vereinbarte Demarkationslinie nicht einhalten, sondern weiter marschieren und schließlich offensiv gegen die Deutsche Armee vorgehen wird. Weiter hofft man noch immer auf eine nachhaltige Unterstützung der noch kämpfenden polnischen Armee durch England und Frankreich. [...]

2. Auf Anordnung des Chefs der Sicherheitspolizei ist eine Neuordnung hinsichtlich der Zuständigkeit der sicherheitspolizeilichen Einsatzgruppe erfolgt. Die Einsatzgruppe II ist mit der Einsatzgruppe III vereinigt und mir unterstellt worden, sodaß zum Zuständigkeitsbereich der vereinigten Einsatzgruppen die Gebiete der 8. und 10. Armee gehören. Mein Sitz bleibt nach wie vor Lodz.

3. Die Lösung des jüdischen Problems wird weiter durchgeführt. Bei dem Chef der Zivilverwaltung wird angeregt werden, eine polizeiliche Verfügung zu erlassen, nach der die Erfassung aller Juden, insbesondere auch auf dem Lande, sichergestellt und verhindert wird, daß die Juden durch ständigen

Wohnungs- und Aufenthaltswechsel die geplanten Maßnahmen durchkreuzen.

Dok. 53) Chef der Sicherheitspolizei/Sonderreferat „Unternehmen Tannenberg" v. 26.9.1939: Tagesbericht für die Zeit vom 25.9., 12.00 Uhr, bis 26.9., 12.00 Uhr (Auszüge)
BAB, R 58/7002
Einsatzgruppe VI:
[...] Bemerkenswert erscheinen die wiederholt gemeldeten Äußerungen aus Kreisen der polnischen Bevölkerung, daß sie als „Diener" in einem deutschen Polen bessere Möglichkeiten einer gesicherten Lebensführung für sich erhoffen, als sie es als „Herren" im polnischen Posen gewohnt waren. Diese Anzeichen einer willigen Unterwerfung können jedoch nicht darüber hinwegtäuschen, daß der Großteil der polnischen Bevölkerung von seinem Beharrungs- und Widerstandswillen noch nicht abläßt. Anzeichen dafür sind die noch unvermindert festzustellende Verbreitung von Nachrichten englischer Sender und das Auftreten gegenüber Volksdeutschen. So wird von einem Volksdeutschen gemeldet, daß er am 20.9.1939 von dem polnischen Geschäftsinhaber Koszewski am Alten Markt auf seine in deutscher Sprache vorgebrachte Bestellung die Antwort erhielt, er sei hier in einem polnischen Geschäft, in dem polnisch gesprochen werde. [...]
Einsatzkommando 16:
Das Einsatzkommando 16 hat nach der Abfahrt des Führers die sicherheitspolizeilichen Arbeiten im Gebiet des Militärbefehlshabers Danzig-Westpreußen wieder in vollem Umfange aufgenommen. In Gotenhafen sind am 25.9.1939 erneut 2700 Personen überprüft worden, von denen 1200 entlassen werden konnten, während 1500 zur weiteren Überprüfung vorläufig noch festgehalten werden mußten.

Dok. 54) Protokoll v. 26.9.1939: Quartiermeister-Besprechung beim Armeeoberkommando 8 am 25.9. (Auszug)
APP, 298/47
4. Hinsichtlich der mehrfach erfolgten Belästigungen der Volksdeutschen in der Stadt Posen ist vom OB. [Oberbefehlshaber] angeordnet worden, daß in Zukunft Meldungen genau nachgegangen werden soll. Können die Personen festgestellt werden, erfolgt ihre Einlieferung in ein Konzentrationslager. Lassen sich die Personen nicht feststellen, wird das gesamte Stadtviertel geräumt und die Bevölkerung ins Konzentrationslager gebracht. Zu diesem Zwecke soll in der Nähe von Posen ein Konzentrationslager eingerichtet werden. Vorgesehen dafür ist das Munitionslager, das an der Straße nach Warschau liegt. Die Bewachung soll dort vom Militär durchgeführt werden[,] ebenfalls die Verpflegung, die Handlung [sic] als Lagerinsassen durch die Sicherheits-Polizei.

Dok. 55) Einsatzkommando 4/I an Landrat des Kreises Pless v. 27.9.1939: Verfahren in politisch-polizeilichen Angelegenheiten
APK, 119/1637
Ich ersuche die unterstellten Dienststellen der Gendarmerie sowie der staatlichen und kom[m]unalen Polizei umgehend anzuweisen:

1. Sämtliche anfallenden Vorgänge einschließlich Anzeigen in politisch-polizeilichen Angelegenheiten unverzüglich durch den vorgesetzten Landrat dem E.K. 4/I der Sicherheitspolizei in Teschen, Neues Rathaus, vorzulegen,

2. in politisch-polizeilichen Angelegenheiten nur bei Gefahr in Verzug selbst exekutiv tätig zu werden, im übrigen Weisung des E.K. 4/I einzuholen und abzuwarten,

3. aus politischen Gründen bei Gefahr in Verzug festgenommene Personen alsbald mit Vorgängen dem E.K. 4/I zu überstellen.

Zu den politisch-polizeilichen Angelegenheiten gehört insbesondere auch die Bekämpfung der Aufständischen, der polnischen Verbände und Vereinigungen, überhaupt aller Widerstände aus dem Polentum gegen die Maßnahmen des Deutschen Reiches und der mit der Durchführung derselben befaßten Behörden, Einrichtungen und Organisationen. Ferner gehören dazu die abwehrpolizeilichen Angelegenheiten[,] nämlich die Bekämpfung der Spionage und Sabotage[,] sowie die Bearbeitung aller Angelegenheiten, die das Judentum betreffen.

Brunner, SS-Standartenführer

Dok. 56) Bericht Helena Aussenberg, 1939 Einwohnerin von Radomyśl Wielki, v. 15.10.1945 (Auszug)
ŻIH, 301/1145
Am nächsten Tag trieben die Deutschen die Juden zusammen mit den Polen in die Kirche, und dort starben ein paar Menschen durch Schüsse. Die Leute wurden die ganze Nacht über drinnen gehalten. Am Morgen ließ man sie frei. Am nächsten Tag begann eine Judenrazzia in den Wohnungen, auf den Straßen, den Wegen, und sie wurden auf den Marktplatz getrieben. Man zog ihnen Schuhe, Kleider, sogar Unterwäsche aus und gab diese den Bauern. Ein Bauer wies auf die Kleider meines Bruders. Mein Bruder mußte auf Befehl eines Deutschen seine Kleider ausziehen, in Unterwäsche bleiben und sie dem Bauern geben. Den auf dem Marktplatz Versammelten wurde befohlen, den Marktplatz aufzuräumen und zu säubern, das Gras mit den Zähnen herauszuziehen, mit den Händen Papier und Müll zu sammeln. Man prügelte dabei fürchterlich. Es gab keine feste Gestapo-Stelle in Radomyśl Wielki, aber die Gestapo kam aus Mielec und veranstaltete Schießereien, Überfälle, Raube und Morde. Im Zusammenhang mit dem Arbeitszwang gingen die Juden in die naheliegenden Gutshöfe, um zu arbeiten; für die Nacht kehrten sie aber nach Hause zurück. Der Judenrat veröffentlichte eine Liste von Juden, die sich für

die Zwangsarbeit melden sollten. Ein Teil meldete sich und wurde ins Lager in Pustkowie gebracht.
Aus dem Polnischen übersetzt von Róża Zielnik

Dok. 57) Bericht Berta Lichtig über Radomyśl Wielki (undat.) (Auszug)
ŻIH, 301/1103
Von Zeit zu Zeit kam die SS aus Mielec, Tarnów, Rzeszów nach Radomyśl, und die Juden versteckten sich vor dem Dienstwagen oder flohen ins Feld. Trotzdem erschossen sie immer jemanden, demolierten eine Wohnung, verprügelten jemanden. Einmal banden sie einen Juden an einen Schlitten und fuhren so lange mit ihm herum, bis er starb. Oder ein Jude trug Wasser; sie ließen ihn seinen Kopf für 15 Minuten in das Wasser tauchen, bei 30 Grad Kälte. Er nahm seinen Kopf ganz vereist heraus, und sie gossen den Rest des Wassers über ihn. Das waren aber nur Kleinigkeiten im Vergleich zu dem ganzen Rest.
Aus dem Polnischen übersetzt von Róża Zielnik

Dok. 58) Vernehmung Kurt G., 1939 Angehöriger des Einsatzkommandos 1/IV, v. 13.11.1965 (Auszug)
BAL, B 162/Vorl. AR-Z 13/63, Bd. 4, Bl. 767
Im Bialystok wurde unser EK eingesetzt, um sämtliche männlichen Juden, im Alter von etwa 15–60 Jahren, auf einem Schulhof zusammenzutreiben. Sie standen dort mehrere Stunden mit erhobenen Armen, wurden dann aber entlassen. Erschießungen fanden nicht statt. Ich nehme an, daß man sie deswegen entließ, weil inzwischen bekannt wurde, daß die Stadt den Russen übergeben wird. Am nächsten Morgen verließen wir Bialystok. In Pultusk wurde das gesamte EK des Bischoff, den ich dort selbst gesehen habe, eingesetzt, um sämtliche jüdischen Einwohner auf dem dortigen Markt zusammenzutreiben. Den Juden wurde erlaubt, alles mitzunehmen, was sie tragen konnten. Dann wurden sie auf eine große Wiese geführt, wo ihnen von den SS-Leuten Gold-, Silber-, Wertsachen und Geld abgenommen wurde. Wie ich später von dem SS-Mann O. (stammte aus Sachsen) erfahren hatte, empfing er bei dieser Aktion Gummihandschuhe und mußte mit einigen anderen Kameraden den jüdischen Frauen in die Geschlechtsteile fassen, um verborgene Sachen aufzufinden. Danach wurden die Juden über eine Brücke (ich vermute über den Bug) in östlicher Richtung weggetrieben. Der dort befindliche Fluß bildete dann die Demarkationslinie zwischen dem von Deutschen und Russen besetzten Gebiet.

Dok. 59) Vernehmung Walter Piller, 1939 Angehöriger des Einsatzkommandos 1/V, v. 26.3.1947 (Auszug)
BAL, B 162/Vorl. AR-Z 26/72, Bd. 11, Bl. 2169
Wenn wir in eine Ortschaft kamen, waren keine polnischen Behörden mehr vorhanden. Die Volksdeutschen meldeten sich dann freiwillig bei uns und

reichten selbst in vielen Fällen bereits fertige Listen von Personen – Polen, welche polnischen politischen Organisationen zugehörten – ein. In Fällen, in denen sie keine derartigen Listen vorlegten, gaben sie mündlich die Namen von Personen bekannt, die zu polnischen Organisationen gehörten. Diese Listen wurden von unserer Abteilung zurückbehalten und dann nach Posen an die Sicherheitspolizei übersandt, und damit war unsere Tätigkeit beendet.

Dok. 60) Chef der Sicherheitspolizei/Sonderreferat „Unternehmen Tannenberg" v. 29. 9. 1939: Tagesbericht für die Zeit vom 28. 9., 12.00 Uhr, bis 29. 9., 12.00 Uhr (Auszug)
BAB, R 58/7002
Einsatzgruppe V:
[...] Die Erfassung der polnischen Intelligenz, Geistlichkeit usw. wird fortgesetzt. Juden werden in größeren Kolonnen über die Demarkationslinie abgeschoben.

Dok. 61) Aussage Pola Ajzensztajn, 1939 Einwohnerin von Krasnystaw, v. 30. 9. 1946 (Auszug)
ŻIH, 301/1885
Bei Ausbruch des Krieges lebten in Krasnystaw ca. 5000 Juden. Die Deutschen marschierten bei uns im September 1939 ein. Meiner Familie (Ehemann, zwei Kinder und Mutter) und mir wurde sofort unser Haus weggenommen. Sie nahmen uns alle Möbel. Diese Sache erledigte der Volksdeutsche Gajde, der für den treuen Dienst für die Deutschen in Polen viele Objekte erhielt, darunter auch unsere Mühle mit dem Haus. Fast sofort fingen die Mißhandlungen an. Zwar ließ sich die SS nicht bei uns nieder, suchte aber oft unsere Stadt heim. Eines Tages erschossen sie 15 Personen. Sie fielen des Nachts in die Wohnungen ein und zwangen uns unter Schlägen zur Arbeit. Die Bedingungen waren furchterregend. Deshalb beschlossen wir in das nahegelegene Rejowiec zu ziehen. Dort war es am Anfang ruhig. Aber nach drei Wochen fingen noch schlimmere Sachen an. Aus Chełm kamen SS- und SD-Männer 2–3 Mal die Woche (montags, donnerstags und samstags) und veranstalteten „Spielchen".
Aus dem Polnischen übersetzt von Róża Zielnik

Dok. 62) Chef der Zivilverwaltung beim Militärbefehlshaber Posen v. 29. 9. 1939: Richtlinien für den Verwaltungsaufbau in den Kreisen und Städten der Provinz Posen (Auszug)
BAL, B 162/Vorl. Dok.Slg. Polen 365 r
1) Jedem Ort ist äußerlich möglichst schnell und intensiv ein deutsches Gepräge zu geben. Dieser Zustand wird zuerst durch Beschilderung mit deutschen Namen erreicht.
2) Herumlungernde Polen dürfen grundsätzlich nicht mehr zu sehen sein. Sie

sind zu Notstandsarbeiten heranzuziehen und notwendigenfalls in Zwangsarbeitskolonnen zusammenzufassen. Die Arbeitskolonnen müssen neben den zivilen Aufgaben in erster Linie den örtlichen Militärbefehlshabern und Baubataillonen zur Verfügung gestellt werden.

3) Volksdeutsche, die sich zum Einsatz in Verwaltungsämter oder zum mindesten zur Mitarbeit eignen, sind in geeigneter Weise heranzuziehen.

4) Ein geeignetes Gebäude für spätere Benutzung zu Zwecken der NSDAP ist von vornherein auszusuchen und sicherzustellen.

5) Waffenaktionen werden immer wieder erneut im Einvernehmen mit der Militärbehörde gemeinsam durch Militär und Polizei durchzuführen sein. Es ist von den Landräten und Bürgermeistern ständig die Forderung immer wieder erneut aufzustellen, daß die im Verlaufe einer solchen Aktion belasteten Polen einer öffentlichen Exekution zugeführt werden. Die Organe der Militärbehörde sowie neuerdings auch des Polizei- und des Sicherheitsdienstes sind in der Lage, durch schnell zusammengestellte Standgerichte den politischen Notwendigkeiten meiner Beauftragten Rechnung zu tragen. Die der Militärbehörde, dem Sicherheitsdienst und der Ordnungspolizei zugegangenen Weisungen ermöglichen ein viel schnelleres und wesentlich verstärktes Durchgreifen auf diesem Gebiet. Da nur durch allerschärfstes Durchgreifen in dieser Hinsicht eine wirkliche Befriedung in der Provinz zu erzielen ist, mache ich die Herren Landräte und Bürgermeister für die Anwendung derartig scharfer Maßnahmen verantwortlich.

6) Gelder und Guthaben von polnischen Organisationen sind sicherzustellen und im Interesse des Deutschtums und der Aufbauarbeit zu verwenden. Genaue Übernahmebelege und genaue Buchführung eiserne Notwendigkeit.

7) Die NSV [Nationalsozialistische Volkswohlfahrt] hat ihre Arbeit aufgenommen. Ladengeschäfte und Läger, die von polnischen Inhabern verlassen sind, können in geeigneten Fällen der NSV für ihre Arbeit zur Verfügung gestellt werden. Dieselben sind zu beschlagnahmen unter Aufstellung einer Inventur.

8) Es sind unter strengster Geheimhaltung Listen der Polenführer und der polnischen Intelligenz (Pfarrer, Lehrer, Großgrundbesitzer, Kaufleute und Industrielle) anzulegen und mir auf dem Dienstwege unter „Geheime Reichssache" an meine persönliche Adresse zuzuleiten.

Dok. 63) Bericht Moniek Kaufman, 1939 Einwohner von Hrubieszów, v. 20.1.1947 (Auszug)
ŻIH, 301/2182
Am selben Tag, als die Deutschen 1939 in Hrubieszów einmarschierten, ermordeten sie in der Lubelska-Straße einen Juden, weil er seine Mütze nicht vor ihnen abgezogen hatte. Nach zwei Tagen zogen sich die Deutschen zurück, und die sowjetische Armee marschierte ein. Aber leider kamen nach zwei Wo-

chen wieder die Deutschen zurück. Anfangs fingen sie nur Juden zur Arbeit. Dann begannen sie in Begleitung von Volksdeutschen in jüdische Wohnungen zu gehen und nahmen alles weg, was ihnen in die Hände fiel, von kostbarsten Dingen angefangen bis zu wertlosen Kleinigkeiten. Von Zeit zu Zeit erlegten sie den Juden Kontributionen auf. In der Stadt fingen Streifen Juden zur Arbeit in den Kasernen, in der Stadt, zum Graben usw. Nach einer Zeit, wahrscheinlich im November 1939, wurde der Judenrat einberufen.
Aus dem Polnischen übersetzt von Róża Zielnik

Dok. 64) Chef der Sicherheitspolizei/Sonderreferat „Unternehmen Tannenberg" v. 30.9.1939: Tagesbericht für die Zeit vom 29.9., 12.00 Uhr, bis 30.9., 12.00 Uhr (Auszüge)
BAB, R 58/7002
Einsatzgruppe III:
[...] Ein besonders freches Benehmen haben die Juden in Wloclawek an den Tag gelegt. Obwohl hier durch die VT. [Verfügungstruppe] fast 1000 Juden festgenommen und ins Gerichtsgefängnis eingeliefert worden waren, standen nach der Festnahmeaktion die Juden in großen Gruppen herausfordernd auf den Bürgersteigen herum und behinderten dadurch den Fußgängerverkehr der deutschen Wehrmachtsangehörigen. Es wurde ihnen deshalb aufgegeben, in Zukunft nur die Fahrbahn zu benutzen. Weiter haben die Juden in Wloclawek, das eine starke jüdische Minderheit besitzt, durch Aufkauf größerer Mengen von Nahrungs- und Genußmitteln die Verknappung von Lebensmitteln herbeigeführt. Die jüdische Gemeinde wurde durch die Stadtverwaltung daraufhin angewiesen, die Lebensmittel sofort anzumelden [,] und wegen ihres Gesamtverhaltens wurde den Juden von der Stadt eine Geldbuße von 100000 Zl. [Złoty] auferlegt. [...]
Einsatzgruppe VI:
[...] Auch heute wieder liefen Klagen Volksdeutscher ein hinsichtlich der „milden Behandlung der Polen" durch deutsche Behörden und deutsche Wehrmacht. Die Volksdeutschen verweisen immer wieder auf die ihnen widerfahrenen Mißhandlungen und die Art des Vorgehens, das von den Polen den Deutschen gegenüber im Falle ihres Obsiegens gezeigt worden wäre. Schwächung des polnischen Widerstandswillens ist nicht festzustellen. Fälle passiven Widerstandes werden erneut gemeldet. Deutlich vernehmbar wird dagegen protestiert, daß die Polen „Knechte" sein sollen und daß der frühere Besitzzustand wieder hergestellt werden soll. [...] Trotz des Verbotes, polnische Uniformen zu tragen, zeigen sich Angehörige der Gymnasien in militärischen Uniformen der ehemaligen polnischen Jugendorganisationen. Polnische Studenten tragen zum Teil offensichtlich demonstrativ ihre früheren Abzeichen und ihre Mützen. Zusammenkünfte werden gemeldet (Untersuchung ist eingeleitet). In einigen Fällen wurde gemeldet, daß die Hausangestellten geflohener Polen die

Wohnungen fast restlos ausplündern. Die Bemühungen von Polen, sich Bescheinigungen darüber zu verschaffen, daß sie Volksdeutsche sind, sollen häufig zum Erfolg führen. [...] Die zurückkehrenden Juden klagen über Erpressungen und Plünderungen von Seiten der Polen. Warenstapelung ist von Juden allgemein vorgenommen worden. Die NSV hat jüdische Geschäfte und Wohnungen daraufhin untersucht und Vorräte sichergestellt. [...]
Einsatzkommando 16:
Das Einsatzkommando 16 hat nunmehr seine Tätigkeit im gesamten Bereich des Militärbefehlshabers Danzig-Westpreußen aufgenommen. Die Überprüfungen in Gotenhafen sowie im Seekreis sind im wesentlichen abgeschlossen. Zur Zeit sind in Gotenhafen rund 120 Personen als Geiseln festgenommen. Die Zahl der auf Grund reichsdeutscher oder Danziger Fahndungsmaßnahmen Festgenommenen beträgt 130 und die Zahl der aus vorbeugenden Gründen Festgenommenen insgesamt 2250.

Dok. 65) Schnellbrief Chef der Sicherheitspolizei v. 30. 9. 1939
APŁ, 175/10 b

Von verschiedenen Seiten wurde gemeldet, daß vorwiegend halbwüchsige polnische Elemente in den besetzten Gebieten ein besonders provozierendes Benehmen an den Tag legen. Der Reichsführer SS und Chef der Deutschen Polizei hat daher angeordnet, daß solche Elemente in Arbeitskolonnen zusammengefaßt werden, die unter strengster Beaufsichtigung die Arbeit des von der Wehrmacht eingesetzten Reichsarbeitsdienstes unterstützen und im weitgehendsten Maße zu Aufräumungsarbeiten usw. herangezogen werden. Ich gebe hiervon Kenntnis mit der Bitte um weitere Veranlassung. Die Chefs der Einsatzgruppen der Sicherheitspolizei in den besetzten Gebieten haben gleiche Mitteilung erhalten.

gez. Heydrich

Dok. 66) Bekanntmachung des Bürgermeisters von Schmiegel v. 30. 9. 1939
BAL, B 162/Vorl. Dok.Slg. Polen 258

Ich habe den Auftrag[,] der Bevölkerung von Schmiegel und Umgebung bekannt zu geben, daß das Standgericht der Sicherheitspolizei Posen[,] das in Schmiegel am Sonnabend, den 30. September 1939[,] im Bürgermeisteramt tagte, folgendes beschlossen hat: „In der Nacht vom 29. zum 30. September wurde in Nitsche bei Schmiegel der Volksdeutsche Christian Rausch aus Schmiegel in Ausübung seines Berufes als Nachtwächter bestialisch ermordet. Es wurde ihm die Kehle durchgeschnitten. Ferner wurde in der selben Nacht die Scheune des von der Internierung noch nicht zurückgekehrten Reichsdeutschen Richard Langner, Nitsche[,] in Brand gesetzt und völlig zerstört. Als Sühne werden 16 polnische Geiseln öffentlich standrechtlich erschossen."

Noch an demselben Abend gegen 7.25 Uhr wurden folgende 8 Polen auf dem Marktplatz in Schmiegel erschossen: Ciesla, Wegemeister Schmiegel[,] Czyzowski, Motormühlenbes. Schmiegel[,] Zbierski, Frisör Schmiegel[,] Nowakowski, Drogist Schmiegel[,] Janicki, sen. Fabrikant Kosten[,] Zimmer, Bauer aus Alt-Nitsche bei Schmiegel[,] Bock, Bauer aus Alt-Nitsche bei Schmiegel[,] Kaminiarz, Bauer aus Alt-Nitsche bei Schmiegel[.]

gez. Heinrich Hentschel

Dok. 67) Bericht Moses Zwas, 1939 Einwohner von Cisna, v. 31.5.1945 (Auszug)
ŻIH, 301/280

Als die Deutschen kamen, lebten in Cisna 150 Juden. Bereits in den ersten Tagen ihres Aufenthalts in unserer Ortschaft begannen Schikanen mittels Schlägen und Durchsuchungen in unseren Häusern durch die Gestapo. Nach einer Woche versammelten sie alle Männer, spannten uns vor Wagen, ließen uns die zuvor aus unseren Häusern geraubten Sachen auf diese Wagen laden und zur Belustigung der christlichen Bevölkerung einige Male damit um das Dorf ziehen. Wir schlugen ihnen Pferde vor, aber sie lehnten ab. Und so mußten wir unter Tritten und Peitschenschlägen fast bis zum Abend durchhalten. Am nächsten Tag ließen sie mich und einige andere angesehenere Juden die Klosette in christlichen Häusern reinigen. Mir wurden auch später oft solche Arbeiten zugeteilt, denn, wie die Deutschen meinten, dies war für einen Juden mit Bart (ich war orthodoxer Jude) die geeignetste Arbeit. Zu dieser Zeit erließen die Deutschen ein Verbot, an Freitagen Kerzen anzuzünden und sich zum Gebet zu versammeln. Eines Freitags, als wir mit ein paar Juden heimlich in einer kleinen Nebenkammer bei mir beteten, fielen die Deutschen ein. Mit einem spöttischen Lachen fingen sie an, uns verschiedene Fragen zum Talmud zu stellen, und wir mußten in ihrer Anwesenheit beten. Am nächsten Tag befahlen sie uns, uns bei der Gestapo zu melden. Wir erschienen alle pünktlich in Festkleidern (es war Samstag), auf das Schlimmste vorbereitet, sogar auf den Tod. Aber sie taten uns nichts, schlugen uns nicht einmal, sondern ließen uns wieder wie zuvor die Klosette reinigen. Dies machte keinen Eindruck mehr auf mich; ich ging ruhig an meine Arbeit heran. Es erging eine Anordnung der deutschen Besatzungsmacht, daß sich innerhalb einiger Tage ein Judenrat zu bilden habe. Mir wurde das Amt des Ältesten angeboten. Ich lehnte aber ab und versprach meine Zusammenarbeit. Am nächsten Samstag führten sie in allen jüdischen Häusern eine genaue Revision durch, nahmen alle Gebetsmäntel und biblischen Bücher mit, trieben alle Juden auf den Marktplatz und ließen uns nacheinander alles anzünden. Jüdische Frauen und Kinder mußten sich dabei um sich selbst drehen, tanzen und singen „Wir freuen uns, wie der Dreck brennt". Männer mußten sich dabei hin- und herwiegen und laut beten. Dies alles mußten wir machen unter furchtbaren Peitschenschlägen, während Maschinengewehre auf uns gerichtet waren. Am nächsten Tag, am Sonntag, mußten sich alle, sogar Frauen und Kinder, zur Arbeit melden. Sie ließen uns wieder Klosette putzen; einige mußten Gräben reinigen und Steine zertrümmern. Wir mußten schnell und präzise unter deutscher Kontrolle arbeiten. Unserer Arbeit schaute die örtliche christliche Bevölkerung mit Vergnügen zu, ebenso die aus den umliegenden Dörfern, die in die Kirche gekommen war.

Aus dem Polnischen übersetzt von Róża Zielnik

Dok. 68) Oberbefehlshaber der 14. Armee an die Kommandeure v. 1.10.1939
BA-MA, RH 53–23/12

Auf Grund der wiederholten Anforderungen der fechtenden Truppe wurde ein besonderer Polizeiverband zur Säuberung des besetzten Gebietes von Banden, Freischärlern und Plünderern eingesetzt. Diese inzwischen zurückgezogenen Polizeikräfte unter dem Befehl des SS-Obergruppenführers v. Woyrsch haben mit rücksichtsloser Hand durchgegriffen und ihre Aufgabe im wesentlichen gelöst. Wo es dabei angeblich zu Übergriffen (unrechtmäßige Erschießungen pp.) gekommen ist, ist Nachprüfung im Gange. Die scharfe Durchführung dieser Aktion ist – häufig in übertriebener Form – auch der fechtenden Truppe bekannt geworden. Dadurch ist an vielen Stellen eine offensichtliche Mißstimmung entstanden, die sich in Äußerungen von Offizieren, Unteroffizieren und Mannschaften gegenüber allen Persönlichkeiten, die SS-Felduniform tragen, ergeht. Es ist nachdrücklich festzustellen, daß die in enger Zusammenarbeit mit den A.K.'s [Armeekorps] arbeitenden „Einsatzkommandos der Sicherheitspolizei" an den im Zuge der genannten Aktion durchgeführten Maßnahmen bzw. etwaigen Übergriffen völlig unbeteiligt waren. Über die im Interesse der Truppe bisher außerordentlich erfolgreiche Tätigkeit dieser Einsatzkommandos sowie über ihre Gliederung und Aufgaben sind die Ic der A.K. und Div. [Divisionen] anläßlich einer am 30.9. beim A.O.K. [Armeeoberkommando] stattgefundenen Besprechung eingehend unterrichtet worden. Es wird gebeten, die unterstellten Einheiten hierüber in geeigneter Form aufzuklären. Eine weitgehende Unterstützung der Einsatzkommandos bei ihren grenz- und staatspolizeilichen Aufgaben liegt im Interesse der Truppe.

List, Generaloberst

Dok. 69) Chef der Sicherheitspolizei/Sonderreferat „Unternehmen Tannenberg" v. 1.10.1939: Tagesbericht für die Zeit vom 30.9., 12.00 Uhr, bis 1.10., 12.00 Uhr (Auszug)
BAB, R 58/7002

<u>Einsatzgruppe IV:</u>
[...] Nach Aussagen von weißrussischen Flüchtlingen herrscht in den von den Russen besetzten Orten ein wüstes Durcheinander. Die Bevölkerung zeige

schon jetzt deutlich einen kommunistischen Einschlag. An erster Stelle seien es die Juden gewesen, die ihre Häuser mit roten Fahnen geschmückt hätten. In Brest sei nach dem Einmarsch der russischen Truppen ein großer Freudenumzug von den Juden veranstaltet worden. Die Weißrussen und Ukrainer sind von der Besetzung durch die Russen enttäuscht, da sie gehofft hatten, mit deutscher Hilfe einen eigenen Staat aufbauen zu können. Bemerkenswert ist das Auftreten von mehreren Trupps bewaffneter Banden in von Russen besetzten Gebieten.

Dok. 70) Landrat des Kreises Lublinitz an Chef der Zivilverwaltung Kattowitz v. 2.10.1939: Einsatzkommando der Sicherheitspolizei und Zivilverwaltung (Auszug)
APK, 119/1637

In meinem Bericht vom heutigen Tage betreffend Beschlagnahme von Räumlichkeiten durch das Einsatzkommando der Sicherheitspolizei hatte ich bereits darauf hingewiesen, daß diese Dienststelle den Standpunkt vertritt, nicht dem Chef der Zivilverwaltung, sondern besonderen Dienststellen der Sicherheitspolizei in Tschenstochau und Radomsk[o] zu unterstehen. Ich darf daher darauf aufmerksam machen, daß nach Mitteilung des Leiters des Einsatzkommandos, SS-Sturmführer Zeidler, in den nächsten Tagen folgende Maßnahmen getroffen werden, welche mir so eingreifend erscheinen, daß ich glaube, den Chef der Zivilverwaltung darauf aufmerksam machen zu müssen mit der Bitte um Weisung, ob diese Maßnahmen im Einvernehmen mit der dortigen Dienststelle getroffen werden und demgemäß eine etwaige Unterstützung durch die ordentlichen Polizeibehörden in Betracht kommt. Es sollen sämtliche polnisch gesinnten Geistliche, Lehrer, Ärzte und Grundbesitzer festgenommen und in ein Lager gebracht werden. Darüber hinaus will die Sicherheitspolizei die polnischen Güter mit Beschlag belegen. Da es deutschgesinnte Personen aus den vorgenannten Ständen kaum gibt, läuft diese Maßnahme auf eine Gesamtverhaftung sämtlicher oben genannter Berufsstände hinaus. Soweit Geistliche, Lehrer und Großgrundbesitzer in Betracht kommen, bestehen von mir aus keine Bedenken. Jedoch halte ich eine Festnahme der Ärzte nicht für verantwortbar und habe den Leiter des Einsatzkommandos darauf hingewiesen. Der Kreis Lublinitz mit 51000 Einwohnern wird zur Zeit von nur 3 Ärzten versorgt, von denen lediglich Dr. Skuppe in Koschentin Volksdeutscher ist. Der praktische Arzt Dr. Kaminsky in Stahlhammer sowie der Anstaltsarzt Dr. Migdal in Lublinitz sind Polen. Wehrmachtsärzte stehen nicht zur Verfügung. Der Guttentager Amtsarzt, Medizinalrat Dr. Mengel, ist nur zeitweise verfügbar und gegenwärtig bemüht, die ärztliche Versorgung des Kreises zu regeln. Ich darf daher bitten, soweit Ärzte von dieser Maßnahme ergriffen werden sollen, sofortige Anweisung erteilen zu wollen, daß die Festnahme unterbleibt.

Dok. 71) Vernehmung Josef M., 1939 Selbstschutz-Führer in Bromberg, v. 24.10.1962 (Auszug)
BAL, B 162/3272, Bl. 1178f.
Anläßlich eines Besuches des Reichsführers SS wurde von diesem persönlich der Befehl gegeben, für jeden ermordeten Deutschen 10 Angehörige der polnischen Oberschicht zu erschießen. Diesen Befehl habe ich persönlich aus dem Munde des Reichsführers SS gehört. Der Reichsführer gab diesen Befehl anläßlich einer Besprechung, die in Bromberg meiner Erinnerung nach Anfang Oktober 1939 stattgefunden hat. Bei dieser Besprechung war eine größere Zahl von Führern anwesend, unter anderem auch von Alvensleben. Ob auch Beamte der Stapo beteiligt waren, kann ich nicht mit Sicherheit sagen. Es ist aber möglich, da auch diese die graue SS-Feldeinsatzuniform trugen. Die Aktion gegen die polnische Intelligenz wurde dann unter Leitung der Gestapo durchgeführt. Wenn Exekutionen vorzunehmen waren, wurde von der Gestapo bei mir angerufen und die Abstellung eines Exekutions-Kommandos des Selbstschutzes verlangt. Ich habe dann den Befehl an die zuständigen Unterführer oder die sonstigen mit der Leitung der einzelnen Selbstschutzverbände beauftragten Führer weitergegeben. Ob bei den Aktionen Beamte der Stapo mit zum Exekutionsort fuhren, ist mir nicht bekannt. Meiner Erinnerung nach mußte ich etwa viermal Selbstschutz-Männer zu den Erschießungen abstellen. Was die Zahl der Erschossenen betrifft, so mögen es insgesamt etwa zweihundert gewesen sein. Für die Exekutionskommandos wurden jeweils Freiwillige herangezogen.

Dok. 72) Vernehmung Max S., 1939 Angehöriger des Sicherheitspolizei-Einsatzkommandos Bromberg, v. 8.3.1962 (Auszug)
BAL, B 162/3268, Bl. 374
In Bromberg wurde ich bei einer Razzia im Stadtteil „Jägerhof" einmal eingesetzt. Die Razzia wurde gemeinsam mit der Wehrmacht durchgeführt. In welcher Form der Stadtteil durchsucht wurde, kann ich nicht sagen, weil ich persönlich am Bahnhof Dienst verrichten mußte. Zum Bahnhof wurden die festgenommenen Polen gebracht und dort Volksdeutschen gegenübergestellt. Die Volksdeutschen trafen nun eine Auslese nach schlechten und guten Polen.

Dok. 73) Vernehmung Ewald S., 1939 Angehöriger des Selbstschutzes in Bromberg, v. 16.8.1962 (Auszüge)
BAL, B 162/3268, Bl. 478–482
In der Artilleriekaserne waren damals Polen und Juden untergebracht, d.h. inhaftiert. Soweit ich mich heute noch erinnere, brachten Wehrmachtsangehörige etwa 100 Inhaftierte aus den Stallungen und übergaben diese Gestapo-Leuten und uns Selbstschutzangehörigen. Die Festgenommenen wurden auf zwei LKW's verladen, wovon ein LKW etwa 50–60 Personen und der andere

etwa 30–40 Personen fassen konnte. [...] Die Polen und Juden mußten sich auf den LKW legen, um vermutlich nicht auf der Fahrt von der Bevölkerung gesehen zu werden. Wir Selbstschutzangehörigen konnten stehen und hatten die Bewachung dieser Leute. Die Fahrt führte in die bereits ausgehobenen Schützengräben im Wald bei Trischin. Die Schützengraben waren bereits von den Polen vor Kriegsbeginn ausgehoben worden. Auf der Straße, in der Nähe der Schützengräben, wurde angehalten, die Ladeklappen der LKW's geöffnet und die Gefangenen heruntergetrieben. Die Polen wurden abseits der Straße, etwa 50–100 Meter, in einer kleinen Mulde gesammelt. Sie mußten sich dort auf die Erde legen. Es wurden dann immer etwa 15 zu den Schützengräben getrieben und dort von grauuniformierten Wehrmachts- oder Gestapo-Angehörigen erschossen. [...] An dem fraglichen Tag, es muß in den ersten Oktobertagen 1939 gewesen sein, wurde dreimal mit den beiden LKW's von der Artillerie-Kaserne nach Trischin gefahren. An diesem Tag dürften etwa 250 Polen, nur Männer, erschossen worden sein. [...] Hinsichtlich der Juden weiß ich nur, daß bereits in den ersten Oktobertagen 1939 Transparente in den Straßen Brombergs erschienen sind mit der Aufschrift: „Diese Stadt ist judenfrei!" Ich nehme deshalb an, daß der überwiegende Teil der Juden bereits liquidiert war.

Dok. 74) Vernehmung Horst Eichler, 1939 Kriminalkommissar-Anwärter des Sicherheitspolizei-Einsatzkommandos Bromberg, v. 30. 8.1962 (Auszug)
BAL, B 162/3268, Bl. 517
Von erheblichem Einfluß war dabei, daß man ständig von den Volksdeutschen bedrängt wurde, warum denn so wenig gegen die Polen unternommen werde. Desgleichen hörte man ständig die Klagen der Volksdeutschen über persönliche und wirtschaftliche Einbußen während der polnischen Herrschaft, insbesondere der Verlust von Angehörigen durch den Blutsonntag und de[n] Marsch nach Lowicz. Es gingen unter den Volksdeutschen Gerüchte, daß die Intelligenz die primitiveren Polen zu den Greueltaten durch Hetze angestiftet habe. Die Leute, die vom Sondergericht behandelt wurden, waren ja größtenteils ganz einfache und primitive Leute. Insgesamt habe ich die Meinung vertreten, daß die Ausschaltung des bewußt nationalen polnischen Elementes aus diesen Gebieten zur Sicherstellung des deutschen Volkstums in diesem Raum erforderlich ist.

Dok. 75) Einsatzgruppe VI an Chef der Zivilverwaltung in Posen v. 3.10.1939: Tagesbericht (Auszug)
APP, 298/54
Daß sich die verschiedenen Stellen damit befassen, Ausweise auszustellen, die den Betreffenden als Volksdeutschen anerkennen, wurde bereits in den letzten Berichten erwähnt. Neben der Unklarheit über die Kompetenz zu solchen Be-

scheinigungen wird beanstandet, daß die Voraussetzungen für eine Charakterisierung als Volksdeutscher von den einzelnen Stellen vollkommen verschieden gesehen werden. So genügt es gelegentlich, daß der Betreffende angibt, Volksdeutscher zu sein. Es kommt auch vor, daß jeder in Posen [G]eborene als Volksdeutscher anerkannt wird. Bei anderen Stellen wird das Vorlegen eines deutschen Militärpasses als ausreichende Legitimation gewertet, ohne Berücksichtigung des Umstandes, daß die zur Zeit der deutschen Herrschaft über Posen hier Ansässigen – gleichgültig ob sie dem deutschen oder polnischen Volkstum zugehörten – im deutschen Heere dienen mußten. Andere Stellen sind zufriedengestellt, wenn ein mit irgendeiner Legitimation versehener Volksdeutscher den Betreffenden als Deutschen ausweist. Fast durchweg werden anerkannt die Mitgliedschaften bei der Deutschen Vereinigung und der Jungdeutschen Partei. Bisher nur von einer Stelle wurde bekannt, daß sie eine aktive Mitarbeit in der Deutschen Vereinigung oder Jungdeutschen Partei als unabdingbare Voraussetzung verlangt, also einen Maßstab anlegt, der notfalls für die künftige Aufnahme in die NSDAP gefordert werden könnte. Es erscheint dringend notwendig, in diesen Dingen formelle und begriffliche Klarheit zu schaffen.

Dok. 76) SD-Einsatzkommando 16 an Inspekteur der Sicherheitspolizei und SD-Führer Nordost v. 4.10.1939: Lagebericht Westpreußen (Auszug)
IPNW, NTN 196/179

In Bromberg, wo in der Nacht von Sonntag zu Montag ein Stadtviertel vom Einsatzkommando der Staatspolizei unter Mithilfe von Soldaten und Angehörigen des Selbstschutzes durchgekämmt wurde, wobei etwa 2000 Personen vorläufig verhaftet wurden, sind die Polen zur Zeit sehr niedergedrückt. Der Erfolg dieser Razzia ist noch nicht feststellbar, da erst die Vernehmungen und das Sichten des beschlagnahmten Materials durchgeführt werden müssen. Außerdem hat auf die Polen auch die am 1. Oktober ds. J. in Bromberg stattgefundene Großkundgebung der Deutschen deprimierend gewirkt. Die beiden Redner, Kreisleiter Kampe und der Polizeipräsident SS-Brigadeführer Henze[,] brachten unmißverständlich zum Ausdruck, daß jeder Versuch der Polen, sich zum Widerstand zu organisieren, im Keime erstickt werden wird. Der Ausspruch: „Wir haben zu befehlen[,] und die Polen haben zu gehorchen" dürfte auch auf weitere Kreise der Polen seinen Eindruck nicht verfehlt haben. Von der deutschen Bevölkerung wurden die Reden mit großem Beifall aufgenommen. Diese in Bromberg zum ersten Male durchgeführte Großkundgebung hinterließ einen sichtbaren Eindruck bei der deutschen Bevölkerung; insbesondere hat sich der Kreisleiter durch seine Rede das Vertrauen der deutschen Bevölkerung erworben.

Dok. 77) Vermerk SS-Hauptsturmführer Adolf Eichmann v. 6.10.1939
YVA, 0–53/93
Anläßlich einer Rücksprache mit SS-Oberführer Müller am 6.10.39 ordnete SS-Obf. Müller folgendes an:
1) Fühlungsaufnahme mit der Dienststelle des Gauleiter[s] Wagner–Kattowitz. Besprechung mit dieser Stelle bezgl. der Abschiebung von 70–80 000 Juden aus dem Kattowitzer-Bezirk. Diese Juden sollen vorerst östliche Richtung über die Weichsel zum Abschub gelangen. Gleichzeitig können Juden aus der Mähr.[isch] Ostrauer Gegend mit zum Abschub gebracht werden. Desgleichen alle dort befindlichen jüdischen Einwanderer aus Polen, die im Zusammenhang mit den Ereignissen der letzten Zeit dort Unterschlupf suchten. Diese Tätigkeit soll in erster Linie dazu dienen Erfahrungen zu sammeln, um auf Grund dieser derart gesammelten Erfahrungen die Evakuierung größerer Massen durchführen zu können.
2) Dem SS-Obf. Müller ist täglich durch FS [Fernschreiben] Bericht zu erstatten.

Dok. 78) Erlaß Reichssicherheitshauptamt v. 6.10.1939: Einrichtung des Referats II O
BAB, R 58/240
Beim Amt IV des Reichssicherheitshauptamtes (Geheimes Staatspolizeiamt) wird mit sofortiger Wirkung ein neues Referat eingerichtet, das bis zur Herausgabe des Geschäftsverteilungsplans des Reichssicherheitshauptamtes die Bezeichnung II O führt. Das Referat ist zuständig für die Bearbeitung politischpolizeilicher Angelegenheiten in den besetzten bisher polnischen Gebieten. Referent: SS-Hauptsturmführer Regierungsrat Deumling. Unterbringung: Hauptdienstgebäude Prinz-Albrecht-Straße 8. Zimmer 433[.] Fernsprecher intern 742[.] Post 466.

In Vertretung: gez: Dr. Best

Dok. 79) SD-Einsatzkommando 16 an Inspekteur der Sicherheitspolizei und SD-Führer Nordost v. 7.10.1939: Lagebericht Westpreußen (Auszüge)
IPNW, NTN 196/179
Die Stimmung in der poln. Bevölkerung hat keine wesentliche Änderung erfahren. Bei den poln. Geschäftsinhabern und Händlern herrscht jedoch eine tiefe Niedergeschlagenheit. Bei der anfangs vorgenommenen Beschlagnahmung der Geschäfte glaubten viele, daß es sich lediglich um eine vorläufige Maßnahme handelt, bis die Bestände erfaßt und die entsprechenden Formulare erstellt seien. Z. Zt. spricht sich aber immer mehr herum, daß mit einer [W]iederübergabe der Geschäfte durch die bisherigen poln. Besitzer nicht mehr zu rechnen ist. [...] Die Aufnahme der Führerrede kann in diesem Be-

richt noch nicht eingehend behandelt werden. Bei der deutschen Bevölkerung ist die angedeutete Aussiedlung der Polen mit großer Zustimmung aufgenommen worden; daß der Führer jedoch die Bildung eines Reststaates Polen erwähnen wird[,] wurde allgemein nicht erwartet. [...] In diesem Zusammenhang ist zu erwähnen, daß in der Stadt Bromberg 38 Prostitui[e]rte, die zum größten Teil geschlechtskrank waren, erschossen wurden. Der Besuch der Kirchen, vor allem durch die poln. Bevölkerung[,] ist überaus stark. Das Verhalten der poln. Geistlichen ist auch weiter durch eine auffallende Zurückhaltung gekennzeichnet. In Bromberg ist seitens der Kreisleitung versucht worden, durch persönliche Einwirkung die Pfarrer auf eine loyale Linie zu bringen. U. a. wurde in diesem Falle sogar der Wortlaut des Gebetes für den Führer durch Kreisleiter Kampe festgelegt.

Dok. 80) Unterkommando Schroda an Einsatzkommando 1/VI v. 9.10.1939: Tagesbericht (Auszüge)
APP, 305/2
Durch die Rückkehr zahlreicher polnischer Soldaten hat sich das Vertrauen der Bevölkerung wieder wesentlich gestärkt. Bedauerlich ist jetzt schon die Feststellung, daß selbst die Volksdeutschen sich bemüßigt fühlen, für Häftlinge (Juden und Geistliche) ein gewichtiges Wort einzulegen. Nach Mitteilung des Landrates sollte im Städt. Krankenhaus jeden Morgen im Anschluß an die Messe das Lied „Noch ist Polen nicht verloren" gesungen werden. Die Ermittlungen verliefen ergebnislos. Für geeignete Überwachung ist Sorge getragen. [...] Für die Verbrecher Tomaszewzci und Stachowiak bitte ich die standrechtliche Erschießung auf dem hiesigen Marktplatz beantragen zu wollen, da wieder einmal dringend für Schroda ein abschreckendes Beispiel statuiert werden muß.

Dok. 81) Vernehmung Max-Franz Janke, 1939 Kriminalrat des Sicherheitspolizei-Einsatzkommandos Gotenhafen, v. 10.7.1969 (Auszüge)
BAL, B 162/16658
Ich selbst war der Vertreter des Krim.Dir. [Kriminaldirektor] Class in Gotenhafen. Meines Wissens sind jedoch in den ersten Wochen, d. h. von etwa Mitte September 1939 bis Anfang Oktober 1939[,] von dem Teilkommando in Gotenhafen keine Erschießungen vorgenommen worden. Die Aufgabe des Kommandos bestand in jener Zeit vielmehr darin, Festnahmen polnischer Volkszugehöriger durchzuführen, die von Deutschstämmigen aus dem Polnischen Korridor beschuldigt worden waren, sich an Ausschreitungen gegen Deutsche beteiligt zu haben. Die Festgenommenen wurden an Hand von Fahndungslisten überprüft. In den Fahndungslisten standen die Namen derjenigen Polen, die schon in den letzten Jahren als deutschfeindlich aktiv in Erscheinung getre-

ten waren. Diese Listen waren von der Politischen Polizei in Danzig erstellt worden. Ein großer Teil der Festgenommenen wurde nach Überprüfung als „unbedenklich" wieder freigelassen. Personen, die jedoch in der Fahndungsliste standen, kamen in das ehemalige polnische Auswandererlager Grabau. Etwa Anfang/Mitte Oktober 1939 rief Dr. Tröger telefonisch alle leitenden Kriminalbeamten vom Kriminalkommissar aufwärts zu einer Besprechung in das Polizeipräsidium nach Danzig. Dieser Besprechung wohnten die vorerwähnten einzelnen Kommandoführer und deren Vertreter, darunter auch ich, sowie die dazugehörigen Kommissare bei. Meiner Erinnerung nach wurden auch die noch in Danzig verbliebenen und nicht unmittelbar zum Einsatz gelangten leitenden Kriminalbeamten zu der Besprechung hinzugezogen. Auf dieser Besprechung eröffnete Dr. Tröger den Anwesenden sinngemäß: „Ich komme vom Reichsführer SS. Er hat angeordnet, daß die polnische Intelligenz beseitigt wird!" Dr. Tröger hat damit klar zum Ausdruck gebracht, daß die Angehörigen der polnischen Intelligenz getötet werden sollen. Er hat dann noch weiter ausgeführt, daß polnische Kinder keine höheren Schulen besuchen dürfen und daß überhaupt das polnische Volk auf der niedrigsten Kultur- und Bildungsstufe gehalten werden soll. Im Anschluß an diese Besprechung behielt Dr. Tröger die Kommandoführer Krim.Dir. Class und Lölgen noch zu einer internen Besprechung zurück. Was in dieser im einzelnen erörtert wurde, entzieht sich meiner Kenntnis. Jedenfalls setzten von diesem Zeitpunkt an schlagartig die Festnahmen und Erschießungen von Angehörigen der polnischen Intelligenz im Raum Danzig/Westpr.[eußen] ein. Im Bereich des Einsatzkommandos Gotenhafen, dem ich angehörte, fanden nunmehr unter Leitung des Krim.Dir. Class umfangreiche Erschießungen statt. [...] Aus dem vorerwähnten Lager Grabau wurden zunächst diejenigen ausgesondert, die für eine Exekution in Betracht kamen und zum Gefängnis nach Neustadt transportiert wurden. In dem Gefängnis von Neustadt wurden auch sonst diejenigen Angehörigen der polnischen Intelligenz aus den verschiedenen Kreisen gesammelt und dort zunächst festgesetzt. Von den in Neustadt Inhaftierten wurden dann etwa Ende Oktober 1939 350 bis 370 Personen an einem Tage erschossen. Unter den Erschossenen befanden sich auch 27 polnische katholische Geistliche, die in den Tagen vorher aus den verschiedenen Kreisen des ehemaligen Regierungsbezirks Danzig herangeschafft [worden] waren. Ein andermal wurden etwa 80 bis 90, meiner Erinnerung nach 82, geschlechtskranke polnische Frauen und Männer aus dem Seuchenkrankenhaus Hexengrund bei Gotenhafen erschossen. Diese Exekution fand m.W.[meines Wissens] im November 1939 statt. Soviel mir bekannt, wurden diese Personen erschossen, weil die Marine in dem Gebäude eine Torpedoschule einrichten wollte. Soviel mir bekannt, hatte Class diese Exekution angeordnet, weil die Marine die Räumung des Gebäudes wünschte.

Dok. 82) Vernehmung Heinrich B., 1939 Angehöriger des Einsatzkommandos 3/I, v. 19.5.1960 (Auszug)
BAL, B 162/1492, Bl. 56 f.
So erinnere ich mich, daß damals allerlei Asservate ankamen, so z. B. goldene Zähne, Schmuckstücke, Gold- und Silberwaren sowie auch Bargeld. Diese Dinge stammten überwiegend von Juden. Nach Erreichen von Ortschaften wurde jeweils der Bürgermeister aufgefordert, alle Juden zusammenzuholen, damit diese alle Wertsachen abliefern können. Ich selbst habe in einem Ort gesehen, wie dort etwa 10 Juden sehr hart angefaßt wurden bei der Leibesvisitation. Man nahm ihnen alle Wertsachen ab, die von uns auf Listen erfaßt werden mußten. Meist wurden jedoch solche Sachen überhaupt nicht listenmäßig erfaßt. Gesprächsweise habe ich erfahren, daß es wiederholt zu Erschießungen gekommen ist.

Dok. 83) Tätigkeitsbericht Einsatzgruppe IV in Warschau v. 10.10.1939 (Auszüge)
APŁ, 175/41
1.) Katastrophale Ernährungslage, weniger Mangel an Lebensmitteln als Fehlen von Transportmitteln sowie einer geregelten und sachgemäßen Verteilung. Folge der Katastrophe ist Preiswucher. Besonders Juden, auch von diesen Hamsterlager. Aber auch Polen Preiswucher den Bessergestellten gegenüber. [...]
3.) Waffen bestimmt noch versteckt in Zivilbevölkerung.
4.) Halbwüchsige poln. Elemente provozierend. RFSS: in Arbeitskolonnen unter strengster Bewachung zu Aufräumungsarbeiten. [...]
6.) Liste der Bürgerwehr zeigt die Prominenz von Warschau, die natürlich verschwinden muß! [...]
14.) Am 8.10.1939 wurden insgesamt 354 Priester und Lehrer festgenommen, die durch ihre für den polnischen Chauvinismus erwiesene Haltung eine nicht zu unterschätzende Gefahr für die Sicherheit der deutschen Truppen, der deutschen Beamten, wie der deutschen Zivilbevölkerung darstellen.
15.) In Zusammenarbeit mit Ordnungspolizei mehren sich die Fälle der Festnahmen von Juden wegen unglaublichen Preiswuchers. [...]
21.) Über Festnahme von Juden wird fast überall Zustimmung festgestellt. Man hört auch von führenden Leuten Warschaus immer wieder die Frage: „Wann wird der Jude wohl ganz aus Polen verschwinden?"
22.) Interessant ist eine hier vorgebrachte Mitteilung des polnischen Gutsbesitzers Radezki über den Einmarsch der Russen in Polen. Dieser Bericht besagt vor allen Dingen, daß die Russen alle Werte vernichten und die polnische Intelligenz abschlachten. Russische Offiziere sollen der polnischen Bevölkerung erzählen, daß Stalin geäußert habe, man wird in Polen nur Ruhe bekommen, wenn die polnische Intelligenz, das polnische Kapital vernichtet ist.

Dok. 84) Vernehmung Erich H., 1939 Angehöriger des Einsatzkommandos I/IV, über Warschau v. 20.11.1964 (Auszüge)
BAL, B 162/Vorl. AR-Z 13/63, Bd. 1, Bl. 77f.

An einem Sonnabend im Oktober 1939 wurde mir und den anderen Kripokollegen von unserem Chef, Kluge, erklärt, daß wir am nächsten Tage, also einem Sonntag, das Datum kann ich nicht angeben, aber es war an einem Sonntag im Oktober, das weiß ich ganz bestimmt, zu einer Sonderaktion herangezogen werden sollen. [...] Der Leiter meiner Gruppe, den Namen weiß ich nicht mehr, hatte eine sogenannte Fahndungsliste, auf welcher Namen von polnischen Bürgern verzeichnet waren. Diese Listen trugen außer den Namen auch die genauen Anschriften dieser Personen. Wenn ich gefragt werde, um welchen Personenkreis es sich bei den polnischen Bürgern handelte, so gebe ich an, daß es ausschließlich Intelligenzler waren. Also Ärzte, hohe Beamte u.ä. Die Aktion spielte sich folgendermaßen ab: Die einzelnen Gruppen wurden zunächst zu einem größeren Platz mit Lkw's gefahren. Hier wurden die Lkw's zurückgelassen[,] und die einzelnen Gruppen setzten sich zu Fuß in Marsch. Nach meiner Schätzung können es ca. 100 Angehörige der EG IV gewesen sein, die sich an der Aktion beteiligten. Die Gruppe, der ich angehörte, setzte sich ebenfalls in Marsch. Wir suchten die Wohnungen der in der Fahndungsliste bezeichneten Personen auf. Alle Angehörigen der Gruppe drangen in die jeweiligen Wohnungen ein, der Gruppenführer eröffnete dem Festzunehmenden mittels Dolmetscher dessen Festnahme. Wir anderen mußten die Wohnungen nach Waffen und Schriftmaterial durchsuchen. [...] Die Gesamtfestnahmen gebe ich mit ca. 200 polnischen Bürgern, ausschließlich männlichen Geschlechts, an. Die festgenommenen Personen wurden zunächst zum Sammelplatz (wo die Lkw's parkten) gebracht. Von dort aus wurden sie mit Lkw's in das Gefängnis in der Daniliwiojowska-Str. (phon.)[etisch] verbracht. Übrigens befand sich dort im gleichen Gebäudekomplex meine Dienststelle. Ich möchte auch noch erwähnen, daß mir einige Tage später bekannt wurde, daß anläßlich dieser „Säuberungsaktion" auch Frauen festgenommen worden sind. Ich kann mit Bestimmtheit sagen, daß die bei der Aktion festgenommenen polnischen Bürger erschossen wurden.

Dok. 85) Aussage Josef Lemke, 1939 Einwohner von Neustadt/ Westpreußen, v. 10.2.1971 (Auszüge)
BAL, B 162/Vorl. AR-Z 368/67, Sonderheft Bd. 2, Bl. 168f.

Nach der Besetzung Neustadts durch deutsche Truppen habe ich beobachtet, daß nun umfangreiche Festnahmen von Angehörigen der polnischen Volksgruppe erfolgten. Es ist mir auch aufgefallen, daß überwiegend Angehörige der Intelligenz und des sogenannten „Westmarkenverbandes" festgenommen wurden. [...] Die Festgenommenen kamen alle in das Gefängnis nach Neustadt. Ich habe auch beobachtet, daß öfter Lkw der Gestapo zum Gefängnis nach Neustadt kamen. Teilweise hatten diese Lkw's schon Personen geladen und fuhren von Neustadt aus direkt in den Wald nach Piaschnitz. In der Regel kamen diese Wagen dann nochmal nach Neustadt zurück und luden nochmals Gefangene ein, um wiederum nach Piaschnitz zurückzufahren. [...] Ich muß hier noch einfügen, daß ich von Beruf Viehkaufmann war und in dieser Eigenschaft viel im Kreis Neustadt herumgekommen bin. Bei dieser Gelegenheit kam ich auch oft in die Gegend von Piaschnitz und habe das Schießen aus dem Walde gehört. Ich habe auch Zelte im Wald gesehen, in denen offensichtlich das Kommando aufhältlich war, das die Erschießungen durchführte. Einmal, als ich Gast im Danziger Hof in Neustadt war, kam ein Kommando dieser SS-Leute offensichtlich von einer Erschießung zurück und zechte in diesem Lokal. Dabei habe ich gehört, wie einige Angehörige des Kommandos sich damit brüsteten[,] wieder 100 oder mehr Polen erschossen zu haben. „Der verdammte Bregen sei nur so herumgespritzt". Die Erschießungen selbst habe ich nicht beobachtet, jedoch kann ich hier bestätigen, daß von den seinerzeit im Oktober/November 1939 festgenommenen Polen niemand mehr nach Neustadt zurückkehrte.

Dok. 86) Vernehmung Edmund S., 1939 Hilfspolizist in Bromberg, v. 7.7.1961 (Auszug)
BAL, B 162/3267, Bl. 196f.
Glaublich am 10. Oktober 1939 wurde vom Turm der altkatholischen Kirche ein deutsches Wehrmachtskommando mit Maschinengewehren beschossen und 16 Mann sowie ein Unteroffizier getötet. Das Kommando war mit Brückenbau am Bromberger Kanal beschäftigt. Aus der Kirche wurden dann ein Geistlicher und drei Nonnen herausgeholt. Was mit diesen Leuten passierte[,] weiß ich nicht. Am gleichen Tage, nachmittags, wurden wahllos in der Stadt Männer zusammengefangen und auf dem Alten Markt als Repressalie erschossen. Es hieß, daß es etwa 400 waren. Beamte unseres Reviers, darunter auch ich, wurden abgestellt, um den Marktplatz abzusperren. Auf diese Weise war es mir möglich, die Erschießung zu beobachten. Die Erschießungen wurden von einer Einheit in Stärke von mindestens 40–50 Mann durchgeführt. Es war eine SS- oder SD-Einheit. Sie trugen feldgraue Uniformen mit einem schwarzen Ärmelstreifen und kleinem schwarzen Kragenspiegel. Wer die Einheit befehligte, weiß ich nicht. Die Leute wurden mit dem Gesicht an die Wand gestellt und von rückwärts mit Maschinenpistolen erschossen. Das Zusammenfangen und Erschießen besorgten ausschließlich die SS-Leute, wir Revierpolizisten haben lediglich Absperrdienste vorgenommen. In den folgenden Tagen und Wochen wurde laufend erschossen. An die einzelnen Daten kann ich mich nicht mehr erinnern. Bei jeder dieser Aktionen wurden schätzungsweise 200 bis 250 Leute erschossen. So habe ich selbst beobachtet, daß die Leute, die am Marktplatz zum Erschießen aufgestellt waren, 3, 4 Stunden auf dem Markt-

platz auch in praller Sonnenhitze mit erhobenen Händen stehen mußten. Diese Leute waren in Abständen von jeweils 2 Metern aufgestellt. Diese Erschießungen selbst habe ich nicht gesehen, da wir Schutzpolizisten nicht zusehen durften. Ich habe aber gehört, wie es geknallt hatte, denn wir waren in der Nähe zu Absperrdiensten häufig eingesetzt. Etwa Ende Oktober[,] Anfang November wurde eine Aktion gegen die Prominenz durchgeführt. Es waren studierte Leute (Lehrer, Kaufleute, sonstige Akademiker). Diese wurden von ihren Wohnungen abgeholt. Sie durften eine Decke mitnehmen, wurden auf Lastwagen geladen und zu dem Danziger Wald, genannt Jagdschütz, gefahren[,] der etwa selbst 6 km vom Stadtkern entfernt liegt. Wie dann erzählt wurde, wurden diese Leute sofort erschossen. Das haben mir andere Polizeibeamte erzählt, die offenbar draußen mit dabei waren. Als die Intelligenz ausgehoben wurde, waren – wie ich mich jetzt wieder erinnern kann – sowohl Uniformierte dabei und zwar in SD-Uniform. Ich kann mich jetzt erinnern, daß diese Uniformierten einen schwarzen Streifen am Ärmel hatten und die Buchstaben SD in Silber.

Dok. 87) SD-Einsatzkommando Bromberg an Inspekteur der Sicherheitspolizei und SD-Führer Westpreußen v. 14.10.1939: Lagebericht (Auszüge)
IPNW, NTN 196/179
Die bei den Polen in letzter Zeit anzutreffende Niedergeschlagenheit hat sich, nachdem die vom Führer angekündigte Aussiedlung der Polen überall bekannt geworden ist, noch verstärkt. Die Reden, die Gauleiter Forster anläßlich seines Besuches in Bromberg gehalten hat, und in denen er ankündigte, daß die Polen aus allen Stellen verdrängt werden müßten und Westpreußen in einer kurzen Zeit eine blühende, rein deutsche Provinz werde, haben ihren Eindruck auch auf die Polen nicht verfehlt. Bei den Polen dringt jetzt die Erkenntnis durch, daß die Behörden ganz systematisch die Polen auf allen Lebensgebieten zurückdrängen, und daß man ihnen nie gleiche Rechte mit den Deutschen zuerkennen wird. [...] Grundsätzlich besteht für alle schulpflichtigen Kinder Schulzwang, allerdings werden die polnischen Kinder getrennt von den deutschen unterrichtet. Für die Polen besteht nur die Möglichkeit siebenklassige Schulen zu besuchen. Damit wird verhindert, daß eine polnische Intelligenz, die sich sonst immer als führend im Volkstumskampf gezeigt hat, herangezüchtet wird. Die Unterrichtssprache ist in allen Schulen deutsch.

Dok. 88) Aussage Marianna Kazmierczak, 1939 Einwohnerin von Zakrzewo, v. 12.10.1971 (Auszüge)
BAL, B 162/Vorl. AR-Z 26/72, Bd. 2, Bl. 222f.
Während der ganzen Okkupation wohnte ich in Zakrzewo, Kreis Poznan. Einige Monate nach der Besetzung dieser Gebiete durch Deutsche begann ich bei dem Deutschen Kassei (Kasseja) zu arbeiten, der in Zakrzewo ein Lebensmit-

telgeschäft, eine Gaststätte wie auch ein Textilgeschäft führte. Ich verkaufte Ware im Geschäft[,] und ich bediente Gäste in der Gaststätte. Es war im Herbst 1939[,] wie Kassei zu meinem Vater Franciszek Baum erzählte, daß am nächsten Tag im Wald Geistliche und Studenten erschossen werden. [...] An diesem Tag in den Vormittagsstunden erschienen in der Gaststätte von Kassei Deutsche in Uniformen mit Totenköpfen. Es waren dort auch örtliche Deutsche in schwarzen SS-Uniformen und braunen SA-Uniformen, insgesamt über 30 Personen. Ich mußte alle bedienen, Schnaps und Bier auftragen. Am Ende waren sie angetrunken, wobei die Stimmung sehr fröhlich war[,] als ob sie berauscht waren. Sie sangen und tanzten. Sie fuhren (rutschten) auf Stühlen durch alle Säle und in der Privatwohnung von Kassei. Unter ihnen waren keine deutsche[n] Frauen. Solche Trinkgelage wiederholten sich nach jeder Massenerschießung. Die Erschießungen fanden oft statt, manchmal einige Male in der Woche. Solche Trinkgelage zogen sich in die späten Abendstunden hin, einmal länger, einmal kürzer. Ich habe gehört, daß die Bekleidung der Erschossenen unter die Deutschen verteilt wurde. [...] Ich war am Anfang des Krieges nicht ganz 18 Jahre alt. Die uniformierten Deutschen benahmen sich mir gegenüber brutal. Einmal, ich berichtige, es war[en] einige Male, ergriffen sie mich draußen und versuchten mich zu vergewaltigen; es gelang mir aber, die Angriffe abzuwehren und mich zu befreien. Im allgemeinen hielt man mich für eine Deutsche, da ich lange Zöpfe hatte.

Dok. 89) Aussage Gertrud Schneider, 1939 Einwohnerin von Chludowo bei Posen, v. 17. 8. 1973 (Auszüge)
BAL, B 162/Vorl. AR-Z 76/73, Bl. 44 f.
An dieser Ringstraße im Ortskern befand sich ein altes Schloß[,] und in diesem Schloß wohnten die Patres, die eine Priesterschule und eine große Gärtnerei unterhielten. Ich persönlich hatte nur insofern Kontakt mit dem Kloster, als ich öfter zu der Gärtnerei mußte, um für unseren Hof Gemüsepflanzen zu kaufen. Im Jahre 1939, als die Deutschen kamen, wurde das Kloster besetzt. Aus der gesamten Diözese Gnesen wurden sämtliche Geistlichen, auch unser Pfarrer aus dem Dorf, in dieses Kloster gebracht. Bewacht wurde das Kloster von Deutschen in Uniform. [...] Im Winter 1939/1940, die genaue Zeit kann ich heute nicht mehr angeben, kamen die Geistlichen und Patres weg. Wie ich später gehört habe, sollen sie nach Dachau gebracht worden sein.

Dok. 90) Erlaß Reichssicherheitshauptamt v. 17.10.1939: Unternehmen Tannenberg–hier: Auflösung des Sonderreferates
BAB, R 58/7002
Das Sonderreferat „Unternehmen Tannenberg" wird mit sofortiger Wirkung aufgelöst. Meine obenbezeichneten Erlasse werden aufgehoben.
<u>Zusatz für die Posteingangsstelle:</u>

Die mit dem Sondereinsatz der Sicherheitspolizei im besetzten polnischen Gebiet zusammenhängenden Eingänge sind in Zukunft in der für alle Eingänge üblichen Weise zu behandeln. Auf die Errichtung des „Polen-Referats" beim Amt IV wird besonders hingewiesen. Allgemeine und mit der Organisation des Sondereinsatzes der Sicherheitspolizei in Polen zusammenhängende Eingänge sind dem Referat S I V D zuzuleiten.

gez. Heydrich

Dok. 91) Aussage Franciszek Komar, 1939 Einwohner von Thorn, v. 26.6.1968 (Auszüge)
BAL, B 162/3242, Bl. 1107, 1109 u. 1111
An den Tagen des 17., 18. und 19. Oktober 1939 haben die Deutschen systematische Treibjagden auf der Straße und in den Wohnungen von Thorn durchgeführt. Dabei wurden ungefähr 1100–1200 Personen verschiedener Berufe festgenommen (Intelligenz, Handwerker, Kaufleute, Arbeiter, Schüler und Studenten). Die Festgenommenen wurden mit Militärfahrzeugen ins Fort VII abtransportiert. Ich wurde am 17. Oktober 1939 in der Wohnung festgenommen. […] Am 30. Oktober wurde das Fort VII durch die Gestapo aus Danzig und den örtlichen Selbstschutz übernommen. […] Auf Grund der vorliegenden Lebensläufe begannen Zivile vom Gericht und Funktionäre der Gestapo mit den Verhören der Häftlinge. Zu diesem Zweck wurden im Saal im Erdgeschoß Tische aufgestellt und eine Kartei angelegt. Das war der Sitz der Mord-Kommission und der Vernehmungsraum. Hier qualifizierte und sonderte man die Polen aus zur Vernichtung in Barbarka, zur Verfrachtung ins Konzentrationslager oder zur Entlassung. Manche Häftlinge wurden mehrere Male verhört. Im Monat November 1939 wurden Todesurteile an den Häftlingen an jedem Mittwoch der Woche ausgeführt. Die Opfer wurden in der Leibwäsche in den Wald von Barbarka zum Erschießen weggefahren. Nach der Erinnerung und dem Kalender von 1939 fanden Hinrichtungen im Wald von Barbarka an jedem Mittwoch des Monats November statt und umfaßten ungefähr 340 Personen: Mittwoch 8.XI.–42 Personen, Mittwoch 15.XI.–ca. 65 Personen, Mittwoch 22.XI.–ca. 75 Personen, Mittwoch 29.XI.–ca.150 Personen.

Dok. 92) Vernehmung Friedrich V., 1939 Schutzpolizist in Thorn, v. 8.3.1963 (Auszüge)
BAL, B 162/3241, Bl. 971 f.
Ich erinnere mich an verschiedene große Festnahmeaktionen, die meiner Erinnerung nach etwa im Oktober 1939 durchgeführt wurden. Das ganze Stadtgebiet von Thorn war von Wehrmacht umstellt. Jeder aktive Polizeibeamte bekam zwei Soldaten der Wehrmacht zugeteilt. An den Einsatzorten wurden jedem Polizeibeamten eine Anzahl Häuser zur Durchsuchung zugewiesen. Wir hatten die Aufgabe, alle angetroffenen männlichen Personen von etwa 20 Jah-

ren ab auf die Straße zu schicken. Bei der Durchsuchung blieb einer der zugeteilten Soldaten als Schutz vor der Haustür stehen, während der Polizeibeamte mit dem anderen Soldaten die Wohnräume durchsuchte. Die so gesammelten männlichen Personen wurden von Soldaten zum Marktplatz geleitet und hier allgemein gesammelt. Hier am Marktplatz war[en] der Selbstschutz und meiner Erinnerung nach die SD damit beschäftigt, die Hergeführten zu überprüfen. [...] Etwa im Oktober 1939 muß in Thorn eine Art Personenstandsaufnahme gewesen sein. Ich erinnere mich, daß ich dazu abgeordnet war, Personalblätter oder Haushaltungslisten zu überprüfen. Wir waren zu zweit und führten unsere Tätigkeit im Polizeirevier in Mocker durch. Wir hatten die Haushaltungslisten durchzusehen[,] Berufe wie Kaufleute, Lehrer, Ingenieure, Rechtsanwälte, Notare und andere Intelligenzberufe herauszuziehen und die Namen auf eine besondere Liste zu setzen. Diese Listen gingen an den damaligen Revierführer. Wohin sie danach gingen, entzieht sich meiner Kenntnis. Angehörige des Selbstschutzes waren uns bei dieser Tätigkeit nicht zugeteilt. Von den Erschießungen wurde im Kameradenkreis viel gesprochen. Ich erinnere mich, daß zwei Polizeibeamte, die vom Potsdamer Kommando waren, sich an den Erschießungen beteiligt haben sollen.

Dok. 93) Paula von Karlowska, 1939 Gutsbesitzergattin in Gostyn, an Zentrale Stelle der Landesjustizverwaltungen Ludwigsburg v. 14.1.1965 (Auszug)
BAL, B 162/Vorl. AR-Z 268/67, Bl. 41f.
Am 19. Oktober 1939 wurden im Kreis Gostyn viele Gutsbesitzer, so auch mein Mann Stanislaw von Karlowski, Besitzer des Rittergutes Szelejewo und andere Prominente dieses Kreises verhaftet, nach Gostyn gebracht und dort im Keller des Gemeindeamtes eingeschlossen. Man gab den Gefangenen nicht einmal Stroh, es war lediglich ein Betonboden, auf dem sie liegen mußten. Sie wurden auch nicht verpflegt, doch durfte man Lebensmittel hinbringen. Am 21. Okt.[,] als wir den Gefangenen das Frühstück brachten, drängten die Bewachungsmannschaften zu großer Eile, ich befürchtete einen Abtransport in ein KZ, doch sollte es viel ärger kommen. Um 10 Uhr morgens wurden die Gefangenen am Hauptplatz aufgestellt und durch Genickschüsse ermordet. Es sollen 2 der Gefangenen wegen zu hohen Alters mit dem Leben davongekommen sein. Die Priester wurden im Pfarrhof eingeschlossen, durften den Märtyrern keinen Trost spenden. Dieses Mordkommando ging dann von eine[m] Ort zum anderen, von einer Erschießung zur anderen. Als wir – die Gattinnen der Gefangenen – von dem furchtbaren Schicksal[,] von dem unsere Angehörigen bedroht waren[,] hörten, wollten wir den Landrat[,] einen Dr. Reichel od. Reichelt aus Breslau[,] bitten zu intervenieren, doch hieß es[,] er wäre verreist. Mein Gatte war der Sohn eines Gutsbesitzers aus dem Bezirk Posen, wurde in Berlin erzo-

gen und war ausgesprochen deutschfreundlich, wurde deshalb von den Polen oft angefeindet.

Dok. 94) SD-Einsatzkommando Bromberg an SD-Hauptamt v. 20.10.1939: Lagebericht (Auszüge)
IPNW, NTN 196/179

In den Straßen Brombergs fällt das selbstbewußte Auftreten der Polen auf[,] die sich z.T. ungeniert der poln. Sprache bedienen. Eine Verordnung des zuständigen Kreisleiters zwecks Unterbindung polnischer Sprache auf der Straße ist in Vorbereitung. [...] In [den] letzten Tagen erfolgte aus dem Landkreis Bromberg der erste Abtransport von 50 Kongreßpolen nach Krakau. Es handelt sich hierbei um poln. Siedler aus Kongreßpolen (bekannt als Poniatowskis), die von dem ehem. Landwirtschaftsminister Poniatowski s.Zt. in Westpreußen angesiedelt wurden. Es ist geplant, in Zukunft weitere Abtransporte kongreßpolnischer Siedler (Poniatowskis) durchzuführen. (In diesem Zusammenhang ist darauf hinzuweisen, daß auch die hier altansässigen Polen rücksichtslos ausgesiedelt werden müssen. Diese alt eingesessenen Polen, die sich z.T. selbst als poln. Preußen bezeichnen, leiden nicht unter dem Minderwertigkeitsgefühl wie die Kongreßpolen, sondern betrachten sich mit den Deutschen als ebenbürtig. Da diese Polen durchweg die deutsche Sprache beherrschen und ungeheuer anpassungsfähig sind, müssen sie als um so gefährlicher betrachtet werden). In den westpreußischen Städten wurden von der Geheimen Staatspolizei und vom Selbstschutz Aktionen durchgeführt, um die poln. Lehrer zu verhaften und in das Zuchthaus Krone abzutransportieren. Es ist geplant, die radikalen polnischen Elemente zu liquidieren. Außerdem wurden in letzter Zeit planmäßige Aktionen durchgeführt, bei denen vor allem Angehörige der poln. Intelligenzschicht festgenommen wurden. Es ist anzunehmen, daß mit diesen in letzter Zeit durchgeführten Aktionen der größte Teil der poln. Intelligenz in Haft gesetzt ist. Vor allem wird den Angehörigen des Westmarken-Verbandes das Handwerk gelegt sein. Bei der Durchführung der Aktionen ergaben sich jedoch in Bromberg dadurch gewisse Schwierigkeiten, daß in manchen Fällen durch die Verhaftungen die Aufrechterhaltung lebenswichtiger Betriebe gefährdet wurde. In diesen Fällen mußten verschiedene Polen wieder freigelassen werden. [...] Auf dem kirchlichen Gebiet sind keine wesentlichen Änderungen eingetreten. Nach wie vor bietet das Verhalten der Geistlichen keinen Anlaß zum Einschreiten. Ein Großteil der katholischen Geistlichkeit ist infolge der bekannten radikal-polnischen Haltung beseitigt, so daß die Übriggebliebenen entweder sehr stark eingeschüchtert sind oder von vornherein zur Kategorie der Weichherzigen und Unpolitischen gehören. Ebenso bilden die Juden im hies. Arbeitsbereich kein Problem. Ihre Zahl ist infolge der Verschickung und sonstiger Maßnahmen so gering, daß sie bei Beurteilung der Lage gar nicht ins Gewicht fallen.

Dok. 95) Chef Einsatzgruppe I an Chef der Sicherheitspolizei und des SD v. 20.10.1939: Vorgänge jenseits der Grenze (Auszug)
USHMM, RG 31.002, R. 11 [Aus: Archiv der Oktoberrevolution Kiew, Fonds 3676, Opis 4, Bd. 133]
Hinsichtlich der augenblicklichen Zustände im neuen russischen Gebiet sind die einlaufenden Meldungen gleichlautend. Zuerst ließen sich die Russen als die Befreier der Ukraine feiern. Dann wurden die von den Ukrainern selbst gegründeten Milizen aufgelöst. Die neue Miliz besteht jetzt hauptsächlich aus Juden und nur zu einem kleinen Teil aus Ukrainern und zwar nur aus solchen, die sich zum Kommunismus bekennen. Der Russe setzt den Juden überall in führende Stellungen ein. Ganz besonders soll dies für die Städte und Dörfer der Wojewodschaft Tarnopol zutreffen, an deren Spitze gleichfalls ein Jude steht. Zahlreiche Judenfrauen finden in den Büros Verwendung als Hilfskräfte. Bei Versammlungen zur Bildung der Ortsvorstände werden nur Juden eingesetzt, welche deutschfeindliche Reden, die von den Russen geduldet wurden, hielten. Die Gutsbezirke, d.h. die größeren Besitzungen[,] wurden aufgeteilt[,] und die Besitzer wurden teilweise verschleppt. Das Land wurde parzelliert und an die Bevölkerung verteilt.

Dok. 96) Aussage Stanislaw Szalapieta, 1939 Einwohner von Schroda, über eine Standgerichtsverhandlung des Einsatzkommandos 2/VI am 20.10.1939 v. 14.11.1972 (Auszüge)
BAL, B 162/Vorl. AR-Z 380/77, Bd. 1/2, Bl. 150 f.
Nach ein paar Minuten wurden diese Polen auf den Gefängnishof hinausgeführt und die nächste Zehnergruppe in den Gerichtssaal hineingeführt, die nach ein paar Minuten wieder herausgeführt wurde. Danach wurde die dritte Zehnergruppe hineingeführt. Wer von den Deutschen im Gerichtssaal saß, sah ich nicht. Die Gerichtsangestellten erzählten damals untereinander, daß das Gericht unter dem Gestapobeamten Sommer getagt haben sollte. [...] Unter den in den Saal geführten Polen erkannte ich gut die mir bekannten Personen: den Advokaten Edward Trauczynski, den Kaufmann Adam Wozny, den Gymnasialprofessor Marian Gruszczynski, den Leiter der städtischen Kanalisation Anzelm Blaszak, den Gymnasialprofessor Stanislaw Jankowski, den Kaufmann Ignacy Kostrzynski, den Lehrer aus Murzynowo Konrad Kaniewski und den Ingenieur der Zuckerfabrik Michal Szymanski. Nach einer gewissen Zeit wurden die Polen, die aus dem Gerichtssaal auf den Gefängnishof hinausgeführt worden waren, wieder zu je 10 Personen vom Gefängnishof ins Gerichtsgebäude hineingeführt und durch die Fronttür auf den Marktplatz hinausgeführt. Ich füge hinzu, daß ich morgens, als ich das Gericht betreten habe, an der rechten Seite der Frontseite des Gerichtsgebäudes, wenn man vom Marktplatz sieht, auf dem Trottoir Sand und Eisenbahnschwellen gesehen habe, die in zwei Schichten aufgestellt waren, die eine senkrecht, die andere waagerecht. Nach-

dem jede dieser Zehnergruppen von Polen hinausgeführt worden war, war sehr laut eine Schußsalve aus Karabinern zu hören sowie ein paar Einzelschüsse. Heute erinnere ich mich nicht mehr, ob ich bei der ersten bzw. bei der zweiten Zehnergruppe Adam Wozny gehört habe, dessen Stimme mir vom Kirchenchor gut bekannt war. Er stimmte auf dem Gerichtskorridor die Nationalhymne: „Noch ist Polen nicht verloren" an. Als er die Worte „Marsch, Marsch, Dabrowski" erreicht hatte, fiel die Schußsalve.

Dok. 97) SD-Führer Einsatzgruppe IV an Chef der Sicherheitspolizei und des SD v. 21.10.1939: Stimmungs- und Lagebericht aus dem von den Russen besetzten Gebiet (Auszüge)
USHMM, RG 31.002, R. 11 [Aus: Archiv der Oktoberrevolution Kiew, Fonds 3676, Opis 4, Bd. 133]

Aus dem von den Russen besetzten Gebiet liegen von verschiedenen Seiten Nachrichten vor, die deutlich zeigen, daß die Sowjet-Union in der Behandlung der Bevölkerung des von ihr besetzten Gebietes außerordentlich geschickt vorgeht. Der Einmarsch der Sowjet-Truppen geht fast überall in der gleichen Form vor sich. Nach Abzug der deutschen Truppen strömten sowjet-russische Banden in das Gebiet ein, die z. T. mit äußerster Rohheit gegen die Bevölkerung vorgingen. Von den nachrückenden Truppen, von denen die Tankwaffe einen guten, die Infanterie einen außerordentlich schlechten Eindruck machen soll, wird gegen die Banden in scharfer Form eingeschritten. Nach den Truppen rückte überall die G.P.U. [Glavnoe političeskoe upravlenie–Staatliche politische Hauptverwaltung] ein, die die Führung der Zivilverwaltung übernahm und alsbald die Juden bewaffnete. Die Juden spielen eine maßgebliche Rolle. Ostentativ tragen sie auch nach außen ihre Zustimmung zum neuen Regime durch rote Kra[w]atten zur Schau. Im gesamten okkupierten Gebiet setzte nun schlagartig eine groß angelegte bolschewistische Propaganda ein. Den Bauern wurde das Land der Großgrundbesitzer versprochen, ohne allerdings das Versprechen in die Tat umzusetzen. Den Großgrundbesitzern gegenüber wurde andererseits, falls sie nicht zuvor durch die Komsomolbanden liquidiert oder vertrieben waren, nichts zuleid getan. Sie wurden entweder als staatliche Verwalter auf ihren Gutshöfen belassen oder erhielten einen Teil ihres Besitzes als Wirtschaft zugewiesen. Die Propaganda, die unter den Bauern getrieben wird, bewirkt aber, daß die Bauern selbst gegen die Großgrundbesitzer vorgehen, sie da und dort ermorden und das Land unter sich aufteilen. Auf diese Weise erreicht das Sowjet-Regime den von ihm gewollten Erfolg, ohne das Regime und seine Behörden oder seine Armee zu belasten. Gegen das deutsche Reich und gegen die deutsche Armee wird von der sowjet-russischen Armee wie auch von der Zivilverwaltung eine scharfe Propaganda betrieben. Die deutsch-russische Verständigung sei eine Kapitulation des Reiches vor Stalin, behaupten Offizier[e] und Soldaten. Durch Verzicht auf einen Teil Polens habe

Stalin die Abtretung der baltischen Staaten erreicht. Im Falle deutscher Schwierigkeiten im Westen werde Rußland aber gegen das Reich eingreifen und sich den Rest Polens holen. In der Behandlung der Polen des besetzten Gebietes gehen die Russen äußerst geschickt vor. Die Polen (und die Juden) werden in starkem Maße zur Mitarbeit herangezogen. [...] Auch in der Behandlung der fremden Minderheiten gehen die Sowjetrussen taktisch geschickt vor. Die ukrainische Intelligenz blieb zunächst geschont. Dies löste unter den Ukrainern eine Stimmung aus, die dazu führte, daß zahlreiche Ukrainer der Intelligenzschicht, die nach Warschau geflüchtet waren oder in Warschau lebten, sich nach Lemberg zurückbegaben. Ein schroffes Vorgehen gegen die Ukrainer ist erst seit kurzem festzustellen, seitdem ist auch in der Wanderung der Ukrainer eine rückläufige Bewegung festzustellen. Aber auch jetzt sind es nicht in erster Linie die Sowjetbehörden, die sich offiziell gegen die Ukrainer stellen. Es sind vielmehr die Polen, die, zweifellos unter Sowjetregie, gegen die Ukrainer vorgehen, um für die Zukunft jedes etwa aufkommende Selbständigkeitsstreben der Ukrainer zu unterbinden. Die Russen nützen so geschickt den bestehenden Haß der Polen gegen die Ukrainer aus und hindern sie nicht, ihre Politik der Ukrainerverfolgung unter anderer Flagge festzusetzen [sic]. [...] Die russischen Offiziere betonen vielfach, die Rote Armee wolle durchaus nicht etwa gegen die Polen kämpfen, sie habe lediglich den Befehl, Polen von Faschisten zu befreien. Es dauere nur noch kurze Zeit, bis die Deutschen aus Polen und der Tschechoslowakei vertrieben und die beiden Länder selbständige Sowjetrepubliken seien. Dann sei auch die Zeit gekommen, daß in Deutschland die Revolution ausbreche und Berlin nach dem Einmarsch der roten Armee zum Zentrum des Weltumsturzes werde. Die Propaganda gegen die „Faschisten und gegen die Deutschen" wird etwa in dem Sinne betrieben, daß von der Roten Armee (z. B. in Tomaczow) eine Bekanntmachung angeschlagen wird, „die Faschisten-Agenten vertreiben [sic] Nachrichten über den angeblichen Vormarsch der Deutschen auf Tomaczow. Niemals wird die rote Armee einmal besetztes Gebiet wieder verlassen". Erfolg dieser Bekanntmachung war, daß unter Anführung jüdischer Banden Deutsche und „reaktionäre Polen" mißhandelt, getötet oder verschleppt wurden. [...] Eine Ausnahme von der schonenden Behandlung der Polen machen lediglich die Verhaftung einiger ehemals maßgeblicher Politiker, welche in den letzten Tagen in Lemberg vorgenommen wurden [sic]. Verhaftet wurde u. a. auch der ehemalige polnische Ministerpräsident Prof. Kozlowski. Auf dem flachen Lande, vor allem auf den abgelegenen Gehöften, werden allerdings auch zahlreiche Polen von der russischen Verfolgung getroffen. Hier sind es insbesondere die Großgrundbesitzer, welche durch jüdisch-proletarische Milizen unter Anführung roter Kommissare entweder erschlagen oder nach Rußland verschleppt werden. Ihren Besitz teilen, wie bereits ausgeführt, die kleinen Bauern zumeist nach eigenem Ermessen unter sich auf. Die sowjetrussischen Behörden treten bei diesen Handlungen nach außen nicht in Erscheinung. [...] Die sowjetrussischen Behörden sind allen Personen gegenüber, die sich auf das von Deutschland besetzte Gebiet begeben, ganz besonders freundlich und zuvorkommend. Den Bauern und Arbeitern wird ein Paradies auf Erden versprochen, wenn sie die Vertreibung der Deutschen aus Polen durch die „unbesiegbare rote Armee" verbreiten würden. Der deutsche Terror sei geradezu schauderhaft, massenhaft würden die Polen von Haus und Hof getrieben, um Platz für eine Massenansiedlung von Deutschen zu gewinnen. Der polnischen Intelligenz gegenüber wird die rücksichtslose Erledigung der polnischen Intelligenz im deutsch-polnischen Gebiet vor Augen geführt und vorgestellt, eine Angliederung des deutsch-polnischen Gebiets an Rußland sei für sie zumindest das kleinere Übel. Derartige Gedankengänge sind übrigens seit wenigen Tagen auch in Warschau festzustellen. Besonders von jüdischer Seite wird zielbewußt das Gerücht verbreitet, in Kürze müßten alle Polen bis zum Narew Haus und Hof verlassen, und Warschau sowie das Gebiet ostwärts der Weichsel werde mit mittellosen Polen vollgestopft werden.

Dok. 98) Vermerk Reichssicherheitshauptamt IV (II A 4) v. 23.10.1939 (Auszug)
RGVA, 500-4-279
Das Ergebnis der Besprechung ist folgendes: Einem dringenden Bedürfnis der Einsatzgruppen Rechnung tragend wird für die besetzten Gebiete ein Sonder-Fahndungsbuch erstellt. Es soll alle die Personen aus dem ehemaligen Polen enthalten, an deren Festnahme ein Interesse besteht (Aufenthaltsermittlungen werden nicht aufgenommen). Mit dem Buch werden in erster Linie die Dienststellen der Sicherheits- und Ordnungspolizei in den besetzten Gebieten und die Gefangenenlager beliefert. Herausgegeben wird das Buch vom Reichskriminalpolizeiamt, das dabei die gleiche redaktionelle Arbeit leistet wie bei der Herausgabe des „Deutschen Fahndungsbuches". Die sachliche Bearbeitung der Einzelvorgänge – soweit eine solche sich als notwendig erweist – erfolgt durch das Ref. [Referat] II O unter Beteiligung der einschlägigen Referate des Reichssicherheitshauptamtes. Ref. II O erläßt auch die grundlegenden Anweisungen an die Einsatzgruppen über die Zusammenstellung des Materials und stellt den Verteiler für das Sonderfahndungsbuch auf. Den Grundstock für das neue Fahndungsbuch bilden die Ausschreibungen der im August ds. Js. für Polen erstellten Sonderfahndungsliste. Weiteres Material liefern nach besonderer Anweisung unter Verwendung eigens dafür bestimmter Formblätter die Einsatzgruppen aufgrund ihrer gemachten Feststellungen. Soweit von den einzelnen Ämtern Personen zur Aufnahme in das neue Fahndungsbuch zu benennen sind, ist ein entsprechender Antrag an das Ref. II O zu richten. Das Fahndungsbuch wird am 1.12.1939 erscheinen.

Dok. 99) Aussage Marcin Rydlewicz, 1939 Einwohner von Lissa, über eine Standgerichtsverhandlung des Einsatzkommandos 1/VI v. 6.7.1967 (Auszug)
BAL, B 162/Vorl. AR-Z 345/67, Bd. 8, Bl. 1260
Das Gericht bestand aus drei Offizieren, die schwarze SS-Uniformen trugen. An die Namen dieser Offiziere und an ihre Dienstgrade kann ich mich nicht mehr erinnern. Alle drei Offiziere waren jung, so um dreißig Jahre. Ein Funktionär, es war wohl ein Unteroffizier der SS, schrieb das Protokoll auf der Maschine. An seinen Namen kann ich mich nicht mehr erinnern. An der Sitzung des Gerichts nahmen in meiner Anwesenheit außer den SS-Männern noch folgende Personen teil: der Pastor Wolfgang Bickerich/Junior sowie Klupsch, an dessen Vornamen ich mich nicht mehr erinnern kann, ein Sattler aus Leszno. W. Bickerich und Klupsch gaben über jeden der Verhafteten vor dem Gericht ein Gutachten ab. Sie übten eigentlich die Funktion von Anklägern aus. Von ihrem Gutachten hing es ab, ob der betreffende Häftling zum Tode verurteilt werden sollte, zu einer Gefängnisstrafe oder begnadigt.

Dok. 100) Ungezeichneter Vermerk aus Posen v. 24.10.1939 (Auszüge)
IZ, Dok. II/857
Staatsanwalt Verlohren–Lissa hat heut gelegentlich einer Rücksprache in anderer Angelegenheit über die in den letzten Tagen durchgeführten Standgerichtsverfahren folgende Angaben gemacht: Am Sonnabend, den 21. Oktober 1939, ist in Lissa ein vom Reichsführer SS angeordnetes Standgericht zusammengetreten. Vorsitzender war SS-Sturmbannführer Flesch vom Stapo-Einsatzkommando 14 [1/VI], Beisitzer SS-Sturmbannführer Holz (Kripo) und ein SS-Obersturmführer, Protokollführer ein SS-Scharführer. Ein Ankläger ist nicht aufgetreten. Als Dolmetscher und zugleich als Auskunftspersonen über die politische Betätigung der Angeklagten sind drei Volksdeutsche aus Lissa zugezogen worden, darunter der dort in der Volkstumsarbeit besonders rührige Pastor Bickerich. Das Standgericht ist früh 7 Uhr in einem Saal des Gerichtsgebäudes zusammengetreten. Zu der Sitzung sind u. a. erschienen der Landrat Dr. von Baumbach, der Führer des Selbstschutzes SS-Sturmbannführer Möller, der Polizeirat Grund vom Landratsamt, der Führer des Unterkommandos Lissa der Stapo, Wulf. Es ist gegen 53 Personen verhandelt worden, die sämtlich in Stapo-Haft gesessen haben. Personen, gegen die ein richterlicher Haftbefehl vorlag, haben sich nicht darunter befunden. Die Angeklagten sind zu je 3–4 Mann in den Saal geholt und vom Vorsitzenden an Hand schriftlicher Aufzeichnungen vernommen worden. Er hat ihnen vorgehalten, was ihnen zur Last gelegt werde. Es ist nur ein Zeuge vernommen worden. Die Auskunftspersonen sind über die politische Haltung der Angeklagten befragt worden. Das Standgericht hat sich sodann zu einer etwa 20 Minuten währenden Beratung zurückgezogen. Hierauf sind 33 Angeklagte, gegen die nicht auf Tod erkannt

worden ist, ins Gefängnis abtransportiert worden. Den hierauf erneut vorgeführten 20 übrigen Angeklagten hat der Vorsitzende eröffnet, daß sie teils wegen Hetzereien, teils wegen tätlicher An- und Übergriffe gegen Volksdeutsche zum Tode verurteilt seien und daß das Urteil sofort vollstreckt werde. Die Verurteilten haben sodann ihre Wertsachen, Kopfbedeckungen usw. in 3 bereitstehende Eimer ablegen müssen und sind dann in 2 Abteilungen von 10 Mann durch Schutzpolizei auf den Schloßplatz gebracht worden. Dort hat ein Schutzpolizeikommando von 30 Mann unter Führung eines Polizeileutnants bereitgestanden. An einer Mauer sind Sandsäcke als Kugelfang aufgeschichtet gewesen. Die Verurteilten haben mit erhobenen Händen davor Aufstellung nehmen müssen[,] Gesicht zur Wand. Dann hat das Polizeikommando gefeuert. [...] Unter den in Lissa Erschossenen befinden sich ein Professor (führendes Mitglied des Westmarkenvereins), ein polnischer Rechtsanwalt (zuletzt kommissarischer poln. Bürgermeister) und ein Kaufmann. Diese drei Personen sind wegen Hetzereien gegen das Deutschtum verurteilt worden. Die übrigen 17 Personen haben sich Gewalttaten gegen Deutsche zu Schulden kommen lassen. Anschließend hat sich das Standgericht nach Storchnest begeben. Dort ist gegen 15 Personen verhandelt worden, von denen 3 erschossen worden sind. Weitere Standgerichtsverhandlungen sind, z.T. auch noch am 23.10., in Kosten (etwa 20 Erschossene), Gostyn, Schmiegel durchgeführt worden. Die Vollstreckung ist auf den Marktplätzen erfolgt.

Dok. 101) Aussage Willy Panse, 1939 Oberstfeldmeister des Reichsarbeitsdienstes, v. 19.5.1967 (Auszüge)
BAL, B 162/Vorl. AR 2654/65, Bl. 84f.
In Kurnick wurden eines Tages Geiseln festgesetzt, die in dortigen Gefängniszellen, die sich im Rathaus befanden, festgesetzt wurden. Bestimmt wurden diese Geiseln jeweils vom dortigen Bürgermeister, einem Volksdeutschen namens Maier. [...] Als ich eines morgens aus meinem Quartier zu meiner Einheit kam, wurde mir von meinen Leuten gemeldet, daß am Vormittag, ich möchte sagen um 10.00 Uhr, in der Schule in Kurnick ein Kriegsgericht tagen würde und daß Erschießungen vorgenommen würden. Ich bin daraufhin zum Bürgermeister und habe mich befragt, was für ein Grund für diese Maßnahme vorliege. Dieser sagte mir, die Verhafteten hätten am Nationalfeiertag der Polen, der[,] soweit ich mich erinnere, anfangs November ist, einen Aufstand geplant. Ich bin daraufhin zu dem Schulgebäude, dem Tagungsort des Kriegsgerichtes[,] gegangen, um an der Kriegsgerichtsverhandlung teilzunehmen und um den richtigen Grund zu erfahren. Es war mir komisch vorgekommen, als ich auf dem Wege vom Rathaus zum Ort der Kriegsgerichtsverhandlung feststellte, daß an der Rathausmauer schon Sandsäcke und davor Eisenbahnschwellen aufgestellt waren, was bewies, daß schon vor Beginn der Kriegsgerichtsverhandlung Erschießungen feststanden. Angeklagt waren zwanzig

Männer und eine Lehrerin aus einem Nachbardorf von Kurnick. Unter den zwanzig Männern befand[en] sich der Probst von Kurnick, noch ein Pfarrer aus Kurnick und ein Vikar aus einem Nachbarort.

Dok. 102) Lagebericht Sicherheitspolizei-Einsatzkommando Bromberg v. 24.10.1939 (Auszüge)
IPNW, NTN 196/179
In der Nacht vom 18. zum 19. Oktober wurde die bereits angekündigte Aktion gegen die Mitglieder des Westmarken-Verbandes durchgeführt. Zur Verfügung standen außer den hiesigen Beamten 3 Hundertschaften Selbstschutz. Es wurden von den 260 Mitgliedern des Westmarken-Verbandes in Bromberg bei dieser Festnahmewelle 91 Personen festgenommen, darunter 21 Frauen. Es handelt sich fast ausschließlich um Vertreter der polnischen Intelligenz, die jetzt von der Flucht zurückgekehrt sind und glaubten, unbehelligt zu bleiben. Das Ergebnis dieser Aktion kann, da ein Großteil der Westmarken-Verband-Mitglieder geflüchtet bezw. bereits erschossen ist, als äußerst günstig angesehen werden. [...] Auch die zusammen mit dem Selbstschutz durchgeführte Aktion gegen die polnischen Lehrer brachte einen vollen Erfolg. In Bromberg-Stadt wurden allein 185 polnische Lehrer festgenommen, die nach den Gesichtspunkten
a) Pommereller,
b) Kongreßpolen,
c) Hasser und Hetzer gegen das Deutschtum – sowie
d) Angehörige der polnischen Verbände, insbesondere Westmarken-Verband
behandelt werden. Die Grundlage zur Überprüfung dieser Polen bilden an erster Stelle die Personalakten, soweit sie noch vorhanden sind, an zweiter Stelle die persönliche Kenntnis der hier tätigen volksdeutschen Lehrer. Es ist beabsichtigt, die Brauchbaren der zu a) Genannten mit Rücksicht auf den jetzt eingetretenen Lehrermangel wieder einzustellen, die zu b) Genannten in den [sic] Reichsghetto abzuschieben, sofern nichts gegen sie vorliegt, und die radikalen polnischen Elemente der zu c) und d) Genannten zu liquidieren. Diese beabsichtigte Maßnahme sowie alles bisher zurzeit der Stapo Geschehene fand volle Billigung des RFSS, dem ich am 20. d.s.[dieses Monats] abends im „Danziger Hof", hier, Vortrag halten durfte.

Dok. 103) Vernehmung Edmund S., 1939 Schutzpolizist in Bromberg, v. 3.12.1970 (Auszüge)
BAL, B 162/16663
Bei diesen festgenommenen Polen handelte es sich um den Rest der poln. Intelligenz, soweit er nicht bereits vorher durch das Einsatzkommando Beutel [Einsatzgruppe IV] festgenommen war, sowie um Angehörige des Polnischen Westmarken-Verbandes (Narodowce). In der Folgezeit fanden wiederholt sol-

che Razzien statt. Ich selbst war etwa 4 mal an solchen Razzien beteiligt. Bei den weiteren Razzien versuchte man die festzunehmen, die bei den vorangegangenen Razzien nicht angetroffen worden waren. Die bei diesen Razzien festgenommenen Polen wurden im Wald in den Schützengräben bei Jagdschütz, 6 km von Bromberg entfernt, erschossen. Ich war bei diesen Erschießungen nicht zugegen, habe aber hiervon von verschiedenen Polizeibeamten meines Reviers gehört, die zu den Exekutionskommandos abgestellt worden waren. Diese Exekutionskommandos sind auf Befehl der Gestapo tätig geworden. Ich habe gehört, wie der Reviervorsteher seine Beamten fragte, wer an der am nächsten Tage vorgesehenen Exekution teilnehmen wolle. Wenn nicht genügend freiwillige Meldungen erfolgten, hat der Reviervorsteher das Exekutionskommando bestimmt. Ein Beamter namens S. hat sich jedesmal freiwillig als Schütze gemeldet. Die Zahl der Erschossenen bei diesen Razzien schätze ich auf Hunderte, wenn nicht gar Tausende. Die Exekutionen gingen wochenlang. [...] Es war damals in Bromberg überall Tagesgespräch, daß die poln. Intelligenz ausgerottet wird.

Dok. 104) Vernehmung Kurt L., 1939 Angehöriger des Sicherheitspolizei-Einsatzkommandos Bromberg, v. 1. 3. 1962 (Auszug)
BAL, B 162/3268, Bl. 357 f.

Unsere Aufgabe in Bromberg war, die Überprüfung der Zivilbevölkerung durchzuführen. Dies geschah in der Weise, daß ganze Straßenzüge abgesperrt und die männliche Bevölkerung auf einem Platz versammelt wurde. Soweit Angehörige des poln. Militärs festgestellt wurden, wurden sie der Wehrmacht als Kriegsgefangene übergeben. Ferner wurde die Intelligenz festgehalten, z. B. Lehrer, Geistliche, höhere Beamte usw. Diese Aktion fand mit Unterstützung der Wehrmacht, möglicherweise der Schutzpolizei und des Selbstschutzes statt. Ich nehme an, daß diese Aktion von Herrn Lölgen geleitet wurde. Die Festgenommenen kamen in das Gefängnis auf der Dienststelle und wurden dann vernommen. Bei den Vernehmungen waren glaublich alle Beamten der Dienststelle eingesetzt. Nach der Vernehmung entschied Krim.Rat [Kriminalrat] Lölgen über das Schicksal der Häftlinge.

Dok. 105) Befehlshaber der Ordnungspolizei beim Militärbefehlshaber Posen an Reichsführer-SS v. 25. 10. 1939: Berichterstattung (Auszüge)
APP, 298/54

Zu 1. Lage allgemein:
    Keine Veränderungen. Es ist wiederholt die Feststellung gemacht worden, daß die Polen eine schonende und rücksichtsvolle Behandlung nicht verdienen, denn teilweise legen sie schon wieder eine anmaßende und freche Haltung an den Tag. [...]

Zu 3. Aufgabengebiet und Tätigkeitsbericht:
[...] Das Batl. 61 meldet: „Für 100 bestialisch ermordete Volksdeutsche fand eine Vergeltungsaktion statt, die zusammen mit dem SD. durchgeführt wurde. Es wurden standgerichtlich verurteilt und von der Polizei erschossen: 183 Polen."

Dok. 106) Vernehmung Georg Wüst, 1939 Kriminalkommissar des Einsatzkommandos 1/III, v. 27.6.1961 (Auszug)

BAL, B 162/1494, Bl. 507

Ich war selbst anwesend, als Dr. Hasselberg mit seinen Leuten in das bischöfliche Palais in Lublin eindrang und den Bischof und ca. 12 Geistliche von der Mittagstafel weg festnehmen ließ. Als in dem Palais weder Waffen noch sonstiges staatsfeindliches Material gefunden wurde, das eine Festnahme rechtfertigte, ließ er durch ihm besonders vertrauenswürdige Männer seines Stabes heimlich polnische Waffen in das Palais schaffen, um sie dann am nächsten Tag durch eine Riesenaufgebot von Polizeikräften, in Zusammenarbeit mit der hinzugezogenen Ordnungspolizei, eine Schauaktion starten zu können. Die Ordnungspolizei zog er deshalb hinzu, um sich gleichzeitig ein Alibi für sein Vorgehen zu schaffen. Wie nicht anders zu erwarten, wurden die versteckten Waffen dann auch gefunden und als Beweismittel sichergestellt. Diese gefundenen Waffen veranlaßten nun Hasselberg, bereits 2 Stunden später ein Standgericht unter seinem Vorsitz einzuberufen. Hasselberg verurteilte dann auch den Bischof und die festgenommenen Geistlichen zum Tode durch Erschießen. Als ich davon hörte, packte mich die Wut[,] und ich intervenierte beim damaligen Gouverneur von Lublin, einem SS-Brigadeführer Krüger [Krüger war Höherer SS- und Polizeiführer]. Ich hatte nicht viel Zeit zu verlieren, weil doch Standgerichtsurteile innerhalb kürzester Frist vollstreckt wurde[n]. Krüger erreichte, daß die Erschießung des Bischofs und seiner Gefolgsleute unterblieb.

Dok. 107) Vernehmung Kurt G., 1939 Angehöriger des Einsatzkommandos 1/IV, v. 30.7.1970 (Auszüge)

BAL, B 162/16657

Im Oktober 1939 habe ich in Warschau an einer Razzia gegen Angehörige der polnischen Intelligenz teilgenommen. Es hieß ganz allgemein, daß die polnische Intelligenz ausgerottet werden sollte, damit die Polen ohne Führung sein sollten. An dieser Razzia nahmen fast alle Angehörigen der Dienststelle mit Kraftfahrern und Schreibstubenleuten, kurz, jeder Mann, der verfügbar war, teil. Es wurden kleine Trupps gebildet in Stärke von 3–4 Mann, denen auf Zetteln die Namen und Adressen der festzunehmenden Intelligenzler seitens der Dienststelle mitgegeben worden waren. Es wurden Lehrer, Professoren, Ingenieure, Geistliche usw. festgenommen. Die Gefangenen wurden in Lkws in das

Dzielna-Gefängnis eingeliefert. Bei dieser Gelegenheit wurde auch das Priesterseminar geräumt, und die Seminaristen wurden ebenfalls ins Dzielna-Gefängnis geschafft. Auch katholische Geistliche wurden bei dieser Aktion festgenommen. Die Festgenommenen sollen später in Konzentrationslager überführt worden sein, wie ich hörte. Von Erschießungen habe ich nichts gehört. [...] Ich weiß aber, daß die Intelligenzler später im KL umgebracht worden sind, und zwar weiß ich das daher, weil ich als Tagebuchführer in der Folgezeit täglich 25 bis 40 Fernschreiben aus dem KL Auschwitz und auch von anderen KZ, wie z.B. Mauthausen und Ravensbrück, erhielt, in denen mitgeteilt wurde, daß der Professor, Arzt, Dipl.-Ing., kurz, der der Intelligenzschicht angehörende Pole verstorben sei. Es waren vielfach dieselben Todesursachen angegeben, wie Herzschlag, Kreislaufschwäche, Lungenentzündung usw. Ich war mir – wie auch die anderen Kameraden auf der Schreibstube – darüber im klaren, daß die Intelligenzler nicht an den vorgegebenen Krankheiten gestorben, sondern umgebracht worden waren. Wir waren uns einig, daß die polnische Intelligenz ausgerottet werden sollte. Ich hatte die Aufgabe, die Verstorbenen anhand der Fernschreiben listen- und karteimäßig zu erfassen.

Dok. 108) Dr. Rudolf Oebsger-Röder, 1939 Chef des SD-Einsatzkommandos Bromberg: Notwendigkeit der propagandistischen Bearbeitung der Polen in Westpreußen (undat./Ende Oktober 1939)

IPNW, NTN 196/179

[Handschriftliches Anschreiben]

Kreisleiter Kampe z.K. [zur Kenntnis]

Original über SD-Hauptamt zur Vorlage bei Reichspropagandaministerium. Nachzutragen wäre noch, daß die hohe moralische Widerstandskraft der Polen u.a. daraus hervorgeht, daß sie bei der „Liquidierung" zumeist ein furchtloses, tapferes Verhalten an den Tag legen.

Ihr Röder

[Maschinenschriftlich]

Nach dem Willen des Führers soll in kürzester Zeit aus dem polnischbestimmten Pommerellen ein deutsches Westpreußen entstehen. Zur Durchführung dieser Aufgaben machen sich nach übereinstimmender Ansicht aller zuständigen Stellen folgende Maßnahmen notwendig:

1. physische Liquidierung aller derjenigen polnischen Elemente, die

a) in der Vergangenheit auf polnischer Seite irgendwie führend hervorgetreten sind oder

b) in Zukunft Träger eines polnischen Widerstandes sein können.

2. Aussiedlung bzw. Umsiedlung aller „ansässigen Polen" und „Kongresser" aus Westpreußen.

3. Verpflanzung rassisch und sonstig wertvoller Polen nach der Mitte des

Altreiches, soweit es sich um untergegangenes deutsches Bluterbe handelt und anzunehmen ist, daß die Aufnahme in den deutschen Volkskörper reibungslos vonstatten geht.

Die angeführten Maßnahmen sind von Anfang an in Angriff genommen worden. Es erscheinen jedoch folgende Bemerkungen nötig, und [sic] die Notwendigkeit weiterer Vorschläge zu erhärten:

Zu 1: Die Liquidierung wird nur noch kurze Zeit durchgeführt werden können. Dann werden die deutsche Verwaltung sowie andere außerhalb der NSDAP liegende Faktoren direkte Aktionen unmöglich machen. Auf jeden Fall wird am Ende trotz aller Härte nur ein Bruchteil der Polen in Westpreußen vernichtet sein (schätzungsweise 20 000).

Zu 2: Naturgemäß wird sich die Aussiedlung bzw. Umsiedlung über Monate und Jahre erstrecken, da umfangreiche, technische und sonstige Arbeiten zu erledigen sind.

Zu 3: Die bewußte planmäßige Verschickung rassisch wertvoller Polen nach dem Altreich ist bisher kaum angelaufen. Schwierigkeiten wird die Auswahl der rassisch wertvollen Polen bieten (Beispiel: Ein polnischer Arzt, international anerkannter Krebsforscher, der erklärt hat, wenn er sich schon unterordnen müsse, dann lieber den Deutschen als den Juden usw., der in Ruhe seiner Forschung nachgehen möchte). Die Zahl der so zu [V]erschickenden wird gering sein.

Aus den Bemerkungen zu 1-3 geht somit hervor, daß zu rechnen ist, daß auch in den nächsten Monaten und Jahren noch mit einer erheblichen Zahl reiner und bewußter Polen zu rechnen sein wird. Die Polen werden entsprechend ihrer durch die Geschichte bewiesene[n] Geisteshaltung auch in Zukunft stets dazu neigen, konspirativ zu arbeiten, Sabotageakte durchzuführen und Verschwörungen anzuzetteln. Noch heute nach der Zerschlagung des polnischen Staates ist die überwiegende Mehrheit der polnischen Bevölkerung überzeugt von der Befreiung und Wiederauferstehung durch englische und französische Hilfe. Wer an der Wahrheit dieser Feststellungen zweifelt, braucht nur einen zerlumpt gekleideten, polnisch sprechenden Gewährsmann in die „Schlangen" zu entsenden, die sich täglich vor den Ladengeschäften der westpreußischen Städte bilden. Zur Zerschlagung polnischer Umtriebe sind naturgemäß in erster Linie politische, wirtschaftliche, sicherheitspolizeiliche usw. Maßnahmen erforderlich. Darüber hinaus muß jedoch nach hiesigem Ermessen die moralische Widerstandskraft der Polen durch geeignete, propagandistische Maßnahmen zerschlagen werden. Somit dürften folgende Mittel zu erwägen sein: Einrichtung einer „polnischen Ecke" in den bisherigen volksdeutschen Zeitungen mit Wiedergabe der deutschen Heeresberichte und anderer Kurzmeldungen, welche die polnische Widerstandskraft schwächen, Maueranschläge und Wandzeitungen mit viel Bildern etwa entsprechend dem bekannten Plakate: „England Dein Werk", usw. Dabei ist zu beachten, daß die

Polen kaum mehr Radioapparate besitzen und zu einem immerhin beachtenswerten Umfange die deutsche Sprache nicht beherrschen. Nach hiesigem Ermessen müssen demnach sofort Besprechungen zwischen dem Reichspropagandaamt Danzig/Westpreußen und dem Reichspropagandaministerium in Angriff genommen werden.

Ihr Röder, SS-Sturmbannführer

Dok. 109) Landrat des Kreises Kosten an Chef der Zivilverwaltung Posen v. 31.10.1939: Lage- und Tätigkeitsbericht (Auszug)
BAL, B 162/Vorl. Dok.Slg. Polen 365 r
1. Politische Lage
[...] Die polnische Intelligenz ist restlos erfaßt und wird laufend je nach Vordringlichkeit von den Sicherheitsorganen festgesetzt. Im Zusammenhang mit der Ansiedlung der baltendeutschen Rückwanderer ha[be] ich die Absicht, in Kosten ein Internierungslager für die männliche polnische Intelligenz einzurichten. Auf diese Weise wird es gelingen, Rückschläge in der Befriedung des Kreises zu vermeiden.

2. Stimmung der Bevölkerung
Die deutsche Bevölkerung des Kreises, die nur etwa 2 % der Gesamtbevölkerung ausmacht, gewinnt langsam Vertrauen in die veränderten Verhältnisse und bekommt mehr und mehr Rückgrat. Bis sich allerdings die deutsche Bevölkerung allgemein zu dem Herrenstandpunkt gegenüber den Polen durchgerungen hat, wird noch einige Zeit vergehen.

Dok. 110) Lagebericht SD-Einsatzkommando Bromberg, Stand vom 1.11.1939 (Auszüge)
IPNW, NTN 196/179
Wenn auch in der Berichtszeit von einem Umschlagen der Stimmung innerhalb der polnischen Bevölkerung nicht gesprochen werden kann, so sind dennoch gewisse Anzeichen dafür vorhanden, daß in den ärmeren Schichten hier und da ein Aufatmen beginnt. Man merkt, daß der Kampf der deutschen Behörden und Parteidienststellen in erster Linie gegen die Intelligenz geführt wird. So steht das ganze Trachten dieser mehr oder weniger indifferenten Schicht danach, in den Besitz eines volksdeutschen Ausweises zu gelangen und damit auch der Vorteile teilhaftig zu werden, die den deutschen Bürger aus der Masse des polnischen Elements herausheben. Auf dieser Linie bewegen sich auch die Gerüchte aus polnischen Arbeiterkreisen, die verschiedentlich bestätigt werden konnten und denen zufolge in absehbarer Zeit alle polnischen Mädchen gezwungen werden würden, nur Deutsche zu heiraten. Jeder, der nur irgendwie kann, ist mit allen Mitteln bemüht, sich in irgendeiner Form als deutsch kennzeichnen zu lassen, um so, wenn nicht auf geradem, so eben auf krummem Wege, die Genehmigung zum weiteren Verbleiben im Gaugebiet zu erwirken.

[...] Die Aussiedlung der kongreßpolnischen Siedler geht in vollem Umfange weiter. Bisher sind insgesamt etwa 1000 Kongreßpolen nach dem Osten abgeschoben worden. Die dadurch leer gewordenen Siedlerstellen werden zunächst von den angrenzenden Besitzern mitbewirtschaftet. Hierbei zeigt es sich jedoch, daß gerade Volksdeutsche vielfach versuchen, sich gegenseitig die besten Ländereien abzujagen, wie überhaupt die Pflichten als Treuhänder recht leichtfertig wahrgenommen werden. Man glaubt in diesen Kreisen immer noch, die anvertrauten Betriebe eines Tages ohne weiteres erwerben zu können. Auf gleicher Linie liegen die Äußerungen mancher Gutsbesitzer, die durchaus nicht damit einverstanden sind, daß ihnen die polnischen Siedlerstellen, die sie vor der Zwangsparzellierung besaßen, nicht wieder zugesprochen werden. Die Zahl der Anfragen aus dem Altreich nach freiwerdenden Gehöften ist so umfangreich, daß sie im Augenblick überhaupt nicht bearbeitet werden können. [...] Auch in der Stadt selbst geht die Beschlagnahme und Enteignung des polnischen Besitzstandes in schnellem Tempo weiter. Das Ziel ist, zunächst einmal den Stadtkern völlig polenfrei zu machen und die Polen, soweit sie als Ansässige überhaupt in Frage kommen, in die Außenbezirke umzusiedeln. Möbel und sonstige Hausgeräte dürfen bei dieser Aktion nicht mitgenommen werden, sondern sollen als Entschädigungsgut für die beraubten Volksdeutschen sichergestellt werden. Gleichfalls wird eine Entschädigung für enteignete polnische Grundstücke innerhalb der Stadt nicht beabsichtigt.

Dok. 111) Erlaß Reichsführer-SS v. 1.11.1939: Führerorganisation der Polizei im Generalgouvernement
BAB, R 58/241

1. Dem Generalgouverneur in Polen untersteht unmittelbar der Höhere SS- und Polizeiführer Ost. Diesem sind unterstellt:
   a) der Befehlshaber der Ordnungspolizei,
   b) der Befehlshaber der Sicherheitspolizei und des SD,
   c) der Führer der SS und des Selbstschutzesßsrtnßmit ihren Stäben.

Ihnen unterstehen die im Generalgouvernement eingesetzten Einheiten ihrer Befehlsbereiche unmittelbar.

2. Den 4 dem Generalgouverneur unterstehenden Distriktchefs in Warschau, Lublin, Radom und Krakau werden die „SS- und Polizeiführer" zugeteilt, die dem Höheren SS- und Polizeiführer unmittelbar unterstehen. Die SS- und Polizeiführer sind die Berater der Distriktchefs für alle polizeilichen Fragen und sind gehalten, die Weisungen der Distriktchefs zu befolgen, soweit nicht Befehle des Höheren SS- und Polizeiführers und seiner Vertreter entgegenstehen. Dem SS- und Polizeiführer untersteht:
   a) ein Kommandeur der Ordnungspolizei,
   b) ein Kommandeur der Sicherheitspolizei,
   c) ein Führer der SS und des Selbstschutzesßsrtnßmit ihren Stäben.

3. Die den Distriktchefs unterstehenden Landeshauptmänner sind Vorgesetzte der ihnen zugeteilten Polizei-, SS- und Selbstschutzkräfte.

gez. H. Himmler

Dok. 112) Aussage Josef Lemke, 1939 Einwohner von Neustadt/ Westpreußen, v. 19. 6. 1959 (Auszüge)
BAL, B 162/3385,Bl. 45 ff.

Die Standortverwaltung bemühte sich, mit der Bevölkerung, soweit sie deutsch war, in gutem Einvernehmen zusammenzuarbeiten. Um irgendwelchen Übergriffe[n] von Seiten der polnischen Bevölkerung entgegenzutreten, wurden als Vorbeugungsmaßnahme etwa 50 bis 60 Polen als Geiseln festgenommen. Diese Maßnahme erwies sich jedoch nach Ablauf von 3 bis 4 Tagen als überflüssig, weil in Neustadt kein Widerstand von Seiten der polnischen Bevölkerung geleistet wurde. Die Geiseln wurden daher wieder entlassen. In den nächsten Wochen hat sich auch nichts Bemerkenswertes ereignet. Dieser Zustand änderte sich etwa im November 1939, als sich Organisationen der NSDAP gebildet hatten. Jetzt blühte das Denunziantentum. Übereifrige Deutsche, die ihre Zugehörigkeit zum Nationalsozialismus demonstrieren wollten, denunzierten wahllos polnische Bürger. Die Denunzierungen erfolgten bei den Funktionären der Ortsgruppen der neugebildeten NSDAP. Von hier aus wurden die Meldungen weiter an die zuständige Kreisleitung und weiter an die zuständige Dienststelle der Gestapo gegeben. Soweit ich unterrichtet bin, war im November 1939 die Gestapodienststelle in Danzig auch für Neustadt zuständig. Später wurde der Einsatz von Gotenhafen aus geleitet. Auf Grund der Meldungen, die bei der Gestapodienststelle in Danzig eingingen, wurden ab November 1939 zahlreiche Polen festgenommen. Vornehmlich handelte es sich um Angehörige der polnischen Intelligenz. [...] Die Leute wurden gewöhnlich zur Nachtzeit aus ihren Wohnungen geholt und mittels LKW zunächst ins Gefängnis von Neustadt und von hier aus an einem der nächsten Tage zu einem naheliegenden Wald geschafft, wo die Exekutionen durchgeführt wurden. Ich habe es selbst in den letzten Tagen des November 1939 mehrfach gesehen, daß Häftlinge auf Lastkraftwagen transportiert wurden. Auf Grund meiner beruflichen Tätigkeit war ich gewöhnlich um 5.00 und 6.00 Uhr des Morgens schon unterwegs. Ich habe festgestellt, daß einige Lastkraftwagen, es waren gewöhnlich fünf, beladen mit Häftlingen aus Danzig kamen. Auf jedem Lastkraftwagen befanden sich etwa 30 Personen. Diese Leute wurden dann in der Gegend um Neustadt erschossen. Die Wagen kamen vom Exekutionsort leer zurück, luden die in der Nacht in Neustadt Festgenommenen auf, die dann anschließend ebenfalls in einem Waldstück erschossen wurden. In der Bevölkerung wurde damals erzählt, daß an jedem Tag etwa bis zu 300 Polen erschossen wurden. Diese Erschießungen wiederholten sich fast an jedem Tage im November 1939. Wie wahllos die Erschießungen vorgenommen wurden, ergibt sich aus der Tatsache, daß der deutsche Bauunternehmer Franz Litzbarski ebenfalls zu den Opfern gehörte. L., der sehr reich war, hatte während der polnischen Verwaltungszeit viel für seine deutschen Mitbürger getan und sich unter persönlichen Opfern bemüht, das Deutschtum in Neustadt hochzuhalten. Er stand dem Nationalsozialismus allerdings ablehnend gegenüber. Durch die NSDAP wurde ihm im November 1939 der Vorwurf gemacht, zu irgendeiner Zeit die antinazistische Zeitschrift „Der Deutsche in Polen" gelesen zu haben. Dieses genügte allein, um L. auf die „Schwarze Liste" zu setzen und anschließend zu erschießen.

Dok. 113) Lagebericht Sicherheitspolizei-Einsatzkommando Bromberg v. 4.11.1939 (Auszug)
IPNW, NTN 196/179
Die gegen die polnische Intelligenz eingeleitete Aktion ist so gut wie abgeschlossen. Durch entsprechend eingeleitete Fahndungsmaßnahmen ist gewährleistet, daß zum Kreise der polnischen Intelligenz zählende Flüchtlinge bei ihrer Rückkehr sofort festgenommen werden können. Von der polnischen Intelligenz (Lehrern, Angehörigen des West[marken]verbandes) und als Deutschenhasser und Hetzern gegen das Deutschtum hervorgetretenen Personen [sic] sind 250 im Laufe der letzten Woche liquidiert worden.

Dok. 114) Stadtkommissar von Bromberg an Sicherheitspolizei-Einsatzkommando Bromberg v. 9.11.1939
BAB, R 70 Polen/83
Lieber Pg. [Parteigenosse] Loellgen [Lölgen]!

In der Anlage reiche ich Ihnen einen Vorgang zur direkten Erledigung weiter. Es handelt sich hier um zwei kongreßpolnische Familien, die äußerst gefährlich sind, da die Männer an besonders lebenswichtigen Plätzen ihre Arbeit verrichtet haben und infolgedessen dort Bescheid wissen. Es kommt hier eine Liquidierung der gesamten Familie in Frage. Ich bitte, diesen Fall so schnell wie möglich zu klären.

Heil Hitler
Kampe, Kreisleiter

Dok. 115) Lagebericht Sicherheitspolizei-Einsatzkommando Bromberg v. 10.11.1939 (Auszug)
BAB, R 70 Polen/83
Die gegen die polnische Intelligenz durchgeführte Aktion ist als abgeschlossen zu betrachten. In der Zeit vom 30.10. bis 10.11. wurden

	liquidiert	evakuiert	entlassen
Lehrer u. Lehrerinnen	73	68	66
Rechtsanwälte u. Notare	3	2	1
Apotheker	2	–	5
Richter	–	1	1
Finanzbeamte	13	3	10
Stadtverwaltung	1	–	4
Verschiedene Berufe	2	1	4

Dok. 116) Aussage Willy Lau, 1939 stellvertretender Landrat des Kreises Karthaus, v. 3. 7. 1970 (Auszug)
BAL, B 162/16660
Da ich nunmehr neugierig geworden war, zog ich in der Folgezeit Erkundigungen ein und erfuhr, daß die beiden Gestapo-Leute einem Einsatzkommando angehörten und den Auftrag hatten, in Kreis und Stadt Karthaus diejenigen Polen festzunehmen, die sich vor dem Kriege als besonders deutschfeindlich hervorgetan hatten und sich aktiv zum Polentum bekannt hatten. Diese beiden Stapoleute zogen in Durchführung ihres Auftrages im Kreise Karthaus von Dorf zu Dorf und befragten die volksdeutsche Bevölkerung (etwa 5 % der Gesamtbevölkerung im Kreis) nach solchen mißliebigen Polen. Bei ihrer Arbeit wurden die beiden Stapoleute von drei Gendarmeriebeamten unterstützt, die meines Wissens inzwischen verstorben sind. Ferner standen ihnen als Gehilfen noch einige Volksdeutsche zur Verfügung, die dem Selbstschutz angehörten. Meines Wissens wurden von den beiden Stapoleuten und ihren Helfern insgesamt etwa 200 Polen auf diese Weise festgenommen und gleich in der Nähe, meistens in einem Wald, erschossen, wobei die Volksdeutschen das Exekutionskommando stellten.

Dok. 117) Erlaß Höherer SS- und Polizeiführer Posen v. 12. 11. 1939: Abschiebung von Juden und Polen aus dem Reichsgau „Warthe-Land" (Auszug)
BAB, R 70 Polen/198
1) Der Reichsführer-SS und Chef der Deutschen Polizei hat in seiner Eigenschaft als Reichskommissar für die Festigung deutschen Volkstums angeordnet, daß aus de[n] ehemals polnischen Gebieten, die nunmehr zum Reich gehören,
    a) alle Juden und
    b) alle diejenigen Polen abgeschoben werden, die entweder zur Intelligenz gehören oder aber auf Grund ihrer nationalpolnischen Einstellung eine Gefahr

für die Durchsetzung und Festigung des Deutschtums darstellen können. Kriminelle Elemente sind diesen gleichzustellen.
Ziel der Abschiebung ist:
a) die Säuberung und Sicherung der neuen deutschen Gebiete,
b) die Schaffung von Wohnungen und Erwerbsmöglichkeiten für die einwandernden Volksdeutschen.
Diesen Zielen muß die Evakuierungsaktion unbedingt entsprechen, grundsätzlich ohne Rücksicht auf alle Belange sonstiger Art.
2) Auf Grund einer Besprechung beim Generalgouverneur in Krakau erstreckt sich der Abtransport aus de[m] „Warthe-Gau" für die Zeit vom 15.11.1939 bis 28.2.1940 auf zunächst 200000 Polen und 100000 Juden.
3) Als Unterbringungsraum für die von hier aus Abgeschobenen sind die Bereiche südlich Warschau und Lublin bestimmt.
4) Es sind im Rahmen dieser Erstaktion abzuschieben aus den Landkreisen alle Juden, außerdem aus den kleinsten Kreisen mindestens 2000 Polen, aus den größeren eine entsprechend höhere Zahl. Die nachfolgenden kreisfreien Städte haben zur Abschiebung bereitzustellen:
Posen: etwa   35000 Polen und alle Juden
Lodz: etwa   30000 Polen und etwa 30000 Juden
Gnesen: etwa   2300 Polen und alle Juden
Hohensalza: etwa   2300 Polen und alle Juden
Die bei den kreisfreien Städten und Landkreisen für die Abschiebung von Polen und Juden in Aussicht genommenen Kontingente kommen innerhalb des unter Ziffer 2) genannten Zeitpunktes zum Abtransport. Mit den vorbereitenden Maßnahmen ist umgehend zu beginnen. Es muß dabei berücksichtigt werden, daß die Zahl der Abgeschobenen vorläufig größer ist als die Zahl der umzusiedelnden Volksdeutschen aus dem Baltikum, Generalgouvernement und Wolhynien. Die Säuberung und Sicherung des Bereiches ist mit allen Konsequenzen erst dann erreicht, wenn die geistig führende Schicht, die gesamte Intelligenz sowie alle politischen und kriminellen Elemente entfernt sind. Alle bewußt polnisch fühlenden Personen sind gleichfalls abzuschieben. Bei der Intelligenz braucht der Tatbestand der politischen oder deutschfeindlichen Betätigung nicht gegeben zu sein. Darüberhinaus muß der Gesichtspunkt der Schaffung von Wohn- und Arbeitsplätzen für die einwandernden Reichs- und Volksdeutschen in jeder Hinsicht berücksichtigt werden.

Dok. 118) Lagebericht SD-Einsatzkommando Bromberg, Stand vom 14.11.1939 (Auszüge)
IPNW, NTN 196/179
Durch eine großangelegte Razzia der Gestapo in Zusammenarbeit mit SD, Schutzpolizei und Wehrmacht wurde am 11.11.39 morgens um 5 Uhr eine Durchsuchung sämtlicher Häuser vorgenommen und alle männlichen Per-

sonen im Alter von 18–65 Jahren, die nicht im Besitz eines von der Sicherheitspolizei abgestempelten Ausweises waren[,] sistiert. Es wurden dabei 3800 Personen gestellt, von denen lediglich 1 % durch Fahndungslisten bezw. Kartei erfaßt worden sind. Dieser niedrige Prozentsatz ergibt sich aus der Tatsache, daß die Stadt Bromberg bereits eine ähnliche Aktion erlebt hat und hierbei gründliche Arbeit geleistet worden war. [...] Die Lage auf kirchlichem Gebiet ist in der Zwischenzeit unverändert geblieben. Die Kirchenüberwachungen werden laufend weiter fortgesetzt, jedoch bot bisher das Verhalten der Geistlichen keinen Anlaß zum Einschreiten. Überhaupt muß hierzu grundsätzlich festgestellt werden, daß durch das Ausrotten der radikal-polnischen Pfarrer das Schüren eines etwaigen passiven Widerstandes auf kirchlichem Gebiet so gut wie unmöglich gemacht wurde; die übriggebliebenen Geistlichen sind als gemäßigt anzusehen und zeigen sich in jeder Hinsicht sehr zurückhaltend. Ein Judenproblem in Bromberg gibt es nicht mehr, da die Stadt vollkommen judenfrei ist. Bei der Säuberungsaktion sind sämtliche Juden, die es nicht vorgezogen hatten vorher zu flüchten, beseitigt worden.

Dok. 119) Vermerk Dr. Tröger, Inspekteur der Sicherheitspolizei und des SD Danzig-Westpreußen, v. 16.11.1939
BAL, B 162/Vorl. Dok.Slg. Polen 92
1) Bei der Besprechung am 15.11.39 über die Evakuierung von Polen wurde übereinstimmend darauf hingewiesen, daß es angebracht wäre, auch die Familienangehörigen derjenigen gefährlichen Polen, die nicht mehr am Leben sind, zu evakuieren.
2) Die Anregung ist begründet, daher mir zur nächsten Dienstbesprechung am 18.11.39 vorlegen.
Tröger
[Handschriftlicher Zusatz]
bei der Besprechung am 12.1.40 erl. [erledigt]
Abromeit z. d. A. [zu den Akten]

Dok. 120) Lagebericht Sicherheitspolizei-Einsatzkommando Bromberg v. 17.11.1939 (Auszüge)
IPNW, NTN 196/179
Obwohl am 11.11.39, dem früheren polnischen Nationalfeiertag, mit Ausschreitungen gerechnet wurde, verblieb jedoch alles ruhig und ohne besondere Vorkommnisse. Dieses gilt sowohl für den Stadt- als auch für den Landkreis Bromberg. Im Einvernehmen mit dem Kreisleiter Kampe wurde an diesem Tage der frühere polnische Stadtpräsident von Bromberg, Leon Barciszewski, standrechtlich erschossen, weil nach den Erhebungen feststand, daß der Benannte als übelster Deutschenhasser zu betrachten ist und seine Dienststellung und Persönlichkeit nicht dafür verwandt hat, die hier herrschenden Unruhen

am 3. und 4.9.39 zu verhindern. Die Bevölkerung wurde durch Plakatanschläge hiervon in Kenntnis gesetzt. [...] Die in dem Stadtkreis Bromberg noch vorhandene polnische Intelligenz zieht es teilweise vor, Bromberg zu verlassen, um nach Kongreßpolen auszuwandern. 3 polnische Ärzte wurden in der Berichtswoche liquidiert. Polnische Intelligenz, von der anzunehmen ist, daß sie sich im besonderen Maße aktiv betätigen könnte, ist in Bromberg nicht mehr vorhanden. Auch in Nakel und Fordon ist die Überprüfung und Liquidierung der polnischen Intelligenz und der Angehörigen des Westmarken-Verbandes restlos durchgeführt. 4 Polen, die sich zu deutsch-bezw. staatsfeindlichen Äußerungen hinreißen ließen, wurden festgenommen. Der Landrat hat nunmehr für jede Landgemeinde einen volksdeutschen Gemeindevorsteher eingesetzt, sodaß die Gewähr dafür vorhanden ist, daß besondere Vorkommnisse sofort den in Frage kommenden Polizeistellen zur Kenntnis gelangen. Der Abteilung III ist es gelungen, eine Liste der polnischen Polizei-Brigade Bromberg sicher zu stellen, auf welcher 70 Personen „Informatoren" verzeichnet sind. Diese Konfidentenliste wird besonders ausgewertet, insbesondere werden die jetzigen Anschriften und Wohnungen der in der Liste Verzeichneten festgestellt. In einer geschlossenen Aktion soll alsdann die Festnahme dieser „Informatoren" erfolgen.

Dok. 121) Erlaß Chef der Sicherheitspolizei und des SD v. 20.11.1939
BAB, R 58/241
Die Einsatzgruppen und Einsatzkommandos der Sicherheitspolizei werden aufgelöst:

a) Reichsgau Danzig-Westpreußen:
Es treten nach näheren Weisungen des Inspekteurs der Sicherheitspolizei und des SD in Danzig vom Einsatzkommando 16 die Angehörigen der Geheimen Staatspolizei von der Dienststelle Danzig zur Staatspolizeileitstelle Danzig, von der Dienststelle Thorn zur Staatspolizeistelle Graudenz, von der Dienststelle Bromberg zur Staatspolizeistelle Bromberg.

b) Im Reichsgau Posen:
Es treten nach näheren Weisungen des Inspekteurs der Sicherheitspolizei und des SD in Posen von der Einsatzgruppe VI die Angehörigen der Geheimen Staatspolizei des Gruppenstabes der Einsatzgruppe VI zum Stab des Inspekteurs der Sicherheitspolizei und des SD in Posen, des Einsatzkommandos 11/VI [gemeint ist 1/V] in Hohensalza zur Staatspolizeistelle Hohensalza, des Einsatzkommandos 14/VI [1/VI] in Posen zur Staatspolizeistelle Lodz, des Einsatzkommandos 15/VI [2/VI] in Posen zur Staatspolizeileitstelle Posen.

c) Im Regierungsbezirk Kattowitz:
Die Angehörigen der Geheimen Staatspolizei der Einsatzgruppe zbV. in Kattowitz treten zur Staatspolizeistelle Kattowitz.

Zu a–b:
Die Zuteilung der SD-Angehörigen ist bereits erfolgt.

d) Im Generalgouvernement Polen:
Es treten nach näheren Weisungen des Befehlshabers der Sicherheitspolizei und des SD die Angehörigen der Geheimen Staatspolizei und des SD der Einsatzgruppe I zum Kommandeur der Sicherheitspolizei und des SD in Krakau, der Einsatzgruppe[n] II und III zu den Kommandeuren der Sicherheitspolizei in Lublin und Radom, der Einsatzgruppe IV zu dem Kommandeur der Sicherheitspolizei in Warschau. Die Aufteilung der SD-Angehörigen ist bereits erfolgt. Die den Kommandeuren der Sicherheitspolizei und des SD unterstehenden Kräfte werden als Kommando der Sicherheitspolizei und des SD in Warschau usw. bezeichnet.

Zu a–d:
Ein etwa erforderlich werdender Ausgleich der Stärke der einzelnen Staatspolizei(leit)stellen und Kommandos bleibt vorbehalten. Die Angehörigen der Kriminalpolizei treten zu den ihren augenblicklichen Standorten nächstgelegenen Kriminalpolizeien (Graudenz, Thorn, Bromberg, Posen, Lodz oder Kattowitz) bzw. zu dem SS- und Polizeiführer in Krakau und geben von dort umgehend Stärkemeldung. Über ihren Verbleib wird alsdann durch weiteren Erlaß entschieden werden.

In Vertretung: gez.: Dr. Best

Dok. 122) General Walter Petzel, Chef Wehrkreiskommando XXI, an Befehlshaber des Ersatzheeres v. 23.11.1939 (Auszug)
BA-MA, N 104/3
Der Warthegau ist als befriedet anzusehen. Wiederholte Aufstandsgerüchte haben sich in keinem Fall bestätigt. Der Grund hierfür liegt nicht in einem Stimmungswechsel der polnischen Bevölkerung, sondern in der Erkenntnis der Hoffnungslosigkeit einer Auflehnung. Daß in der großen Anzahl entlassener Gefangener und sonst heimgekehrter polnischer Soldaten eine Gefahr liegt, die ständiger Beobachtung bedarf, wird nicht verkannt, besonders da zahlreiche Offiziere noch nicht erfaßt sind. Ein Niederhalten dieser Gefahr ist nur durch die militärische Besetzung des Landes in der jetzigen Form möglich, die zivilen Verwaltungsstellen sind dazu mit den vorhandenen Polizeikräften völlig außerstande. Die große Aufbauarbeit auf allen Gebieten wird nicht gefördert durch das Eingreifen von SS-Formationen, die mit „Volkspolitischen Sonderaufträgen" eingesetzt und darin dem Reichsstatthalter nicht unterstellt sind. Hier macht sich die Tendenz geltend, über den Rahmen dieser Aufgaben hinaus maßgebend in alle Gebiete der Verwaltung einzugreifen und einen „Staat im Staate" zu bilden. Diese Erscheinung bleibt nicht ohne Rückwirkung auf die Truppe, die über die Formen der Aufgabendurchführung empört ist und dadurch verallgemeinernd in einen Gegensatz zu Verwaltung und Partei gerät.

Die Gefahr ernsthafter Auseinandersetzungen werde ich durch strenge Befehle ausschalten. Daß darin eine hohe Anforderung an die Disziplin der Truppe liegt, ist nicht von der Hand zu weisen. Fast in allen größeren Orten fanden durch die erwähnten Organisationen öffentliche Erschießungen statt. Die Auswahl war dabei völlig verschieden und oft unverständlich, die Ausführung vielfach unwürdig. In manchen Kreisen sind sämtliche polnischen Gutsbesitzer verhaftet und mit ihren Familien interniert worden. Verhaftungen waren fast immer von Plünderungen begleitet. In den Städten wurden Evakuierungen durchgeführt, bei denen wahllos Häuserblocks geräumt wurden und die Bewohner nachts auf. L.K.W.'s verladen und in Konzentrationslager verbracht wurden. Auch hier waren Plünderungen ständige Nebenerscheinungen. Die Unterbringung in [sic] Verpflegung in den Lagern war derart, daß vom Korpsarzt der Ausbruch von Seuchen und damit eine Gefährdung der Truppe befürchtet wurde. Auf meinen Einspruch hin wird Abhilfe geschaffen. In mehreren Städten wurden Aktionen gegen Juden durchgeführt, die zu schwersten Übergriffen ausarteten. In Turek fuhren am 30.10.39 3 SS-Kraftwagen unter Leitung eines Höheren SS-Führers durch die Straßen, wobei die Leute auf der Straße mit Ochsenziemern und langen Peitschen wahllos über die Köpfe geschlagen wurden. Auch Volksdeutsche waren unter den Betroffenen. Schließlich wurden eine Anzahl Juden in die Synagoge getrieben, mußten dort singend durch die Bänke kriechen, wobei sie ständig von den SS-Leuten mit Peitschen geschlagen wurden. Sie wurden dann gezwungen, die Hosen herunterzulassen, um auf das nackte Gesäß geschlagen zu werden. Ein Jude, der sich vor Angst in die Hosen gemacht hatte, wurde gezwungen, den Kot den anderen Juden ins Gesicht zu schmieren.

Dok. 123) Lily Jungblut, Ehefrau eines Gutsbesitzers aus der Umgebung von Hohensalza und NSDAP-Mitglied seit 1930, an Hermann Göring v. 6.12.1939 (Auszüge)
BAB, R 43 II/1411 a
Ist es, wie behauptet wird, tatsächlich der Wille unseres Führers und der Regierung, die gesamte deutschstämmige polnische Bevölkerung systematisch auszurotten? Fußend auf die unwahre Behauptung, daß die „Verantwortung der Morde an Volksdeutschen ausschließlich zu Lasten der intellektuellen Führung des Polentums geht", wie die Deutsche Rundschau in Bromberg am 12. September 1939 schreibt, sind [T]ausende und [A]bertausende unschuldige Menschen dieser Kreise erschossen worden; sämtliche Lehrer und Lehrerinnen, Ärzte und Ärztinnen, Rechtsanwälte, Notare, Richter und Staatsanwälte, Großkaufleute und Gutsbesitzer – soweit sie noch lebten – sind zu [T]ausenden aus den Schulen vor den Augen der Kinder, aus den Stellen, in die die Wehrmacht sie wieder eingesetzt hatte, aus der Praxis, aus den Kliniken, von den Gütern, so wie sie gingen und standen[,] von der Danziger Gestapo verhaftet

und in Zuchthäuser und Gefängnisse gesperrt [worden]. [...] Und heute beginnt die gleiche Tragödie mit den Kleinbauern und Arbeitern. [...] Welchen Ruhm erwerben sich Volksdeutsche und Treuhänder, wenn sie fast sämtliche Christus- und Marienkreuze an den Wegen absägen und zerschlagen lassen, in die Häuser der Arbeiter eindringen und heilige Bilder von den Wänden herunterreißen und mit den Füßen zertreten und somit die fromme katholische Landbevölkerung aufs tiefste treffen?

Dok. 124) Vernehmung Fritz Liebl, 1939 Angehöriger des Einsatzkommandos 3/I, v. Dezember 1939 (Auszug)
BAB, BDC, SSO Dr. Alfred Hasselberg

Regierungsrat Mylius: Krim.-Komm. [Kriminalkommissar] Herzberger berichtet, daß Sie, als er Sie einmal wegen Ihres bedrückten Aussehens zur Rede gestellt habe, ihm erklärt haben, Sie haben sich gerade mit zwei Kameraden über die Frage unterhalten, was dann werden sollte, wenn Sie wieder in der Heimat wären, ob Sie dann die verbrecherischen Gepflogenheiten ablegen könnten? Was haben Sie mit dem Ausdruck ‚verbrecherische Gepflogenheiten' gemeint?

Liebl: Ich habe mit dem Ausdruck ‚verbrecherische Gepflogenheiten' zum Teil die Erschießungen, zum Teil aber auch andere unbegründete Übergriffe gemeint. Ich bin aufgrund meiner Tätigkeit bei dem Einsatzkommando Hasselberg zu dem Ergebnis gekommen, daß dort ein Menschenleben überhaupt nichts wert war. In der ersten Zeit ist eine gewisse Anzahl von Erschießungen vorgenommen worden, ohne daß ein Urteil von den Standortgerichten vorlag. Später wurden die betreffenden Personen dann dem Standgericht zugeführt, das sie zum Tode verurteilt hat. Ich persönlich war jedoch vor allem angewidert, wie diese Erschießungen stattfanden. Die Hinrichtung der Verurteilten erfolgte in sämtlichen Fällen mit der Pistole durch Genickschuß. Die Verurteilten mußten sich an den Rand einer bereits vorher ausgehobenen Grube stellen und wurden dann durch Genickschuß getötet.

Mylius: Ist es vorgekommen, daß die Verurteilten nach dem ersten Schuß noch nicht tot waren?

Liebl: Jawohl. Es sind dann noch weitere Schüsse abgegeben worden. Die Leute, die zu dem Exekutionskommando gehörten, waren in solchen Fällen überhaupt nicht ausgebildet. M.E. [Meines Erachtens] bestand durchaus die Möglichkeit, die Leute entweder der Wehrmacht oder der Schutzpolizei zur Vollstreckung des Todesurteils zu überliefern. Man hätte m.E. zumindesten [sic] den Leuten zeigen sollen, wie man die Erschießungen macht, nicht, daß ganz planlos ins Genick geschossen wird, sodaß, wie bereits erwähnt, der Tod nicht sofort eingetreten ist. Ich habe in einem Falle einer Exekution beigewohnt, wobei ich selbst einen der Verurteilten erschossen habe. Ich stand zunächst dabei und, nachdem die Schüsse abgegeben worden waren und die betreffenden Verurteilten in die Grube gefallen waren, bemerkte ich, daß eine Person überhaupt noch nicht getroffen war, aber bereits in die Grube gefallen war – anscheinend durch Schreck –. Ich habe dann die betreffende Person von oben her erschossen, und zwar habe ich in den Hinterkopf geschossen.

Dok. 125) Erlaß Chef der Sicherheitspolizei und des SD v. 21.12.1939: Räumung in den Ostprovinzen
BAB, R 58/240

Sachdienliche Gründe machen die zentrale Bearbeitung der sicherheitspolizeilichen Angelegenheiten bei der Durchführung der Räumung im Ostraum notwendig. Zu meinem Sonderreferenten im Reichssicherheitshauptamt, Amt IV, habe ich den SS-Hauptsturmführer Eichmann (Vertreter SS-Hauptsturmführer Günther) bestellt. Der Dienstsitz dieses Sonderreferates befindet sich in Berlin W 62, Kurfürstenstraße 115–116, Tel.Nr. 259251. Der Schriftverkehr ist über das Reichssicherheitshauptamt, Amt IV, Berlin SW 11, Prinz-Albrecht-Str. 8 zu leiten.

gez. Heydrich[,] SS-Gruppenführer

Dok. 126) Brief einer Einwohnerin von Bromberg (Name unleserlich) an den dortigen Staatsanwalt v. 28.3.1940
BAL, B 162/Vorl. Dok.Slg. Verschiedenes 301 Bg (O. 140)

Am 24.9.39 vormittags begab sich der frühere Stadtgartendirektor Marian Güntzel, wohnhaft in Bromberg Adolf Hitlerstraße 18[,] von seiner Wohnung aus zum Dienst ins hiesige Rathaus. Von diesem Dienstgange ist Herr Güntzel nicht zurückgekehrt, sondern seither verschwunden. Ebenso verschwunden ist seit dem 30. September 1939 seine Ehefrau Emilie Güntzel, die beim Magistrat[,] bei der Polizei und anderen Behörden nach dem Verbleib ihres Mannes forschte. Namens des jetzt zurückgebliebenen 7-jährigen, mittellosen Kindes Ignatz Güntzel[,] der seit Verschwinden der Eltern durch mich als Kousine des Vaters unterhalten werden muß, bitte ich hierdurch ergebenst im Interesse des unversorgten Kindes nach dem Verbleib der Eheleute Güntzel zu forschen und mir über das Ergebnis dieser Nachforschungen Mitteilung zu machen. Falls dort unzuständig, bitte ich um Anschrift derjenigen Dienststelle, die nähere Auskünfte über den Verbleib geben kann.

Dok. 127) Vermerk Kripo-Stelle Bromberg v. 8.4.1940
BAL, B 162/Vorl. Dok.Slg. Verschiedenes 301 Bg (O. 140)

Nach Angaben des jetzigen Leiters der Gartenbauverwaltung, eines Dombeck, soll[en] der frühere Stadtgartendirektor Güntzel und seine Ehefrau auf Anordnung des Kreisleiters festgenommen und der Geheimen Staatspolizei übergeben worden sein.

Dok. 128) Vermerk Stapo-Stelle Bromberg v. 27. 4. 1940
BAL, B 162/Vorl. Dok.Slg. Verschiedenes 301 Bg (O. 140)
1. Wie hier bekannt ist, hat der H. [Herr] Kreisleiter anläßlich seiner Vernehmung in der Ermittlungssache Wagner u. a. erklärt, daß er die Funktionäre der Stadt im Laufe des September zu einer Sitzung nach dem Rathaus bestellt habe und sie anschließend nach dem Walde habe bringen und sie hier habe umlegen lassen. In der Folgezeit habe er auch die Angehörigen der betr. Personen, um keine Märtyrer zu schaffen, ebenfalls beseitigen lassen. Über diesen Vorgang ist dem Herrn R.J.Minister [Reichsjustizminister] bei dem Vortrag am 15. 4. 40 Bericht erstattet worden.

2. Nachricht an Antragstellerin, daß sich der Verbleib der Eheleute Güntzel von hier aus nicht hat ermitteln lassen.

Anmerkungen

¹ Eröffnungsplädoyer Benjamin Ferencz im Fall 9 (Einsatzgruppen-Prozeß) am 29.9.1947, in: Trials of War Criminals before the Nuernberg Military Tribunals under Control Council Law No. 10, Bd. 4, Washington D.C. o.J. (1950), S. 30; vgl. Ralf Ogorreck/ Volker Rieß: Fall 9. Der Einsatzgruppen-Prozeß (gegen Otto Ohlendorf und andere), in: Gerd R. Ueberschär (Hrsg.): Der Nationalsozialismus vor Gericht. Die alliierten Prozesse gegen Kriegsverbrecher und Soldaten 1943–1952, Frankfurt/M. 1999, S. 164–175; Benjamin Ferencz: The Einsatzgruppen Trial, in: Herbert R. Reginbogin (Hrsg.): Die Nürnberger Prozesse. Völkerstrafrecht seit 1945, München 2006, S. 153–163; mit weiterführender Literatur: Annette Weinke: Die Nürnberger Prozesse, München 2006.

² Ereignismeldung UdSSR Nr. 97 v. 28.9.1941, BAB, R 58/217; dto. Nr. 101 u. 106 v. 2. u. 7.10.1941, ebd., R 58/218; Bericht 454. Sicherungsdivision/Abt. VII v. 2.10.1941, BA-MA, RH 26–454/28; vgl. Dieter Pohl: Die Einsatzgruppe C 1941/1942, in: Peter Klein (Hrsg.): Die Einsatzgruppen in der besetzten Sowjetunion 1941/42. Die Tätigkeits- und Lageberichte des Chefs der Sicherheitspolizei und des SD, Berlin 1997, S. 75.

³ Ogorreck/Rieß: Fall 9 (Anm. 1, S. 199), S. 164.

⁴ Jürgen Matthäus: Das „Unternehmen Barbarossa" und der Beginn der Judenvernichtung, Juni–Dezember 1941, in: Christopher Browning: Die Entfesselung der „Endlösung". Nationalsozialistische Judenpolitik 1939–1942, Berlin 2006, S. 360–535, bietet einen umfassenden Überblick unter Einbeziehung der einschlägigen Literatur.

⁵ Szymon Datner: 55 dni Wehrmachtu w Polsce. Zbrodnie dokonane na polskiej ludności cywilnej w okresie 1.9.–25.10.1939 r., Warszawa 1967; die Wehrmacht übte vom 1.9.–25.10. die vollziehende Gewalt in Polen aus.

⁶ Alexander B. Rossino: Hitler strikes Poland. Blitzkrieg, Ideology, and Atrocity, Kansas City 2003; Jochen Böhler: Auftakt zum Vernichtungskrieg. Die Wehrmacht in Polen 1939, Frankfurt/M. 2006.

⁷ Ebd., S. 54–75.

⁸ Mirosław Cygański: Z akt szefa zarządu cywilnego przy dowództwie 8 armii niemieckiej (październik 1939 r.), in: NDP 3(1959), S. 223–229; Paweł Dubiel: Wrzesień 1939 na Śląsku, Katowice 1960, S. 34–44; Helmut Krausnick: Hitler und die Morde in Polen. Ein Beitrag zum Konflikt zwischen Heer und SS um die Verwaltung der besetzten Gebiete, in: VfZ 11(1963), S. 196–209; Tatiana Berenstein/Adam Rutkowski: Dokument o konferencji w Urzędzie Policji Bezpieczeństwa z 21. września 1939 r., in: BŻIH 49(1964), S. 68–73.

⁹ Tatiana Berenstein/Adam Rutkowski: Niemiecka administracja wojskowa na okupowanych ziemiach polskich (1 września–25 października 1939 r.), in: NDP 6(1962), S. 45–57.

¹⁰ Einsatzgruppen in Polen. Einsatzgruppen der Sicherheitspolizei, Selbstschutz und andere Formationen in der Zeit vom 1. September 1939 bis Frühjahr 1940, 2 Bde., Ludwigsburg 1962/63.

¹¹ Dennoch wird die veraltete Materialsammlung der ZSL noch immer als Referenz hinsichtlich des Aufbaus u. der Organisation der EG in Polen angegeben, vgl. Rossino: Hitler (Anm. 6, S. 199), S. 243, Anm. 71.

¹² Hanns von Krannhals (Hrsg.): Die Berichte der Einsatzgruppen der Sicherheitspoli-

zei im Polenfeldzug 1939. Die Einsatzgruppen der Sicherheitspolizei in Polen: 1.9.1939–31.10.1939, unveröff. Ms., Lüneburg 1965; Kazimierz Leszczyński (Hrsg.): Działalność Einsatzgruppen policji bezpieczeństwa na ziemiach polskich w 1939 r. w świetle dokumentów, in: BGK 22(1971), S. 32–290.

[13] CdS v. 16.–19.9.1939: Tagesberichte Unternehmen Tannenberg für 15./16., 16., 16./17., 17., 17./18. u. 18./19.9., BAB, R 58/7001.

[14] EK 16 an IdS u. SD-Führer Nordost v. 30.9.1939, IPNW, NTN 196/179; CdS v. 30.9.1939: Tagesbericht Unternehmen Tannenberg für 29./30.9., BAB, R 58/7002.

[15] Zwei einschlägige Titel erschienen außerdem in der DDR: Alwin Ramme: Der Sicherheitsdienst der SS. Zu seiner Funktion im faschistischen Machtapparat und im Besatzungsregime des sogenannten Generalgouvernements Polen, Berlin (DDR) 1970, S. 104–125; Erhard Moritz/Wolfgang Kern: Aggression und Terror. Zur Zusammenarbeit der faschistischen deutschen Wehrmacht mit den Einsatzgruppen der Sicherheitspolizei und des SD bei der Aggression gegen Polen, in: ZfG 22(1974), S. 1314–1325.

[16] Szymon Datner/Janusz Gumkowski/Kazimierz Leszczyński: Einsatzgruppen (wyrok i uzasadnienie), in: BGK 14(1963), S. V–XVI; Kazimierz Radziwończyk: „Akcja Tannenberg" grup operacyjnych Sipo i SD w Polsce jesienią 1939 r., in: PZ 22(1966), S. 94–118; Leszczyński: Działalność (Anm. 12, S. 199), S. 7–31; Włodzimierz Borodziej: Terror und Politik. Die deutsche Polizei und die polnische Widerstandsbewegung im Generalgouvernement 1939–1944, Mainz 1999, S. 28–32.

[17] Alfred Konieczny: Organizacja katowickiego gestapo w latach 1939–1945, in: SŚSN 9(1965), S. 307–338; ders.: W sprawie policyjnych grup operacyjnych Streckenbacha i von Woyrscha na Górnym Śląsku we wrześniu i październiku 1939 r., in: SŚSN 10(1966), S. 225–270; ders.: Organizacja i działalność placówki gestapo w Katowicach w latach II wojny światowej, in: Studia nad Faszyzmem i Zbrodniami Hitlerowskim 14(1991), S. 309–348; Kazimierz Radziwończyk: Zbrodnie generała Streckenbacha, Warszawa 1966, S. 19–91; Mieczysław Wrzosek: Niemieckie siły policyjne na Górnym Śląsku w rejencji katowickiej w okresie od września do grudnia 1939 r., in: BGK 17(1967), S. 101–152; ders.: Raporty Hütera i O. Fitznera o sytuacji w Zagłębiu Śląsko-Dąbrowskim w okresie 3 września–20 października 1939 r., in: BGK 19(1968), S. 165–239; ders.: Administracja niemiecka na okupowanych terenach Górnego Śląska w okresie od 3 września do 25 października 1939 r. Struktura organizacyjna i kompetencje, in: SŚSN 22(1972), S. 261–273; Zofia Boda-Krężel (Hrsg.): Ruch oporu w rejencji katowickiej 1939–1945. Wybór dokumentów, Warszawa 1972, S. 1–27; Jan Pietrzykowski: Hitlerowcy w Częstochowie w latach 1939–1945, Poznań 1959, S. 9–29; ders.: Hitlerowcy w powiecie częstochowskim 1939–1945, Katowice 1972, S. 34ff., 76f., 111f.; ders.: Cień swastyki nad Jasną Górą, Katowice 1985; Stanisław Zabierowski: Organizacja hitlerowskiej policji bezpieczeństwa we wschodnich powiatach dystryktu krakowskiego w latach 1939–1945, in: BGK 25(1973) S. 145–181; Irena Sroka: Stosunek władz hitlerowskich wobec powstańców śląskich w pierwszych tygodniach okupacji hitlerowskiej, in: ZŚ 32(1969), S. 235–247; dies.: Policja hitlerowska w rejencji katowickiej w latach 1939–1945, Opole 1997.

[18] Antoni Galiński/Marek Budziarek (Hrsg.): Eksterminacja inteligencji Łodzi i okręgu łódzkiego 1939–1940, Łódź 1992; Stanisław Nawrocki: Hitlerowska okupacja Wielkopolski w okresie zarządu wojskowego. Wrzesień-październik 1939 r., Poznań 1966, S. 91–96, 148–156, 167–170, 202–215; ders.: Policja hitlerowska w tzw. Kraju Warty 1939–1945, Poznań 1970, S. 35–45, 138–146; ders.: Terror policyjny w „Kraju Warty" 1939–1945, Poznań 1973, S. 15–18; Mirosława Stępniak: Zbrodnie hitlerowskiego oddziału policji bezpieczeństwa w Lesznie, Włoszakowicach i Osiecznej w dniu 21 października 1939 r. in: Rocznik Leszczyński 7(1985), S. 283–298; Zbigniew Piechota: Eksterminacja inteligencji oraz grup przy-

wódczych w Łodzi i okręgu łódzkim w latach 1939–1940, in: BOK 1(1989), S. 12–23; ders.: Problemy eksterminacji inteligencji w Łodzi i okręgu łódzkim 1939–1940, in: Zygmunt Mańkowski (Hrsg.): Außerordentliche Befriedungsaktion 1940. Akcja AB na ziemiach polskich, Warszawa 1992, S. 90–98; Andrzej Kardas: Z problematyki organizacji i działalności policji hitlerowskiej w Pabianicach, in: BOK 1(1989), S. 57–63; Czesław Łuczak: Pod niemieckim jarzmem. Kraj Warty 1939–1945, Poznań 1996, S. 15–43.

[19] Tadeusz Esman/Włodzimierz Jastrzębski (Hrsg.): Pierwsze miesiące okupacji hitlerowskiej w Bydgoszczy w świetle źródeł niemiekich, Bydgoszcz 1967; Barbara Bojarska: Eksterminacja inteligencji polskiej na Pomorzu Gdańskim (wrzesień–grudzień 1939), Poznań 1972; Edmund Pyszczyński: „Akcja Tannenberg" w Bydgoszczy w okresie od 5.9. do 20.9.1939 r., in: Bydgoskie Towarzystwo Naukowe (Hrsg.): Z okupacyjnych dziejów Bydgoszczy, prace wydziału nauk humanistycznych, Warszawa-Poznań 1977, S. 51–80; Edward Serwański: Dywersja niemiecka i zbrodnie hitlerowskie w Bydgoszczy na tle wydarzeń w dniu 3.9.1939, Poznań 1981.

[20] Regina Domańska: Policja bezpieczeństwa dystryktu warszawskiego i jej więzienie „śledcze" Pawiak, in: BGK 27(1978), S. 145–229; Włodzimierz Jastrzębski: Organizacja policji bezpieczeństwa i służby bezpieczeństwa w Okręgu Rzeszy Gdańsk-Prusy Zachodnie w latach 1939–1945, in: BGK 33(1991), S. 79–91; ders./Jan Sziling: Okupacja hitlerowska na Pomorzu Gdańskim w latach 1939–1945, Gdańsk 1979, S. 61–111; Stanisław Biernacki: Organizacja hitlerowskiego aparatu policyjnego w Warszawie w pierwszym roku okupacji, in: BGK 31(1982), S. 289–294; Andrzej Czarnik: Działalność IV grupy operacyjnej niemieckiej policji bezpieczeństwa w okresie agresji na Polskę w 1939 r., in: Rocznik Koszaliński 19(1983), S. 5–24.

[21] Gerhard Eisenblätter: Grundlinien der Politik des Reichs gegenüber dem Generalgouvernement 1939–1945, Diss. Frankfurt/M. 1969, S. 28–58; Sybille Steinbacher: „Musterstadt" Auschwitz. Germanisierungspolitik und Judenmord in Ostoberschlesien, München 2000, allerdings ohne Berücksichtigung der einschlägigen Titel Konieczny: Sprawie (Anm. 17, S. 200) u. Radziwończyk: Zbrodnie (Anm. 17, S. 200); Michael Alberti: Die Verfolgung und Vernichtung der Juden im Reichsgau Wartheland 1939–1945, Wiesbaden 2006, S. 33–49.

[22] Hans Umbreit: Deutsche Militärverwaltungen 1938/39. Die militärische Besetzung der Tschechoslowakei und Polens, Stuttgart 1977, S. 162–173; Richard Breitman: Der Architekt der „Endlösung": Himmler und die Vernichtung der europäischen Juden, Paderborn u.a. 1996, S. 90–114; Michael Wildt: Der Hamburger Gestapochef Bruno Streckenbach. Eine nationalsozialistische Karriere, in: Frank Bajohr/Joachim Szodrzynski (Hrsg.): Hamburg in der NS-Zeit. Ergebnisse neuerer Forschungen, Hamburg 1995, S. 93–123; ders.: Radikalisierung und Selbstradikalisierung 1939. Die Geburt des Reichssicherheitshauptamtes aus dem Geist des völkischen Massenmords, in: Gerhard Paul/Klaus-Michael Mallmann (Hrsg.): Die Gestapo im Zweiten Weltkrieg. ‚Heimatfront' und besetztes Europa, Darmstadt 2000, S. 11–41; Klaus-Michael Mallmann: Menschenjagd und Massenmord. Das neue Instrument der Einsatzgruppen und -kommandos 1938–1945, in: ebd., S. 291–316; Michael Wildt: Generation der Unbedingten. Das Führungskorps des Reichssicherheitshauptamtes, Hamburg 2002, S. 419–485; Ulrich Herbert: Best. Biographische Studien über Radikalismus, Weltanschauung und Vernunft 1903–1989, Bonn 1996, S. 237–249; Peter Longerich: Politik der Vernichtung. Eine Gesamtdarstellung der nationalsozialistischen Judenverfolgung, München-Zürich 1998, S. 243–272; Peter Klein: Die Einsatzgruppen der Sicherheitspolizei und des SD bis zum Angriff auf die Sowjetunion, in: ders. (Anm. 2, S. 199), S. 13–17, 25 f., allerdings mit einem Hinweis auf Leszczyński: Działalność (Anm. 12, S. 199); Dieter Schenk: Hitlers Mann in Danzig. Gauleiter Forster und die NS-Verbrechen

in Danzig-Westpreußen, Bonn 2000, S. 145–174; Dorothee Weitbrecht: Der Exekutionsauftrag der Einsatzgruppen in Polen, Filderstadt 2001; Alexander B. Rossino: Nazi Anti-Jewish Policy During the Polish Campain: The Case of the Einsatzgruppe von Woyrsch, in: GSR 24(2001), S. 35–54; Christian Ingrao: Violence de Guerre, Violence Génocide. Les Einsatzgruppen, in: Stéphane Audoin-Rouzeau (Hrsg.): La violence de guerre 1914–1945. Approches comparées des deux conflits mondiaux, Bruxelles 2002, S. 219–241; Timm C. Richter: September 1939 – Die 10. Armee und die SS, in: Sabine Mecking/Stefan Schröder (Hrsg.): Kontrapunkt. Vergangenheitsdiskurse und Gegenwartsverständnis. Festschrift für Wolfgang Jacobmeyer zum 65. Geburtstag, Essen 2005, S. 47–55; Rossino: Hitler (Anm. 6, S. 199), S. 11–87; Browning: Entfesselung (Anm. 4, S. 199), S. 55–64; neuere populärwissenschaftliche Studien wie Michel Moracchini: Les troupes spéciales d'Hitler. Les Einsatzgruppen, Paris 2001, Helmut Langerbein: Hitler's death squads. The logic of mass murder, Texas 2004 oder Richard Rhodes: Die deutschen Mörder. Die SS-Einsatzgruppen und der Holocaust, Bergisch-Gladbach 2004, ignorieren in ihren sich auf Polen beziehenden Passagen sowohl den östlichen als auch den westlichen Forschungsstand.

[23] Helmut Krausnick/Hans-Heinrich Wilhelm: Die Truppe des Weltanschauungskrieges. Die Einsatzgruppen der Sicherheitspolizei und des SD 1938–1942, Stuttgart 1981, S. 32–106; später als eigenständige Publikation: Helmut Krausnick: Hitlers Einsatzgruppen. Die Truppe des Weltanschauungskrieges 1939–1942, Frankfurt/M. 1985.

[24] Esman/Jastrzębski (Anm. 19, S. 201).

[25] BAB, R58/1082; vgl. Eisenblätter (Anm. 21, S. 201), S. 32, Anm. 1; die Originalakten jetzt unter BAB, R58/7001 u. 7002.

[26] Radziwończyk: Akcja (Anm. 16, S. 200).

[27] Andrej Angrick: Besatzungspolitik und Massenmord. Die Einsatzgruppe D in der südlichen Sowjetunion 1941–1943, Hamburg 2003, S. 50f., Anm. 62: „Die Mordtaten der Einsatzgruppen in Polen hat Helmut Krausnick grundlegend und in der Historiographie bisher unübertroffen erforscht"; Peter Lieb: Rezension zu Böhler: Auftakt (Anm. 6, S. 199), in: sehepunkte 6 (2006), Nr. 10 [15.10.2006], URL: <http://www.sehepunkte.de/2006/10/8940.html>, teilt diese Ansicht u. ist offenkundig der Auffassung, die polnische Nachkriegsliteratur sei aufgrund ihrer „kommunistischen" Ausrichtung pauschal zu vernachlässigen.

[28] Zu letzterem jetzt Böhler: Auftakt (Anm. 6, S. 199), S. 201–221.

[29] Allerdings ist die Erkenntnis, daß der Vernichtungskrieg 1939 u. nicht erst 1941 begann, noch längst nicht Standard in der Geschichtswissenschaft: So ist es symptomatisch, daß Jörg Baberowski/Anselm Doering-Manteuffel: Ordnung durch Terror. Gewaltexzesse und Vernichtung im nationalsozialistischen und im stalinistischen Imperium, Bonn 2006, ihr Kap. 6 „Terror u. Besatzung in Polen. 1939–1941" (S. 59) u. ihr Kap. 7 „Vernichtungskrieg. 1941–1945" (S. 71) benennen; ähnlich schief sieht dies Klaus-Peter Friedrich: Did the Nazi War of Extermination in Eastern Europe Start in September 1939?, in: YVS 35(2007), S. 193–204.

[30] SD-Führer SS-OA Südost an CdS v. 17.5.1939, RGVA, 500–1–20.

[31] Vermerk SDHA II 112 v. 9.5.1939, BAB, R 58/954.

[32] Entwurf SDHA Stabsführer II 2 v. 22.5.1939: Zentralstelle II P (Polen), ebd., R 58/7154.

[33] Notiz SDHA II P v. 4.7.1939: Bisherige Vorbereitungsaktion II P, ebd.

[34] Vern. Paul G. v. 21.11.1964, BAL, B 162/Vorl. AR-Z 13/63, Bd. 1, Bl. 82ff.

[35] Vermerk SDHA II 12 v. 8.7.1939, BAB, R 58/7154; vgl. SDHA Stabskanzlei I 11 an Zentralabt. III 2 v. 22.7.1939: Aufstellung ständiger EK für den SD-RFSS, RGVA, 500–1–20.

³⁶ Anklage Staw beim KG Berlin v. 10.2.1972, BAL, B 162/5689; Walter Schellenberg: Memoiren, Köln 1959, S. 71, erwähnt zwar das Faktum des Aufenthalts, verbirgt aber den wahren Grund der Anwesenheit, indem er vorgibt, als neuer Leiter der Abwehr-Polizei im Gestapa geladen gewesen zu sein; Otto Dietrich: Auf den Straßen des Sieges. Erlebnisse mit dem Führer in Polen, München 1939, S. 24 ff.; Herbert: Best (Anm. 22, S. 201), S. 237 ff.

³⁷ Der Generalquartiermeister. Briefe und Tagebuchaufzeichnungen des Generalquartiermeisters des Heeres General der Artillerie Eduard Wagner, hrsg. v. Elisabeth Wagner, München-Wien 1963, S. 103.

³⁸ Richtlinien für den auswärtigen Einsatz der Sipo u. des SD (undat./August 1939), BAB, R 58/241.

³⁹ Richtlinien für die Tätigkeit der EK der Gestapo in den sudetendeutschen Gebieten (undat./1938), ebd.

⁴⁰ Sonderbestimmungen OKH zu den Anordnungen für die Versorgung v. 9.8.1939, BA-MA, RH 19 I/91; vgl. Hans Umbreit: Die Verantwortlichkeit der Wehrmacht als Okkupationsarmee, in: Rolf-Dieter Müller/Hans-Erich Volkmann (Hrsg.): Die Wehrmacht. Mythos und Realität, München 1999, S. 743–753.

⁴¹ AOK 8/O.Qu. v. 9.9.1939: Besondere Anordnungen Nr. 16 für die Versorgung der 8. Armee, BA-MA, RH 20–8/23.

⁴² EG III an CdZ beim AOK 8 v. 26.8.1939, APŁ, 175/10a.

⁴³ Anlage KTB Korück 580: Befehl zur Sicherung u. Befriedung Brombergs (undat./ 8.9.1939), BA-MA, RH 23/167.

⁴⁴ Dto. v. 9.9.1939: Befehl an die versammelten Kdr., ebd.; dto. v. 13.9.1939, ebd.

⁴⁵ AOK 14/O.Qu. v. 12.9.1939: Besondere Anordnungen Nr. 14, ebd., RH 20–14/129.

⁴⁶ AOK 10/O.Qu. (Qu. 2) v. 1.9.1939: Besondere Anordnungen für die EG der Sipo, ebd., RH 20–10/36.

⁴⁷ BAB, BDC, SSO Kurt Kortas.

⁴⁸ HA Sipo v. 6.9.1939: Tagesbericht Unternehmen Tannenberg für 6.9., ebd., R 58/7001; ähnlich Stapo-Stelle Bromberg an NSDAP-Kreisleiter Bromberg v. 2.12.1939, IPNW, NTN 196/179.

⁴⁹ Jürgen Runzheimer: Der Überfall auf den Sender Gleiwitz im Jahre 1939, in: VfZ 10(1962), S. 408–426; ders.: Die Grenzzwischenfälle am Abend vor dem deutschen Angriff auf Polen, in: Wolfgang Benz/Hermann Graml (Hrsg.): Sommer 1939. Die Großmächte und der Europäische Krieg, Stuttgart 1979, S. 107–147; Alfred Spieß/Heiner Lichtenstein: Das Unternehmen Tannenberg, Wiesbaden 1979; Lothar Gruchmann: Totaler Krieg. Vom Blitzkrieg zur bedingungslosen Kapitulation, München 1991, S. 11–37.

⁵⁰ Führeransprache v. 22.8.1939, in: ADAP, Serie D, Bd. 7, S. 172.

⁵¹ Fernschreiben CdS v. 4.9.1939: Unternehmen Tannenberg–hier: Bezeichnung der EG, BAB, R 58/241; CdZ Krakau an CdZ Kattowitz v. 6.10.1939: Einsatz der Sipo im Gebiete des AOK 14, APK, 119/1637; Vern. Bruno Streckenbach v. 2.11.1961, BAL, B 162/3622, Bl. 126 ff.

⁵² Dto. Hellmut R. v. 10.11.1970, ebd., B 162/16662.

⁵³ EG III an CdZ beim AOK 8 v. 26.8.1939, APŁ, 175/10a.

⁵⁴ Dto. an AOK 8 v. 26.9.1939: Tätigkeitsbericht für 25.9., ebd.

⁵⁵ Vern. Erich M. v. 30.11.1964, BAL, B 162/Vorl. AR-Z 13/63, Bd. 1, Bl. 113 ff.

⁵⁶ Dto. Walter T. v. 5.9.1962, ebd., B 162/Vorl. AR-Z 12/62, Bd. 3, Bl. 598 ff.

⁵⁷ Generalquartiermeister (Anm. 37, S. 203), S. 123; zur Realität: Böhler: Auftakt (Anm. 6, S. 199), S. 57 ff.

⁵⁸ Generaloberst Halder. Kriegstagebuch, bearb. v. Hans-Adolf Jacobsen, Bd. 1, Stuttgart 1962, S. 57; zur Person: Christian Hartmann: Halder: Generalstabschef Hitlers 1938–

1942, Paderborn 1991; Gerd R. Ueberschär: Generaloberst Franz Halder. Generalstabschef, Gegner und Gefangener Hitlers, Göttingen 1991.

[59] Böhler: Auftakt (Anm. 6, S. 199), S. 57 ff.

[60] RFSS an Udo von Woyrsch v. 3.9.1939, BA-MA, RH 24–8/97; HA Sipo v. 6.9.1939: Tagesbericht Unternehmen Tannenberg für 6.9., BAB, R 58/7001; EG z. b. V. v. 8.9.1939: Organisationsbefehl, APK, 119/3284; Rossino: Policy (Anm. 22, S. 201), S. 35–53; da die Wehrmacht erst am 5.9. Bromberg erreichte u. vom dortigen „Blutsonntag" am 3.9. erfuhr, kann dieser nicht der Anlaß für Himmler zur Aufstellung der EG z. b. V. gewesen sein, wie Weitbrecht: Exekutionsauftrag (Anm. 22, S. 201), S. 23, schreibt.

[61] Generalquartiermeister (Anm. 37, S. 203), S. 127.

[62] Generaloberst, Bd. 1 (Anm. 58, S. 203), S. 62.

[63] Klaus-Michael Mallmann: „… Mißgeburten, die nicht auf diese Welt gehören". Die deutsche Ordnungspolizei in Polen 1939–1941, in: ders./Bogdan Musial (Hrsg.): Genesis des Genozids. Polen 1939–1941, Darmstadt 2004, S. 72; vgl. Dienstanweisung für die Zusammenarbeit der Orpo u. Sipo beim Einsatz außerhalb des Reichsgebietes (undat./1939), BAL, B 162/Vorl. Dok.Slg. CSSR 394; Edward B. Westermann: „Friend and Helper": German Uniformed Police Operations in Poland and the General Government, 1939–1941, in: The Journal of Military History 58(1994), S. 643–661; ders.: Hitler's Police Battalions. Enforcing Racial War in the East, Lawrence 2005, S. 127 ff.

[64] CdS v. 9.9.1939: Tagesbericht Unternehmen Tannenberg für 9.9., BAB, R 58/7001; Erlaß CdS v. 12.9.1939: Aufstellung einer neuen EG, ebd., R 58/241.

[65] Dto.: Westpreußen, ebd.

[66] Dto. v. 13.9.1939: Ministerrat für die Reichsverteidigung, Reichsverteidigungskommissare, CdZ, EG u. EK der Sipo, BdO im besetzten Gebiet, ebd., R 58/242.

[67] CdS v. 26.9.1939: Tagesbericht Unternehmen Tannenberg für 25./26.9., ebd., R 58/7002.

[68] Dto. v. 12.9.1939 für 11./12.9., ebd., R 58/7001.

[69] Dto. v. 3.10.1939 für 2./3.10., ebd., R 58/7002; „ein wesentlich aus Angehörigen der Danziger Polizei gebildetes ‚Einsatzkommando 18'", wie Krausnick/Wilhelm (Anm. 23, S. 202), S. 34, schreiben, existierte nicht.

[70] Vgl. Czesław Madajczyk: Die Verantwortung der Wehrmacht für die Verbrechen während des Krieges mit Polen, in: Wolfram Wette/Gerd R. Ueberschär (Hrsg.): Kriegsverbrechen im 20. Jahrhundert, Darmstadt 2001, S. 113–122; Jochen Böhler: Intention oder Situation? Soldaten der Wehrmacht und die Anfänge des Vernichtungskrieges in Polen, in: Timm C. Richter (Hrsg.): Krieg und Verbrechen. Situation und Intention: Fallbeispiele, München 2006, S. 165–172; ders. (Red.): „Größte Härte …". Verbrechen der Wehrmacht in Polen September/Oktober 1939. Ausstellungskatalog, Warschau 2005.

[71] Das Personal wurde bisher nicht systematisch untersucht; am weitestgehenden Rossino: Hitler (Anm. 6, S. 199), S. 30–52; allerdings fehlen bei ihm Angaben zu den SD-Führern, den Verbindungsoffizieren bei den AOK u. CdZ sowie zur EG VI, zum EK 16 u. zu Albath; auch über die Zusammensetzung der Kdo. ist in der Literatur nichts zu finden; grundlegend zum Personalpolitik: Jens Banach: Heydrichs Elite. Das Führerkorps der Sicherheitspolizei und des SD 1936–1945, Paderborn u. a. 1998.

[72] Mallmann: Menschenjagd (Anm. 22, S. 201), S. 299.

[73] Vermerk SDHA II 12 v. 8.7.1939, BAB, R 58/7154; Aufzeichnung Bruno Streckenbach: Aufgaben u. Tätigkeit als Chef des Amtes I des RSHA (undat.), BAL, B 162/3622; Vern. Hans Tesmer v. 12.7.1967 u. 15.5.1970, ebd., B 162/16664; Anklage Staw beim KG Berlin v. 10.2.1972, ebd., B 162/5689.

[74] Anschriftenverzeichnis der Stapo-(Leit)stellen (Stand 1.9.1939), ebd., B 162/Vorl. Dok.Slg. Polizei-Mischbestände 135.
[75] Zur Funktion: Jens Banach: Heydrichs Vertreter im Feld. Die Inspekteure, Kommandeure und Befehlshaber der Sicherheitspolizei und des SD, in: Paul/Mallmann: Die Gestapo im Zweiten Weltkrieg (Anm. 22, S. 201), S. 82–99.
[76] BAB, BDC, SSO u. RuSHA Bruno Streckenbach; Wildt: Hamburger (Anm. 22, S. 201), S. 93–123; Ludwig Eiber: Unter Führung des NSDAP-Gauleiters. Die Hamburger Staatspolizei (1933–1937), in: Gerhard Paul/Klaus-Michael Mallmann (Hrsg.): Die Gestapo – Mythos und Realität, Darmstadt 1995, S. 101–117.
[77] BAB, BDC, SSO u. RuSHA Walter Huppenkothen; Vern. dess. v. 25.2.1960, BAL, B 162/5533, Bl. 534 ff.; dto. v. 11.8.1960, ebd., B 162/1492, Bl. 174 ff.; Personalakten, BA-ZA, ZM 530/1, ZR 238, ZR 763/12, ZR 920/145; Wildt: Generation (Anm. 22, S. 201), S. 935 f.; zu diesem Typus: Gerhard Paul: Ganz normale Akademiker. Eine Fallstudie zur regionalen staatspolizeilichen Funktionselite, in: ders./Mallmann: Die Gestapo – Mythos und Realität (Anm. 76, S. 205), S. 236–254.
[78] BAB, BDC, SSO u. RuSHA Heinz Richter; Vern. dess. v. 18.7.1969, BAL, B 162/16662.
[79] BAB, BDC, SSO u. RuSHA Franz Hoth; Lebenslauf, BA-ZA, ZR 559/13; Hstuf. Günther an Hstuf. Eichmann über KdS Krakau v. 18. u. 21.10.1939; ders. an Theodor Dannecker über KdS Krakau v. 25.10.1939, beides BAB, R 70 Böhmen u. Mähren/9; Bericht Vern. Franz Hoth v. 15.3.1946, BAL, B 162/Vorl. AR 1201/62, Bl. 57 ff.; Vern. Helmut F. v. 11.12.1969, ebd., B 162/16657; Verfügung Staw Würzburg v. 2.8.1979, ebd., B 162/Vorl. AR-Z 309/77, Bl. 1609 ff.; Klaus-Michael Mallmann/Martin Cüppers: „Beseitigung der jüdisch-nationalen Heimstätte in Palästina". Das Einsatzkommando bei der Panzerarmee Afrika 1942, in: Jürgen Matthäus/Klaus-Michael Mallmann (Hrsg.): Deutsche, Juden, Völkermord. Der Holocaust als Geschichte und Gegenwart, Darmstadt 2006, S. 153–176; dies.: Halbmond und Hakenkreuz. Das Dritte Reich, die Araber und Palästina, Darmstadt 2006, S. 141 ff.
[80] BAB, BDC, SSO u. RuSHA Georg Schraepel; Vern. dess. v. 16.4.1964, BAL, B 162/3622, Bl. 220 ff.; dto. v. 9.5.1967, ebd., B 162/16662; zu diesem Typus: Patrick Wagner: Volksgemeinschaft ohne Verbrecher. Konzeptionen und Praxis der Kriminalpolizei in der Zeit der Weimarer Republik und des Nationalsozialismus, Hamburg 1996, S. 124–136.
[81] BAB, BDC, SSO Dr. Ludwig Hahn; BB CdS Nr. 18 v. 17.5.1941, ebd., RD 19/2; GVP KdS Warschau (undat.), ebd., R 70 Polen/87; Vern. Dr. Ludwig Hahn v. 15.8.1969, BAL, B 162/16657; Tatjana Tönsmeyer: Das Dritte Reich und die Slowakei 1939–1945. Politischer Alltag zwischen Kooperation und Eigensinn, Paderborn u.a. 2003, S. 352 f.; Marlis Gräfe/Bernhard Post/Andreas Schneider (Hrsg.): Quellen zur Geschichte Thüringens. Die Geheime Staatspolizei im NS-Gau Thüringen 1933–1945, Bd. 2, Erfurt 2004, S. 548 f.; zur Ardennenoffensive: Trevor N. Dupuy: Hitler's last Gamble. The Battle of the Bulge, December 1944–January 1945, New York 1994.
[82] BAB, BDC, SSO u. RuSHA Franz Heim; EK 1/I an CdZ beim AOK 14 v. 10.9.1939, APK 119/1637; BAL, ZK: Franz Heim.
[83] Vern. Dr. Ludwig Hahn v. 15.8.1969, ebd., B 162/16657; dto. Albert S. v. 4.12.1970, ebd., B 162/16662.
[84] Dto. Alfred G. v. 20.8.1970, ebd., B 162/16657.
[85] Dto. Hermann H. v. 6.10.1963, ebd., B 162/16658; dto. Kurt Heinemeyer v. 7.11.1960, ebd., B 162/1347; dto. Adolf Schuster v. 27.2.1962, ebd., B 162/6941.
[86] Dto. Willy R. v. 9.10.1969, ebd., B 162/16661.
[87] Urteil LG Arnsberg v. 5.12.1972, ebd., B 162/14484.

[88] Für beide Anklage Staw Hannover v. 2.8.1976, ebd., B 162/14587.
[89] BAB, BDC, SSO Walter Liska.
[90] Ebd., BDC, SSO u. RuSHA Wilhelm Raschwitz; KdS Krakau v. 10.1.1944: Vorschlag zur Verleihung des KVK 1. Klasse, BAL, B 162/Vorl. Dok.Slg. Polen 365 A 15; ebd., ZK: Wilhelm Raschwitz.
[91] BAB, BDC, SSO Kurt Stawizki; CdS v. 4.10.1939: Tagesbericht Unternehmen Tannenberg für 3./4.10., ebd., R 58/7002; Vern. Albert S. v. 16.8.1960, BAL, B 162/Vorl. AR-Z 304/77-K-; Dieter Pohl: Nationalsozialistische Judenverfolgung in Ostgalizien 1941–1944. Organisation und Durchführung eines staatlichen Massenverbrechens, München 1996, S. 421; Thomas Sandkühler: „Endlösung" in Galizien. Der Judenmord in Ostpolen und die Rettungsinitiativen von Berthold Beitz 1941–1944, Bonn 1996, S. 438.
[92] CdS v. 4.10.1939: Tagesbericht Unternehmen Tannenberg für 3./4.10., BAB, R 58/ 7002; Vern. Hans Soltau v. 14.3.1951, BAL, B 162/6427, Bl. 58 f.; Robert Seidel: Deutsche Besatzungspolitik in Polen. Der Distrikt Radom 1939–1945, Paderborn u. a. 2006, S. 74, 325.
[93] BAB, BDC, SSO u. RuSHA Alfred Spilker; Berichte Sipo-EK 1944, ebd., R 70 Polen/75; Vern. Alfred S. v. 16.8.1960, BAL B 162/Vorl. AR-Z 304/77-K-; Staw Flensburg v. 30.5.1963: Bisheriges Ermittlungsergebnis über das EK Sipo Kampfgruppe Reinefarth, ebd., B 162/3691, Bl. 118–155; Borodziej: Terror (Anm. 16, S. 200), S. 47 f.; Michael Foedrowitz: Auf der Suche nach einer besatzungspolitischen Konzeption. Der Befehlshaber der Sicherheitspolizei und des SD im Generalgouvernement, in: Paul/Mallmann: Die Gestapo im Zweiten Weltkrieg (Anm. 22, S. 201), S. 340–361; Mallmann: Menschenjagd (Anm. 22, S. 201), S. 313; grundlegend zum Warschauer Aufstand: Norman Davies: Aufstand der Verlorenen. Der Kampf um Warschau 1944, München 2004.
[94] BAB, BDC, SSO Bruno Müller; Personalakte, BA-ZA, ZR 234; Anschriftenverzeichnis IdS Den Haag (undat./1940), BAL, B 162/Vorl. Dok.Slg. Polizei-Mischbestände 135; BB CdS Nr. 50 v. 20.12.1941 u. Nr. 49 v. 23.10.1943, BAB, RD 19/2; Wildt: Generation (Anm. 22, S. 201), S. 939; Albrecht Eckhardt/Katharina Hoffmann (Bearb.): Gestapo Oldenburg meldet. ... Berichte der Geheimen Staatspolizei und des Innenministers aus dem Freistaat und Land Oldenburg 1933–1936, Hannover 2002, S. 29 ff., 47 f.; Jochen August (Hrsg.): „Sonderaktion Krakau". Die Verhaftung der Krakauer Wissenschaftler am 6. November 1939, Hamburg 1997, S. 26 f.; Angrick (Anm. 27, S. 202), S. 95, 186 ff., 237 f., 296, 298 f., 301, 304, 418, 723; Gerhard Paul: Staatlicher Terror und gesellschaftliche Verrohung. Die Gestapo in Schleswig-Holstein, Hamburg 1996, S. 38 f.
[95] Vern. Eduard F. v. 3.12.1970, BAL, B 162/16656.
[96] Dto. Max M. v. 13.12.1966, ebd., B 162/16660; dto. Heinrich M. (undat.), ebd., B 162/ 1347, Bl. 138 ff.; dto. Paul S. v. 8.12.1960, ebd., B 162/1348, Bl. 239 f.
[97] Dto. Hans D. v. 13.10.1961, ebd., B 162/1352, Bl. 206 ff.
[98] Dto. Rudolf Bennewitz v. 2.9.1970, ebd., B 162/16651; dto. Robert Weissmann v. 16.5.1969, ebd., B 162/16665.
[99] BAB, BDC, SSO Robert Weissmann; Klaus-Michael Mallmann: „Mensch, ich feiere heut' den tausendsten Genickschuß". Die Sicherheitspolizei und die Shoah in Westgalizien, in: Gerhard Paul (Hrsg.): Die Täter der Shoah. Fanatische Nationalsozialisten oder ganz normale Deutsche?, Göttingen 2002, S. 109–136.
[100] BAB, BDC, SSO u. RuSHA Rudolf Bennewitz; Vern. dess. v. 7.9.1960, BAL, B 162/ 1397, Bl. 145 ff.
[101] BAB, BDC, SSO Dr. Alfred Hasselberg; Anschriftenverzeichnis der Stapo-(Leit)stellen (Stand 1.9.1939), BAL, B 162/Vorl. Dok.Slg. Polizei-Mischbestände 135.
[102] BAB, BDC, SSO Hans Block; GVP KdS Lublin (undat./1940), ebd., R 70 Polen/79; Sandkühler (Anm. 91, S. 206), S. 440.

[103] BAB, BDC, SSO u. RuSHA Dr. Alfred Hasselberg; Vern. Johann D. v. 20.1.1970, BAL, B 162/16655.
[104] Dto. Gerhard K. v. 23.8.1960, ebd., B 162/5236, Bl. 1016ff.
[105] Dto. Theodor K. v. 20.3.1961, ebd., B 162/5266, Bl. 1281 ff.; dto. Heinrich Baab v. 3.11.1963, ebd., B 162/1495, Bl. 660ff.
[106] Dto. Ernst G. v. 13.8.1969, ebd., B 162/1496, Bl. 754 ff.
[107] Dto. Willy R. v. 9.10.1969, ebd., B 162/16661.
[108] Dto. Richard T. v. 10.5.1961, ebd., B 162/5267, Bl. 1357 ff.; dto. Gotthard Schubert v. 25.1.1967, ebd., B 162/16662.
[109] Dto. Andreas B. v. 30.8.1960, ebd., B 162/1493, Bl. 255 ff.
[110] Dto. Lukas H. v. 15.7.1960, ebd., B 162/1492, Bl. 110ff.; dto. Eugen F. v. 9.9.1960, ebd., B 162/Vorl. AR-Z 304/77-K-, Bl. 23 ff.; dto. Franz E. v. 29.3.1961, ebd., B 162/Vorl. AR-Z 40/67, Bd. 1, Bl. 54 ff.
[111] BAB, BDC, SSO Johann Schmer; Vern. dess. v. 17.2.1960, BAL, B 162/5233, Bl. 505 ff.; dto. v. 27.9.1960, ebd., B 162/1493, Bl. 302 ff.; zur Bayrischen Politischen Polizei: Martin Faatz: Vom Staatsschutz zum Gestapo-Terror. Politische Polizei in Bayern in der Endphase der Weimarer Republik und der Anfangsphase der nationalsozialistischen Diktatur, Würzburg 1995.
[112] BAB, BDC, SSO Karl Brunner; Vern. dess. v. 11.5.1967, BAL, B 162/3625, Bl. 39 f.; Erlaß RFSS v. 24.2.1940, BAB, R 58/241; Anschriftenverzeichnis BdS/IdS v. 15.7.1942, ebd.; BB CdS Nr. 1 v. 9.1.1944, ebd., RD 19/2.
[113] Ebd., BDC, SSO u. RuSHA Dr. Helmut Glaser; BB CdS Nr. 2 v. 13.1.1945, ebd., RD 19/2; Runderlaß BdS Pressburg v. 27.2.1945, ebd., R 70 Slowakei/297; Vorschlagsliste KdS Krakau für Verleihung KVK 2. Klasse v. 27.11.1940, BAL, B 162/839; zur EG H: Mallmann: Menschenjagd (Anm. 22, S. 201), S. 311 f.
[114] Vern. Walter Baach v. 6.8.1961, BAL, B 162/1495, Bl. 551 f.
[115] Dto. Heinrich K. v. 22.6.1961, ebd., B 162/1494, Bl. 492 ff.
[116] Anklage Staw München I v. 27.11.1963, ebd., B 162/14406.
[117] BAB, BDC, SSO Hanns Mack; Vern. dess. v. 25.3.1961, BAL, B 162/2275, Bl. 341 ff.; Vorschlagsliste KdS Krakau für KVK 2. Klasse v. 27.11.1940, ebd., B 162/839; Klaus-Michael Mallmann/Volker Rieß/Wolfram Pyta (Hrsg.): Deutscher Osten 1939–1945. Der Weltanschauungskrieg in Photos und Texten, Darmstadt 2003, S. 105–108.
[118] BAB, BDC, SSO u. RuSHA Heinrich Hamann; Vern. dess. v. 4., 5. u. 6.5.1960, BAL, B 162/Vorl. AR-Z 31/60, Bd. 1, Bl. 63 ff.; Vorschlagsliste KdS Krakau für KVK 2. Klasse v. 27.11.1940, ebd., B 162/839; Klaus-Michael Mallmann: Heinrich Hamann – Leiter des Grenzpolizeikommissariats Neu-Sandez, in: ders./Gerhard Paul (Hrsg.): Karrieren der Gewalt. Nationalsozialistische Täterbiographien, Darmstadt 2004, S. 104–114.
[119] BAB, BDC, SSO Dr. Emanuel Schäfer; Vern. dess. v. 27.1.1967, BAL, B 162/16662; Erlaß CdS v. 24.3.1939, BAB, R 58/241; BB CdS Nr. 2 v. 17.1.1942, ebd., RD 19/2; Walter Manoschek: „Serbien ist judenfrei". Militärische Besatzungspolitik und Judenvernichtung in Serbien 1941/42, München 1993, S. 169–184.
[120] BAB, BDC, SSO u. RuSHA Eduard Strauch; Strauch an SDHA Stabskanzlei (undat./17.9.1939), ebd., R 58/7001; Christian Gerlach: Kalkulierte Morde. Die deutsche Wirtschafts- und Vernichtungspolitik in Weißrußland 1941 bis 1944, Hamburg 1999, S. 683–709.
[121] BAB, BDC, SSO Eduard Holste; GVP EG B (undat./1942), BA-ZA, ZR 920/52; Vern. dess. v. 6.6.1961, BAL, B 162/3606, Bl. 4832 ff.; dto. v. 5.12.1961, ebd., B 162/16686; Gerhard Wysocki: Die Geheime Staatspolizei im Land Braunschweig. Polizeirecht und Polizeipraxis im Nationalsozialismus, Frankfurt/M.-New York 1997, S. 73 f.

[122] BAB, BDC, SSO Dr. Richard Schulze; Klaus-Michael Mallmann: „Volksjustiz gegen anglo-amerikanische Mörder". Die Massaker an westalliierten Fliegern und Fallschirmspringern 1944/45, in: Alfred Gottwaldt/Norbert Kampe/Peter Klein (Hrsg.): NS-Gewaltherrschaft. Beiträge zur historischen Forschung und juristischen Aufarbeitung, Berlin 2005, S. 202–213.

[123] BAB, BDC, SSO u. RuSHA Otto Sens; BB CdS Nr. 8 v. 1.3.1941 u. Nr. 1 v. 9.1.1944, ebd., RD 19/2; daß Sens „bis 1939 Gestapochef in Düsseldorf" war, wie Seidel (Anm. 92, S. 206), S. 63, schreibt, ist pure Fiktion.

[124] Ebd., BDC, SSO Josef Trittner; Vorschlagsliste für Verleihung des KVK mit Schwertern (undat./1939), BAL, B 162/Vorl. Dok.Slg. Polen 258.

[125] Dieter Schenk: Auf dem rechten Auge blind. Die braunen Wurzeln des BKA, Köln 2001, S. 243.

[126] Vorschlagsliste für Verleihung des KVK mit Schwertern (undat./1939), BAL, B 162/Vorl. Dok.Slg. Polen 258; Vern. Walter S. v. 8.1.1964, ebd., B 162/6427, Bl. 200ff.; Schlußbericht ZSL v. 13.4.1965, ebd., B 162/6480, Bl. 153ff.; Staw Flensburg v. 30.5.1963: Bisheriges Ermittlungsergebnis über das EK Sipo Kampfgruppe Reinefarth, ebd., B 162/3691, Bl. 118–155; ebd., ZK: Adolf Feucht; GVP KdS Radom v. 27.10.1942, BAB, R 70 Polen/80; Seidel (Anm. 92, S. 206), S. 72, 74, 303, 315f., 318f., 323, 373.

[127] BAB, BDC, SSO Hans Krüger; Vern. dess. v. 26.6.1962, BAL, B 162/3894, Bl. 1270ff.; Dieter Pohl: Hans Krüger – der „König von Stanislau", in: Mallmann/Paul: Karrieren (Anm. 118, S. 207), S. 134–144; ders.: Judenverfolgung (Anm. 91, S. 206), S. 416; Sandkühler (Anm. 91, S. 206), S. 440f.

[128] BAB, BDC, SSO u. RuSHA Karl-Heinz Rux; Anschriftenverzeichnis der Stapo-(Leit)stellen (Stand 1.9.1939), BAL, B 162/Vorl. Dok.Slg. Polizei-Mischbestände 135; Vermerk RSHA (undat./Ende 1939), BAB, R 58/241; BB CdS Nr. 53 v. 23.12.1944, ebd., RD 19/2; daß Rux „bis Januar 1945" in Bromberg blieb, wie bei Seidel (Anm. 92, S. 206), S. 63, zu lesen ist, beruht auf Unkenntnis.

[129] Vern. Ordwin G. v. 1.8.1968, BAL, B 162/6936, Bl. 858; dto. Hans Herbert S. v. 31.7.1968, ebd., Bl. 886; dto. Hans S. v. 2.8.1968, ebd., Bl. 905.

[130] BAB, BDC, SSO Hermann Altmann; Vern. dess. v. 15.11.1960, BAL, B 162/1347, Bl. 156ff.; dto. v. 6.7.1966, ebd., B 162/Vorl. AR 11/64, Bd. 2, Bl. 122ff.; Seidel (Anm. 92, S. 206), S. 318.

[131] Herbert: Best (Anm. 22, S. 201), S. 593, Wildt: Generation (Anm. 22, S. 201), S. 351 sowie French L. MacLean: The Field Men. The SS Officers who led the Einsatzkommandos–the Nazi Mobile Killing Units, Atglen 1999, S. 55, verwechseln ihn im Gefolge der ermittelnden Staatsanwälte mit Dr. Herbert Fischer aus dem RSHA, der 1939 jedoch erst Hstuf. war; BAB, BDC, SSO Dr. Herbert Fischer.

[132] Ebd., dto. Dr. Hans Fischer; Personalakte, BA-ZA, ZR 523/1; Erlaß RFSS v. 12.10.1939, BAB, R 58/241; BB CdS Nr. 8 v. 1.3.1941, Nr. 1 v. 9.1.1944, Nr. 6 v. 17.2.1945, ebd., RD 19/2; Gräfe/Post/Schneider, Bd. 2 (Anm. 81, S. 205), S. 543f.; Manfred Müller: Zustimmung und Ablehnung, Partizipation und Resistenz. Die preußische Provinz Sachsen im Spiegel geheimer Gestapo- und Regierungsberichte 1933–1936, Frankfurt/M. u.a. 2000, S. 20f.

[133] BAB, BDC, SSO Dr. Walter Schlette; AOK 8/O.Qu./Ic/AO v. 28.8.1939: Bekämpfung aller volks- u. staatsgefährdenden Bestrebungen im Operationsgebiet des AOK 8, BA-MA, RH 26–17/77; EG III an AOK 8 v. 26.9.1939: Tätigkeitsbericht für 25.9., APŁ, 175/10a; Anschriftenverzeichnis IdS Den Haag (undat./1940), BAL, B 162/Vorl. Dok.Slg. Polizei-Mischbestände 135; Eidesstattliche Erklärungen Dr. Werner Best v. 23.3.1948 u. 26.10.1967, ebd., B 162/16652; Gerd Steinwascher (Bearb.): Gestapo Osnabrück meldet ...

Polizei- und Regierungsberichte aus dem Regierungsbezirk Osnabrück aus den Jahren 1933 bis 1936, Osnabrück 1995, S. 21.

[134] BAB, BDC, SSO Franz Marmon; CdZ beim AOK 8 an SD III v. 5.10.1939 APŁ, 175/10b; BB CdS Nr. 38 v. 16.9.1944, BAB, RD 19/2; Vern. Rolf H. v. 26.9.1962, BAL, B 162/1327, Bl. 1175 ff.

[135] BAB, BDC, SSO u. RuSHA Dr. Max Großkopf; CdZ [beim AOK 8] v. 31.8.1939: Tätigkeitsbericht Nr. 1, APŁ, 175/21; EG III an CdZ beim AOK 8 v. 26.8.1939, ebd., 175/10a; Vern. Willy K. v. 11.3.1960, BAL, B 162/5234, Bl. 615 ff.; BB CdS Nr. 44 v. 18.9.1943 u. Nr. 1 v. 6.1.1945, BAB, RD 19/2; Mallmann: Mensch (Anm. 99, S. 206), S. 112; zur Wlassow-Armee: Jürgen Thorwald: Die Illusion. Rotarmisten in Hitlers Heeren, Zürich 1974; Joachim Hoffmann: Die Geschichte der Wlassow-Armee, Freiburg/B. 1984.

[136] BAB, BDC, SSO Dr. Wilhelm Scharpwinkel; BB CdS Nr. 1 v. 11.1.1941 u. Nr. 40 v. 12.9.1942, ebd., RD 19/2.

[137] Ebd., BDC, SSO u. RuSHA Johannes Löhndorf; Vern. Heinrich P. v. 27.8.1970, BAL, B 162/16661; ebd., ZK: Johannes Löhndorf.

[138] Vern. Arnold Kirste v. 23.3.1970, ebd., B 162/16659; dto. Max S. v. 11.5.1970, ebd., B 162/16663; dto. Bruno H. v. 3.11.1960, ebd., B 162/5237, Bl. 1388 ff.; dto. Walter K. v. 21.12.1960, ebd., B 162/5257, Bl. 394 ff.

[139] Dto. Hellmuth S. v. 18.5.1960, ebd., B 162/1492, Bl. 46 ff.

[140] Dto. Franz U. v. 26.9.1960, ebd., B 162/1493, Bl. 300 f.

[141] Dto. Karl S. v. 8.4.1960, ebd., Bl. 26 ff.

[142] Dto. Helmut K. v. 10.1.1961, ebd., B 162/1348, Bl. 258 ff.; dto. Leo S. v. 24.3.1960, ebd., B 162/1492, Bl. 20 ff.

[143] BAB, BDC, SSO Arnold Kirste; Vern. dess. v. 23.3.1970, BAL, B 162/16659; dto. Rudolf Batz v. 27.1.1961, ebd., B 162/1348, Bl. 390 f.; Andrej Angrick/Peter Klein: Die „Endlösung" in Riga: Ausbeutung und Vernichtung 1941–1944, Darmstadt 2006, S. 55, 61, 94, 275, 459.

[144] BAB, BDC, SSO Lothar Hoffmann; Vern. dess. v. 20.1.1960, BAL, B 162/5232, Bl. 232 ff.

[145] BAB, BDC, SSO u. RuSHA Fritz Liphardt; Vern. dess. v. 25.4.1947, BAL, B 162/6938, Bl. 1417; BB CdS Nr. 44 v. 18.9. u. Nr. 51 v. 6.11.1943, BAB, RD 19/2; daß Liphardt ein „Einsatzkommando 11/3" führte und vor dem Krieg „in den Konzentrationslagern Sachsenhausen und Dachau tätig" gewesen sein soll, wie Seidel (Anm. 92, S. 206), S. 67, schreibt, ist pure Fiktion; vgl. Jacek Andrzej Młynarczyk: Judenmord in Zentralpolen. Der Distrikt Radom des Generalgouvernements 1939–1945, Darmstadt 2007, S. 92.

[146] BAB, BDC, SSO u. RuSHA Hans Harms; Vern. dess. v. 18.4.1968, BAL, B 162/Vorl. AR-Z 15/67, Bd. 5, Bl. 918 ff.; GVP KdS Radom v. 27.10.1942, BAB, R 70 Polen/80; Ramme (Anm. 15, S. 200), S. 263.

[147] Vern. Kurt N. v. 14.3.1967, BAL, B 162/16661; dto. Herbert P. v. 30.6.1970, ebd.; dto. Paul S. v. 10.12.1967, ebd., B 162/16662.

[148] Vorschlagsliste für Verleihung des KVK mit Schwertern (undat./1939), ebd., B 162/Vorl. Dok.Slg. Polen 258; GVP KdS Radom v. 27.10.1942, BAB, R 70 Polen/80; Anklage Staw Hamburg v. 14.12.1971, BAL, B 162/14490; Borodzej: Terror (Anm. 16, S. 200), S. 66 ff.; Młynarczyk: Judenmord (Anm. 145, S. 209), S. 76, 92, 257.

[149] BAB, BDC, SSO Lothar Beutel; Übersicht über die SD-OA v. 5.12.1935, ebd., R 58/241; Übersicht CdS über die eingesetzten IdS v. 24.9.1938, ebd.; Vern. Lothar Beutel v. 20.4.1971, BAL, B 162/16655; dto. v. 27.1.1964, ebd., B 162/Vorl. AR-Z 13/63, Bd. 8, Bl. 1729 ff.; Wildt: Generation (Anm. 22, S. 201), S. 931 f.; die Angabe von Dieter Schenk: Hans Frank. Hitlers Kronjurist und Generalgouverneur, Frankfurt/M. 2006, S. 181 („Füh-

rer der Einsatzgruppe IV war SS-Obersturmbannführer Ludwig Fischer, der früher enger Mitarbeiter von Frank gewesen war. Seine praktischen Morderfahrungen konnte er ab 24. Oktober 1939 in seiner neuen Funktion als Gouverneur von Warschau in die Tat umsetzen") beruht auf freier Erfindung.

[150] BAB, BDC, SSO Josef Meisinger; Vorschlagsliste für Verleihung des KVK mit Schwertern (undat./1939), BAL, B 162/Vorl. Dok.Slg. Polen 258; Vermerk RSHA v. 21.3.1941, BAB, R 58/859; Dienststellenverzeichnis Sipo/SD (undat./1943), ebd., R 58/423; Liste der Polizeiattachés, Polizeiverbindungsführer, SD-Beauftragten und ihrer männlichen Mitarbeiter v. 16.10.1943, IfZ, Nbg.Dok. NG-4852; Heinz Höhne: Der Krieg im Dunkeln. Macht und Einfluß des deutschen und russischen Geheimdienstes, München 1985, S. 439 f.

[151] BAB, BDC, SSO Arthur Nebe; Telephonprotokoll Stubaf. Braune/Hstuf. Günther v. 18.10.1939, YVA, 0–53/93; SD-Führer EG IV v. 24.10.1939: Stimmungs- u. Lagebericht aus dem von den Russen besetzten Gebiet, USHMM, RG 31.002, R. 11; Ronald Rathert: Verbrechen und Verschwörung: Arthur Nebe. Der Kripochef des Dritten Reiches, Münster 2001; Ingo Wirth/Daniel Stange: Reichskriminaldirektor Arthur Nebe (1894–1945) – Kriminalist und Karrierist, in: Kriminalistik 60(2006), S. 766–773; Gerlach: Morde (Anm. 120, S. 207), S. 185 f., 507 ff., 536 f., 544, 549 ff., 569 ff., 641 ff., 646 ff.

[152] BAB, BDC, SSO Erich Ehrlinger; SA-Führerakte, ebd., R 58/Anhang, 14; BB CdS Nr. 43 v. 11.9. u. Nr. 51 v. 6.11.1943, Nr. 15 v. 8.4.1944, ebd., RD 19/2; Michael Wildt: Erich Ehrlinger – ein Vertreter „kämpfender Verwaltung", in: Mallmann/Paul: Karrieren (Anm. 118, S. 207), S. 76–85; Domańska (Anm. 20, S. 201), S. 205.

[153] BAB, BDC, SSO u. RuSHA Heinz Hummitzsch; Vern. dess. v. 10.8.1965, BAL, B 162/Vorl. AR-Z 13/63, Bd. 3, Bl. 542 ff.; Stellenbesetzung BdS Brüssel (undat.), ebd., B 162/Vorl. Dok.Slg. Verschiedenes 301 UU (O.71); Wildt: Generation (Anm. 22, S. 201), S. 381 f., 778; Angrick (Anm. 27, S. 202), S. 642 f.

[154] BAB, BDC, SSO Heinz Wossagk; SDHA III 2 an Zentralabt. I 1 v. 29.7.1939: Aufstellung eines ständigen EK für den SD-RFSS, RGVA, 500–1–20; Wildt: Generation (Anm. 22, S. 201), S. 946 f.

[155] BAB, BDC, SSO Adolf Bonifer; BB CdS Nr. 30 v. 18.7.1942 u. Nr. 20 v. 27.5.1944, ebd., RD 19/2; Vern. Erwin C. v. 23.1.1942, BAL, B 162/1500, Bl. 37 ff.; ebd., ZK: Adolf Bonifer; Banach: Elite (Anm. 71, S. 204), S. 279; Gerlach: Morde (Anm. 120, S. 207), S. 541.

[156] BAB, BDC, SSO Dr. Ernst Gerke; Vern. dess. v. 19.12.1961, BAL, B 162/Vorl. AR 249/61, Bl. 43 ff.; dto. v. 2.11.1966, ebd., B 162/16657; BB CdS Nr. 4 v. 1.6.1940, Nr. 40 v. 12.9.1942, Nr. 53 v. 23.12.1944, BAB, RD 19/2.

[157] Ebd., BDC, SSO Bernhard Baatz; BB CdS Nr. 53 v. 13.11.1943, ebd., RD 19/2; Vern. Bernhard Baatz v. 17.9.1970, BAL, B 162/Vorl. AR-Z 13/63, Bd. 9, Bl. 1836 ff.; Vermerk GStaw beim KG Berlin v. 19.3.1968, ebd., B 162/5496, Bl. 364 ff.; Wildt: Generation (Anm. 22, S. 201), S. 355 ff.; Ruth Bettina Birn: Die Sicherheitspolizei in Estland 1941–1944. Eine Studie zur Kollaboration im Osten, Paderborn u.a. 2006, S. 22 ff., 60 ff.; die Angabe bei Schenk: Hans (Anm. 149, S. 209), S. 415, 425, wonach Baatz KdS in Krakau gewesen sei, beruht auf einer Verwechselung mit Rudolf Batz.

[158] BAB, BDC, SSO Helmuth Bischoff; Vern. dess. v. 19.10.1964, BAL, B 162/16675; Personalakte, BA-ZA, ZR 557/5; Erlaß CdS v. 9.2.1945, BAB, R 58/241; Gräfe/Post/ Schneider, Bd. 2 (Anm. 81, S. 205), S. 538 f.; Joachim Neander: „Hat in Europa kein annäherndes Beispiel". Mittelbau-Dora – ein KZ für Hitlers Krieg, Berlin 2000; Jens-Christian Wagner: Produktion des Todes. Das KZ Mittelbau-Dora, Göttingen 2001, S. 666.

[159] BAB, BDC, SSO Helmuth Gohl; Vern. dess. v. 13.2.1962, BAL, B 162/Vorl. AR

1738/61; Deutsches Generalkonsulat Monaco an Auswärtiges Amt v. 1.5.1944, ebd., B 162/ Vorl. Dok.Slg. Verschiedenes LV.

[160] Dto. Kurt G. v. 30.7.1970, ebd., B 162/16657; dto. Franz W. v. 23.11.1964, ebd., B 162/ Vorl. AR-Z 13/63, Bd. 1, Bl. 89 ff.

[161] Dto. Paul G. v. 21.11.1964, ebd., Bl. 82 ff.; dto. Bruno G. v. 1.12.1964, ebd., Bl. 126 ff.

[162] Dto. Georg B. v. 16.11.1965, ebd., Bd. 4, Bl. 723 ff.

[163] Dto. Erich P. v. 7.7.1965, ebd., Bl. 775 ff.

[164] Dto. Erich H. v. 20.11.1964, ebd., Bd. 1, Bl. 74 ff.

[165] BAB, BDC, SSO u. RuSHA Dr. Walter Hammer; Vern. dess. v. 13.1.1964, BAL, B 162/Vorl. AR-Z 13/63, Bd. 1, Bl. 7 ff.; BB CdS Nr. 4 v. 1.6.1940 u. Nr. 11 v. 18.3.1944, BAB, RD 19/2; Gräfe/Post/Schneider, Bd. 2 (Anm. 81, S. 205), S. 549 f.

[166] BAB, BDC, SSO Dr. Ernst Kah; Vern. Otto K. v. 31.10.1964, BAL, B 162/Vorl. AR-Z 13/63, Bd. 1, Bl. 43 ff.

[167] Dto. Erich M. v. 12.12.1966, ebd., B 162/16660; dto. Otto L. v. 1.10.1969, ebd.

[168] Dto. Herbert Raschik v. 12.1.1965, ebd., B 162/Vorl. AR-Z 13/63, Bd. 2, Bl. 325 ff.

[169] Dto. Walter Stamm v. 14.10.1965, ebd., Bd. 3, Bl. 512 ff.

[170] Dto. Otto K. v. 31.10.1964, ebd., Bd. 1, Bl. 43 ff.; dto. Wilhelm W. v. 23.6.1965, ebd., Bd. 4, Bl. 691 ff.

[171] Dto. Leonhard P. v. 9.12.1964, ebd., Bd. 1, Bl. 237 ff.

[172] BAB, BDC, SSO Franz Wenzel; Vern. Erich M. v. 26.9.1966, BAL, B 162/1500, Bl. 172 ff.; Sandkühler (Anm. 91, S. 206), S. 443.

[173] BAB, BDC, SSO u. RuSHA Wolfgang Birkner; Vern. Erich M. v. 23.11.1967, BAL, B 162/1500, Bl. 117 ff.

[174] BAB, BDC, SSO Walter Stamm; Vern. dess. v. 14.10.1965, BAL, B 162/Vorl. AR-Z 13/63, Bd. 3, Bl. 512 ff.; dto. v. 9.12.1968, ebd., B 162/3716, Bl. 77 ff.

[175] BAB, BDC, SSO Herbert Raschik; Vern. dess. v. 12.1.1965, BAL, B 162/Vorl. AR-Z 13/63, Bd. 2, Bl. 325 ff.

[176] BAB, BDC, SSO Ernst Damzog; Erlaß RFSS v. 7.11.1939, ebd., R 58/241; Wildt: Generation (Anm. 22, S. 201), S. 932; Shlomo Aronson: Reinhard Heydrich und die Frühgeschichte von Gestapo und SD, Stuttgart 1971, S. 157 f.; Christoph Graf: Politische Polizei zwischen Demokratie und Diktatur. Die Entwicklung der preußischen Politischen Polizei vom Staatsschutzorgan der Weimarer Republik zum Geheimen Staatspolizeiamt des Dritten Reiches, Berlin 1983, S. 340.

[177] BAB, BDC, SSO Dr. Fritz Rang; Vern. dess. v. 11.5.1967, BAL, 162/16661; Wildt: Generation (Anm. 22, S. 201), S. 353 f.

[178] BAB, BDC, SSO Dr. Wilhelm Fuchs; Vern. Dr. Hans Ehlich v. 16.8.1967, BAL, B 162/16656; dto. Rudolf Hotzel v. 14.4.1969, ebd., B 162/16658; dto. Willy K. v. 11.3.1960, ebd., B 162/5234, Bl. 615 ff.; RSHA IV Geschäftsstelle v. 16.5.1941: Einsatz der Sipo u. des SD im ehem. Jugoslawien, BAB, R 58/241; BB CdS Nr. 44 v. 18.9.1943 u. Nr. 20 v. 27.5.1944, ebd., RD 19/2.

[179] Ebd., BDC, SSO Dr. Hans Ehlich; Vern. dess. v. 16.8.1967, BAL, B 162/16656; Karl Heinz Roth: Ärzte als Vernichtungsplaner: Hans Ehlich, die Amtsgruppe III B des Reichssicherheitshauptamtes und der nationalsozialistische Genozid 1939–1945, in: Medizingeschichte und Gesellschaftskritik. Festschrift für Gerhard Baader, Husum 1997, S. 338–419; Wildt: Generation (Anm. 22, S. 201), S. 176 ff., 381.

[180] BAB, BDC, SSO Dr. Heinz Gräfe; Personalakte, BA-ZA, ZR 48; Wildt: Generation (Anm. 22, S. 201), S. 105 ff., 152 ff., 402, 671 ff.; Paul: Terror (Anm. 94, S. 206), S. 264; Klaus-Michael Mallmann: Der Krieg im Dunkeln. Das Unternehmen „Zeppelin" 1942–1945, in:

Michael Wildt (Hrsg.): Nachrichtendienst, politische Elite und Mordeinheit. Der Sicherheitsdienst des Reichsführers SS, Hamburg 2003, S. 324–346.

[181] BAB, BDC, RuSHA Helmut Heisig; BB CdS Nr. 56 v. 19.12.1942, ebd., RD 19/2; Anklage Staw beim KG Berlin v. 10.2.1972, BAL, B 162/5689; Graf (Anm. 176, S. 211), S. 351; Thomas Roth: Zwischen Metropole und Provinz. Organisation und Personal der Kriminalpolizei im Bonner Raum 1925–1945, in: Norbert Schloßmacher (Hrsg.): „Kurzerhand die Farbe gewechselt". Die Bonner Polizei im Nationalsozialismus, Bonn 2006, S. 117, 119, 125, 127.

[182] BAB, BDC, SSO Rudolf Hotzel; Vern. dess. v. 25.7.1968, BAL, B 162/16658; Wildt: Generation (Anm. 22, S. 201), S. 88.

[183] BAB, BDC, SSO u. RuSHA Dr. Herbert Strickner; Personalakte, BA-ZA, ZR 236; Wildt: Generation (Anm. 22, S. 201), S. 87 f., 740, 943 f.; zur Deutschen Volksliste: Werner Röhr (Hrsg.): Die faschistische Okkupationspolitik in Polen (1939–1945), Köln 1989, S. 60 f.

[184] Vern. Heinz L. v. 26.8.1968, BAL, B 162/16660; dto. Walter T. v. 8.10.1969, ebd., B 162/16664.

[185] Dto. Walter Piller v. 20.11.1945, ebd., B 162/3257, Bl. 220 ff.

[186] BAB, BDC, SSO u. RuSHA Dr. Robert Schefe; Erlasse CdS v. 28.11.1939 u. 21.1.1942, ebd., R 58/16; BB CdS Nr. 15 v. 3.4.1943, ebd., RD 19/2; BAL, ZK: Dr. Robert Schefe; Patrick Wagner: Hitlers Kriminalisten. Die deutsche Kriminalpolizei und der Nationalsozialismus, München 2002, S. 131 f.; Klaus-Michael Mallmann: „... durch irgendein schnellwirkendes Mittel zu erledigen". Die Stapo-Stelle Litzmannstadt und die Shoah im Warthegau, in: Jacek Andrzej Młynarczyk/Jochen Böhler (Hrsg.): Die Shoah in den in das deutsche Reich eingegliederten polnischen Gebieten (im Erscheinen).

[187] BAB, BDC, SSO u. RuSHA Paul Hohmann; Vern. dess. v. 5.9.1962, BAL, B 162/16686.

[188] BAB, BDC, SSO u. RuSHA Werner Böhm; Anschriftenverzeichnis der SD-(Leit)Abschnitte (Stand: 1.5.1940), ebd., R 58/727.

[189] Vern. Walter H. v. 13.3.1962, BAL, B 162/3271, Bl. 1053 ff.; dto. Ewald S. v. 4.2.1963, ebd., B 162/3241, Bl. 955 ff.

[190] Dto. Rudolf B. v. 6.11.1962, ebd., Bl. 842 ff.; dto. Otto C. v. 12.10.1962, ebd., B 162/1770, Bl. 631.

[191] Dto. Willi E. v. 8.8.1969, ebd., B 162/16656; dto. Otto G. v. 6.8.1969, ebd., B 162/16657; dto. Wilhelm B. v. 9.10.1962, ebd., B 162/1770, Bl. 622 ff.

[192] Dto. Johann S. v. 17.7.1962, ebd., B 162/3240, Bl. 628 ff.

[193] Dto. Gerhard M. v. 1.11.1962, ebd., B 162/1770, Bl. 656 ff.

[194] Dto. Willy A. v. 4.9.1962, ebd., B 162/4857, Bl. 943 ff.

[195] BAB, BDC, SSO Dr. Walter Albath; Vern. dess. v. 22.1.1970, BAL, B 162/16651; BB CdS Nr. 26 v. 8.7.1944, BAB, RD 19/2.

[196] BAB, BDC, SSO u. RuSHA Eberhard Heinze; SDHA II P v. 4.7.1939: Bisherige Vorbereitungsaktion II P, ebd., R 58/7154; Angrick (Anm. 27, S. 202), S. 251, 437; Norbert Kunz: Die Krim unter deutscher Herrschaft 1941–1944. Germanisierungsutopie und Besatzungsrealität, Darmstadt 2005, S. 91 ff., 222 ff., 310, 374.

[197] Vern. Dr. Walter Albath v. 29.8.1968, BAL, B 162/16651.

[198] BAB, BDC, SSO Udo von Woyrsch; Vern. dess. v. 14.12.1967, BAL, B 162/Vorl. AR-Z 302/67, Bd. 2, Bl. 233 ff.

[199] Mallmann: Mißgeburten (Anm. 63, S. 204), S. 71–89; die Behauptung von Sybille Steinbacher: „... nichts weiter als Mord". Der Gestapo-Chef von Auschwitz und die bundesdeutsche Nachkriegsjustiz, in: Norbert Frei/dies./Bernd C. Wagner (Hrsg.): Ausbeu-

tung, Vernichtung, Öffentlichkeit. Neue Studien zur nationalsozialistischen Lagerpolitik, München 2000, S. 271, daß Otto Hellwig „in der Einsatzgruppe z. b. V. als Befehlshaber der Schutzpolizeiabteilung fungierte", beruht auf freier Erfindung.

[200] BAB, BDC, SSO Dr. Dr. Emil Otto Rasch; Runderlasse CdS v. 23.3.1938 u. 24.3.1939, ebd., R 58/241; dto. Gestapa I D v. 2.2.1939, ebd.; Pohl: Einsatzgruppe (Anm. 2, S. 199), S. 71–87.

[201] BAB, BDC, SSO Otto Hellwig; Vern. dess. v. 7.3.1960, BAL, B 162/Vorl. AR-Z 129/67, Bd. 1, Bl. 104 ff.; dto. v. 18.10.1960, ebd., B 162/2062, Bl. 116 ff.

[202] BAB, BDC, SSO Dr. Jakob Seinsche; Vern. dess. v. 12.4.1967, BAL, B 162/16663.

[203] Vern. Hans R. v. 9.4.1969, ebd., B 162/16662; dto. Fritz S. v. 22.10.1969, ebd., B 162/16663.

[204] Dto. Bernhard K. v. 21.6.1967, ebd., B 162/16659; dto. Erich R. v. 20.5.1981, ebd., B 162/Vorl. AR-Z 304/77-K-, Bl. 111 ff.

[205] Dto. Franz A. v. 24.11.1963, ebd., B 162/1613, Bl. 605; dto. Johann B. v. 12.11.1963, ebd., Bl. 610 f.

[206] Dto. Gerhard E. v. 9.12.1970, ebd., B 162/16656.

[207] Dto. Hans R. v. 9.4.1969, ebd., B 162/16662.

[208] Dto. Fritz S. v. 30.10.1963, ebd., B 162/1611–1612, Bl. 555 ff.; dto. Georg R. v. 9.3.1981, ebd., B 162/Vorl. AR-Z 304/77-K-, Bl. 71 ff.

[209] Dto. Heinrich L. v. 11.6.1963, ebd., B 162/1611–1612, Bl. 438 ff.

[210] BAB, BDC, SSO Heinrich Huck; Sonderbfh. der Polizei im Bereich der 14. Armee v. 10.9.1939: Einsatzbefehl Nr. 2, APK, 119/3284; Markus Roloff: Nur Plünderer mußten sterben? Die Massenhinrichtungen der Hildesheimer Gestapo in der Endphase des Zweiten Weltkrieges, in: Hildesheimer Jahrbuch für Stadt und Stift Hildesheim 69(1997), S. 183–220.

[211] BAB, BDC, SSO u. RuSHA Dr. Hans Trummler; BB CdS Nr. 13 v. 28.3.1942, ebd., RD 19/2; Klaus-Michael Mallmann/Gerhard Paul: Herrschaft und Alltag. Ein Industrierevier im Dritten Reich, Bonn 1991, S. 197, 261; zur SS-Grenzüberwachung: Banach: Elite (Anm. 71, S. 204), S. 112 ff.

[212] Vern. Guido D. v. 7.4.1981, BAL, B 162/Vorl. AR-Z 304/77-K-, Bl. 90 ff.; dto. Hermann Herz v. 5.2.1964, ebd., B 162/Vorl. AR-Z 302/67, Bd. 1, Bl. 110 ff.

[213] BAB, BDC, SSO Hugo Hampel.

[214] Vern. Hermann Herz v. 31.1. u. 3.2.1964, BAL, B 162/Vorl. AR-Z 12/62, Bd. 7, Bl. 1754 ff., 1760 ff.; Andrej Angrick (Berlin) bereitet eine grundlegende Monographie zur „Aktion 1005" vor.

[215] Dto. Heinz R. v. 23.4.1964, BAL, B 162/Vorl. AR-Z 12/62, Bd. 6, Bl. 1276 ff.

[216] BAB, BDC, SSO Karl Essig; Sonderbfh. der Polizei im Bereich der 14. Armee v. 10.10.1939: Einsatzbefehl Nr. 2, APK, 119/3284; Młynarczyk: Judenmord (Anm. 145, S. 209), S. 95.

[217] BAB, BDC, SSO Erich Naumann; Eidesstattliche Erklärung dess. v. 27.6.1947, IfZ, Nbg.Dok. NO-4150; GVP EG B (undat./1942), BA-ZA, ZR 920/52; Erlaß RFSS v. 8.10.1939, BAB, R 58/241; BB CdS Nr. 22 v. 30.5.1942, Nr. 15 v. 3.4., Nr. 28. v. 12.6. u. Nr. 44 v. 18.9.1943, Nr. 25 v. 24.6.1944, ebd., RD 19/2; Christian Gerlach: Die Einsatzgruppe B 1941/42, in: Klein (Anm. 2, S. 199), S. 52–70.

[218] Ebd., BDC, SSO Walter Potzelt; Tagesberichte EG VI v. 20., 26. u. 30.9.1939, APP, 298/54; Banach: Elite (Anm. 71, S. 204), S. 280.

[219] BAB, BDC, SSO Albert Rapp; Vern. dess. v. 22.2.1961, BAL, B 162/3573, Bl. 308 ff.; dto. v. 29.3. u. 2.4.1963, ebd., B 162/3601, Bl. 3510 ff., 3521 ff.; dto. v. 11.11.1970, ebd., B 162/16661; Tagesbericht EG VI v. 2.10.1939, APP, 298/54.

[220] BAB, BDC, SSO u. RuSHA Emil Haussmann; ders. an RSHA VI C v. 15.7.1942: Unternehmen „Z" beim EK 12 – Erfahrungsbericht, BA-ZA, ZR 920/51; Eidesstattliche Erklärung dess. v. 26.6.1947, IfZ, Nbg.Dok. NO-4147; Angrick (Anm. 27, S. 202), S. 238, 250, 428, 513f.

[221] BAB, BDC, SSO Robert Mohr; Protokoll Übergabe CdZ AOK 10 an CdZ AOK 8 v. 13.10.1939, APŁ, 175/2; BdS Krakau v. 30.11.1940: Vorschlagsliste für die Verleihung des KVK 2. Klasse (undat./1939), BAL, B 162/Vorl. Dok.Slg. Polen 258; Angrick (Anm. 27, S. 202), S. 321f.

[222] BAB, BDC, SSO Gerhard Flesch; Personalakten, BA-ZA, ZR 524/1, ZR 813/6; CdS v. 24.3.1939: Standorte usw. der EG u. Kdo. der Sipo, BAB, R 58/241; RSHA I B 1 v. 17.5.1940: Organisation der Sipo u. des SD in Norwegen, ebd.; Gräfe/Post/Schneider, Bd. 2 (Anm. 81, S. 205), S. 544; Ramme (Anm. 15, S. 200), S. 262, u. Klaus Drobisch: Die Judenreferate des Geheimen Staatspolizeiamtes und des Sicherheitsdienstes der SS 1933 bis 1939, in: JfA 2(1993), S. 234, 248, verwechseln ihn mit Reinhard Flesch, dem Kopf jener Gruppe Münchner Kriminalbeamter, die Heydrich 1934 ins Gestapa mitbrachte; siehe Notiz SDHA II 112 v. 3.8.1937, BAB, R 58/565; Klaus-Michael Mallmann: Die unübersichtliche Konfrontation. Geheime Staatspolizei, Sicherheitsdienst und christliche Kirchen 1934–1939/40, in: Gerhard Besier (Hrsg.): Zwischen „nationaler Revolution" und militärischer Aggression. Transformationen in Kirche und Gesellschaft während der konsolidierten NS-Gewaltherrschaft (1934–1939), München 2001, S. 121.

[223] Vern. Gustav K. v. 19.3.1971, BAL, B 162/16659; Vermerk EG 14/VI-Kripo v. 30.9.1939, APP, 305/2; BB CdS Nr. 1 v. 11.5.1940, BAB, RD 19/2.

[224] Vern. Gustav K. v. 19.3.1971, BAL, B 162/16659.

[225] Dto. Peter K. v. 21.10.1970, ebd.

[226] Dto. Konrad W. v. 2.8.1968, ebd., B 162/16665; dto. Friedrich K. v. 10.1.1964, ebd., B 162/Vorl. AR 442/63, Bl. 19ff.

[227] Dto. Albert M. v. 25.8.1969, ebd., B 162/16660.

[228] Dto. Günter P. v. 4.5.1965, ebd., B 162/Vorl. AR-Z 345/67, Bd. 6, Bl. 847ff.

[229] Dto. Franz Tormann v. 6.10.1981, ebd., B 162/Vorl. AR-Z 124/78, Bd. 3, Bl. 558ff.

[230] Dto. Jakob L. v. 1.4.1970, ebd., B 162/16660.

[231] Dto. Franz Tormann v. 24.9.1962, ebd., B 162/Vorl. AR-Z 345/67, Bd. 6, Bl. 769ff.; dto. v. 12.11.1962, ebd., B 162/3600, Bl. 1986ff.; Stapo Schroda an EK 1/VI v. 28.9.1939, APP, 305/2.

[232] BAB, BDC, SSO Franz Sommer; Erlaß Stapo-Stelle Düsseldorf v. 29.3.1934, HStAD, RW 36/33; dto. GVP (Stand 1.1.1938), ebd., RW 36/3; Reinhard Mann: Protest und Kontrolle im Dritten Reich. Nationalsozialistische Herrschaft im Alltag einer rheinischen Großstadt, Frankfurt/M.-New York 1987, S. 147ff.

[233] Vern. Wilhelm M. v. 24.4.1970, BAL, B 162/16660.

[234] Dto. Friedrich M. v. 31.3.1969, ebd.; dto. Otto P. v. 27.3.1969, ebd., B 162/16661.

[235] Dto. Werner N. v. 17.7.1969, ebd.; dto. Franz D. v. 21.8.1980, ebd., B 162/Vorl. AR-Z 166/78, Bl. 157ff.

[236] Dto. Erich W. v. 3.9.1970, ebd., B 162/16665.

[237] Dto. Karl T. v. 12.8.1980, ebd., B 162/Vorl. AR-Z 382/77, Bl. 178ff.

[238] Dto. Clemens B. v. 5.4.1966, ebd., B 162/Vorl. AR 11/64, Bd. 2, Bl. 64ff.

[239] Dto. Fritz S. v. 29.7.1970, ebd., B 162/16663.

[240] Dto. Jakob G. v. 6.4.1967, ebd., B 162/Vorl. AR-Z 345/67, Bd. 6, Bl. 833ff.

[241] BAB, BDC, SSO u. RuSHA Herbert Lange; Personalakte, BA-ZA, ZR 631/1; HSSPF Warthegau an HSSPF Nordost v. 18.10.1940, BAB, NS 19/2576; BB CdS Nr. 32 v. 25.6.1942 u. Nr. 49 v. 23.10.1943, ebd., RD 19/2; Vern. Dr. Alfred Trenker v. 10.5.1961,

BAL, B 162/3247, Bl. 678 ff.; Matthias Beer: Die Entwicklung der Gaswagen beim Mord an den Juden, in: VfZ 35(1987), S. 403–417; Henry Friedlander: Der Weg zum NS-Genozid. Von der Euthanasie zur Endlösung, Berlin 1997, S. 230 ff.; Alberti: Verfolgung (Anm. 21, S. 201), S. 324–337, 407–439; Volker Rieß: Zentrale und dezentrale Radikalisierung. Die Tötungen „unwerten Lebens" in den annektierten west- und nordpolnischen Gebieten 1939–1941, in: Mallmann/Musial (Anm. 63, S. 204), S. 127–144; Banach: Elite (Anm. 71, S. 204), S. 227.

[242] BAB, BDC, SSO Dr. Rudolf Tröger; Erlaß RFSS v. 7.11.1939, ebd., R 58/241.

[243] Ebd., BDC, SSO Friedrich Claß; Vermerk v. 11.12.1964, BAL, B 162/16677.

[244] BAB, BDC, SSO Werner Wilcke.

[245] Vern. Max Janke v. 5.9.1959, BAL, B 162/Vorl. AR-Z 368/67, Sonderheft Bd. 2, Bl. 228 ff.

[246] Dto. Hans-Joachim Leyer v. 8.3.1962, ebd., B 162/3240, Bl. 429 ff.; dto. v. 11.7.1969, ebd., B 162/16660; BB CdS Nr. 22 v. 3.6.1944, BAB, RD 19/2.

[247] Ebd., BDC, SSO u. RuSHA Heinz Volkmann.

[248] Ebd., SSO Jakob Lölgen; Vern. dess. v. 7.1.1970, BAL, B 162/16660.

[249] BAB, BDC, SSO u. RuSHA Dr. Rudolf Oebsger-Röder; Vern. dess. v. 23.4.1948, BAL, B 162/16694; dto. v. 9.4.1962, ebd., B 162/3267, Bl. 309 ff.; dto. v. 9.5.1972, ebd., B 162/16661; Verfügung OStaw Frankfurt/M. v. 5.4.1961, ebd., B 162/Vorl. AR-Z 150/59, Bd. 1, Bl. 236 ff.; Personalakte, BA-ZA, ZR 133; Mallmann: Krieg (Anm. 180, S. 211), S. 332; Wildt: Generation (Anm. 22, S. 201), S. 777 f., 939 f.; Christian Gerlach/Götz Aly: Das letzte Kapitel. Der Mord an den ungarischen Juden, Stuttgart-München 2002, S. 129 f.

[250] BAB, BDC, SSO u. RuSHA Kurt Schuback; SD-EK Bromberg v. 10.11.1939: Lagebericht 9.11., IPNW, NTN 196/179; Mallmann/Cüppers: Halbmond (Anm. 79, S. 205), S. 96.

[251] Claudia Koonz: The Nazi Conscience, Cambridge/Mass.-London 2003, S. 4 ff., 221 ff.

[252] Harald Welzer: Täter. Wie aus ganz normalen Menschen Massenmörder werden, Frankfurt/M. 2005, S. 48 ff., 68 ff.

[253] Anklage Staw beim KG Berlin v. 10.2.1972, BAL, B 162/5689.

[254] Ulrich Heinemann: Die verdrängte Niederlage. Politische Öffentlichkeit und Kriegsschuldfrage in der Weimarer Republik, Göttingen 1983; Boris Barth: Dolchstoßlegenden und politische Desintegration. Das Trauma der deutschen Niederlage im Ersten Weltkrieg 1914–1933, Düsseldorf 2003; Peter Gay: Der Hunger nach Ganzheit: Erprobung der Moderne, in: ders.: Die Republik der Außenseiter. Geist und Kultur in der Weimarer Zeit 1919–1933, Frankfurt/M. 1970, S. 99–137.

[255] Stefan Breuer: Ordnungen der Ungleichheit – die deutsche Rechte im Widerstreit ihrer Ideen 1871–1945, Darmstadt 2001.

[256] Wildt: Generation (Anm. 22, S. 201), S. 137–142; grundlegend: Sven Reichardt: Faschistische Kampfbünde. Gewalt und Gemeinschaft im italienischen Squadrismus und in der deutschen SA, Köln-Weimar-Wien 2002; Irmtraud Götz von Olenhusen: Vom Jungstahlhelm zur SA: Die junge Nachkriegsgeneration in den paramilitärischen Verbänden der Weimarer Republik, in: Wolfgang R. Krabbe (Hrsg.): Politische Jugend in der Weimarer Republik, Bochum 1993, S. 146–183.

[257] Zit. bei Michael H. Kater: Studentenschaft und Rechtsradikalismus in Deutschland 1918–1933. Eine sozialgeschichtliche Studie zur Bildungskrise in der Weimarer Republik, Hamburg 1975, S. 22; vgl. Anselm Faust: Der Nationalsozialistische Deutsche Studentenbund, 2 Bde., Düsseldorf 1973; Konrad H. Jarausch: Deutsche Studenten 1800–1970, Frankfurt/M. 1984, S. 117–163; Ulrich Herbert: „Generation der Sachlichkeit". Die völkische Studentenbewegung der frühen zwanziger Jahre in Deutschland, in: Frank Bajohr/

Werner Johe/Uwe Lohalm (Hrsg.): Zivilisation und Barbarei. Die widersprüchlichen Potentiale der Moderne. Detlev Peukert zum Gedenken, Hamburg 1991, S. 115–144; Michael Grüttner: Studenten im Dritten Reich, Paderborn 1995, S. 19–61; Dietrich Heither/Michael Gehler/Alexandra Kurth/Gerhard Schäfer: Blut und Paukboden. Eine Geschichte der Burschenschaften, Frankfurt/M. 1997, S. 77–112; Christian Ingrao: Deutsche Studenten, Erinnerung an den Krieg und nationalsozialistische Militanz. Eine Fallstudie, in: Wildt: Nachrichtendienst (Anm. 180, S. 211), S. 144–159; Sonja Levsen: Elite, Männlichkeit und Krieg. Tübinger und Cambridger Studenten 1900 bis 1929, Göttingen 2006; Wildt: Generation (Anm. 22, S. 201), S. 81–137.

[258] Ulrich Herbert: Weltanschauungseliten. Ideologische Legitimation und politische Praxis der Führungsgruppe der nationalsozialistischen Sicherheitspolizei, in: Potsdamer Bulletin für zeitgeschichtliche Studien 9(1997), S. 4–18; ders.: Wer waren die Nationalsozialisten? Typologien des politischen Verhaltens im NS-Staat, in: Gerhard Hirschfeld/Tobias Jersak (Hrsg.): Karrieren im Nationalsozialismus. Funktionseliten zwischen Mitwirkung und Distanz, Frankfurt/M.-New York 2004, S. 17–42; Lutz Raphael: Radikales Ordnungsdenken und die Organisation totalitärer Herrschaft: Weltanschauungseliten und Humanwissenschaftler im NS-Regime, in: GG 27(2001), S. 5–40.

[259] Jürgen Matthäus: „Warum wird über das Judentum geschult?". Die ideologische Vorbereitung der deutschen Polizei auf den Holocaust, in: Paul/Mallmann: Die Gestapo im Zweiten Weltkrieg (Anm. 22, S. 201), S. 100–124; ders.: Die „Judenfrage" als Schulungsthema von SS und Polizei. „Inneres Erlebnis" und Handlungslegitimation, in: ders./Konrad Kwiet/Jürgen Förster/Richard Breitman: Ausbildungsziel Judenmord? „Weltanschauliche Erziehung" von SS, Polizei und Waffen-SS im Rahmen der „Endlösung", Frankfurt/M. 2003, S. 35–86.

[260] Claus-Ekkehard Bärsch: Die politische Religion des Nationalsozialismus. Die religiöse Dimension der NS-Ideologie in den Schriften von Dietrich Eckart, Joseph Goebbels, Alfred Rosenberg und Adolf Hitler, München 1998, S. 333–342; Wolfram Meyer zu Uptrup: Kampf gegen die „jüdische Weltverschwörung". Propaganda und Antisemitismus der Nationalsozialisten 1919–1945, Berlin 2003; Jeffrey Herff: „Der Krieg und die Juden". Nationalsozialistische Propaganda im Zweiten Weltkrieg, in: Das Deutsche Reich und der Zweite Weltkrieg, Bd. 9/2, München 2005, S. 159–202.

[261] Hans Mommsen: Die Auflösung des Bürgertums seit dem späten 19. Jahrhundert, in: Jürgen Kocka (Hrsg.): Bürger und Bürgerlichkeit im 19. Jahrhundert, Göttingen 1987, S. 288–315; Gerhard Paul/Klaus-Michael Mallmann: Sozialisation, Milieu und Gewalt. Fortschritte und Probleme der neueren Täterforschung, in: dies.: Karrieren (Anm. 118, S. 207), S. 1–32.

[262] Werner Jochmann: Die Ausbreitung des Antisemitismus in Deutschland 1914–1923, in: ders.: Gesellschaftskrise und Judenfeindschaft in Deutschland 1870–1945, Hamburg 1988, S. 99–170; Robert G. L. Waite: Vanguard of Nazism. The Free Corps Movement in Post War Germany, 1918–1923, Cambridge 1952; Hagen Schulze: Freikorps und Republik 1918–1920, Boppard 1969; James M. Diehl: Paramilitary Politics in Weimar Germany, Bloomington-London 1977; Susanne Meinl: Vom Fememord zum Völkermord? Terror und Gewaltentfesselung in der Freikorpsbewegung, in: Helgard Kramer (Hrsg.): NS-Täter aus interdisziplinärer Perspektive, München 2006, S. 311–326; Uwe Lohalm: Völkischer Radikalismus. Die Geschichte des Deutsch-völkischen Schutz- und Trutzbundes, Hamburg 1970; Rainer Hering: Konstruierte Nation. Der Alldeutsche Verband 1890–1939, Hamburg 2003; Martin Sabrow: Die verdrängte Verschwörung. Der Rathenau-Mord und die deutsche Gegenrevolution, Frankfurt/M. 1999; David Clay Large: Hitlers München: Aufstieg und Fall der Hauptstadt der Bewegung, München 1998; Dirk Walter: Antisemiti-

sche Kriminalität und Gewalt. Judenfeindschaft in der Weimarer Republik, Bonn 1999; Cornelia Hecht: Deutsche Juden und Antisemitismus in der Weimarer Republik, Bonn 2003; Frank Bajohr: „Unser Hotel ist judenfrei". Bäder-Antisemitismus im 19. und 20. Jahrhundert, Frankfurt/M. 2003, S. 53–115.

[263] Jürgen Gehl: Austria, Germany, and the Anschluß, 1931–1938, London 1963; Bruce F. Pauley: Hahnenschwanz und Hakenkreuz. Der steirische Heimatschutz und der österreichische Nationalsozialismus 1918–1934, Wien 1972; ders.: Hitler and the Forgotten Nazis. A History of Austrian National Socialism, Chapel Hill 1981; Gerhard Jagschitz: Der Putsch. Die Nationalsozialisten 1934 in Österreich, Graz-Wien-Köln 1976; Gerhard Botz: Gewalt in der Politik. Attentate, Zusammenstöße, Putschversuche, Unruhen in Österreich 1918–1934, München 1976; Francis L. Carsten: Faschismus in Österreich. Von Schönerer zu Hitler, München 1977; C. Earl Edmondson: The Heimwehr and Austrian Politics, 1918–1936, Athens 1978; Peter Black: Ernst Kaltenbrunner. Vasall Himmlers: Eine SS-Karriere, Paderborn u. a. 1991, S. 83 ff.

[264] Michael Wildt: Volksgemeinschaft als Selbstermächtigung. Gewalt gegen Juden in der deutschen Provinz 1919 bis 1939, Hamburg 2007; Armin Nolzen: The Nazi Party and its Violence against the Jews 1933–1939. Violence as a Historiographical Concept, in: YVS 31(2003), S. 245–285.

[265] Wildt: Radikalisierung (Anm. 22, S. 201), S. 41.

[266] Album „Mit dem SD im polnischen Feldzug", 16.8.–4.9.1939, CAW, II/6/4.

[267] Lublinitz: 6.9.–5.10.; Petrikau: 8.–26.9.; Tarnowitz: 8.9.–5.10.; hinzu kamen Mitte September Kielce: 17.9.–5.10., Welun, Konskie u. Praschka (Praszka): 17.–26.9.; Standorte hier – wie auch im folgenden, wenn nicht anders vermerkt – nach „Die Standorte der EG und EK" in: HA Sipo bzw. CdS v. 6.9.–5.10.1939: Tagesberichte Unternehmen Tannenberg, BAB, R 58/7001 u. 7002; die Unschärfen in den „Tannenberg-Berichten" erlauben häufig nur eine annäherungsweise Bestimmung der Marschwege u. Aufenthaltsorte der EG u. EK; aufgrund des begrenzten Berichtszeitraums können außerdem für einige der EG u. EK keine Standortangaben für die Zeit vor dem 6.9. u. nach dem 5.10. gemacht werden.

[268] Landsberg: 6./7.9.; Ruda u. Welun: 8.9.; nach Meldung der EG II hielt sich das EK 2/II bereits am 4.9. in dieser Gegend auf, HA Sipo v. 6.9.1939: Tagesbericht Unternehmen Tannenberg für 6.9., BAB, R 58/7001.

[269] Legende Übersichtskarte, Album „Mit dem SD im polnischen Feldzug", CAW, II/6/4.

[270] 10.9. Tschenstochau–Konskie; 24.9. Radom–Dęblin; 29.9. Radom–Kozienice; 3.10. Radom–Lublin; 5.10. Radom–Lodsch; 11.10. Radom–Kielce; 15.10. Radom–Warschau, ebd.

[271] Kontingente des EK 2/II kehrten am 27.9. nach Radomsko zurück u. übernahmen am selben Tag vom EK 1/II die Nebenstellen Welun, Praschka u. Petrikau, das dafür eine neue Nebenstelle in Starachowice einrichtete.

[272] Legende Übersichtskarte, Album „Mit dem SD im polnischen Feldzug", CAW, II/6/4.

[273] Der Weg des EK 3/I führte von Wien über Sillein u. Ungarisch-Radisch (Uherské Hradiatě), BAB, BDC, SSO Dr. Alfred Hasselberg.

[274] Gruppenstab in Teschen: 6./7.9.; in Krakau: 7.–20.9.

[275] GAK 3 an Polizeiführer in den Schutzbezirken I, II, III u. IV v. 13.9.1939, APK, 119/3138.

[276] Nebenstellen ab Anfang Oktober in Bielitz u. unweit davon im tschechischen Grenzstädtchen Karwin (Karviná), CdZ Krakau an CdZ Kattowitz v. 6.10.1939: Einsatz

der Sipo im Gebiete des AOK 14, APK, 119/1637, sowie in Pless, LR Teschen-Freistadt an CdZ beim AOK 14 v. 9.10.1939, ebd.; außerdem existierte bis zum 20.9. eine Nebenstelle des EK 4/I in Orzesche (Orzesze), Konieczny: Sprawie (Anm. 17, S. 200), S. 228f.

[277] Nebenstellen des EK 3/I befanden sich Ende September in Nisko, Leżajsk u. Radymno, Besondere Anordnungen für die Versorgung des XVII. AK v. 28.9.1939: Befehl Nr. 21, BA-MA, RH 24–17/6, u. Anfang Oktober in Rzeszów, Lancut, Przemysl u. Radymno, CdZ Krakau an CdZ Kattowitz v. 6.10.1939: Einsatz der Sipo im Gebiete des AOK 14, APK, 119/1637.

[278] Ein TK des EK 3/I unter Block war dabei bis Ende Oktober für den östlichen Distrikt Lublin zuständig u. u.a. in Chelm eingesetzt, wo es Anfang November von einem TK unter Kriminalobersekretär Rohlfing abgelöst wurde, BAB, BDC, SSO Dr. Alfred Hasselberg.

[279] Die Nebenstelle des EK 1/I in Krakau-Schoppinitz (Kraków-Szopienice), bestehend aus 13 Mann, ‚betreute' Mitte September Sosnowitz, Dombrowa Gornicza (Dąbrowa-Górnicza) u. Bendzin; die Nebenstelle gleicher Stärke in Königshütte war für Siemianowitz (Siemianowice Śląskie), Czeladź u. Laurahütte (Huta Laura) zuständig, EK 1/I an CdZ beim AOK 14 v. 10.9.1939, APK 119/1637; CdZ beim AOK 14: Tagesbefehl Nr. 2 v. 16.9.1939, ebd., 119/3284.

[280] AOK 14 an VIII. AK v. 24.9.1939, BA-MA, RH 24–8/9; Nebenstellen des EK 1/I befanden sich Anfang Oktober in Dubiecko, Dynow u. Zasławie, CdZ Krakau an CdZ Kattowitz v. 6.10.1939: Einsatz der Sipo im Gebiete des AOK 14, APK, 119/1637; der Stab des EK 1/I wurde wohl nach dem 5.10. nach Jaslo verlegt, LR Sanok an CdZ beim AOK 14 v. 5.10.1939, BA-MA, RH 20–14/178.

[281] Rossino: Hitler (Anm. 6, S. 199), S. 36f.; zuvor war die Sicherung des slowakischen Flugfeldes von der Abwehr III wahrgenommen worden, Generaloberst, Bd. 1 (Anm. 58, S. 203), S. 26; Küthes Leute kamen zunächst vom EK 4/I u. lösten in Sillein das EK 3/I, dem sie dafür aus organisatorischen Gründen unterstellt wurden, Ende August ab; am 21. oder 22.9. traf Küthe mit Hasselberg in Przemysl zusammen u. brachte befehlsgemäß sein TK, das zu diesem Zeitpunkt „in einzelne Abteilungen bis zu 80 Kilometer auseinandergezogen" war, über Nacht nach Sambor, um anschließend die Sicherung entlang des San von Jaroslau bis Sandomierz – mit Außenposten in Stare Miasto u. Stalowa Wola – zu übernehmen, Vern. Heinrich Küthe v. 9.12.1939, BAB, BDC, SSO Dr. Alfred Hasselberg.

[282] Dto. Udo von Woyrsch v. 14.12.1967, BAL, B 162/Vorl. AR-Z 302/67, Sonderbd./Handakten.

[283] RFSS an Woyrsch v. 3.9.1939, BA-MA, RH 24–8/97.

[284] Rossino: Policy (Anm. 22, S. 201), S. 35f.; daß die EG z.b.V. „assigned to West Prussia district" war u. sich in „Danzig, Bromberg, Thorn" aufhielt, wie MacLean (Anm. 131, S. 208), S. 22, schreibt, ist falsch.

[285] Tagesbefehl GAK 3 v. 5.9.1939, NARA, RG 242, T-314, R. 840.

[286] PB 62 (Essen), 63 (Wuppertal), 81 (Beuthen) u. 92 (Kassel), Rossino: Policy (Anm. 22, S. 201), S. 36.

[287] Beim I./PR 3 handelte es sich um das Wiener PB 171 unter Hauptmann der Schupo Greschuchna, das am 4./5.9. eiligst u. mit einer Panzerwagen-Hundertschaft sowie dem III./PR 3 (Major der Schupo Kaufmann) herangeholt worden war; zwei Btl., II./PR 3 (Major der Schupo Wirth) u. IV./PR 3 (Hauptmann der Schupo Mann), standen bereits am 3.9. an der tschechisch-polnischen Grenze zur Bekämpfung von Aufständischen beim AOK 14 bereit, OKH an AOK 14 v. 4.9.1939, BA-MA, RH 20–14/132; Meldung AOK 14 v. 5.9.1939, ebd.; Sonderbfh. der Polizei im Bereich der 14. Armee v. 10.9.1939: Einsatzbefehl Nr. 2, APK, 119/3284; HA Sipo v. 6.9.1939: Tagesbericht Unternehmen Tannen-

berg für 5./6. u. 6.9., BAB, R 58/7001; Nummern u. Standorte der PB II–IV können nicht ermittelt werden anhand von Stefan Klemp: „Nicht ermittelt". Polizeibataillone und die Nachkriegsjustiz. Ein Handbuch, Essen 2005.

[288] „Ob[er-]Gruppenführer Woyrsch mit 4 PolBaonen [PB] macht Ordnung im Gebiet poln. Oberschlesien. Dazu sind seine Kfte [Kräfte] mehr als genügend. Bleibt noch das Pol.Rgt. Dr. Wolfstieg", handschriftlicher Vermerk O.Qu. beim AOK 14, Oberst Emil Zellner, auf: OKH an AOK 14 v. 4.9.1939, BA-MA, RH 20–14/132; Konieczny: Sprawie (Anm. 17, S. 200), S. 30f., nennt die zum PR 3 gehörigen vier Btl., zählt sie aber zu den Verbänden der EG z. b. V.; Steinbacher: Musterstadt (Anm. 21, S. 201), S. 55, u. Rossino: Policy (Anm. 22, S. 201), S. 36, sowie ders.: Hitler (Anm. 6, S. 199), S. 49, verwechseln die vier Btl. des PR 3 mit denen der EG z. b. V.

[289] Allerdings hatte das Gen.Kdo. VIII darum beim Sonderbfh. der Polizei in ihrem Bereich, also Gruppenführer z. b. V. von Woyrsch, ersucht, PR 3 an Gen.Kdo. VIII. AK v. 5.9.1939, BA-MA, RH 24–8/97.

[290] HA Sipo v. 6.9.1939: Tagesbericht Unternehmen Tannenberg für 5./6. u. 6.9., BAB, R 58/7001.

[291] 7.–10.9., dto. v. 8.9.1939 für 7./8.9., BAB, R 58/7001; Rossino: Policy (Anm. 22, S. 201), S. 39.

[292] Sonderbfh. der Polizei im Bereich der 14. Armee v. 10.9.1939: Einsatzbefehl Nr. 2, APK, 119/3284.

[293] GAK 3 an HGr Süd v. 11.9.1939, BA-MA, RH 19 I/191; AOK 14 an HGr Süd v. 16.9.1939, ebd.; HGr Süd an GAK 3 v. 20.9.1939, ebd.; trotz der von Halder am 6.9. überschwenglich begrüßten „Polizeiwalze hinter Armeen" waren demnach in der ersten Septemberhälfte offenbar noch nicht genügend Polizeieinheiten im Revier eingetroffen.

[294] 11.–13.9., Rossino: Policy (Anm. 22, S. 201), S. 40; Zusammenfassung Vern. Kurt J. (undat.), Vermerk ZSL v. 14.3.1973, BAL, B 162/Vorl. AR-Z 302/67, Sonderbd./Handakten.

[295] Rossino: Policy (Anm. 22, S. 201), S. 40f.; in Przemysl sollen sich damals alle Teilverbände der EG z. b. V. aufgehalten haben, Zusammenfassung Vern. Fritz S. (undat.), Vermerk ZSL v. 14.3.1973, BAL, B 162/Vorl. AR-Z 302/67, Sonderbd./Handakten.

[296] AOK 14 an HGr Süd v. 20.9.1939, BA-MA, RH 19 I/191; vor diesem Hintergrund vollzog sich der Abmarsch des EK 1/I von Kattowitz nach Sanok am 23.9.

[297] Kempen: Spätestens seit dem 4.9. mittags, Fernschreiben Großkopf an EG III v. 4.9.1939, APŁ, 175/1, bis 7.9.; Kalisch: 7.–9.9.; Lodsch: seit 10.9.

[298] CdZ beim AOK 8 an EG I v. 9.10.1939, APŁ, 175/11; AOK 8: Besondere Anordnungen Nr. 47 für die Versorgung der 8. Armee v. 10.10.1939, ebd., 175/32.

[299] Von Kempen aus unternahm das EK 2/I am 6.9. einen Abstecher nach Fürstlich-Neudorf, EG III an CdS v. 9.9.1939, ebd., 175/10b; von Lodsch aus überwachte es bis Ende November u. a. den Vorort Pabianice, Kardas: Problematyki (Anm. 18, S. 200), S. 57.

[300] 8./9.9.; in Lissa hielt sich das Kdo. bereits am 4.9. auf, Fernschreiben Großkopf an EG III v. 5.9.1939, APŁ, 175/10a.

[301] Schildberg: 6./7.9.; Kalisch: 7.–12.9.; Posen: 11.–22.9., CdS v. 12.9.1939: Tagesbericht Unternehmen Tannenberg für 12.9., BAB, R 58/7001.

[302] CdZ beim AOK 8 an EG III v. 24.9.1939, APŁ, 175/10a.

[303] Vern. Franz Kubin v. 6.12.1939, BAB, BDC, SSO Dr. Alfred Hasselberg.

[304] Rossino: Hitler (Anm. 6, S. 199), S. 60.

[305] Konitz: 6.–9.; die Ortschaft Amiels, in der 30 Mann des EK 2/IV vom 6.–9.9. stationiert waren, konnte nicht ermittelt werden, Czarnik: Działalność (Anm. 20, S. 201), S. 11; ein Teil des EK 2/IV verblieb bis zum 11.9. in Konitz.

306 Schönes Männer waren vor dem 5.9. in Lobsens (Lobżencia), vor u. nach dem 5.9. in Nakel eingesetzt, Rossino: Hitler (Anm. 6, S. 199), S. 60f.; ein Kontingent fuhr noch am selben Tag nach Nakel, Helmuth Bischoff: EK im Polenfeldzug (undat./1939), IPNW, NTN 196/180.

307 Teile EK 2/IV: Konitz: 6.–10.9., Culmsee: 15./16.9; Teile EK 1/IV: Mrotschen: 9.–12.9., Hohensalza: 12.–16.9. (Trupp Schöne: 12./13.9., Trupp Vogel: 13.–15.9.), Wysocinek u. Thorn: 15./16.9.

308 Am 15.9. war bereits ein Vorkdo. des EK 1/IV von vier Mann unter Ustuf. Horst Eichler zum Entsatz des Gros des EK 1/IV nach Bromberg gekommen, Eichler an Stadtbaurat Bromberg v. 9.4.1943, IPNW, NTN 196/180.

309 Bei den LR in Konitz, Zempelburg (Sepolno), Hohensalza, Thorn u. Culmsee.

310 Marschroute Graudenz–Deutsch Eylau–Osterode–Allenstein–Arys (17./18.9.)–Łomża; die Behauptung von Biernacki: Organizacja (Anm. 20, S. 201), S. 290, die EG IV habe sich am 19.9. in der Umgebung von Warschau gesammelt, ist aus der Luft gegriffen.

311 KTB HGr Nord v. 22.9.1939, BA-MA, RH 19 II/2.

312 Bericht Hstuf. Bartelt v. 7.10.1940: Kath. Pfarrhaus in Bialystok, APW, 482 (SSPF)/105; am selben Tag stattete Gruppenführer IV, Lothar Beutel, dem AOK 3 in Bialystok einen Besuch ab; am 17.9. war dort bereits das motorisierte Berliner PB 6 eingetroffen, das am 6.9. Bromberg besetzt u. die Stadt zeitgleich mit der EG IV wieder verlassen hatte, Artilleriekdr. AOK 3: Einnahme von Bialystok (undat./1939), BA-MA, RH 20–3/19; Hauptmann der Schupo Klocke an Stadtbaurat Bromberg v. 23.6.1942, IPNW, NTN 196/180.

313 Lyck: 21.9.; Insterburg: 22.–25.9.

314 Pultusk: 27./28.9.; Zatory: 29.9.; Jablonna: 30.9./1.10.

315 HA Sipo v. 1.10.1939: Tagesbericht Unternehmen Tannenberg für 30.9./1.10., BAB, R 58/7002.

316 Ihren Dienstsitz, der als Gestapo-Zentrale in der Folgezeit neben dem Gestapo-Gefängnis Pawiak zum gefürchtetsten Symbol des deutschen Besatzungsterrors in Warschau werden sollte, nahm die EG IV in den Räumlichkeiten der Höheren Kontrollkammer u. des Kultusministeriums in der Szucha-Allee Nr. 23 u. 25, Domańska (Anm. 20, S. 201), S. 145.

317 EG III an EK 2/IV v. 7.10.1939, BA-MA, RS 4/60.

318 Legende Übersichtskarte, Album „Mit dem SD im polnischen Feldzug", CAW, II/6/4.

319 Zwei Züge: 6.–11.9., ein Abwicklungskdo.: 12./13.9.

320 6.–21.9.

321 Ein Zug in Löbau (Lubawa): 6.–11.9.

322 Strasburg u. Neumark (Nowe Miasto Lubawskie): 10./11.9.

323 Neidenburg (ein Zug), Soldau (ein Zug) u. Mielau (zwei Züge).: 6.–8.9.

324 Przasznysz u. Zichenau: 9.–13.9., Makow: 10./11.9., 16.–20.9., Kolno: 11.9., Serock: 14.9., 16.–20.9., Ostrow: 16.–20.9., Pultusk: 11.9.–2.10.; im Raum Pultusk u. südlich davon befand sich vom 27.9.–1.10. auch die EG IV, die bei dieser Gelegenheit Kontakt zu ihrer Nachbargruppe aufgenommen haben dürfte.

325 Allenstein: 11.–20.9., Soldau, Płońsk u. Siedlce: 20.9.–2.10.

326 Ein Zug in Kolno u. ein Zug in Szczuczyn: 12./13.9., Lomza: 15.9., Soldau: 16.–20.9.

327 20.–27.9.; von Drogusowo kehrten Teile des EK 1/V am 27.9. nach Soldau zurück – wo mittlerweile das EK 3/V Posten bezogen hatte – u. blieben dort bis zum 2.10.

328 Ein Zug 20.9.–2.10.

329 EK 3/V wurde noch am selben Tag in Richtung Allenstein in Marsch gesetzt.

[330] Umbreit: Militärverwaltungen (Anm. 22, S. 201), S. 91–100.
[331] CdS v. 12.9.1939: Tagesbericht Unternehmen Tannenberg für 11./12. u. 12.9., BAB, R 58/7001; am 12.9. wurde „das Erforderliche zur Klärung der räumlichen Zuständigkeit" zwischen der EG VI u. dem EK 1/III im Raum Posen veranlaßt, ebd.
[332] Posen: 14.9.–14.10., Krotoszyn: 14.9.–5.10., Kempen: 14.–20.9., Lissa: 14.9.–7.10., Wollstein, Kosten, Gostyn u. Rawitsch: 14.9., Schroda: 14.9.–7.10., Wreschen, Jarotschin u. Schrimm: 14.–25.9., EK 1/VI v. 14.9.1939: Befehl Nr. 1, APP, 305/2; UK Schroda an EK 1/VI v. 16.9.1939, ebd.; EK 1/VI an UK Lissa, Schroda u. a. v. 20.9.1939, ebd.; Vermerk UK Schroda v. 21.9.1939, ebd.; dto. an EK 1/VI v. 22.9.1939, ebd.; Meldung Nebenstelle Schrimm v. 25.9.1939, ebd.; UK Schroda an EK 1/VI v. 26.9.1939, ebd.; dto. an OK Schroda v. 27.9.1939, ebd.; dto. an EK 1/VI v. 28.9.1939, ebd.; Meldung dto. v. 29.9.1939, ebd.; dto. an EK 1/VI v. 29.9.1939, ebd.; dto. an Nebenstellen Wreschen, Schrimm u. Jarotschin v. 29.9.1939, ebd.; Vermerk dto. v. 30.9.1939, ebd.; EK 1/VI an UK Konin v. 30.9.1939, APP, 305/2; Bericht UK Schroda v. 2.10.1939, ebd.; dto. v. 3.10.1939, ebd.; dto. an EK 1/VI v. 3.10.1939, ebd.; dto. v. 3.10.1939, ebd.; dto. v. 4.10.1939, ebd.; dto. an Bürgermeister Schroda v. 4.10.1939, ebd.; dto. an OK Schroda v. 4.10.1939, ebd.; OK Schroda an UK Schroda v. 5.10.1939, ebd.; UK Schroda an OK Schroda v. 6.10.1939, ebd.; dto. an EK 1/VI v. 6.10.1939, ebd.; EK 1/VI an UK Schroda, Lissa, Kalisch u. Konin v. 7.10.1939, ebd.; UK Schroda an EK 1/VI v. 9.10.1939, ebd.
[333] Kalisch: 23.9.–7.10., Konin: 27.9.–7.10., EK 1/VI an UK Konin v. 30.9.1939, APP, 305/2; dto. an UK Schroda, Lissa, Kalisch u. Konin v. 7.10.1939, ebd.
[334] EG VI an CdZ Posen v. 14.10.1939, ebd., 298/54.
[335] Reichsstatthalter an EG VI v. 15.11.1939, ebd.
[336] Jastrzębski: Organizacja (Anm. 20, S. 201), S. 81.
[337] TK Bromberg an NSDAP-Kreisleitung Bromberg v. 19.11.1939, IPNW, NTN 196/179.
[338] Unterrichtung ObdH durch den Führer am 25.3.1939, in: IMG, Bd. 38, Nürnberg 1949, S. 274; zur Institution: Geoffrey P. Megargee: Inside Hitler's High Command, Lawrence 2000; zur Person: Jürgen Löffler: Walther von Brauchitsch (1881–1948). Eine politische Biographie, Frankfurt/M. u. a. 2001.
[339] ADAP, Serie D, Bd. 7, S. 463; vgl. Jörg Hillmann (Hrsg.): Der „Fall Weiß". Der Weg in das Jahr 1939, Bochum 2001.
[340] ADAP, Serie D, Bd. 7, S. 171 f.; ähnlich Generaloberst, Bd. 1 (Anm. 58, S. 203), S. 25 f.; zu den Textvarianten der Rede: Winfried Baumgart: Zur Ansprache Hitlers vor den Führern der Wehrmacht am 22. August 1939. Eine quellenkritische Untersuchung, in: VfZ 16(1968), S. 120–149; angesichts dessen muß die Interpretation von Stefan Scheil: Fünf plus Zwei. Die europäischen Nationalstaaten, die Weltmächte und die vereinte Entfesselung des Zweiten Weltkrieges, Berlin, 2003, S. 44 ff., 127 ff., der die polnischen Aggressionsabsichten gegen Deutschland sehr hoch gewichtet u. die Politik des Dritten Reiches gegen Polen eher in Richtung Kriegsvermeidung ausgerichtet sieht, als absurd zurückgewiesen werden.
[341] Christian Hartmann/Sergej Slutsch: Franz Halder und die Kriegsvorbereitungen im Frühjahr 1939. Eine Ansprache des Generalstabschefs des Heeres, in: VfZ 45(1997), S. 483, 493.
[342] ObdH v. 19.9.1939: Merkblatt für das Verhalten des deutschen Soldaten im besetzten Gebiete in Polen, BA-MA, RH 20–8/32; ausführlich: Böhler: Auftakt (Anm. 6, S. 199), S. 33 ff.; Alexander B. Rossino: Destructive Impulses. German Soldiers and the Conquest of Poland, in: HGS 7(1997), S. 351–365.
[343] Anklage Staw beim KG Berlin v. 10.2.1972, BAL, B 162/5689.

³⁴⁴ Vern. Lothar Beutel v. 20.7.1965, ebd., B 162/Vorl. Dok.Slg. Leitzordner Einsatzgruppen in Polen II; ähnlich dto. v. 27.1.1964, ebd., B 162/Vorl. AR-Z 13/63, Bd. 8, Bl. 1729 ff.; dto. v. 20.4.1971, ebd., B 162/16655.
³⁴⁵ Dto. Dr. Ernst Gerke v. 2.11.1966, ebd., B 162/16657.
³⁴⁶ Dorothee Weitbrecht: Ermächtigung zur Vernichtung. Die Einsatzgruppen in Polen im Herbst 1939, in: Mallmann/Musial (Anm. 63, S. 204), S. 57–70; anders noch dies.: Exekutionsauftrag (Anm. 22, S. 201), S. 19.
³⁴⁷ RFSS an Udo von Woyrsch v. 7.9.1939, BA-MA, RH 19 I/191.
³⁴⁸ AOK 14/O.Qu. v. 12.9.1939: Besondere Anordnungen Nr. 14, ebd., RH 20–14/129.
³⁴⁹ Überliefert in: CdO an BdO beim AOK 4 v. 16.9.1939, ebd., RH 20–4/856.
³⁵⁰ Vermerk CdO v. 5.9.1939, BAB, R 19/334.
³⁵¹ Dto. v. 7.9.1939, ebd., BDC, SSO Kurt Daluege.
³⁵² Esman/Jastrzębski (Anm. 19, S. 201); Günter Schubert: Das Unternehmen „Bromberger Blutsonntag". Tod einer Legende, Köln 1989; Włodzimierz Jastrzębski: Der Bromberger Blutsonntag. Legende und Wirklichkeit, Poznań 1990.
³⁵³ Vgl. die von der Wehrmacht-Untersuchungsstelle gesammelten Zeugenaussagen von Volksdeutschen dazu, BA-MA, RW 2/51.
³⁵⁴ Generaloberst, Bd. 1 (Anm. 58, S. 203), S. 71; daß Krausnick: Hitlers (Anm. 23, S. 202), S. 45, dies als „Repressalien" bezeichnet u. reiner Willkür so einen völkerrechtskonformen Anstrich verleiht, muß als abwegige Interpretation zurückgewiesen werden.
³⁵⁵ RFSS an HSSPF Weichsel v. 15.12.1939, BAB, NS 19/1919; vgl. Gabriele Lotfi: SS-Sonderlager im nationalsozialistischen Terrorsystem: Die Entstehung von Hinzert, Stutthof und Soldau, in: Frei/Steinbacher/Wagner (Anm. 199, S. 212), S. 209–229.
³⁵⁶ SDHA Stabskanzlei I 11 v. 8.9.1939: Amtschefbesprechung 7.9., BAB, R 58/825; Heydrich war dabei nicht anwesend, wie Krausnick: Hitlers (Anm. 23, S. 202), S. 51, fälschlicherweise schreibt; vgl. Runderlaß Gestapa v. 7.9.1939, YVA, TR. 3/1633.
³⁵⁷ Helmuth Groscurth: Tagebücher eines Abwehroffiziers 1938–1940. Mit weiteren Dokumenten zur Militäropposition gegen Hitler, hrsg. v. Helmut Krausnick u. Harold C. Deutsch, Stuttgart 1970, S. 201; vgl. Klaus-Jürgen Müller: Das Heer und Hitler. Armee und nationalsozialistisches Regime 1933–1940, Stuttgart 1969, S. 427 f.; die Zitatwiedergabe „Der Adel, die Polen und Juden müssen aber umgebracht werden" bei Krausnick: Hitlers (Anm. 23, S. 202), S. 51, beruht auf einem sinnentstellenden Lesefehler des Autors; frei erfunden ist dagegen die Zitatwiedergabe „Adel, Geistlichkeit und Juden sollen sofort umgebracht werden" bei Schenk: Hans (Anm. 149, S. 209), S. 182.
³⁵⁸ Groscurth (Anm. 357, S. 222), S. 202.
³⁵⁹ Vermerk Oberstleutnant Lahousen v. 14.9.1939: Besprechung im Führerzug in Illnau am 12.9., IfZ, Nbg.Dok. PS-3047; vgl. Aussage dess. v. 30.11.1945, in: IMG, Bd. 2, Nürnberg 1947, S. 492 f.; zu den Personen: Michael Mueller: Canaris. Hitlers Abwehrchef, Berlin 2006; Samuel W. Mitcham: Generalfeldmarschall Wilhelm Keitel, in: Gerd R. Ueberschär (Hrsg.): Hitlers militärische Elite, Bd. 1, Darmstadt 1998, S. 112–120.
³⁶⁰ HGr Süd/O.Qu. IV v. 17.9.1939: Vortragsnotiz für OB, BA-MA, N 104/3; Erklärung Rudolf Langhaeuser v. 30.4.1967, BAL, B 162/16660; vgl. Böhler: Auftakt (Anm. 6, S. 199), S. 209 f.
³⁶¹ Klaus-Jürgen Müller: Zu Vorgeschichte und Inhalt der Rede Himmlers vor der höheren Generalität am 13. März 1940 in Koblenz, in: VfZ 18(1970), S. 95–120, Zitat S. 95; vgl. Vortragsnotizen RFSS (undat./1940), IfZ, F 37/3; Maximilian von Weichs: Erinnerungen, Bd. 4, BA-MA, N 19/8.
³⁶² CdS an CdO v. 2.7.1940, BAB, R 19/395; vgl. Krausnick: Hitler (Anm. 8, S. 199).
³⁶³ SDHA Stabskanzlei I 11 v. 15.9.1939: Amtschefbesprechung 14.9., BAB, R 58/825.

[364] ObdH/GenStdH/Gen.Qu. (Qu.IV) an HGr v. 18.9.1939, BA-MA, RH 1/58.
[365] Generalquartiermeister (Anm. 37, S. 203), S. 134.
[366] Generaloberst, Bd. 1 (Anm. 58, S. 203), S. 79.
[367] SDHA Stabskanzlei I 11 v. 21.9.1939: Amtschefbesprechung 19.9., BAB, R 58/825.
[368] Niederschrift über die Sitzung des Ministerrates für die Reichsverteidigung am 19.9.1939, in: IMG, Bd. 31, Nürnberg 1948, S. 232.
[369] Symptomatisch: Inlandslagebericht SD-Abschnitt Leipzig v. 25.9.1939, in: Otto Dov Kulka/Eberhard Jäckel (Hrsg.): Die Juden in den geheimen NS-Stimmungsberichten 1933–1945, Düsseldorf 2004, S. 407.
[370] Vgl. Longerich (Anm. 22, S. 201), S. 251 ff.; Wolf Gruner: Von der Kollektivausweisung zur Deportation der Juden aus Deutschland (1938–1945). Neue Perspektiven und Dokumente, in: Birthe Kundrus/Beate Meyer (Hrsg.): Die Deportation der Juden aus Deutschland. Pläne – Praxis – Reaktionen 1938–1945, Göttingen 2004, S. 21–62, bes. S. 30 ff.
[371] Vgl. Robert Kuwałek: Das kurze Leben im Osten. Jüdische Deutsche im Distrikt Lublin aus polnisch-jüdischer Sicht, in: ebd., S. 112–134; Else Behrend-Rosenfeld/Gertrud Luckner (Hrsg.): Lebenszeichen aus Piaski. Briefe Deportierter aus dem Gebiet Lublin 1940–1943, München 1968.
[372] Eindrucksvoll dazu: Leon Szalet: Baracke 38. 237 Tage in den „Judenblocks" des KZ Sachsenhausen, Berlin 2006; vgl. Günter Morsch/Susanne zur Nieden (Hrsg.): Jüdische Häftlinge im Konzentrationslager Sachsenhausen 1936–1945, Berlin 2004.
[373] Generalquartiermeister (Anm. 37, S. 203), S. 135.
[374] Notiz über Reise Oberstleutnant Lahousen nach Polen 19.–22.9.1939, IfZ, Nbg.Dok. PS-3047; ähnlich Groscurth (Anm. 357, S. 222), S. 209; General z.b.V. beim Korps-Kdo. XVIII an Gen.Kdo. XVIII v. 28.9.1939: Erschießungen ohne gerichtliches Verfahren durch SS-Angehörige, BA-MA, RH 19 I/112.
[375] AOK 14/Ic/AO an HGr Süd v. 22.9.1939, IfZ, MA 113/6; vgl. Rossino: Policy (Anm. 22, S. 201), S. 43.
[376] Generaloberst, Bd. 1 (Anm. 58, S. 203), S. 81 f.
[377] Vgl. Hartmann (Anm. 58, S. 203), S. 139 ff., 149 ff.
[378] Generalquartiermeister (Anm. 37, S. 203), S. 135.
[379] Erlaß ObdH/Gen.Qu. (Qu.2) v. 21.9.1939: Tätigkeit u. Aufgaben der Polizei-EG im Operationsgebiet, BA-MA, RH 20–14/178.
[380] SDHA Stabskanzlei I 11 v. 27.9.1939: Amtschef- u. EG-Leiterbesprechung 21.9., BAB, R 58/825.
[381] Schnellbrief CdS v. 21.9.1939: Judenfrage im besetzten Gebiet, ebd., R 58/954; vgl. Dieter Pohl: Von der „Judenpolitik" zum Judenmord. Der Distrikt Lublin des Generalgouvernements 1939–1944, Frankfurt/M. u.a. 1993, S. 26 ff.; zur Konzeption der Judenräte: Isaiah Trunk: Judenrat. The Jewish Councils in Eastern Europe under Nazi Occupation, New York 1972.
[382] Dan Michman: Why did Heydrich write the Schnellbrief? A Remark on the Reason and on its Significance, in: YVS 32(2004), S. 433–447.
[383] SDHA Stabskanzlei I 11 v. 27.9.1939: Amtschef- u. EG-Leiterbesprechung 21.9., BAB, R 58/825.
[384] Aufzeichnung Major Groscurth (undat./22.9.1939): Mündliche Orientierung am 22.9. durch Major Radke, BA-MA, N 104/3.
[385] Schnellbrief CdS v. 30.9.1939, BAB, R 58/276; Fernschreiben OKH/GenStdH/ Gen.Qu. (Qu.2) v. 1.10.1939, BA-MA, RH 20–8/160.
[386] RSHA I 1 v. 5.10.1939: Inspekteurs- u. EG-Leiterbesprechung 3.10., BAB, R 58/825.

[387] Vgl. Wolfgang Dierker: Himmlers Glaubenskrieger. Der Sicherheitsdienst der SS und seine Religionspolitik 1933–1941, Paderborn u. a. 2002, S. 503 ff.

[388] Hans-Günther Seraphim (Hrsg.): Das politische Tagebuch Alfred Rosenbergs 1934/ 35 und 1939/40, München 1964, S. 98.

[389] Ebd., S. 99.

[390] Die Tagebücher von Joseph Goebbels, hrsg. v. Elke Fröhlich, Teil I: Aufzeichnungen 1923–1941, Bd. 7, München u. a. 1998, S. 141.

[391] RSHA I 11 v. 2.10.1939: Amtschefbesprechung 29.9., BAB, R 58/825.

[392] Vermerk Adolf Eichmann v. 6.10.1939, YVA, 0–53/93.

[393] SDHA an Eichmann v. 13.10.1939, ebd.

[394] Eichmann an Hstuf. Günther v. 15.10.1939; Vermerk Günther v. 16.10.1939, beide ebd.

[395] Vgl. Seev Goshen: Eichmann und die Nisko-Aktion im Oktober 1939. Eine Fallstudie zur NS-Judenpolitik in der letzten Etappe vor der „Endlösung", in: VfZ 29(1981), S. 74–96; ders.: Nisko – Ein Ausnahmefall unter den Judenlagern der SS, in: VfZ 40(1992), S. 95–106; Jonny Moser: The First Experiment in Deportation, in: Simon Wiesenthal Center Annual 2(1985), S. 1–30; Hans Safrian: Die Eichmann-Männer, Wien 1993, S. 68–86; Irmtrud Wojak: Eichmanns Memoiren. Ein kritischer Essay, Frankfurt/M.-New York 2001, S. 103–115; Janina Kiełboń: Judendeportationen in den Distrikt Lublin (1939–1943), in: Bogdan Musial (Hrsg.): „Aktion Reinhardt". Der Völkermord an den Juden im Generalgouvernement 1941–1944, Osnabrück 2004, S. 111–140; brillante Zusammenfassung: Browning: Entfesselung (Anm. 4, S. 199), S. 65–74.

[396] LR Lublinitz an CdZ Kattowitz v. 2.10.1939: EK der Sipo u. Zivilverwaltung, APK, 119/1637.

[397] Vern. Max Janke v. 5.8.1959, BAL, B 162/Vorl. AR-Z 368/67, Sonderheft Bd. 2, Bl. 228 ff.; dto. v. 12.11.1963, ebd., B 162/3273, Bl. 1236 ff.; dto. v. 10.7.1969, ebd., B 162/ 16658; dto. Oswald Schulz v. 6.2.1962, ebd., B 162/Vorl. AR-Z 368/67, Sonderheft Bd. 1, Bl. 33 ff.

[398] Rundschreiben LR Bromberg-Land v. 12.4.1940, BAB, R 138 I/147.

[399] Gnadenerlaß des Führers u. Reichskanzlers v. 4.10.1939, IfZ, MA 293; vgl. Erlaß ObdH/GenStdH/Gen.Qu. v. 7.10.1939, BA-MA, RH 14/32.

[400] Verhandlungen des Reichstages, Bd. 460, S. 51 ff.

[401] Ulrich von Hassell: Vom andern Deutschland. Aus den nachgelassenen Tagebüchern 1938–1944, Zürich-Freiburg/B. 1946, S. 88.

[402] Ebd., S. 91.

[403] RSHA I 11 v. 16.10.1939: Amtschef- u. EG-Leiterbesprechung 14.10., BAB, R 58/ 825; zur Person: Ian Kershaw: Arthur Greiser – Ein Motor der „Endlösung", in: Ronald Smelser/Enrico Syring/Rainer Zitelmann (Hrsg.): Die braune Elite II. 21 weitere biographische Skizzen, Darmstadt 1993, S. 116–127.

[404] Besprechung des Führers mit Chef OKW über die künftige Gestaltung der polnischen Verhältnisse zu Deutschland v. 20.10.1939, in: IMG, Bd. 26, Nürnberg 1947, S. 378 f.; vgl. Generaloberst, Bd. 1 (Anm. 58, S. 203), S. 107; Aufzeichnung über die von Hitler geplante Besatzungspolitik in Polen v. 18.10.1939, BA-MA, N 104/3.

[405] Grundlegend: Böhler: Auftakt (Anm. 6, S. 199), S. 76–200.

[406] Ebd., S. 201–247.

[407] Gen.Kdo. Gienanth/Ic/AO an CdZ beim AOK 8 v. 8.9.1939, APŁ, 175/10a.

[408] CdZ beim AOK 8 an EG III v. 24.9.1939, ebd.; ähnlich Besprechungsprotokoll AOK 8 v. 14.9.1939, APP, 298/47.

[409] Befehl Militärbfh. Posen v. 14.9.1939, ebd., 298/35.

[410] CdS an Heeresfeldpolizeichef/OKW (Abwehr) v. 15.9.1939, NARA, RG 242, T-312, R. 47.
[411] AOK 10/Ic/AO an HGr Süd v. 19.9.1939; OB HGr Süd an OB AOK 10 v. 20.9.1939, beide BA-MA, RH 19 I/112; Smilo Freiherr von Lüttwitz: Soldat in 4 Armeen, ebd., N 10/9.
[412] Befehl OB AOK 14 v. 1.10.1939: An die Kdr., ebd., RH 53–23/12.
[413] Dto. OB Ost v. 10.10.1939, ebd., RH 53–20/14.
[414] Erlaß ObdH an die Offiziere des Heeres v. 25.10.1939, ebd., RH 26–12/252.
[415] Dto. v. 1.11.1939: Auftreten der Soldaten im besetzten polnischen Gebiet, ebd., RH 15/73.
[416] Befehl dess. v. 7.2.1940: Heer u. SS, IfZ, Nbg.Dok. NOKW-1799.
[417] OB Ost an ObdH v. 27.11.1939: Lage im besetzten Gebiet, BA-MA, RH 1/58.
[418] Hildegard von Kotze (Hrsg.): Heeresadjutant bei Hitler 1938–1943. Aufzeichnungen des Majors Engel, Stuttgart 1974, S. 67f.; zur Person: Richard Giziowski: The Enigma of General Blaskowitz, London 1997; Friedrich-Christian Stahl: Generaloberst Johannes Blaskowitz, in: Ueberschär: Hitlers, Bd. 1 (Anm. 359, S. 222), S. 20–27.
[419] Vortragsnotizen OB Ost v. 6.2.1940, BA-MA, RH 53–23/23; vgl. Gerd R. Ueberschär: Der militärische Widerstand, die antijüdischen Maßnahmen, „Polenmorde" und NS-Kriegsverbrechen in den ersten Kriegsjahren (1939–1941), in: ders. (Hrsg.): NS-Verbrechen und der militärische Widerstand gegen Hitler, Darmstadt 2000, S. 31–43.
[420] Müller: Vorgeschichte (Anm. 361, S. 222), S. 113.
[421] Befehl OB AOK 18 v. 22.7.1940, IfZ, Nbg.Dok. NOKW-1531.
[422] Manfred Messerschmidt: Die Wehrmacht im NS-Staat. Zeit der Indoktrination, Hamburg 1969, S. 1.
[423] Entwurf für Lehrgang Bernau (undat./Mai 1939), BAB, R 58/827; vgl. Borodziej: Terror (Anm. 16, S. 200), S. 2; zum deutschen Polenbild: Jan Chodera: Die deutsche Polenliteratur 1918–1939, Poznań 1966; Martin Broszat: Zweihundert Jahre deutsche Polenpolitik, Frankfurt/M. 1972, S. 229–253; Jutta Sywottek: Mobilmachung für den totalen Krieg. Die propagandistische Vorbereitung der deutschen Bevölkerung auf den Zweiten Weltkrieg, Opladen 1976, S. 219–233; Tomasz Szarota: Poland and Poles in German Eyes during World War II, in: Polish Western Affairs 19(1978), S. 229–254; Dirk Herweg: Von der „Polnischen Wirtschaft" zur Un-Nation. Das Polenbild der Nationalsozialisten, in: Christoph Jahr/Uwe Mai/Kathrin Roller (Hrsg.): Feindbilder in der deutschen Geschichte. Studien zur Vorurteilsgeschichte im 19. und 20. Jahrhundert, Berlin 1994, S. 201–223; Hubert Orlowski: „Polnische Wirtschaft". Zum deutschen Polendiskurs der Neuzeit, Wiesbaden 1996; Carsten Roschke: Der umworbene „Urfeind". Polen in der nationalsozialistischen Propaganda 1934–1939, Marburg 2000; Lars Jockheck: Propaganda im Generalgouvernement. Die NS-Besatzungspresse für Deutsche und Polen 1939–1945, Osnabrück 2006, S. 41–68.
[424] Wildt: Generation (Anm. 22, S. 201), S. 172.
[425] Darin hatte sich Six noch vor der Aufkündigung des deutsch-polnischen Freundschaftsvertrags mit den von polnischen Zeitungen erfaßten Bevölkerungsschichten, dem Erkennen von Juden u. patriotischen Intellektuellen im Pressewesen u. der Notwendigkeit einer Pressezensur in Polen auseinandergesetzt, Ramme (Anm. 15, S. 200), S. 98.
[426] Presse u. Museum (I 3), Weltanschauliche Gegner (II 1), Lebensgebietsmäßige Auswertung (II 2), Lutz Hachmeister: Der Gegnerfroscher. Die Karriere des SS-Führers Franz Alfred Six, München 1998, S. 177f.; vgl. Gideon Botsch: „Politische Wissenschaft" im Zweiten Weltkrieg. Die „Deutschen Auslandswissenschaften" im Einsatz 1940–1945, Paderborn u.a. 2006, S. 172ff.
[427] Wildt: Generation (Anm. 22, S. 201), S. 276.

[428] Hachmeister: Gegnerforscher (Anm. 426, S. 225), S. 168, 194.
[429] Ramme (Anm. 15, S. 200), S. 115.
[430] Wildt: Generation (Anm. 22, S. 201), S. 359–362, 405.
[431] Ebd., S. 516.
[432] Ebd., S. 394.
[433] In II 223 zuständig für Verkehrswirtschaft, ebd., S. 384.
[434] In II 212 Bearbeiter des Sachgebiets Volkstum u. Volkskunde, ebd., S. 382.
[435] Im RSHA III C 5 zuständig für Presse, Schrifttum u. Rundfunk, ebd., S. 385.
[436] Ebd., S. 425; Hachmeister: Gegnerforscher (Anm. 426, S. 225), S. 193.
[437] Ebd., S. 169.
[438] BAB, BDC, SSO u. RuSHA Dr. Walter Ritze.
[439] Ebd.; Album „Mit dem SD im polnischen Feldzug", 23. 8. u. 5. 9. 1939, CAW, II/6/4.
[440] Wildt: Generation (Anm. 22, S. 201), S. 421.
[441] SDHA I/2 an III v. 7. 7. 1939, BAB, R 58/827.
[442] Dto. Stabskanzlei I 11 v. 13. 9. 1939: Amtschefbesprechung 12. 9., ebd., R 58/825.
[443] Christopher R. Browning: Ganz normale Männer. Das Reserve-Polizeibataillon 101 und die „Endlösung" in Polen, Reinbek 1993, S. 103, 116, 118, 120, 132, 139; Thomas Kühne: Kameradschaft: Die Soldaten des nationalsozialistischen Krieges und das 20. Jahrhundert, Göttingen 2006, S. 160 ff.
[444] Album „Mit dem SD im polnischen Feldzug", 25. 8.–3. 9. 1939, CAW, II/6/4.
[445] Geza von Bolvary (Regie): Zwischen Strom und Steppe. Nach dem gleichnamigen Roman von Michael Zorn, Deutschland-Ungarn 1938 (© Transit-Film GmbH München).
[446] Der SS-Personalbericht aus dem Jahr 1937 bezeichnete Ehlers „weltanschauliche Haltung" als „klar u. gefestigt", BAB, BDC, SSO Erich Ehlers.
[447] Album „Mit dem SD im polnischen Feldzug", 27. 8. u. 4. 9. 1939, CAW, II/6/4.
[448] Die Bombardements der deutschen Luftwaffe u. Brandstiftungen sowie Massenexekutionen von SS- u. Wehrmachtseinheiten setzten vom Beginn des Überfalls an mit voller Härte ein u. unterlagen nach dem 5. 9. keiner merklichen Steigerung; in Wieluń fielen den Luftangriffen am 1. 9. weit über 1000 Einwohner zum Opfer, Barbara Bojarska: Zniszczenie miasta Wielunia w dniu 1 września 1939 r., in: PZ 18(1962), S. 305–317; in Serock bei Bromberg erschoß das Straßenbau-Btl. 604 in der Nacht des 4./5. 9. mindestens 84 Kriegsgefangene; in Złoczew kamen am 3./4. 9. etwa 200 Einwohner durch Brandstiftungen, Sprengsätze u. Gewehrsalven der Männer des IR 95 u. der LSAH ums Leben; in Tschenstochau erschossen Soldaten der IR 42 u. 97 am 4. 9. über 200 Einwohner, Rossino: Hitler (Anm. 6, S. 199), S. 159 ff.; Böhler: Auftakt (Anm. 6, S. 199), S. 99–106; in Bromberg ermordeten Angehörige des PB 6, der EG IV u. der dem IV. AK unterstehenden Wehrmachtseinheiten zwischen dem 5. u. 8. 9. etwa 400 Einwohner, Anlage KTB Korück 580: Lage am 9. 9. 1939 morgens, BA-MA, RH 23/167; daß sich „die ideologisch bedingte Brutalisierung" im Herbst 1939 lediglich „in Ansätzen" zeigte, wie Omer Bartov: Hitlers Wehrmacht. Soldaten, Fanatismus und die Brutalisierung des Krieges, Reinbek 1995, S. 96, schreibt, ist angesichts dieser Fakten unhaltbar.
[449] Helmuth Bischoff: EK im Polenfeldzug (undat./1939), IPNW, NTN 196/180.
[450] Vern. Dr. Ernst Gerke v. 15. 9. 1965, BAL, B 162/Vorl. Dok.Slg. Leitzordner Einsatzgruppen in Polen I.
[451] Helmuth Bischoff: EK im Polenfeldzug (undat./1939), IPNW, NTN 196/180.
[452] Rossino: Hitler (Anm. 6, S. 199), S. 44 f.
[453] Bischoff an Stadtbaurat Bromberg v. 13. 3. 1943, IPNW, NTN 196/180.
[454] Schöne verlor daraufhin seinen Posten u. wurde vorübergehend inhaftiert, Czarnik: Działalność (Anm. 20, S. 201), S. 9.

455 Helmuth Bischoff: EK im Polenfeldzug (undat./1939), IPNW, NTN 196/180.
456 Anlage KTB Korück 580: Befehl v. 9.9.1939, BA-MA, RH 23/167.
457 Vern. Erich Ernst M. v. 30.11.1964, BAL, B 162/6120; dto. Bruno G. v. 1.12.1964, ebd.; Rossino: Hitler (Anm. 6, S. 199), S. 70.
458 Vern. Bruno G. v. 1.12.1964, BAL, B 162/6120.
459 Rossino: Hitler (Anm. 6, S. 199), S. 71.
460 Vern. Erich Ernst M. v. 30.11.1964, BAL, B 162/6120.
461 Anlage KTB Korück 580: 10.9.1939, BA-MA, RH 23/167.
462 Rossino: Hitler (Anm. 6, S. 199), S. 71 f.
463 BAB, BDC, SSO Dr. Alfred Hasselberg.
464 Vern. Hermann Rohlfing v. 6.12.1939, ebd.
465 Dto. Ostuf. Schneider v. 11.12.1939, ebd.
466 Dto. Franz Kubin v. 6.12.1939, ebd.
467 Dto. Dr. Alfred Hasselberg v. 2.12.1939, ebd.
468 Bericht Willi Herzberger u. Georg Wüst v. 21.11.1939; Vern. Franz Kubin v. 6.12.1939, beide ebd.
469 Dto. Hermann Rohlfing v. 6.12.1939, ebd.
470 Dto. Dr. Alfred Hasselberg v. 16.12.1939, ebd.
471 Dto. Heinrich Küthe v. 9.12.1939, ebd.
472 Dto. Dr. Alfred Hasselberg v. 16.12.1939, ebd.
473 Dto. Ernst Gramowski v. 5.12.1939, ebd.
474 Dto. Alois Fischotter v. 13.12.1939, ebd.
475 Bericht Willi Herzberger u. Georg Wüst v. 21.11.1939, ebd.
476 Vern. Franz Kubin v. 6.12.1939, ebd.
477 Dto. Heinrich Küthe v. 9.12.1939, ebd.
478 Dto. Ostuf. Schneider v. 11.12.1939, ebd.
479 Dto. Max Gertig (undat./4./5.12.1939); dto. Ernst Gramowski v. 5.12.1939; dto. Heinrich Küthe v. 9.12.1939, alle ebd.
480 Bericht Willi Herzberger u. Georg Wüst v. 21.11.1939, ebd.
481 Vern. Fritz Liebl (undat./4./5.12.1939), ebd.
482 Dto. Dr. Alfred Hasselberg v. 16.12.1939, ebd.
483 Dto. Fritz Liebl (undat./4./5.12.1939), ebd.
484 Dto. Dr. Alfred Hasselberg v. 2. u. 16.12.1939, ebd.
485 Dto. Hstuf. Meissner v. 8.12.1939; dto. Heinrich Küthe v. 9.12.1939, beide ebd.
486 Dto. Hermann Rohlfing v. 6.12.1939, ebd.
487 Bericht Willi Herzberger u. Georg Wüst v. 21.11.1939; Vern. Hans Block v. 8.12.1939; dto. Heinrich Küthe v. 9.12.1939, alle ebd.
488 Dto. Franz Kubin v. 6.12.1939; dto. Hermann Rohlfing v. 6.12.1939; dto. Heinrich Küthe v. 9.12.1939; dto. Hans Block v. 8.12.1939, alle ebd.
489 Ebd.; dto. Heinrich Küthe v. 9.12.1939, ebd.
490 Dto. Hans Block v. 8.12.1939, ebd.
491 Dto. Max Gertig (undat./4./5.12.1939); dto. Ernst Gramowski v. 5.12.1939, beide ebd.
492 Bericht Willi Herzberger u. Georg Wüst v. 21.11.1939; Vern. Heinrich Küthe v. 9.12.1939; dto. Hstuf. Meissner v. 8.12.1939; dto. Johann Schmer v. 8./9.12.1939; dto. Paul Gogol v. 13.12.1939, alle ebd.
493 Dto. Alois Fischotter v. 13.12.1939; dto. Hans Block v. 8.12.1939, beide ebd.
494 Ebd.; dto. Lothar Hoffmann v. 13.12.1939, ebd.
495 Dto. Alois Fischotter v. 13.12.1939, ebd.

⁴⁹⁶ Gefechtsbericht Kdr. 1. SS-Totenkopf-Reiterstandarte v. 10.4.1940, VUA, 8. SS-Kavalleriedivision, Karton 3, Akte 22; vgl. Martin Cüppers: „... auf eine so saubere und anständige SS-mäßige Art". Die Waffen-SS in Polen 1939–1941, in: Mallmann/Musial (Anm. 63, S. 204), S. 90–110.

⁴⁹⁷ Rede RSFF bei der SS-Gruppenführertagung in Posen am 4.10.1943, in: IMG, Bd. 29, Nürnberg 1948, S. 145.

⁴⁹⁸ SDHA Stabskanzlei I 11 v. 21.9.1939: Amtschefbesprechung 19.9., BAB, R 58/825.

⁴⁹⁹ CdS an RuSHA v. 3.1.1940, BAB, BDC, RuSHA Dr. Alfred Hasselberg.

⁵⁰⁰ Zugleich beanstandete der CdS schärfstens „die Beschäftigung eines chinesischen Dieners u. die Tatsache, daß Sie einen jüdischen Tenor in Ihrer Wohnung haben singen lassen", CdS an Hasselberg v. 10.1.1940, ebd., BDC, SSO dess.

⁵⁰¹ Obwohl der Vorwurf der persönlichen Bereicherung gegen Hasselberg fallengelassen wurde, stehen die Plünderungen jüdischen Besitzes durch seine Rollkommandos im Distrikt Lublin außer Zweifel, ebd.; ein Verfahren gegen Bischoff wegen angeblicher Plünderungen in Bialystok verlief 1940 im Sande, RSHA an BdS im Generalgouvernement v. 12.9.1940; dto. KdS Warschau v. 17.10.1940, beide APW, 482(SSPF)/105.

⁵⁰² Vern. Kurt G. v. 14.12.1964, BAL, B 162/6120.

⁵⁰³ Mit Maßnahmen wie etwa der Sicherung des besetzten Gebietes, der Beschlagnahme von Waffen, der Registrierung von ermordeten u. der Fahndung nach vermißten Angehörigen der deutschen Minderheit, der Sondierung der Stimmungslage innerhalb der polnischen Bevölkerung, der Kontrolle der Kirchen oder der Prostitution in den besetzten Städten bewegten sich die EG in Polen noch weitgehend im Rahmen der Legalität; sie sind nicht Gegenstand der nachfolgenden Erörterungen.

⁵⁰⁴ Rossino: Hitler (Anm. 6, S. 199); Cüppers: Waffen-SS (Anm. 496, S. 228); Mallmann: Mißgeburten (Anm. 63, S. 204); Böhler: Auftakt (Anm. 6, S. 199).

⁵⁰⁵ Album „Mit dem SD im polnischen Feldzug", 4.9.1939, CAW, II/6/4.

⁵⁰⁶ Böhler: Auftakt (Anm. 6, S. 199), S. 36–41.

⁵⁰⁷ Vern. Horst W. v. 23.6.1965, BAL, B 162/Vorl. AR-Z 13/63, Bd. 4, Bl. 694.

⁵⁰⁸ Böhler: Auftakt (Anm. 6, S. 199), S. 98–106.

⁵⁰⁹ HA Sipo v. 6.9.1939: Tagesbericht Unternehmen Tannenberg für 6.9., BAB, R 58/7001.

⁵¹⁰ Erich Ehlers notierte dazu in seinem Kriegsalbum: „Ich stand rechts vorn u. hatte die Todeskandidaten vorgeführt – Exekutionskommando angetreten – Minuten später: Rassegenossen scharren die Leichen ein", Album „Mit dem SD im polnischen Feldzug", 5.9.1939, CAW, II/6/4.

⁵¹¹ „4 Freischärler" (8.9.1939); „14 Mann" (9. u. 11.9.); „20 Geiseln" (12./13.9.); „20 Geiseln" (13.9.); „20 Personen, Juden, Polen u. Soldaten in Zivil, die, obwohl sie nicht verletzt, blutige Wäsche trugen u. im Besitz von deutschem Geld waren u. daher als Urheber an der Niedermetzelung deutscher Soldaten betrachtet wurden" (13./14.9.); „ein Insurgent" (16./17.9.), CdS v. 8.–17.9.1939: Tagesberichte Unternehmen Tannenberg für 8., 12./13., 13., 13./14., 16./17.9., BAB, R 58/7001.

⁵¹² CdS v. 20.9.1939: dto. für 19./20.9., ebd.; Rossino: Hitler (Anm. 6, S. 199), S. 85.

⁵¹³ Alle Zit.: CdS v. 17.9.1939: Tagesbericht Unternehmen Tannenberg für 16./17.9., BAB, R 58/7001.

⁵¹⁴ Radziwończyk: Zbrodnie (Anm. 17, S. 200), S. 36f., 41.

⁵¹⁵ LR Lublinitz an CdZ Kattowitz v. 2.10.1939, APK, 119/1637

⁵¹⁶ Vermerk CdZ beim AOK 8 v. 6.9.1939, APŁ, 175/10b.

⁵¹⁷ 500 getöteten Zivilisten in der Region standen dabei 5 Verwundete des GAK 2 gegenüber, Böhler: Auftakt (Anm. 6, S. 199), S. 144.

[518] Nawrocki: Okupacja (Anm. 18, S. 200), S. 93.
[519] Tagesbefehl EK 1/VI v. 16.9.1939, APP, 305/2.
[520] Nawrocki: Okupacja (Anm. 18, S. 200), S. 211.
[521] CdS v. 21.9.1939: Tagesbericht Unternehmen Tannenberg für 20./21.9., BAB, R 58/ 7001; Berichte mit Niederschriften der vorangegangenen Vern. u. den Namen der Erschossenen schickte das UK per Kurier zum Gruppenstab nach Posen, Vermerk Stapo Schroda v. 21.9.1939, APP, 305/2.
[522] Lagebericht CdZ beim Militärbfh. Posen v. 25.9.1939, ebd., 289/50.
[523] Bericht EK 1/VI, UK Schroda (undat./ca. 1.10.1939), ebd., 305/2.
[524] Liste der Bezirkskommission zur Aufklärung von Nazi-Verbrechen in Posen v. 15.12.1975, BAL, B 162/Vorl. AR-Z 380/77, Bd. 4, Bl. 546 ff.
[525] Namenslisten Standgericht Samter v. 9., 10. u. 27.11.1939, ebd., B 162/Vorl. AR-Z 93/80, Bd. 1/2, Bl. 206 ff.
[526] Verfügung BdO beim Militärbfh. Posen v. 19.10.1939, zit. nach Nawrocki: Okupacja (Anm. 18, S. 200), S. 208.
[527] Ders. an RFSS v. 25.10.1939: Berichterstattung, APP, 298/54.
[528] Allein in 15 südwestlich von Posen gelegenen kleineren Ortschaften – in Schrimm, Lissa, Kurnik (Kórnik), Storchnest (Osieczna), Xions (Książ Wielkopolski), Luschwitz (Włoszakowice), Moschin (Mosina), Punitz (Poniec), Kröben (Krobia), Schmiegel, Schroda, Kostschin, Gostyn, Kosten u. Wreschen – wurden Stępniak: Zbrodnie (Anm. 18, S. 200), S. 284, zufolge zwischen dem 20. u. 23.10. 244 Personen exekutiert; Magdalena Sierocińska: Trzy dni terroru. Pierwsze planowe masowe egzekucje w Wielkopolsce, in: BIPN 35/36(2003/2004), S. 43–48, setzt die Opferzahl – ohne die Ortschaften Kosten u. Wreschen – bei 295 an.
[529] Haftliste des EK 2/III, begonnen am 3.9.1939, AOKŁ, Akta gestapo w Łodzi.
[530] Piechota: Eksterminacja (Anm. 18, S. 200), S. 17 ff.
[531] Josef G. u. Otto H. „sind von der hiesigen Sicherheitspolizei als Hilfspolizisten für den Bezirk Orzesche eingesetzt worden", Bescheinigung EK 4/I v. 9.9.1939, APK, 134/37; „Die Gewinnung von Volksdeutschen für Nachrichtenzwecke ist insofern sehr schwierig, als diese Personen fürchten, bei der endgültigen Grenzziehung wieder unter polnische Herrschaft zu kommen, u. deshalb nicht aus sich herausgehen", CdS v. 9.9.1939: Tagesbericht Unternehmen Tannenberg für 9.9., BAB, R 58/7001; „Mit der Deutschen Vereinigung u. der Jungdeutschen Partei wird Verbindung aufgenommen, der Gauführer Posen der jungdeutschen Partei, Rittergutsbesitzer Ulrich, hat einen ‚Sicherheitsdienst' aufgezogen, mit dem er ca. 60 polnische Insurgenten zur Strecke gebracht hat", CdS v. 15.9.1939: dto. für 15.9., ebd.; „Von den umliegenden Gütern laufen Klagen ein, daß zurückkehrende Flüchtlinge wieder eine drohende Haltung einnehmen. Daraufhin wurden Volksdeutsche sofort von mir mit einer Waffe versehen", Lagebericht EK 1/VI, UK Schroda v. 16.9.1939, APP, 305/2; „In Wreschen wurden drei Volksdeutsche als Hilfskräfte eingesetzt", UK Tormann an EK 1/VI v. 28.9.1939, ebd.; bei der Standgerichtsverhandlung des EK 1/VI in Lissa am 21.10. traten Volksdeutsche de facto als Ankläger auf, Aussage Marcin Rydlewicz v. 6.7.1967, BAL, B 162/Vorl. AR-Z 345/67, Bd. 8, Bl. 1260.
[532] Christian Jansen/Arno Weckbecker: Der „Volksdeutsche Selbstschutz" in Polen 1939/40, München 1992.
[533] Böhler: Auftakt (Anm. 6, S. 199), S. 205–209.
[534] Schenk: Hitlers (Anm. 22, S. 201), S. 167 f.; die umfangreichsten Exekutionen wurden dabei in Kalthöfen (Tryszczyn) bei Bromberg u. in Wilhelmshöhe (Miedzyn) bei Fordon durchgeführt, Bojarska: Eksterminacja (Anm. 19, S. 201), S. 70 f.; zu weiteren Exe-

kutionen in Pommerellen: ebd., S. 71–92; Jastrzębski/Sziling: Okupacja (Anm. 20, S. 201), S. 95–111.

[535] Lagebericht EK 16 v. 17.11.1939, IPNW, NTN 196/179.

[536] Schenk: Hitlers (Anm. 22, S. 201), S. 163.

[537] Dr. Rudolf Oebsger-Röder: Notwendigkeit der propagandistischen Bearbeitung der Polen in Westpreußen (undat./Ende Oktober 1939), IPNW, NTN 196/179.

[538] Schenk: Hitlers (Anm. 22, S. 201), S. 157.

[539] Der Volksdeutsche Selbstschutz sollte, wie CdZ Forster in einer Besprechung Mitte September ausführte, „sämtliche gefährliche Polen, alle Juden u. polnische Geistliche" zur Vorbeugung eines Aufstandes aus dem Gebiet seines Gaues Danzig-Westpreußen „entfernen", ebd., S. 147.

[540] Jansen/Weckbecker (Anm. 532, S. 229), S. 113 f., 163–172.

[541] Vern. Erwin H. v. 20.11.1964, BAL, B 162/6129; Cüppers: Waffen-SS (Anm. 496, S. 228), S. 99; Władysław Bartoszewski: Warszawski pierścień śmierci 1939–1945, Warszawa 1967, S. 37–41.

[542] Hinweise auf antisemitische Maßnahmen für EG I: Lagebericht EG I v. 15.9.1939, BAB, R 58/7001; für EG II: CdS v. 14. u. 24.9.1939: Tagesberichte Unternehmen Tannenberg für 14. u. 23./24.9., ebd.; für EG III: Tagesbefehl CdZ beim AOK 8 v. 4.9.1939, APP, 289/49; HA Sipo v. 6.9.1939: Tagesbericht Unternehmen Tannenberg für 6.9., BAB, R 58/7001; Führer EG III an AOK 8 v. 26.9.1939: Tätigkeitsbericht für den 25.9., APŁ, 175/10a; CdS v. 27.9., 30.9., 1.10. u. 5.10.1939: Tagesbericht Unternehmen Tannenberg für 26./27.9., 29./30.9., 30.9./1.10. u. 4./5.10., BAB, R 58/7001; für EG IV: Bericht EG IV v. 6.10.1939, APŁ, 175/41; für EG VI: Chef EG VI an CdS v. 15.9.1939: Unternehmen Tannenberg, BAB, R 58/7001; CdS v. 16. u. 20.9.1939: Tagesbericht Unternehmen Tannenberg für 15./16. u. 20.9., ebd.; für EG z. b. V.: dto. v. 8.9.1939 für 7./8. u. 8.9., ebd.; für EK 16: Lagebericht v. 17.11.1939, IPNW, NTN 196/179.

[543] So erklärte das EK 16 den Landkreis Bromberg am 17.11.1939 stolz für „judenfrei", ebd.

[544] Dto. v. 7.9.1939 für 7.9., ebd.

[545] Dto. v. 10.9.1939 für 10.9., ebd.

[546] Dto. v. 14.9.1939 für 13./14.9., ebd.

[547] Dto. v. 15.9.1939 für 14./15.9., ebd.

[548] Dto. v. 16.9.1939 für 15./16.9., ebd.

[549] Dto. v. 20.9.1939 für 19./20.9., ebd.

[550] Dto. v. 29.9.1939 für 28./29.9., ebd.

[551] Dto. v. 10.9.1939 für 10.9., ebd.

[552] Vern. Georg von Küchler v. 29.4.1948, NARA, RG 232, M-898, R. 840; Chef GenSt AOK 3: Notizbuch (Polenfeldzug), 30.9.1939, BA-MA, RH 20–3/24, Bl. 35 f.; Rossino: Hitler (Anm. 6, S. 199), S. 103 f.; Böhler: Auftakt (Anm. 6, S. 199), S. 219 f.

[553] CdS v. 2.10.1939: Tagesbericht Unternehmen Tannenberg für 1./2.10., BAB, R 58/7001.

[554] Dto. v. 9.9.1939 für 8./9.9., ebd.

[555] Dto. v. 10.9.1939 für 10.9., ebd.

[556] Dto. v. 27.9.1939 für 26./27.9., ebd.

[557] Vern. Hubert S. v. 5.2.1971, BAL, B 162/Vorl. AR-Z 302/67, Bd. 2, Bl. 411.

[558] Tatiana Berenstein/Adam Rutkowski: Prześladowanie ludności żydowskiej w okresie hitlerowskiej administracji wojskowej na okupowanych ziemiach polskich (1.9.–25.10.1939 r.) [Teil 1], in: BŻIH 38(1961), S. 28–38; Datner: 55 dni (Anm. 5, S. 199),

S. 70–74; Rossino: Hitler (Anm. 6, S. 199), S. 90f., 99, 105, 111, 113, 174f.; Böhler: Auftakt (Anm. 6, S. 199), S. 211f.

⁵⁵⁹ RFSS an Bfh. der Orpo und Sipo bei der 14. u. 10. Armee v. 9.9.1939, BA-MA, RH 20–14/132.

⁵⁶⁰ Ders. an Udo von Woyrsch v. 7.9.1939, ebd., RH 19 I/191.

⁵⁶¹ Dto. v. 3.9.1939, ebd., RH 24–8/97.

⁵⁶² XVIII. AK an AOK 14 v. 30.9.1939: Erschießungen ohne gerichtliches Verfahren durch SS-Angehörige, BA-MA, RH 19 I/112; Urteil LG Hamburg v. 23.7.1981, BAL, B 162/14618; vgl. Rossino: Policy (Anm. 22, S. 201); ders.: Hitler (Anm. 6, S. 199), S. 90f., 99f.; Böhler: Auftakt (Anm. 6, S. 199), S. 210–216; die Erschießung von etwa 170 Juden bei Dynow Mitte September wurde dagegen aller Wahrscheinlichkeit nach nicht von der EG z.b.V., sondern vom EK 1/I durchgeführt, Vern. Hubert S. v. 5.2.1971, BAL, B 162/Vorl. AR-Z 302/67, Bd. 2, Bl. 411; zum Massaker in Mielec am 13.9., bei dem mindestens 50 Juden bei lebendigem Leibe verbrannt wurden: Urteil LG Freiburg/B. v. 18.5.1967, ebd., B 162/14354; Szymon Datner/Janusz Gumkowski/Kaszimierz Leszczyński: Le génocide nazi 1939–1945, Warszawa-Poznań 1962, S. 33ff.; zum Massaker in Sanok: Aussage Leiser Kellermann v. 5.4.1967, BAL, B 162/6346, Bl. 644ff.

⁵⁶³ Vern. Franz Kubin v. 6.12.1939, BAB, BDC, SSO Dr. Alfred Hasselberg.

⁵⁶⁴ „Dann bekam ich erneut ein Kdo., die Sansicherung von Jaroslau bis Sandomierz. Diese Strecke habe ich dann judenfrei gemacht u. etwa 18000 Juden über den San abgeschoben. Das Gebiet war vor allem mit der Wehrmacht gesäubert worden", dto. Heinrich Küthe v. 9.12.1939, ebd.; zur Vertreibung polnischer Juden durch die Wehrmacht im September/Oktober: Böhler: Auftakt (Anm. 6, S. 199), S. 215–220.

⁵⁶⁵ Aleksander Biberstein: Zagłada Żydów w Krakowie, Kraków 2001², S. 16; vgl. Andrea Löw: „Wir wissen immer noch nicht, was wir machen sollen". Juden in Krakau unter deutscher Besatzung bis zur Errichtung des Ghettos, in: dies./Kerstin Robusch/Stefanie Walter (Hrsg.): Deutsche–Juden–Polen. Geschichte einer wechselvollen Beziehung im 20. Jahrhundert. Festschrift für Hubert Schneider, Frankfurt/M.-New York 2004, S. 119–136.

⁵⁶⁶ Aussage Josef Dobrucki (undat.), BAL, B 162/2149, Bl. 269ff.

⁵⁶⁷ Eidesstattliche Versicherung Izak Eisner v. 25.4.1960, ebd., B 162/1397, Bl. 70ff.; ähnlich für Lodsch: Frederick Weinstein: Aufzeichnungen aus dem Versteck. Erlebnisse eines polnischen Juden 1939–1946, Berlin 2006, S. 85ff.

⁵⁶⁸ Młynarczyk: Judenmord (Anm. 145, S. 209), S. 112.

⁵⁶⁹ Hstuf. Günther an EG Krakau [I] v. 25.10.1939, YVA, 0–53/93.

⁵⁷⁰ Schenk: Hitlers (Anm. 22, S. 201), S. 160.

⁵⁷¹ Böhler: Auftakt (Anm. 6, S. 199), S. 182–185.

⁵⁷² So erschossen in Bromberg gegen Ende September zwei Sturmbanne der 2. SS-Totenkopfstandarte „Brandenburg" innerhalb von zwei Tagen etwa 800 Polen, Cüppers: Waffen-SS (Anm. 496, S. 228), S. 99.

⁵⁷³ Czesław Łuczak: Polska i Polacy w drugiej wojnie światowej, Poznań 1993, S. 101; Dieter Pohl: Verfolgung und Massenmord in der NS-Zeit 1933–1945, Darmstadt 2003, S. 49.

⁵⁷⁴ Ebd., S. 123; ders.: Der Völkermord an den Juden, in: Włodzimierz Borodziej/Klaus Ziemer (Hrsg.): Deutsch-polnische Beziehungen 1939–1945–1949. Eine Einführung, Osnabrück 2000, S. 115.

⁵⁷⁵ Alberti: Verfolgung (Anm. 21, S. 201), S. 43.

⁵⁷⁶ Generalfeldmarschall Fedor von Bock. Zwischen Pflicht und Verweigerung. Das Kriegstagebuch, hrsg. v. Klaus Gerbet, München-Berlin 1995, S. 78.

[577] Leeb an Halder v. 19.12.1939, in: Generalfeldmarschall Wilhelm Ritter von Leeb. Tagebuchaufzeichnungen und Lagebeurteilungen aus zwei Weltkriegen, hrsg. v. Georg Meyer, Stuttgart 1976, S. 473 f.

[578] Maximilian von Weichs: Erinnerungen, Bd. 4, BA-MA, N 19/8.

[579] Hassell (Anm. 401, S. 224), S. 209.

[580] Generaloberst, Bd. 2 (Anm. 58, S. 203), S. 399.

[581] Kriegstagebuch des Oberkommandos der Wehrmacht (Wehrmachtführungsstab), hrsg. v. Percy Ernst Schramm, Bd. I/1, München 1982, S. 341.

[582] Generaloberst, Bd. 2 (Anm. 58, S. 203), S. 320.

[583] Grundlegend jetzt: Johannes Hürter: Hitlers Heerführer. Die deutschen Oberbefehlshaber im Krieg gegen die Sowjetunion 1941/42, München 2006; exemplarisch: ders.: Ein deutscher General an der Ostfront. Die Briefe und Tagebücher des Gotthard Heinrici 1941/42, Erfurt 2001; ders.: „Es herrschen Sitten und Gebräuche, genauso wie im 30-jährigen Krieg". Das erste Jahr des deutsch-sowjetischen Krieges in Dokumenten des Generals Gotthard Heinrici, in: VfZ 48(2000), S. 329–403.

[584] Generaloberst, Bd. 2 (Anm. 58, S. 203), S. 336 f.; vgl. Generalfeldmarschall Fedor von Bock (Anm. 576, S. 231), S. 180 ff.; Aufzeichnung Hermann Hoth: Besprechung durch Führer am 30.3.1941 in Reichskanzlei, BA-MA, RH 21–3/40; Vermerk CdS v. 26.3.1941, RGVA, 500–3–795.

[585] Vgl. Kai-Uwe Merz: Das Schreckbild. Deutschland und der Bolschewismus 1917–1921, Berlin-Frankfurt/M. 1995, S. 375 ff.; Ernst Piper: Alfred Rosenberg. Hitlers Chefideologe, München 2005, S. 63 ff.; Gerd Koenen: Der Rußland-Komplex. Die Deutschen und der Osten 1900–1945, München 2005.

[586] Vgl. Ian Kershaw: Der NS-Staat. Geschichtsinterpretationen und Kontroversen im Überblick, Reinbek 1988, S. 125 ff.

[587] Hans-Ulrich Wehler: Deutsche Gesellschaftsgeschichte, Bd. 4: 1914–1949, München 2003, S. 866 ff.

[588] Vgl. Helmut Krausnick: Kommissarbefehl und „Gerichtsbarkeitserlaß" in neuer Sicht, in: VfZ 25(1977), S. 682–738; Jürgen Förster: „Verbrecherische Befehle", in: Wette/Ueberschär (Anm. 70, S. 204), S. 137–151; Klaus Jochen Arnold: Die Wehrmacht und die Besatzungspolitik in den besetzten Gebieten der Sowjetunion. Kriegführung und Radikalisierung im „Unternehmen Barbarossa", Berlin 2005, S. 124–146; Hürter: Hitlers (Anm. 583, S. 232), S. 247–265.

[589] BA-MA, RW 4/v. 577.

[590] Ebd., RH 2/2082.

[591] Ebd., RW 4/v. 524; vgl. Erlaß OKH/GenStdH/Gen.Qu. v. 23.5.1941, ebd., RH 22/12.

[592] Hans Buchheim: Befehl und Gehorsam, in: Anatomie des SS-Staates, Bd. 1, München 1967, S. 229.

[593] OKW/WFSt/Abt. L (IV/Qu.) v. 13.3.1941: Richtlinien auf Sondergebieten zur Weisung Nr. 21, BA-MA, RW 4/v. 522; ähnlich OKH/GenStdH/Gen.Qu. v. 3.4.1941: Besondere Anordnungen für die Versorgung. Teil C, ebd., RH 22/12.

[594] Vgl. Christian Gerlach: Militärische „Versorgungszwänge", Besatzungspolitik und Massenverbrechen: Die Rolle des Generalquartiermeisters des Heeres und seiner Dienststellen im Krieg gegen die Sowjetunion, in: Frei/Steinbacher/Wagner (Anm. 199, S. 212), S. 175–208.

[595] Generaloberst, Bd. 2 (Anm. 58, S. 203), S. 328.

[596] BA-MA, RH 22/155.

[597] Merkblatt für die Führer der EG u. EK der Sipo u. des SD für den Einsatz „Bar-

barossa" (undat.), RGVA, 500-1-25; vgl. Kriegsgliederung der den HSSPF unterstehenden Polizeiverbände (undat./Juni 1941), BAB, R 70 Sowjetunion/18.

[598] Vermerk AOK 16/Qu.2 v. 19.5.1941: Besprechung mit Gen.Qu. 16.5., BA-MA, RH 20-16/1012.

[599] Gen.Qu.: Punkte für die Besprechung mit den Chefs der Generalstäbe am 4./5.6.1941, ebd., RH 2/129.

[600] Generaloberst, Bd. 2 (Anm. 58, S. 203), S. 372.

[601] Ebd., S. 390.

[602] Ebd., Bd. 3, S. 135.

[603] Browning: Entfesselung (Anm. 4, S. 199), S. 330.

[604] Vgl. Hassell (Anm. 401, S. 224), S. 160.

[605] Jürgen Förster: Zum Rußlandbild der Militärs 1941-1945, in: Hans-Erich Volkmann (Hrsg.): Das Rußlandbild im Dritten Reich, Köln u.a. 1994, S. 141-163; Hans-Heinrich Wilhelm: Rassenpolitik und Kriegführung. Sicherheitspolizei und Wehrmacht in Polen und in der Sowjetunion 1939-1942, Passau 1991, S. 133-153; ders.: Die „nationalkonservativen Eliten" und das Schreckgespenst vom „jüdischen Bolschewismus", in: ZfG 43(1995), S. 333-349; Hürter: Hitlers (Anm. 583, S. 232), S. 509-517.

[606] Klaus-Michael Mallmann: Die Türöffner der ‚Endlösung'. Zur Genesis des Genozids, in: Paul/ders.: Die Gestapo im Zweiten Weltkrieg (Anm. 22, S. 201), S. 443f.; vgl. Christian Streit: Ostkrieg, Antibolschewismus und „Endlösung", in: GG 17(1991), S. 242-255.

[607] CdS an die HSSPF im Osten v. 2.7.1941, BAB, R 58/241.

[608] Erlaß CdS v. 17.7.1941, ebd., R 58/1027.

[609] Browning: Entfesselung (Anm. 4, S. 199), S. 339.

[610] Vgl. Jeffrey Herf: The Jewish Enemy. Nazi Propaganda during World War II and the Holocaust, Cambridge/Mass.-London 2006, S. 92ff.; Geoffrey Megargee: War of Annihilation. Combat and Genocide on the Eastern Front, 1941, Lanham u.a. 2006.

[611] Exzellent zu Wissen und Reaktion: Hürter: Hitlers (Anm. 583, S. 232), S. 535-595.

[612] Vgl. Bericht Wehrmacht-Untersuchungsstelle: Kriegsverbrechen der russischen Wehrmacht 1941 (undat./Nov. 1941), BA-MA, RW 2/147.

[613] Bogdan Musial: „Konterrevolutionäre Elemente sind zu erschießen". Die Brutalisierung des deutsch-sowjetischen Krieges 1941, Berlin-München 2000.

[614] Pohl: Judenverfolgung (Anm. 91, S. 206), S. 54ff.; Sandkühler (Anm. 91, S. 206), S. 114ff.; Hannes Heer: Einübung in den Holocaust: Lemberg Juni/Juli 1941, in: ZfG 49(2001), S. 409-427.

[615] Am Beispiel von Kaunas, Lemberg u. Riga: Mallmann/Rieß/Pyta (Anm. 117, S. 207), S. 61ff., 79ff., 89ff.; Knut Stang: Kollaboration und Massenmord. Die litauische Hilfspolizei, das Rollkommando Hamann und die Ermordung der litauischen Juden, Frankfurt/M. u.a. 1996; Wolfgang Benz/Marion Neiss (Hrsg.): Judenmord in Litauen. Studien und Dokumente, Berlin 1999; Vincas Bartusevičius/Joachim Tauber/Wolfram Wette (Hrsg.): Holocaust in Litauen. Krieg, Judenmorde und Kollaboration im Jahre 1941, Köln u.a. 2003; Siegfried Gasparaitis: „Verrätern wird nur dann vergeben, wenn sie wirklich beweisen können, daß sie mindestens einen Juden liquidiert haben". Die „Front Litauischer Aktivisten" (LAF) und die antisowjetischen Aufstände 1941, in: ZfG 49(2001), S. 886-904; zu Riga: Angrick/Klein (Anm. 143, S. 209), S. 73ff.; Jan Tomasz Gross: Nachbarn. Der Mord an den Juden von Jedwabne, München 2001; Paweł Machcewicz/Krzysztof Persak (Hrsg.): Wokół Jedwabnego, 2 Bde., Warszawa 2002; Edmund Dimitrów/Paweł Machcewicz/Tomasz Szarota: Der Beginn der Vernichtung. Zum Mord an den Juden in Jedwabne und Umgebung im Sommer 1941. Neue Forschungsergebnisse polnischer Histo-

riker, Osnabrück 2004; Alexander B. Rossino: Polish ‚Neighbors' and German Invaders: Contextualizing Anti-Jewish Violence in the Białystok District during the Opening Weeks of Operation Barbarossa, in: Polin 16(2003), S. 431–452; Andrzej Żbikowski: Local Anti-Jewish-Pogroms in the Occupied Territories of Eastern Poland, June–July 1941, in: Lucjan Dobroszycki/Jeffrey Gurock (Hrsg.): The Holocaust in the Soviet Union. Studies and Sources of the Jews in the Nazi-Occupied Territories of the USSR, 1941–1945, Armonk-London 1993, S. 173–179; unkritisch Stahleckers Selbstinszenierung in dessen Gesamtbericht der EG A bis 15.10.1941 auf den Leim gehend: Klaus-Peter Friedrich: Spontane ‚Volkspogrome' oder Auswüchse der NS-Vernichtungspolitik? Zur Kontroverse um die Radikalisierung der antijüdischen Gewalt im Sommer 1941, in: Kwartalnik Historii Żydów/Jewish History Quarterly 212, 2004, S. 587–611.

[616] Jacek Andrzej Młynarczyk: Die zerrissene Nation. Die polnische Gesellschaft unter deutscher und sowjetischer Herrschaft 1939–1941, in: Mallmann/Musial (Anm. 63, S. 204), S. 145–169.

[617] Amtschef RSHA IV an EG v. 29.6.1941, RGVA, 500–1–25.

[618] Text der Rundfunkrede: BA-MA, RH 24–3/134.

[619] Wolfgang Jacobmeyer: Heimat und Exil. Die Anfänge der polnischen Untergrundbewegung im Zweiten Weltkrieg, Hamburg 1973, S. 19 ff.; Grzegorz Mazur: Der „Bund für den bewaffneten Kampf–Heimatarmee" und seine Gliederung, in: Bernhard Chiari (Hrsg.): Die polnische Heimatarmee. Geschichte und Mythos der Armia Krajowa seit dem Zweiten Weltkrieg, München 2003, S. 111–149; Böhler: Auftakt (Anm. 6, S. 199), S. 57 ff.

[620] Vermerk Bormann v. 16.7.1941, in: IMG, Bd. 38, Nürnberg 1949, S. 88, 92.

[621] BAB, R 43 II/685 a.

[622] Ebd., R 58/1027.

[623] Göring an CdS v. 31.7.1941, IfZ, Nbg. Dok. NG-2586.

[624] Vgl. Wolfgang Petter: Wehrmacht und Judenverfolgung, in: Ursula Büttner (Hrsg.): Die Deutschen und die Judenverfolgung im Dritten Reich, Hamburg 1992, S. 161–178.

[625] Vgl. Matthäus: Unternehmen (Anm. 4, S. 199), S. 405 ff.; Johannes Hürter: Auf dem Weg zur Militäropposition. Tresckow, Gersdorff, der Vernichtungskrieg und der Judenmord. Neue Dokumente über das Verhältnis der Heeresgruppe Mitte zur Einsatzgruppe B im Jahr 1941, in: VfZ 52(2004), S. 527–562; ders.: Die Wehrmacht vor Leningrad. Krieg und Besatzungspolitik der 18. Armee im Herbst und Winter 1941/42, in: VfZ 49(2001), S. 377–440; ders.: Nachrichten aus dem „Zweiten Krimkrieg" (1941/42). Werner Otto v. Hentig als Vertreter des Auswärtigen Amts bei der 11. Armee, in: Wolfgang Elz/Sönke Neitzel (Hrsg.): Internationale Beziehungen im 19. und 20. Jahrhundert. Festschrift für Winfried Baumgart zum 65. Geburtstag, Paderborn u.a. 2003, S. 361–387; für die 221. Sicherungsdivision: Ben Shepherd: War in the wild East. The German Army and Soviet Partisans, Cambridge/Mass.-London 2004, S. 58–83; für die 253. Infanteriedivision: Christoph Rass: „Menschenmaterial": Deutsche Soldaten an der Ostfront. Innenansichten einer Infanteriedivision 1939–1945, Paderborn u.a. 2003, S. 333–347; Peter Lieb: Täter aus Überzeugung? Oberst Carl von Andrian und die Judenmorde des Jahres 1941. Infanteriedivision 1941/42, in: VfZ 50(2002), 523–557; Timm C. Richter: Handlungsspielräume am Beispiel der 6. Armee, in: Christian Hartmann/Johannes Hürter/Ulrike Jureit (Hrsg.): Verbrechen der Wehrmacht. Bilanz einer Debatte, München 2005, S. 60–79; an regionalen Beispielen: Klaus-Michael Mallmann: Der qualitative Sprung im Vernichtungsprozeß. Das Massaker von Kamenez-Podolsk Ende August 1941, in: JfA 10(2001), S. 239–264; Karel C. Berkhoff: Harvest of Despair. Life and Death in Ukraine under Nazi Rule, Cambridge/Mass.-London 2004, S. 59–88; Wendy Lower: A New Ordering of Space and Race.

Nazi Colonial Dreams in Zhytomyr, Ukraine, 1941–1944, in: GSR 25(2002), S. 227–254; dies.: Nazi Empire-Building and the Holocaust in Ukraine, Chapel Hill 2005, S. 69–97; zur Krim: Kunz (Anm. 196, S. 212), S. 179–204; dazu u. zum Donezbecken: Manfred Oldenburg: Ideologie und militärisches Kalkül. Die Besatzungspolitik der Wehrmacht in der Sowjetunion 1942, Köln-Weimar-Wien 2004.

[626] OKW/WFSt/Abt.L (IV/Qu.) v. 12.9.1941: Juden in den neu besetzten Ostgebieten, BA-MA, RW 4/v. 578.

[627] AOK 6/Ia v. 10.10.1941: Verhalten der Truppe im Ostraum, ebd., RH 20–6/493; demnächst zu ihm die Diss. von Timm C. Richter (Münster): Reichenau. Ein deutscher Generalfeldmarschall; vgl. Hartmut Rüß: Wer war verantwortlich für das Massaker von Babij Jar?, in: MGM 57(1998), S. 483–508; Klaus Jochen Arnold: Die Eroberung und Behandlung der Stadt Kiew durch die Wehrmacht im September 1941. Zur Radikalisierung der Besatzungspolitik, in: MGM 58(1999), S. 23–63.

[628] Befehl Oberkdo. HGr Süd/Ia v. 12.10.1941, IfZ, Nbg.Dok. NOKW-309.

[629] OKH/GenStdH/Gen.Qu. v. 28.10.1941, BA-MA, RH 22/271.

[630] Befehl AOK 11/Ic v. 20.11.1941, IfZ, Nbg.Dok. PS-4064; dto. AOK 16/Ia v. 6.11.1941, BA-MA, RH 20–16/1015; AOK 17/Ia v. 17.11.1941: Verhalten der deutschen Soldaten im Ostraum, ebd., RH 20–17/44; Befehl AOK 18/Ia v. 3.11.1941, ebd., RH 20–18/1209; dto. Bfh. Pz.AOK 2/Ia v. 6.11.1941, ebd., RH 24–24/95; dto. Bfh. Pz.Gr.Kdo. 4/Ic v. 7.11.1941, ebd., RH 21–4/33; Berück Süd/Ic v. 2.11.1941: Verhalten der Truppe im Ostraum, ebd., RH 22/171.

[631] Ebd., RH 20–6/493.

[632] Browning: Entfesselung (Anm. 4, S. 199), S. 458.

[633] Ian Kershaw: Hitler. 1889–1936, Stuttgart 1998, S. 663 ff.

[634] Max Domarus: Hitler. Reden und Proklamationen 1932–1945, Bd. 2, Würzburg 1963, S. 1058.

[635] Vgl. Joseph Goebbels: Die Juden sind schuld!, in: ders.: Das eherne Herz. Reden und Aufsätze aus den Jahren 1941/42, München 1943, S. 85–91.

[636] Am lokalen Beispiel: Christopher R. Browning: Deutsche Mörder – Befehle von oben, Initiativen von unten und der Ermessensspielraum der örtlichen Instanzen. Das Beispiel Brest-Litowsk, in: ders.: Judenmord. NS-Politik, Zwangsarbeit und das Verhalten der Täter, Frankfurt/M. 2001, S. 179–217.

[637] Ausführlicher: Mallmann: Türöffner (Anm. 606, S. 233), S. 448–453.

[638] Summary of German Police Decodes v. 21.8.1941, NAK, HW 16/6; vgl. Richard Breitman: Staatsgeheimnisse. Die Verbrechen der Nazis – von den Alliierten toleriert, München 1999, S. 76 ff.; Nicholas Terry: Conflicting Signals: British Intelligence on the „Final Solution" through Radio Intercepts and other Sources, 1941–1942, in: YVS 32(2004), S. 351–396.

[639] Tätigkeits- u. Lagebericht EG B für 24.–30.8. v. 3.9.1941 zum Vortrag bei HGr Mitte, BStU, ZUV 9, Bd. 31.

[640] Bericht Stapo-Stelle Tilsit v. 1.7.1941: Säuberungsaktionen jenseits der ehemaligen sowjet-litauischen Grenze, RGVA, 500–1–758.

[641] Angrick (Anm. 27, S. 202), S. 253; BAB, BDC, SSO Otto Ohlendorf.

[642] RSHA IV A 1 an EG v. 1.8.1941, RGVA, 500–1–25.

[643] Symptomatisch: Martin Cüppers: Vorreiter der Shoah. Ein Vergleich der Einsätze beider SS-Kavallerieregimenter im August 1941, in: Richter: Krieg (Anm. 70, S. 204), S. 87–97.

[644] Vgl. Ronald Headland: Messages of Murder. A Study of the Reports of the Einsatz-

gruppen of the Security Police and the SD 1941–1942, London 1992; Klein (Anm. 2, S. 199), S. 111–315.

⁶⁴⁵ Vgl. Terminpläne u. Reiseprogramme RFSS, BAB, NS 19/1792; Peter Witte/Michael Wildt/Martina Voigt/Dieter Pohl/Peter Klein/Christian Gerlach/Christoph Dieckmann/ Andrej Angrick (Bearb.): Der Dienstkalender Heinrich Himmlers 1941/42, Hamburg 1999, S. 183, 186, 188 f., 193 ff., 214 f., 224 f., 245 f.

⁶⁴⁶ Sergej Slutsch: 17. September 1939: Der Eintritt der Sowjetunion in den Zweiten Weltkrieg. Eine historische und völkerrechtliche Bewertung, in: VfZ 48(2000), S. 219–254.

⁶⁴⁷ Vgl. Steinbacher: Musterstadt (Anm. 21, S. 201), S. 61 ff.; Adam Dziurok: Zwischen den Ethnien. Die Oberschlesier in den Jahren 1939–1941, in Mallmann/Musial (Anm. 63, S. 204), S. 221–233; Valentina Maria Stefanski: Nationalsozialistische Volkstums- und Arbeitseinsatzpolitik im Regierungsbezirk Kattowitz 1939–1945, in: GG 31(2005), S. 38–67.

⁶⁴⁸ Vgl. Michael Alberti: „Exerzierplatz des Nationalsozialismus". Der Reichsgau Wartheland 1939–1941, in: Mallmann/Musial (Anm. 63, S. 204), S. 111–126; ders.: Verfolgung (Anm. 21, S. 201), S. 33 ff.

⁶⁴⁹ Vgl. Schenk: Hitlers (Anm. 22, S. 201).

⁶⁵⁰ Vgl. Andreas Kossert: Preußen, Deutsche oder Polen? Die Masuren im Spannungsfeld des ethnischen Nationalismus 1870–1956, Wiesbaden 2001; ders.: Masuren. Ostpreußens vergessener Süden, München 2001, S. 334 ff.; ders.: Ostpreußen. Geschichte und Mythos, München 2005, S. 301 ff.; ders.: „Grenzlandpolitik" und Ostforschung an der Peripherie des Reiches. Das ostpreußische Masuren 1919–1945, in: VfZ 51(2003), S. 117–146.

⁶⁵¹ Führererlaß v. 8. 10. 1939, BAB, R 43 II/1332; Eisenblätter (Anm. 21, S. 201), S. 22 ff.; Martin Broszat: Nationalsozialistische Polenpolitik 1939–1945, Stuttgart 1961, S. 49 ff., 68 ff.

⁶⁵² Chef OKW an Eduard Wagner v. 17. 10. 1939, in: IMG, Bd. 26, Nürnberg 1947, S. 381; grundlegend: Norman M. Naimark: Flammender Haß. Ethnische Säuberungen im 20. Jahrhundert, München 2004.

⁶⁵³ Umbreit: Militärverwaltungen (Anm. 22, S. 201), S. 190 ff.

⁶⁵⁴ Führererlaß v. 25. 9. 1939, BA-MA, RH 2/131.

⁶⁵⁵ Dto. v. 21. 10. 1939, BAB, R 43 II/647; Broszat: Polenpolitik (Anm. 651, S. 236), S. 26 ff.

⁶⁵⁶ AOK 8/O.Qu. v. 10. 10. 1939: Besondere Anordnungen Nr. 47 für die Versorgung der 8. Armee, APŁ, 175/32.

⁶⁵⁷ SDHA Stabskanzlei I 11 v. 8. 9. 1939: Amtschefbesprechung 7. 9., BAB, R 58/825.

⁶⁵⁸ Vermerk SDHA II 12 v. 8. 7. 1939, ebd., R 58/7154; Vern. Bruno Streckenbach v. 2. 11. 1961, BAL, B 162/3622, Bl. 126 ff.

⁶⁵⁹ Erlaß RSHA v. 23. 10. 1939: Einsetzung von BdS im Osten, BAB, R 58/241.

⁶⁶⁰ Ebd., BDC, SSO Dr. Wilhelm Harster; Erlaß CdS v. 23. 3. 1938: Anschriften der Dienststellen der Gestapo in Österreich, ebd., R 58/241; Schnellbrief RSHA I B 1 v. 20. 7. 1940, ebd.; BB CdS Nr. 55 v. 20. 11. 1943, ebd., RD 19/2; Friedrich Wilhelm: Die württembergische Polizei im Dritten Reich, Diss. Stuttgart 1989, S. 245 ff.

⁶⁶¹ Vern. Georg Schraepel v. 16. 4. 1964, BAL, B 162/3622, Bl. 220 ff.; dto. Dr. Wilhelm Harster v. 24. 5. 1967, ebd., B 162/16657.

⁶⁶² BAB, BDC, SSO Bruno Streckenbach.

⁶⁶³ Erlaß RFSS v. 7. 11. 1939: Einsetzung von IdS für die Reichsgaue Danzig-Westpreußen u. Posen, ebd., R 58/241.

⁶⁶⁴ SDHA Stabskanzlei I 11 v. 8. 9. 1939: Amtschefbesprechung 7. 9., ebd., R 58/825.

⁶⁶⁵ Erlaß RFSS v. 1. 11. 1939: Führerorganisation der Polizei im Generalgouvernement,

ebd., R 58/241; dto. v. 1.11.1939: Stellenbesetzung der SS u. Polizei im Generalgouvernement, ebd., R 70 Polen/180; ebd., BDC, SSO Friedrich-Wilhelm Krüger; Andreas Mix: Organisatoren und Praktiker der Gewalt. Die SS- und Polizeiführer im Distrikt Warschau, in: Richter: Krieg (Anm. 70, S. 204), S. 123–134.

[666] Runderlaß RFSS v. 7.11.1939: Organisation der Gestapo in den Ostgebieten, ebd., R 58/241.

[667] Dto. CdS v. 20.11.1939, ebd.; die Angabe bei MacLean (Anm. 131, S. 208), S. 22, u. Schenk: Hans (Anm. 149, S. 209), S. 184, wonach die EG II den KdS Lublin, die EG III den KdS Radom gebildet habe, ist falsch; ebenso unrichtig ist die Angabe bei MacLean, S. 24, daß das Personal des EK 3/I zum KdS Krakau gekommen sei.

[668] Anschriftenverzeichnis der Dienststellen der Sipo u. des SD in den angegliederten Ostgebieten u. im Generalgouvernement (undat./Anfang 1940), BAB, R 58/241.

[669] Erlaß RSHA I V 1 v. 5.1.1940, ebd.

[670] Vern. Helmut Gohl v. 13.2.1962, BAL, B 162/Vorl. AR 1738/61.

[671] Borodziej: Terror (Anm. 16, S. 200), S. 57.

[672] Anschriftenverzeichnis der Stapo-(Leit)stellen u. KdS (Stand: 1.4.1940), BAL, B 162/Vorl. Dok.Slg. Verschiedenes 301 A r (O. 99).

[673] BAB, BDC, SSO u. RuSHA Dr. Hellmut Tanzmann; Fernsprechverzeichnis BdS Frankreich, Stand: 1.8.1943, BAL, B 162/Vorl. Dok.Slg. RSHA 112; Pohl: Judenverfolgung (Anm. 91, S. 206), S. 421; Sandkühler (Anm. 91, S. 206), S. 438; Bernhard Brunner: Der Frankreich-Komplex. Die nationalsozialistischen Verbrechen in Frankreich und die Justiz der Bundesrepublik Deutschland, Göttingen 2004, S. 76, 93.

[674] BAB, BDC, SSO u. RuSHA Dr. Günther Venediger; Urteil LG Stuttgart v. 30.3.1957, BAL, B 162/14067.

[675] BAB, BDC, SSO Friedrich Hegenscheidt; BB CdS Nr. 44 v. 18.9.1943 u. Nr. 25 v. 24.6.1944, ebd., RD 19/2.

[676] Ebd., BDC, SSO u. RuSHA Hartmut Pulmer; BB CdS Nr. 1 v. 9.1.1943, ebd., RD 19/2; Fernsprechverzeichnis BdS Frankreich, Stand: 1.8.1943, BAL, B 162/Vorl. Dok.Slg. RSHA 112; Bernd Kasten: „Gute Franzosen". Die französische Polizei und die deutsche Besatzungsmacht im besetzten Frankreich 1940–1944, Sigmaringen 1993, S. 246; Brunner (Anm. 673, S. 237), S. 157f.

[677] Erlaß RSHA I A v. 6.10.1939: Einrichtung des Referats II O, BAB, R 58/240.

[678] Schnellbrief CdS v. 20.10.1939, RGVA, 500–4–279; Vermerk RSHA IV (II A 4) v. 23.10.1939, ebd.; vgl. Andrzej Szefer: Jak powstała niemiecka specjalna księga gończa Sonderfahndungsbuch Polen, in: ZŚ 46(1983), S. 213–240.

[679] Erlaß RSHA I v. 31.10.1939: Einrichtung eines Einwanderungs- u. Siedlungsreferats für die besetzten Gebiete beim Amt III des RSHA, BAB, R 58/240.

[680] Dto. CdS v. 21.12.1939: Räumung in den Ostprovinzen, ebd.; völlige Verzeichnung der Rolle Eichmanns bei Claudia Steur: Theodor Dannecker. Ein Funktionär der „Endlösung", Essen 1997, S. 28; vgl. Yaakov Lozowick: Hitlers Bürokraten. Eichmann, seine willigen Vollstrecker und die Banalität des Bösen, Zürich-München 2000, S. 90; Wojak (Anm. 395, S. 224), S. 115f.; David Cesarani: Adolf Eichmann. Bürokrat und Massenmörder, Berlin 2004, S. 111.

[681] Führererlaß zur Festigung deutschen Volkstums v. 7.10.1939, BAB, R 49/2; Robert Lewis Koehl: RKFDV: German Resettlement and Population Policy 1939–1945. A History of the Reich Commission for the Strengthening of Germandom, Cambridge/Mass. 1957; ders.: The „Deutsche Volksliste" in Poland 1939–1945, in: Journal of Central European Affairs 15(1955/56), S. 354–366; Hans Mommsen: Umvolkungspläne des Nationalsozialismus und der Holocaust, in: Helge Grabitz/Klaus Bästlein/Johannes Tuchel (Hrsg.): Die

Normalität des Verbrechens. Bilanz und Perspektiven der Forschung zu den nationalsozialistischen Gewaltverbrechen. Festschrift für Wolfgang Scheffler zum 65. Geburtstag, Berlin 1994, S. 68–84; Phillip Rutherford: „Absolute Organizational Deficiency": The 1. Nahplan of December 1939 (Logistics, Limitations, and Lessons), in: Central European History 36(2003), S. 235–273; Matthias Schröder: Die Umsiedlung der Deutschbalten in den ‚Warthegau' 1939/40 im Kontext nationalsozialistischer Bevölkerungspolitik, in: Mekking/Schröder (Anm. 22, S. 201), S. 57–69; demnächst dazu die Diss. von Alexa Stiller (Hannover): Volkstumspolitik der SS 1939–1945.

[682] Broszat: Polenpolitik (Anm. 651, S. 236), S. 62 ff., 118 ff.; Isabel Heinemann: „Rasse, Siedlung, deutsches Blut". Das Rasse- und Siedlungshauptamt der SS und die rassenpolitische Neuordnung Europas, Göttingen 2003, S. 187–303.

[683] Niederschrift über die am 8.11.1939 stattgefundene Besprechung beim Generalgouverneur Polen in Krakau, YVA, TR. 3/1458.

[684] Gendarmerie-Kreis Pless an KdG Kattowitz v. 7.11.1939, APK, 119/4550.

[685] KdG Kattowitz an Stapo-Stelle Kattowitz v. 20.11.1939 mit handschriftlichen Anm., ebd.

[686] Zutreffend Alfred Konieczny: Bemerkungen über die Anfänge des KL Auschwitz, in: Hefte von Auschwitz 12, 1970, S. 4–44, sowie Franciszek Piper: Die Rolle des Lagers Auschwitz bei der Verwirklichung der nationalsozialistischen Ausrottungspolitik. Die doppelte Funktion von Auschwitz als Konzentrationslager und als Zentrum der Judenvernichtung, in: Ulrich Herbert/Karin Orth/Christoph Dieckmann (Hrsg.): Die nationalsozialistischen Konzentrationslager. Entwicklung und Struktur, Bd. 1, Göttingen 1998, S. 390; daneben liegt dagegen Steinbacher: Musterstadt (Anm. 21, S. 201), S. 179, die an Konieczny kritisiert, „daß der Lagerbau auf einer ‚schlesischen Konzeption' beruhte, also von regionalen Behörden aufgrund überfüllter Gefängnisse angeregt worden sei".

[687] Browning: Entfesselung (Anm. 4, S. 199), S. 65–172; Saul Friedländer: Die Jahre der Vernichtung. Das Dritte Reich und die Juden 1939–1945, München 2006, S. 37 ff., 56 ff.; Götz Aly: „Endlösung". Völkerverschiebung und der Mord an den europäischen Juden, Frankfurt/M. 1995; Richard C. Lukas: The Forgotten Holocaust. The Poles under German Occupation 1939–1945, Lexington 1986; Czesław Madajczyk: Die Okkupationspolitik Nazideutschlands in Polen 1939–1945, Köln 1988; Bogdan Musial: Das Schlachtfeld zweier totalitärer Systeme. Polen unter deutscher und sowjetischer Herrschaft 1939–1941, in: Mallmann/Musial (Anm. 63, S. 204), S. 13–35; Jacek Chrobaczyński: Rassenkrieg gegen Polen, in: Wolfgang Benz/Johannes Houwink ten Cate/Gerhard Otto (Hrsg.): Anpassung – Kollaboration – Widerstand. Kollektive Reaktionen auf die Okkupation, Berlin 1996, S. 213–219.

[688] Wildt: Generation (Anm. 22, S. 201), S. 932; BAL, ZK: Friedrich Claß, Walter Potzelt u. Dr. Alfred Hasselberg.

[689] Ebd., dto. Karl-Heinz Rux u. Dr. Max Großkopf.

[690] Wildt: Generation (Anm. 22, S. 201), S. 756; Angrick (Anm. 27, S. 202), S. 719.

[691] Landeskriminalpolizeiamt Schleswig-Holstein an ZSL v. 3.5.1962, BAL, B 162/3683, Bl. 3.

[692] Ebd., ZK: Dr. Hans Fischer.

[693] Ebd., dto. Kurt Stawizki.

[694] BAB, BDC, SSO Franz Sommer; Staw Düsseldorf an ZSL v. 3.7.1980, BAL, B 162/Vorl. AR-Z 93/80, Bd. 3, Bl. 228; ebd., ZK: Franz Sommer.

[695] Übersetzung des Urteils v. 3.3.1947, ebd., B 162/3709, Bl. 130 ff.; Vermerk v. 20.1.1965, ebd., B 162/16691; vgl. Bogdan Musial: NS-Kriegsverbrecher vor polnischen Gerichten, in: VfZ 47(1999), S. 25–56; Włodzimierz Borodziej: „Hitlerische Verbre-

chen". Die Ahndung deutscher Kriegs- und Besatzungsverbrechen in Polen, in: Norbert Frei (Hrsg.): Transnationale Vergangenheitspolitik. Der Umgang mit deutschen Kriegsverbrechen in Europa nach dem Zweiten Weltkrieg, Göttingen 2006, S. 399–437.

[696] BAL, ZK: Walter Liska u. Dr. Herbert Strickner; Übersetzung des Urteils v. 15.3.1949, ebd., B 162/Vorl. Dok.Slg. Polen 365 b.

[697] Ebd., ZK: Fritz Liphardt; Młynarczyk: Judenmord (Anm. 145, S. 209), S. 93.

[698] Vern. Hermann Altmann v. 15.11.1960, BAL, B 162/6428, Bl. 290 ff.

[699] Ebd., ZK: Franz Hoth.

[700] Ebd., dto. Dr. Wilhelm Fuchs.

[701] Ebd., dto. Gerhard Flesch.

[702] Ebd., dto. Eduard Strauch.

[703] Ebd., dto. Rudolf Bennewitz.

[704] Ebd., dto. Dr. Wilhelm Scharpwinkel.

[705] Ebd., dto. Dr. Hans Trummler; Verzeichnis der seit 19.11.1945 im War Crimes Prison Landsberg/L. verstorbenen bzw. hingerichteten Gefangenen (undat.), ebd., B 162/ Vorl. Dok.Slg. Verschiedenes 301 AAz (O.133); vgl. Robert Sigel: Im Interesse der Gerechtigkeit. Die Dachauer Kriegsverbrecherprozesse 1945–1948, Frankfurt/M.-New York 1992, S. 113 ff.

[706] BAL, ZK: Erich Naumann.

[707] Ebd., dto. Dr. Dr. Otto Rasch.

[708] BAK, All.Proz. 8, JAG 346; Verfügung OStaw Essen, v. 7.6.1960, BAL, B 162/Vorl. AR 140/70, Bl. 3 ff.

[709] BAK, All.Proz. 8, JAG 314; Angrick (Anm. 27, S. 202), S. 723.

[710] Ruth Bettina Birn: Die Höheren SS- und Polizeiführer. Himmlers Vertreter im Reich und in den besetzten Gebieten, Düsseldorf 1986, S. 349.

[711] Urteil LG Würzburg v. 30.4.1949, BAL, B 162/14416; ebd., ZK: Helmut Heisig.

[712] Urteil LG Augsburg v. 15.10.1955, ebd., B 162/14062; ebd., ZK: Walter Huppenkothen; Wildt: Generation (Anm. 22, S. 201), S. 935 f.; Joachim Perels: Die schrittweise Rechtfertigung der NS-Justiz. Der Huppenkothen-Prozeß, in: ders.: Das juristische Erbe des „Dritten Reiches". Beschädigungen der demokratischen Rechtsordnung, Frankfurt/ M. 1999, S. 181–202.

[713] Urteil LG Kassel v. 5.2.1952, BAL, B 162/14400.

[714] Dto. LG Hildesheim v. 16.6.1953, ebd., B 162/14638; ebd., ZK: Heinrich Huck.

[715] Urteil LG Köln v. 9.7.1954, ebd., B 162/4059; ebd., ZK: Dr. Emanuel Schäfer; Ernst Klee: Das Personenlexikon zum Dritten Reich. Wer war was vor und nach 1945, Frankfurt/M. 2003, S. 523.

[716] Urteil LG Bochum v. 22.5.1954, BAL, B 162/14053.

[717] Dto. LG Karlsruhe v. 20.12.1961, ebd., B 162/14150; Wildt: Generation (Anm. 22, S. 201), S. 820 ff.

[718] Urteil LG Freiburg/B. v. 25.6.1965, BAL, B 162/14179.

[719] Dto. LG Bochum v. 22.7.1966, ebd., B 162/14273.

[720] Dto. LG Münster v. 3./6.5.1968, ebd., B 162/14213–14216.

[721] Dto. LG Wiesbaden v. 1.3.1973, ebd., B 162/14513.

[722] Dto. LG Hamburg v. 5.6.1973, ebd., B 162/14491; dto. v. 4.7.1975, ebd., B 162/14573.

[723] Dto. LG Wuppertal v. 30.12.1965, ebd., B 162/14308 (Theodor Gröver); dto. LG Freiburg/B. v. 18.5.1967, ebd., B 162/14354 (Walter Thormeyer); dto. LG Hamburg v. 14.1.1969, ebd., B 162/14377 (Karl Reisener); dto. LG Düsseldorf v. 24.7.1970, ebd., B 162/14423 (Josef Bürger); dto. LG Arnsberg v. 5.12.1972, ebd., B 162/14484 (Walter Augustin).

[724] Dto. LG Darmstadt v. 21.5.1969, ebd., B 162/14467; dto. LG Hamburg v. 5.2.1973, ebd., B 162/14490; dto. LG Freiburg/B. v. 18.3.1966, ebd., B 162/14202.
[725] Anklage Staw München I v. 27.11.1963, Urteil LG Memmingen v. 10.7.1969, ebd., B 162/14406–14407.
[726] Dto. LG Essen v. 29.3.1965, ebd., B 162/14174; dto. LG Kiel v. 11.4.1969, ebd., B 162/14376; dto. LG Essen v. 10.2.1966, ebd., B 162/14199.
[727] Dto. LG Wuppertal v. 30.12.1965, ebd., B 162/14308.
[728] Anklage Zentralstelle Nordrhein-Westfalen v. 5.9.1966, ebd., B 162/14440–14441; dto. LG Hamburg v. 16.2.1972, ebd., B 162/14149; ebd., ZK: Helmuth Bischoff.
[729] Anklage Staw beim KG Berlin v. 10.2.1972, ebd., B 162/5689–5690; Herbert: Best (Anm. 22, S. 201), S. 518 ff.; Brunner (Anm. 673, S. 237), S. 121 f., 138 ff., 198 ff., 256, 259 f.
[730] Anklage Staw Hamburg v. 30.6.1973, BAL, B 162/4655; Wildt: Hamburger (Anm. 22, S. 201), S. 117; Raziwończyk: Zbrodnie (Anm. 17, S. 200).
[731] Urteil LG München I v. 1.4.1966, BAL, B 162/14203.
[732] Staw beim LG Berlin v. 29.1.1971: Antrag auf Außerverfolgungsetzung, BAL, B 162/Vorl. AR-Z 13/63, Bd. 9, Bl. 1854 ff.
[733] Ebd., ZK: Dr. Hans Ehlich; Wildt: Generation (Anm. 22, S. 201), S. 778 f.; Alexa Stiller: Die frühe Strafverfolgung der nationalsozialistischen Vertreibungs- und Germanisierungsverbrechen: Der „RuSHA Prozeß" in Nürnberg 1947–1948, in: Richter: Krieg (Anm. 70, S. 204), S. 238 f.
[734] Lutz Hachmeister: Die Rolle des SD-Personals in der Nachkriegszeit. Zur nationalsozialistischen Durchdringung der Bundesrepublik, in: Mittelweg 36, 11(2002), H. 2, S. 31 f.
[735] Vern. Kurt Zillmann v. 18.7.1969, BAL, B 162/16665; dto. v. 25.3.1981, ebd., B 162/Vorl. AR-Z 304/77-K-, Bl. 84 ff.; Schenk: Auge (Anm. 125, S. 208), S. 28–38.
[736] BAB, BDC, SSO Eduard Michael; Personalakte, BA-ZA, ZR 814/5; Vern. Eduard Michael v. 24.8.1967 u. 2.4.1968, BAL, B 162/6919, Bl. 302 ff., 362 ff.; Schenk: Auge (Anm. 125, S. 208), S. 243 f.; Młynarczyk: Judenmord (Anm. 145, S. 209), S. 77, 268 f.
[737] Zur justitiellen Problematik: Jörg Friedrich: Die kalte Amnestie. NS-Täter in der Bundesrepublik, München 1994; Michael Greve: Der justitielle und rechtspolitische Umgang mit den NS-Gewaltverbrechen in den sechziger Jahren, Frankfurt/M. u. a. 2001; Annette Weinke: Die Verfolgung von NS-Tätern im geteilten Deutschland. Vergangenheitsbewältigungen 1949–1969 oder: Eine deutsch-deutsche Beziehungsgeschichte im Kalten Krieg, Paderborn u. a. 2002; Kerstin Freudiger: Die juristische Aufarbeitung von NS-Verbrechen, Tübingen 2002; Marc von Miquel: Ahnden oder amnestieren? Westdeutsche Justiz und Vergangenheitspolitik in den sechziger Jahren, Göttingen 2004.
[738] Wolfgang Jacobmeyer: Der Überfall auf Polen und der neue Charakter des Krieges, in: Christoph Kleßmann (Hrsg.): September 1939. Krieg, Besatzung, Widerstand in Polen, Göttingen 1989, S. 16–37; Mallmann/Musial (Anm. 63, S. 204), S. 7 ff.; Böhler: Auftakt (Anm. 6, S. 199), S. 9 ff.

Abkürzungsverzeichnis

Abt.	Abteilung
ADAP	Akten zur Deutschen Auswärtigen Politik
AK	Armeekorps
Anm.	Anmerkung(en)
AO	Abwehroffizier
AOK	Armeeoberkommando
AOKL	Archiwum Okręgowej Komisji Badania Zbrodni Hitlerowskich w Łodzi-Instytutu Pamięci Narodowej
APK	Archiwum Państwowe Katowice
APŁ	Archiwum Państwowe Łódź
APP	Archiwum Państwowe Poznań
APW	Archiwum Państwowe Warszawa
BAB	Bundesarchiv Berlin-Lichterfelde
BAL	Bundesarchiv-Außenstelle Ludwigsburg
BA-MA	Bundesarchiv-Militärarchiv Freiburg/B.
BA-ZA	Bundesarchiv-Zwischenarchiv Dahlwitz-Hoppegarten
BB	Befehlsblatt
Bd.	Band
BDC	Berlin Document Center
Bde.	Bände
BdO	Befehlshaber der Ordnungspolizei
BdS	Befehlshaber der Sicherheitspolizei und des SD
Bearb.	Bearbeiter/bearbeitet
Berück	Befehlshaber des rückwärtigen Heeresgebietes
Bfh.	Befehlshaber
BGK	Biuletyn Głównej Komisji Badania Zbrodni Hitlerowskich w Polsce
BIPN	Biuletyn Instytutu Pamięci Narodowej
Bl.	Blatt
BOK	Biuletyn Okręgowej Komisji Badania Zbrodni Hitlerowskich w Łodzi
BStU	Der Beauftragte für die Unterlagen des Staatssicherheitsdienstes der ehemaligen Deutschen Demokratischen Republik Berlin
Btl.	Bataillon(e)
BŻIH	Biuletyn Żydowskiego Instytutu Historycznego
CAW	Centralne Archiwum Wojskowe Warszawa
CdO	Chef der Ordnungspolizei
CdS	Chef der Sicherheitspolizei und des SD
CdZ	Chef der Zivilverwaltung
ČSR	Tschechoslowakei
Ders.	Derselbe
Dess.	Desselben
Dies.	Dieselbe(n)

Dok.Slg.	Dokumentensammlung
Dto.	Dito/gesagt
Ebd.	Ebenda
EG	Einsatzgruppe(n)
EK	Einsatzkommando(s)
GAK	Grenzabschnittskommando
Gen.Kdo.	Generalkommando
Gen.Qu.	Generalquartiermeister
GenStdH	Generalstab des Heeres
Gestapa	Geheimes Staatspolizeiamt
Gestapo	Geheime Staatspolizei
GG	Geschichte und Gesellschaft
GSR	German Studies Review
GStaw	Generalstaatsanwalt
GVP	Geschäftsverteilungsplan
HA	Hauptamt
HGr	Heeresgruppe
HGS	Holocaust and Genocide Studies
Hrsg.	Herausgeber/herausgegeben
HSSPF	Höherer SS- und Polizeiführer
HStAD	Nordrhein-westfälisches Hauptstaatsarchiv Düsseldorf
Hstuf.	Hauptsturmführer
Ia	Erster Generalstabsoffizier (Taktische Führung)
Ic	Dritter Generalstabsoffizier (Feindnachrichten/Abwehr)
IdS	Inspekteur der Sicherheitspolizei und des SD
IfZ	Institut für Zeitgeschichte München
IMG	Der Prozeß gegen die Hauptkriegsverbrecher vor dem Internationalen Militärgerichtshof
IPNW	Instytut Pamięci Narodowej Warszawa
IR	Infanterieregiment(er)
IZ	Instytut Zachodni Poznań
JfA	Jahrbuch für Antisemitismusforschung
Kap.	Kapitel
KdG	Kommandeur der Gendarmerie
Kdo.	Kommando(s)
Kdr.	Kommandeur(e)
KdS	Kommandeur der Sicherheitspolizei und des SD
KG	Kammergericht
Korück	Kommandant des rückwärtigen Armeegebietes
Kripo	Kriminalpolizei
KTB	Kriegstagebuch
KVK	Kriegsverdienstkreuz
LG	Landgericht
LR	Landrat
LSAH	Leibstandarte Adolf Hitler
MGM	Militärgeschichtliche Mitteilungen
Ms.	Manuskript
NAK	The National Archives Kew

ABKÜRZUNGSVERZEICHNIS 243

NARA	United States National Archives and Records Administration College Park/ Maryland
Nbg.Dok.	Nürnberger Dokumente
NDP	Najnowsze dzieje Polski 1939–1945. Materiały i studia z okresu II wojny światowej
NKWD	Narodnyj Komissariat Wnutrennych Del
Nr.	Nummer
OA	Oberabschnitt(e)
OB	Oberbefehlshaber
ObdH	Oberbefehlshaber des Heeres
OK	Ortskommandant(ur)
OKH	Oberkommando des Heeres
OKW	Oberkommando der Wehrmacht
O.Qu.	Oberquartiermeister
Orpo	Ordnungspolizei
OStaw	Oberstaatsanwalt
PB	Polizeibataillon(e)
PR	Polizeiregiment(er)
PZ	Przegląd Zachodni
Pz.AOK	Panzerarmeeoberkommando
Pz.Gr.Kdo.	Panzergruppenkommando
Qu.	Quartiermeister
Red.	Redaktion
RFSS	Reichsführer-SS
RGVA	Rossiiskii Gosudarstvennyi Voennyi Arkhiv Moskau
RSHA	Reichssicherheitshauptamt
RuSHA	Rasse- und Siedlungshauptamt(sakte)
Schupo	Schutzpolizei
SD	Sicherheitsdienst Reichsführer-SS
SDHA	SD-Hauptamt
Sic	Siehe so im Original
Sipo	Sicherheitspolizei
SSO	SS-Offiziersakte
SSPF	SS- und Polizeiführer
SŚSN	Studia Śląskie. Seria Nowa
Stapo	Staatspolizei
Staw	Staatsanwaltschaft
Stubaf.	Sturmbannführer
TK	Teilkommando(s)
UK	Unterkommando(s)
Undat.	Undatiert
Unveröff.	Unveröffentlicht
USHMM	United States Holocaust Memorial Museum Washington D.C.
Ustuf.	Untersturmführer
Vern.	Vernehmung
VfZ	Vierteljahrshefte für Zeitgeschichte
Vgl.	Vergleiche
VUA	Vojenský ústřední archiv Praha
WFSt	Wehrmachtführungsstab

YVA	Yad Vashem Archives Jerusalem
YVS	Yad Vashem Studies
ZŚ	Zaranie Śląskie
Z. b. V.	Zur besonderen Verwendung
ZfG	Zeitschrift für Geschichtswissenschaft
ŻIH	Żydowski Instytut Historyczny Warszawa
ZK	Zentralkartei
ZSL	Zentrale Stelle der Landesjustizverwaltungen Ludwigsburg

Ortsregister

Gilt nur für Darstellung und Quellentexte, nicht für Anmerkungen

Aachen 30, 33, 40 f.
Adamowo 148
Allenstein 18 f., 21, 33, 35 f., 38, 52, 124, 148
Arnheim 28
Augsburg 24
Augustenburg 148
Auschwitz 11, 35, 49, 103, 184

Baranowicze 32
Bayreuth 25
Belgrad 26, 29
Bendzin/Bendsburg (Będzin) 50, 85
Berdechów 128
Berent (Kościerzyna) 53
Bergen 40
Berlin 12 ff., 16, 20 ff., 24, 26-33, 35-41, 46, 55, 57 ff., 61, 64 ff., 70, 73 ff., 79, 84, 86 f., 97 f., 100, 102 ff., 109, 116, 118, 121 f., 145, 173, 177, 197
Bernau 70 ff.
Bialystok (Białystok) 33, 38, 51 f., 153
Biedrusko 141
Bielitz (Bielsko-Biała) 48, 65, 138
Birnbaum (Międzychód) 53
Blonie (Błonie) 68
Bochum 22, 33, 105
Bonn 35, 104
Bozen 25
Braunschweig 22, 26, 34, 39, 107
Bremen 21, 24
Breslau 18 f., 25, 28 ff., 32 f., 37 f., 50, 109, 124, 173
Brest 160
Bromberg (Bydgoszcz) 13, 17, 28, 36, 42, 51 ff., 56, 72-75, 78 f., 83 f., 94, 101 f., 106 f., 109-115, 125 ff., 129-132, 138, 149, 161 ff., 165, 169 f., 174, 181 f., 184, 186, 189, 191-195, 197 f.

Brüssel 26, 31, 104
Brzozow (Brzozów) 133 f.
Bütow 74

Chelm (Chełm) 51, 75, 85
Chemnitz 32, 35, 41
Cherson 36
Chludowo 113, 171
Chorzele 128
Culmsee/Kulmsee (Chełmża) 51
Cisna 112, 158

Dachau 105, 171
Damerau (Dąbrowa) 128
Danzig (Gdańsk) 13, 19, 36, 41 f., 53 f., 57, 70, 83, 88, 99-103, 109, 115, 117, 123, 146 f., 151, 157, 166, 169 f., 172, 181, 186, 188, 192 f., 195
Darmstadt 30, 40
Davos 104
Den Haag 33, 39, 100
Dessau 27, 35
Djakarta 107
Dobrin 148
Dortmund 24 ff., 30, 78
Dramburg 18, 30, 51, 124
Dresden 24, 29 f., 34, 37, 39
Drogusowo 52
Drohobycz 24, 33
Düsseldorf 21, 36, 40 f., 104 f.
Dynow (Dynów) 110, 133 ff.
Dzielna 184

Elbing 19, 28, 36, 101 f.
Erfurt 22, 24, 28, 33, 40
Essegg 23
Essen 36, 105

Fordon 83, 193
Frankfurt/Main 24, 37
Frankfurt/Oder 19, 21, 30, 32 ff., 39 f., 53
Friedrichshof 128
Fulda 39
Fürstenberg 38

Gatschina 32
Gdingen/Gotenhafen (Gdynia) 41, 53
Gleiwitz 18 f., 27, 46, 49, 107
Gnesen (Gniezno) 171, 191
Gora 148
Gorlice 134
Gostyn (Gostyń) 53, 114, 138, 173, 180
Grabau 166
Graudenz (Grudziądz) 52 f., 84, 101 f., 128, 193 f.
Graz 29, 41
Gumbinnen 34 f.
Guttentag 160

Hamburg 19 f., 23, 28, 37, 105, 139
Hannover 22
Hildesheim 32, 38, 105
Hochlinden 18
Hohensalza (Inowrocław) 35, 51, 101 f., 115, 191, 193, 195
Hrubieszow (Hrubieszów) 112, 155

Illnau 57
Innsbruck 25, 100
Insterburg 51

Jablonna (Jabłonna) 51
Jaroslau (Jarosław) 48 f., 75 f.
Jarotschin (Jarocin) 53
Jaslo (Jasło) 23
Jawornik Ruski 134
Joncewo 123

Kalisch (Kalisz) 50, 53
Karlsbad 27, 36
Karthaus (Kartuzy) 115, 190
Kassel 29, 37, 100, 105
Kattowitz (Katowice) 13 f., 26 ff., 48 ff., 58, 61, 65, 81, 85 f., 99, 101 ff., 110 ff., 137 f., 143, 160, 164, 193 f.
Kauen (Kaunas/Kowno) 29, 34
Kempen (Kępno) 18, 50, 53, 138

Kiel 23, 32, 34, 40 f., 46, 72, 107
Kielce 38, 48
Kiew 11, 31, 175 f.
Klagenfurt 25
Klausenburg (Cluj) 42, 107
Koblenz 13, 27, 36, 40, 59, 69, 88
Kochlowitz 137
Köln 24, 26, 40 f. 105
Königsberg 19, 21, 26 ff., 35-38
Königshütte (Chorzów) 65
Köslin 19, 28, 32, 73
Kolno 52
Konin 53
Konitz (Chojnice) 51
Konskie (Końskie) 85
Koschentin 160
Kosten (Kościan) 53, 114, 138, 158, 180, 186
Kostschin (Kostrzyn) 82, 141
Krakau (Kraków) 13, 20-25, 27, 29, 34, 38, 40, 48 f., 50, 62 f., 70, 78, 81, 85 f., 99-103, 111, 133, 142, 144 f., 174, 187, 191, 194
Krasnystaw 112, 154
Krone (Koronowo) 51, 174
Krosno 134
Krotoschin (Krotoszyn) 53, 138
Kulmhof (Chełmno) 35, 41
Kurnick (Kórnik) 180 f.

Landsberg (Gorzów Śląski) 48
Landsberg/Lech 105
Leipzig 42
Lemberg (Lwów) 23, 42, 94, 102, 177
Leobschütz 46
Leslau (Włocławek) 50, 156
Liegnitz 19, 30, 32
Limanowa 110, 135
Linz 32, 37
Lissa (Łęczno) 50, 53, 114, 138, 179 f.
Lodsch/Litzmannstadt (Łódź) 13, 26, 35, 40 ff., 50 f., 53, 82, 85, 99-102
Lomza (Łomża) 52
Lowitsch (Łowicz) 162
Lublin 194
Lublinitz (Lubliniec) 48
Ludwigsburg 12, 14, 114, 173
Lüneburg 21, 32
Lüttich 26
Luzk (Łuck) 23
Lyck 51

Ortsregister

Mährisch-Ostrau (Moravská Ostrava) 50, 65
Magdeburg 28, 32, 38, 40
Makow (Maków Mazowiecki) 52
Marienwerder 36, 52
Mauthausen 184
Metz 104
Mielau (Mława) 52, 84 f.
Mielec 110, 128, 152 f.
Minden 37
Minsk 26, 31 f.
Montpellier 102
Moskau 96
Mrotschen (Mrocza) 51
München 8, 19, 24 f. 29 ff., 38 f., 106
Münster 19, 22, 28, 40

Nakel (Nakłonad Notecia) 51, 74, 83, 193
Nancy 21
Narvik 102
Neidenburg 52
Neu-Sandez (Nowy Sącz) 23, 25
Neustadt (Wejherowo) 41, 46, 113, 115, 166, 168 f., 188 f.
Neu-Titschein (Nový Jičín) 48
Neutomischl (Nowy Tomyśl) 53
Nikolajew 40, 98, 102
Nisko 65, 86
Nitsche 157 f.
Norderney 23
Nürnberg 11, 38 f., 102, 104

Oppeln 18 f., 22 f., 25 f., 38, 46, 49, 72, 116, 124
Oranienburg 123
Osnabrück 28, 40
Ostroleka (Ostrołęka) 52
Ostrow (Ostrów Mazowiecki) 37, 52
Ostrowiec 23
Ostrowo (Ostrów Wielkopolski) 50
Owińsk 141

Palmiry 84
Paris 32
Petrikau (Piotrków Trybunalski) 28, 48, 86
Pilsen 40
Pinsk (Pińsk) 15
Pitschen 18
Pleschen (Pleszew) 53

Pless (Pszczyna) 50, 103, 111 f., 143, 152
Plonsk 148
Posen (Poznań) 13 ff., 19, 32, 34 f., 39, 41, 50, 53, 54, 67, 78, 81 f., 99-102, 106, 111-115, 139 f., 143 f., 146, 147, 149, 151, 154, 157, 162 f., 171, 173, 179, 182, 186, 190 f., 193 f.
Potsdam 27, 33, 173
Prag 29, 32 f., 37, 65, 71 f.
Pressburg (Bratislava) 22, 102
Pretzsch 20, 38
Preußisch Stargard (Starogard) 53
Przasnysz 52
Przemysl (Przemyśl) 13, 24, 49 f., 85 f., 110, 136
Pultusk (Pułtusk) 51 f., 84, 153
Pustkowie 153
Putzig 41

Radciaz 148
Radeberg 37
Radom 23, 27, 30, 48, 51, 99, 101, 187, 194
Radomsko 48, 160
Radomyśl Wielki 112, 152 f.
Ravensbrück 184
Rawitsch (Rawicz) 50, 53
Recklinghausen 28, 40
Regensburg 30
Reichenberg (Liberec) 32, 38, 40, 102
Reichshof (Rzeszów) 25, 48
Rejowiec 154
Rennes 102
Reval 32
Riga 26, 30, 34, 39
Rouen 23
Rozopole 139
Ruda 48
Rybnik 48, 50, 143

Saarbrücken 40
Sachsenhausen 61, 123
Sagan 27, 29 Salzburg 25, 28
Samter (Szamotuły) 53, 82, 147
Sanok 49
Saybusch (Żywiec) 49
Schildberg 50
Schlüsselsee (Ślesin) 82
Schmiegel (Śmigiel) 112, 157 f., 180
Schneidemühl 19, 24, 33, 78, 130, 138
Schrimm (Śrem) 53, 82, 111, 138, 148 f.

Schroda (Środa Wielkopolska) 53, 82, 111, 113f., 138, 147f., 165, 175
Schwanowitz 36
Schwerin 22, 24
Serock 52
Shitomir 28, 38
Siedlce 75
Sierpc 85
Sillein (Žilina) 49, 76
Skałowo 141
Skierniewice 50
Sockelstein 148
Soldau (Działdowo) 37, 52
Sompolno 139
Sosnowitz (Sosnowiec) 50
Stahlhammer 160
Stanislau (Stanisławów) 27
Stettin (Szczecin) 23, 26f., 30, 33, 39, 41, 104
Storchnest (Osieczna) 180
Strasburg (Brodnica) 42, 53
Straßburg 28
Stuttgart 25, 28, 39, 100
Stutthof 57
Swarzędz 141
Szczuczyn 52
Szelejewo 173

Tarnopol 175
Tarnow (Tarnów) 50, 58, 86, 128, 153
Tarnowitz (Tarnowskie Góry) 48, 50
Teschen (Cieszyń) 48, 152
Theresienstadt 35
Thorn (Toruń) 42, 53, 101, 111, 113, 140, 172f., 193f.
Tilsit 19, 24, 34, 36, 98, 102
Tokio 31
Tomaschow (Tomaszów Mazowiecki) 50
Treblinka 28
Trier 40, 102
Triest 26
Trischen (Tryszczyn) 162
Trondheim 40

Troppau 24
Trzebinia 85
Tschenstochau (Częstochowa) 13, 48, 56, 80, 107, 160
Tuchel (Tuchola) 53
Tunis 21
Turek 195

Vandsburg (Więcbork) 51
Veldes 28
Verona 32, 100
Versailles 44
Villach 103

Warschau (Warszawa) 12ff., 22, 23, 27, 31ff., 37, 51f., 66, 71, 84f., 99ff., 104, 107, 113, 116, 151, 167f., 177f., 183, 187, 191, 194
Washington D.C. 15
Weimar 22, 43f.
Wesermünde 38
Welun (Wieluń) 48
Wien 18, 20f., 24, 27ff., 38, 48, 65, 72, 102, 124
Wiesbaden 38, 106
Wilhelmshaven 23f., 29
Wittenberg 37
Wollstein (Wolsztyn) 53, 138
Wreschen (Września) 53, 138, 148
Wuppertal 40
Würzburg 24, 35, 105
Wysocinek 51

Żabno 128
Zakopane 24, 48
Zakrzewo 113, 170
Zamosc (Zamość) 24
Zatory 51
Zduńska-Wola 50
Zichenau (Ciechanów) 34, 52, 88, 99, 101f.
Zipser-Neudorf (Spišská Nová Ves) 49
Zlin 23
Znin (Żnin) 123

Personenregister

Gilt nur für Darstellung und Quellentexte, nicht für Anmerkungen

Abromeit, Franz 192
Ajzensztajn, Pola 112, 154
Albath, Dr. Walter 36, 105
Altmann, Hermann 28, 104
Alvensleben, Ludolf von 84, 161
Augsburg, Emil 71
Aussenberg, Helena 112, 152

Baatz, Bernhard 32, 107, 116
Bach, Erich von dem 26
Barciszewski, Leon 192
Baum, Franciszek 171
Baumbach, Dr. von 179
Beck, Ludwig 88
Bennewitz, Rudolf 24, 104
Best, Dr. Werner 15f., 20, 43, 55, 57f., 106, 116f., 144, 164, 194
Beutel, Lothar 17, 30f., 45, 55f., 62, 75, 100, 107, 109, 116, 121, 132, 144, 181
Bickerich, Wolfgang 179
Bień, Marian 110, 136
Birkner, Wolfgang 33
Bischoff, Helmuth 32, 51, 73ff., 78f., 102, 106f., 109, 125, 129f., 132, 153
Blaskowitz, Johannes 69
Blaszak, Anzelm 175
Block, Hans 24, 75, 77, 85
Bock, Fedor von 88
Bock 158
Böhm, Werner 36
Bomhard, Adolf von 19
Bonhoeffer, Dietrich 21
Bonifer, Adolf 31f.
Bormann, Martin 67
Braemer, Walter 74f.
Brauchitsch, Walther von 54ff., 58, 60-65, 68f., 88, 96, 147
Brenner, Karl 37
Brunner, Karl 25, 107, 152

Canaris, Wilhelm 16, 21, 57f., 61, 66, 117
Claß, Friedrich 41, 103
Czyzowski 158

Daluege, Kurt 19, 56, 59f.
Damzog, Ernst 33f., 62, 85, 100, 103, 116, 144f.
Darré, Richard Walther 34
Deumling, Joachim 102, 164
Dey, Richard Otto 111, 140
Dohnanyi, Hans von 21
Dombeck 197
Drzewiecki, Tadeusz 141

Ehlers, Erich 8, 46, 48, 72
Ehlich, Dr. Hans 34f., 103, 107
Ehrlinger, Erich 31, 46, 70, 105, 116f.
Eichler, Horst 106, 113, 162
Eichmann, Adolf 34, 65, 103, 113, 144, 164, 195
Epp, Franz Xaver Ritter von 31, 34
Escherich, Georg 30
Essig, Karl 38, 106

Fegelein, Hermann 78
Feucht, Adolf 27
Filbert, Dr. Alfred 144
Fischer, Dr. Hans 28, 50, 62, 81, 104, 124, 144
Flesch, Gerhard 40, 102, 104, 179
Forster, Albert 84, 170
Frank, Karl Hermann 67
Freisler, Roland 127, 138
Frick, Wilhelm 67
Fuchs, Dr. Wilhelm 34, 104
Fuchs, Paul 30, 106

Gablentz, von 125
Gajde 154
Gasecki, Jakub 110, 133

Gawrys 128
Gehlen, Reinhard 107
Gerke, Dr. Ernst 32, 55 f.
Glaser, Dr. Helmut 25
Goerdeler, Carl 66, 88
Göring, Hermann 57, 60, 95, 115, 195
Gohl, Helmuth 32
Gräfe, Dr. Heinz 34 f., 42, 102
Greiser, Arthur 67, 82, 147
Großkopf, Dr. Max 29, 103
Grünbaum, Eisig 134
Grünbaum, Sacher 110, 134
Gruszczynski, Marian 175
Günther, Rolf 197
Güntzel, Emilie 197 f.
Güntzel, Ignatz 197 f.
Güntzel, Marian 197
Guttman, Jakob 134

Hagen, Herbert 70
Hahn, Dr. Ludwig 22, 101, 106
Halder, Franz 18 f., 54-57, 60 f., 66, 88 f.
Hamann, Heinrich 25, 106
Hammer, Dr. Walter 32 f., 75, 107, 110, 131
Harms, Hans 30
Harster, Dr. Wilhelm 100
Hartl, Albert 70
Hasselberg, Dr. Alfred 24, 75-80, 86, 101, 103, 183, 196
Hassell, Ulrich von 66, 88
Haussmann, Emil 39, 104
Hegenscheidt, Friedrich 102
Heim, Franz 22
Heinze, Eberhard 36
Heisig, Helmut 35, 105
Hellwig, Otto 37 f., 107
Hentschel, Heinrich 158
Henze 163
Herz, Hermann 38, 106
Herzberger, Willi 75 f., 196
Heß, Rudolf 67
Heydrich, Reinhard 67 f., 70 f., 78 f., 83, 91 ff., 94-97, 116, 121 f., 157, 172, 197
Hildebrandt, Richard 57
Himmler, Heinrich 12, 15 f., 19 f., 22, 26, 37, 49, 54-65, 67, 69, 78, 85, 91, 95 ff., 103, 121, 188
Hitler, Adolf 18, 31, 54, 58-64, 66-69, 88-91, 95-99, 189

Hoffmann, Lothar 30, 106
Hohmann, Paul 35 f.
Holste, Eduard 26
Holz 179
Hoth, Franz 21 f., 104
Hotze, Max 40
Hotzel, Rudolf 35
Huck, Heinrich 38, 105
Hummitzsch, Heinz 31, 71
Huppenkothen, Walter 21 f., 101, 105

Janicki 158
Janke, Max-Franz 165
Jankowski, Stanislaw 175
Jost, Heinz 15, 116 f.
Jungblut, Lilly 115, 195

Kah, Dr. Ernst 33
Kaltenbrunner, Dr. Ernst 20
Kaminiarz 158
Kaminsky, Dr. 160
Kampe, Werner 127, 163, 165, 184, 189, 192
Kaniewski, Konrad 175
Karlowska, Paula von 114, 173
Karlowski, Stanislaw 173
Kassei 170 f.
Kaufman, Moniek 112, 155
Kaufmann, Karl 20
Kazana 129
Kazmierczak, Marianna 113, 170
Kehr, Israel 134
Keitel, Wilhelm 57 f., 67, 95
Kershaw, Ian 96
Kielpinski, Walter von 71
Kirste, Arnold 30
Klamrowski, Roman 111, 141
Kluge, Günther von 88, 168
Klupsch 179
Knochen, Dr. Helmut 15, 70, 116 f.
Komar, Franciszek 113, 172
Kortas, Franz 18
Kostrzynski, Ignacy 175
Koszewski 151
Kowalski, Artur 148
Kozlowski 177
Krannhals, Hanns von 12 f.
Krausnick, Helmut 13
Krüger, Friedrich-Wilhelm 100, 103, 183
Krüger, Hans 27, 106

Kubin, Franz 51, 75, 77
Küchler, Georg von 69, 85
Küthe, Heinrich 49

Lahousen, Erwin 57
Lammers, Hans-Heinrich 67, 95
Lange, Herbert 41
Langhaeuser, Rudolf 58, 110, 136
Langner, Richard 157
Lau, Willy 115, 190
Leeb, Wilhelm Ritter von 88
Lemke, Josef 113, 115, 168, 188
Lesiecki, Wladyslaw 136
Leszcynski, Kazimierz 12
Leyer, Hans-Joachim 42
Lichtig, Berta 110, 112, 128, 153
Liebl, Fritz 76 f., 115, 196
Liphardt, Fritz 30, 101, 104
Liska, Walter 23, 104
List, Wilhelm 68, 85, 159
Litzbarski, Franz 189
Löhndorf, Johannes 29
Lölgen, Jakob 42, 83, 106, 166, 182, 189
Looss, Helmut 70

Mack, Hanns 25, 106
Maier 180
Malicki 148
Manstein, Erich von 137
Marmon, Franz 29, 105
Meier, Dr. 144
Meisinger, Josef 31, 101, 104, 117
Mengel, Dr. 160
Michael, Eduard 107
Michalski 149
Migdal, Dr. 160
Mohr, Robert 40, 106
Müller, Bruno 23 f., 101, 105
Müller, Heinrich 15, 65, 116 f., 144, 164
Mülverstedt, Arthur 17, 125, 132
Mylius 196

Naumann, Erich 39, 62, 105, 144
Nebe, Arthur 31, 65, 101, 144
Neumann, Karl 117, 124
Nowakowski 158

Oebsger-Röder, Dr. Rudolf 42, 107, 114, 184
Ogryczak, Roman 123

Ohlendorf, Otto 98, 144
Oster, Hans 21, 88

Petzel, Walter 115, 194
Piesiak 148
Piller, Walter 112, 153
Polchnopek 148
Polki 148
Popitz, Johannes 88
Potzelt, Walter 39, 103
Pulmer, Hartmut 102

Radezki 167
Rang, Dr. Fritz 34
Rapp, Albert 39 f., 106
Rasch, Dr.Dr. Emil Otto 37, 49 f., 100, 105, 124
Raschik, Herbert 33, 105
Raschwitz, Wilhelm 23
Rauff, Walter 144
Rausch, Christian 157
Reichel, Dr. 173
Reichenau, Walter von 68, 95 f.
Reiwer, Antoni 123
Ribbentrop, Joachim von 122
Richter, Heinz 21, 106
Ritze, Dr. Walter 71
Rogel, Józef 134
Röhm, Ernst 30, 37, 105
Rosenberg, Alfred 64, 95
Rundstedt, Gerd von 58, 68 f., 96, 137
Rux, Karl-Heinz 28, 102 f.
Rydlewicz, Marcin 114, 179

Salpeter, Leon 111, 142
Schäfer, Dr. Emanuel 25 ff., 58, 62, 102 f., 105, 116, 137, 144 f.
Scharpwinkel, Dr. Wilhelm 29 f., 104
Schefe, Dr. Robert 35, 102
Schellenberg, Walter 15 f., 116
Schlette, Dr. Walter 28, 107
Schmer, Johann 24 f., 49
Schmitt, Dr. Carl 44
Schneider, Gertrud 113, 171
Schöne, Edmund 51, 73
Schraepel, Georg 22, 110, 133
Schuback, Kurt 42
Schubert, Gotthard 106
Schulze, Dr. Richard 26 f.

Seibert, Willy 71
Seinsche, Dr. Jakob 38
Semik, Jan 135
Semik, Zofia 110, 135
Sens, Otto 27, 107
Seyß-Inquart, Arthur 144
Siebert 142
Six, Dr. Franz Alfred 70, 116f., 144
Skuppe, Dr. 160
Soltau, Hans 23
Sommer, Franz 40, 85, 104, 175
Spilker, Alfred 23, 27
Sprenger, Jakob 26
Stachowiak 165
Stalin, Josef 90, 94f., 167, 176f.
Stamm, Walter 33
Stawizki, Kurt 23, 104
Strauch, Eduard 26, 104
Streckenbach, Bruno 20f., 40, 50, 62, 100, 103, 106, 116, 144
Strickner, Dr. Herbert 35, 104
Stuckart, Dr. Wilhelm 16, 67
Stülpnagel, Karl-Heinrich von 57
Suharto 107
Szalapieta, Stanislaw 114, 175
Szymanski, Michal 175

Tanzmann, Dr. Hellmut 102
Tippelskirch, Kurt von 69
Tomaszewski 148
Tormann, Franz 40, 82, 106, 148
Trauczynski, Edward 175
Trittner, Josef 27
Tröger, Dr. Rudolf 41, 65, 100, 115, 166, 192
Trummler, Dr. Hans 38, 105, 117

Trzaskoma 148
Tuczinski 148
Tynczyk, Roman 110, 139

Ulrich 140

Venediger, Dr. Günther 102
Vietinghof-Scheel, Paul von 70
Vogel 51
Volkmann, Heinz 42

Wagner, Eduard 16-19, 60ff., 89, 91, 96, 164, 198
Waszak, Franciszek 139
Weissmann, Robert 24, 106
Wenzel, Franz 33, 104
Werner 51, 73
Wigand, Arpad 15
Wilcke, Werner 41
Wildt, Michael 46
Winiecki, Jan 123
Winiecka, Wladyslawa 109, 123
Wolff, Karl 91
Wolfstieg, Dr. Friedrich 37, 49
Wossagk, Heinz 31
Woyrsch, Udo von 17, 36f., 45, 49f., 68, 85, 100, 105, 124, 133, 159
Wozny, Adam 175f.
Wüst, Georg 75, 114, 183
Wulf 179

Zbierski 158
Zeidler 160
Zillmann, Kurt 107
Zimmer 158
Zwas, Moses 112, 158

Die Autoren

Jochen Böhler, Dr. phil.; geb. 1969; Studium der Geschichte, Ethnologie und Volkswirtschaft in Köln; Promotion 2004; Wissenschaftlicher Mitarbeiter am Deutschen Historischen Institut Warschau; Veröffentlichungen u. a.: „Größte Härte ...". Verbrechen der Wehrmacht in Polen September–Oktober 1939. Katalog zur gleichnamigen Ausstellung, Osnabrück 2005 (Red.); Auftakt zum Vernichtungskrieg. Die Wehrmacht in Polen 1939, Frankfurt/M. 2006; L'adversaire imaginaire: La „guerre des francs-tireurs" de l'armée allemande en Belgique en 1914 et de la Wehrmacht en Pologne en 1939. Considérations comparatives, in: Gaël Eismann/Stefan Martens (Hrsg.): Occupation et répression militaire allemandes 1939–1945. La politique de „maintien de l'ordre" en Europe occupée, Paris 2007, S. 17–40; lebt in Warschau.

Klaus-Michael Mallmann, Dr. phil. habil.; geb. 1948; Studium der Geschichte, Soziologie, Politikwissenschaft und Germanistik in Mannheim und Saarbrücken; Promotion 1980; Habilitation 1995; Wissenschaftlicher Leiter der Forschungsstelle Ludwigsburg und Professor für Neuere Geschichte an der Universität Stuttgart; Veröffentlichungen u. a.: Genesis des Genozids. Polen 1939–1941, Darmstadt 2004 (Hrsg. zusammen mit Bogdan Musial); Deutsche, Juden, Völkermord. Der Holocaust als Geschichte und Gegenwart, Darmstadt 2006 (Hrsg. zusammen mit Jürgen Matthäus); Halbmond und Hakenkreuz. Das Dritte Reich, die Araber und Palästina, Darmstadt 2006 (Zusammen mit Martin Cüppers); lebt in Ludwigsburg.

Jürgen Matthäus, Dr. phil.; geb. 1959; Studium der Geschichte und Philosophie in Bochum; Promotion 1992; Leiter der Forschungsabteilung am United States Holocaust Memorial Museum Washington D.C.; Veröffentlichungen u. a.: Ausbildungsziel Judenmord? „Weltanschauliche Erziehung" von SS, Polizei und Waffen-SS im Rahmen der „Endlösung", Frankfurt/M. 2003 (Zusammen mit Konrad Kwiet, Jürgen Förster, Richard Breitman); Christopher Browning (mit einem Beitrag von Jürgen Matthäus): Die Entfesselung der „Endlösung". Nationalsozialistische Judenpolitik 1939–1942, München 2003; Deutsche, Juden, Völkermord. Der Holocaust als Geschichte und Gegenwart, Darmstadt 2006 (Hrsg. zusammen mit Klaus-Michael Mallmann); lebt in Washington D.C.

Entdecken Sie
die Vielfalt des WBG-Programms

Das WBG-Programm umfasst rund 3000 Titel aus mehr als 20 Fachgebieten.
Aus dem Fachgebiet Geschichte empfehlen wir besonders:

C. AMBOS / S. HOTZ /
G. SCHWEDLER /
S. WEINFURTER (HRSG.)
Die Welt der Rituale
Von der Antike bis heute

Autoren aus den unterschiedlichsten Fächern der Kultur- und Sozialwissenschaften zeigen, was Rituale in Gesellschaften leisten und wie sie sich entwickeln. **Ein gut lesbarer Überblick nicht nur für Fachleute** mit zahlreichen Beispielen!

2005. VIII, 276 S. mit 11 s/w Abb. und 3 s/w Kt., Fadenh., geb.

ISBN: 978-3-534-18701-0

WALTHER L. BERNECKER
Krieg in Spanien
1936–1939

»Bernecker hat mit bewundernswerter analytischer Kraft und feinem Sinn für historische Gerechtigkeit ein außerordentlich abgewogenes Buch geschrieben. ...
In deutscher Sprache gibt es nichts Vergleichbares.«
FAZ

2., vollst. überarb. und erw. Aufl. 2005. V, 297 S. mit 5 Kt. und 2 Tab., geb.

ISBN: 978-3-534-19027-0

JÜRGEN MATTHÄUS / KLAUS-MICHAEL MALLMANN (HRSG.)
Deutsche, Juden, Völkermord

20 international renommierte Autoren analysieren das Verhältnis von Juden und Deutschen unter dem Vorzeichen des Holocaust auf dem aktuellen Stand der Forschung. **Eine einzigartige Zusammenschau!**

(Veröffentlichungen der Forschungsstelle Ludwigsburg). 2006. 340 S. mit 5 s/w Abb., Fadenh., geb.

ISBN: 978-3-534-18481-1

Weitere Informationen zum WBG-Programm:
www.wbg-darmstadt.de
(0 61 51) 33 08 - 330 (Mo.-Fr. 8–18 Uhr)
(0 61 51) 33 08 - 277
service@wbg-darmstadt.de